KB150441

中國의 中央과 地方 關係論
: 集權과 分權의 辨證法

中國의 中央과 地方 關係論
: 集權과 分權의 辨證法

김 정 계 지음

Central-Local Relations
in China:
Dialectic of Centralization and
Decentralization

by Jung-ke Kim

서 언

중국의 중앙과 지방 관계는 중국의 정치를 이해하는 데 있어서 빼놓을 수 없는 중요 핵심 변수다. 毛澤東은 1956년 그의 <10대 관계론>에서 중앙과 지방관계를 정확히 처리하는 것을 10대 관계 중의 하나로 지목하여 국가건설의 주요 명제로 천명한 바 있다. 鄧小平 역시 지방정부의 자율성이 경제발전의 필수 전제 조건임을 역설하면서 중앙과 지방관계 조정의 중요성을 강조하였다. 오늘날 중국의 사회주의시장경제의 당면과제를 논의하는 중국내 많은 지식인들 역시 중국이 당면한 5대 과제, 5대 요소, 5대 문제, 5대 관계 등을 거론할 때 핵심변수로 중앙과 지방관계를 꼽고 있다. 특히 최근 들어 많은 중국연구자들은 중국의 중앙과 지방관계를 중국의 미래를 예측하는 주요 변수로 상정하는 경우가 많다. 이처럼 중국연구에 있어서 중앙과 지방의 관계가 주요 핵심쟁점으로 부각되는 이유는 중국 역사에 있어서 그 두 관계는 상호 대립되는 역사적 모순 속에서 협력하며 발전해 왔고, 그것은 또 역대 황조 및 정권의 흥망성쇠를 결정짓는 주요 변수로 작용해 왔기 때문이다.

따라서 본 연구는 라이샤워와 페어뱅크가 지적한 바와 같이 중국이 어떻게 그토록 오랜 기간, 동일한 영토 위에 하나의 통일 국가를 유지해 왔는가에 초점을 맞추어 그 통치기제로서의 중앙과 지방 관계의 전통을 고찰해 보고, 그 전통이 중화인민공화국 수립 후 어떻게 지속과 변화를 거듭하고 있는가를 논의해 보고자 하는 데 목적을 두었다. 秦始皇이 중국을 통일한 후 지금까지의 중앙과 지방관계의 변화과정을 다루고 있다.

본서는 크게 여섯 부분으로 구성되어 있다.

제1장에서는 秦이 중국을 통일한 후 신해혁명 이전까지의 중앙과 지방관계의 발전과정을 고찰해 보았다. 춘추전국시대 이래 지방할거는 통일과 중앙집권의 여건을 성숙시켰고, 그로 인하여 중앙은 권력을 부단히 강화시켰으며, 중앙의 과도한 권력 강화는 또 다시 지방세력의 저항과 할거를 야기하였다. 중앙에 대한 지방세력의 도전 및 중앙과 지방의 대립과정에서 집권은 더욱 강화되었다. 집권(통일)-분권(할거)-강화된 집권(재통일)의 서클을 그리면서 중앙과 지방관계는 변화되어 왔다. 이는 바로 고대 중국 중앙과 지방 간의 변증법적 규율을 표현한 것이다. 1장에서는 바로 이러한 중국식 중앙과 지방관계의 특징에 착안하여 먼저 고대 중국 중앙과 지방관계의 형성과정과 특징을 살펴보고, 다음 중국 역대 왕조가 정치적 안정과 정권유지를 위해 중앙과 지방관계를 어떠한 방법으로 조정·통제하여 왔는가를 고찰해 본 것이다.

제2장에서는 1949년 이후 신중국의 국가형태와 권력구조의 분석을 통해 중앙집권적 통치전통이 사회주의 국가체제에 어떻게 접목되었는가를 살펴보았다. 국가형태와 정권구조는 중앙과 지방관계를 결정하는 기본 골격이기 때문이다. 신중국이 천명한 국가구조는 '民主集中制'의 조직원칙에 기반을 둔 '단일제 국가형태'다. 중화인민공화국이 새로운 국가를 건설함에 있어 단일제 국가형태를 채택하게 된 이유는 당시 중국이 안고 있었던 역사적 전통과 현실적 상황의 필연적 결과라 보겠다. 첫째, 역사적으로 중국은 19세기 40년대부터 제국주의, 봉건주의, 관료주의 통치에 의한 군벌할거, 전란, 지역봉쇄, 민족분할 등의 국면을 경험한 상황에서 거대한 영토 위에 민족의 대동단결과 발전을 촉진하기 위해서는 과거보다 더욱 강화된 중앙집권적 단일제 국가가 요청되었기 때문이다. 그리고 신중국 출범 당시의 사회경제적 상황으로 볼 때, 국공내전 및 항일전쟁 등 장기적인 전쟁을 통해 파괴된 사회질서와 경제를 신속히 재건하고, 국가의 정체성을 확립하기 위해서

는 단일제적 국가형태와 소련모형의 중앙집권적 계획체제의 채택이 불가피했던 것이다. 이러한 단일제 국가의 유형에 따라 형성된 정권구조는 횡적으로 당, 국가 및 이를 지탱해주는 집권화된 군사조직, 그리고 이들 권력조직과 인민 간의 연계를 제공하는 군중조직 단위로 조직되고 있으며, 종적으로는 이들 조직이 '민주집중제'의 원칙에 의해 중앙-지방-기층으로 이어지는 피라미드 체계를 구성하였다. 이는 공산체제의 기본적 권력구조이기도 하지만, 전통적인 중국정치체제의 3중 조직 -政事, 감찰, 군사- 과 흥미롭게 연계되어 있다. 국가관료제는 정부를 운영하고, 御史(공산당)는 政事의 전반을 감찰·통제하며, 집권화된 군사조직이 정권을 유지케 하는 점에 있어서 전통과 현 체제는 매우 유사한 일면을 가지고 있다.

제3장은 毛澤東시대 사회주의체제 수립과정에 있어서 중앙과 지방의 관계가 어떻게 변화되어 왔는가를 살펴보았다. 1949년 신중국 건립 이후 개혁개방 이전까지의 중앙과 지방관계는 중앙 권력의 지방 이양(放)→중앙의 통제능력 약화 우려→지방권한의 중앙 회수(收)→지방 적극성 약화 우려→중앙 권력의 지방 재이양(放)이라는 서클을 그리면 발전하였다. 크게 1949년 건국 초기의 大區 분권에서부터 시작하여 고도로 중앙집권화 된 계획체제와 행정체제가 형성될 때까지 放權→收權의 제1 서클을 형성하였고, 1956년·1958년 두 차례의 연속적인 권력 下放으로부터 1960년대 조정기에 중앙의 통제를 강화하기까지가 방권→수권의 제2 서클을 만들었다. 그리고 문혁기간 중의 방권으로 부터 문혁 후기 권력을 중앙으로 회수한 것이 방권→수권의 제3 서클이다. '收死放難', 즉 '권력을 중앙에 회수하면 바로 숨통이 막히고(一收就死)', '지방에 하방하면 바로 혼란해지는(一放就難)' 모순으로 인하여 중국의 중앙과 지방관계는 변증법적인 악순환을 거듭해왔다. 이러한 중앙과 지방관계의 방권과 수권은 우연히 형성된 것이 아니고, 그 배후에는 각 시기 별로 강조된 지도 이데올로기의 차이가

존재하였다. 즉 이데올로기를 중시하는 紅(급진세력)과 전문성을 중시하는 專(온건세력) 사이의 갈등과 대립이 그 배경적 요소로 작용하였다는 점이다. 이를 경제발전의 지도이념이라는 차원에서 볼 때는 이른바 毛澤東思想과 劉少奇思想 간의 교차관계로 표현할 수 있을 것이며, 마르크스·레닌주의적 용어를 빈다면 '생산력과 생산관계의 변증법'으로 해석할 수 있겠다. 즉 중앙과 지방의 권력관계는 정치적으로 온건과 급진, 경제적으로 생산관계와 생산력의 변증법에 따라 방권과 수권의 서클이 반복되어 나타난 것으로 해석된다. 하지만 중앙집권적 계획경제체제 하에서의 분권화는 극히 제한적이었고, 특히 분권화로 인한 혼란은 더 큰 중앙집중화 현상을 가져왔다. 이 시기 중앙과 지방 관계는 한마디로 집중화 속의 제한적 분급 관리 체제였다.

제4장에서는 鄧小平시대, 이른바 개혁개방 이후의 중앙과 지방관계를 고찰했다. 개혁개방 이후 중앙과 지방관계의 변화를 요약하면, 毛澤東시대 과도한 중앙집권의 폐해를 극복하기 위하여 중앙의 지방에 대한 권력 하방과 정부의 기업에 대한 방권에 초점을 맞추었다. 毛澤東사후 정권을 장악한 鄧小平은 중국의 모순을 계급의 불평등이 아닌, 생산력의 저발전(절대 빈곤)으로 진단하고, 국가의 발전목표를 '계급투쟁'에서 '경제건설'을 통한 사회주의현대화로 바꾸었다. 경제건설을 위해서는 시장경제로의 개혁이 불가피했다. 따라서 이 목표를 실현하기 위해서는 필연적으로 '생산력 발전'에 부적절한 생산관계 및 상부구조의 변화와 개혁도 함께 요청되었다. 따라서 鄧小平은 중앙권력의 하방을 경제 활력의 최우선적 동인으로 보고, 더 많은 권한을 지방과 기업에 위임해 줄 것을 강조했다. 이른바 분권화 개혁을 강력히 추진하였다. 하지만 전체적인 개혁과정에서 볼 때 개혁개방 이후에도 부분적이나마 放權(분권화)→收權(집권화)→재방권→재수권의 순환과정이 있었다. 대체적으로 1979년부터 1980년 중기까지는 경제체제개혁과 정치체제개혁 모두 권력의 하방이 주된 경향이었다. 그러나 1980년대 말

부터 1990년대 초까지의 '治理整頓'기간은 중앙의 거시조정기능을 강화하기 위하여 중앙 및 중앙 각 부문이 부분적으로 권력을 회수(收)하였다. 1992년 초 鄧小平의 '남순강화' 이후 1993년 말 14대3중전회까지의 기간은 사회주의시장경제체제의 건립을 목표로 중앙이 다시 부분적으로 권력을 지방에 하방하였다. 이 기간 중 중앙과 지방 관계는 부분적으로 볼 때에는 방권과 수권의 순환을 거듭했지만, 전체적으로 볼 때에는 분권화에 역점을 둔 포괄적 집중이었다. 구체적으로 그것은 재정을 포함한 경제 계획, 무역, 금융, 분배 등 제반 경제관리권을 지방정부에 하방, 위임함으로써 지방의 기업경영과 투자의 자율권을 증대시키는 전략이었다. 따라서 지방 및 기층단위의 적극성과 능동성을 극대화하고 생산력의 발전을 가져 올 수 있었다. 그러나 분권화 개혁은 새로운 문제점에 봉착하였다. 금융개혁은 금융질서를 문란하게 하였고, 계획 및 투자부문의 분권화는 지역 간 중복투자·가격경쟁·산업간 불균형 및 시장봉쇄를 부추겼고, 통화팽창·관료부패는 물론, 지방 세력의 증대로 인한 중앙의 통제 불능 사태로까지 반전되었다. 이것은 정치적으로 탈중앙주의 내지 지방분리주의로 인식되었다. 이에 성급한 서구학자들은 중국의 분열론까지 주장하게 되었다. 특히 재정청부제로 인한 지방정부의 경제력 증대와 중앙정부의 통제(재정)력 약화는 이를 뒷받침 하는 주요한 근거가 되었다.

제5장에서는 개혁개방 이후 나타난 분권화 개혁의 문제점을 해소하고 중앙정부의 역량을 강화하기 위하여 중앙과 지방의 관계를 재조정하는 과정을 살펴보았다. 분세개혁을 집중적으로 논의해 보았다. 분세제 개혁의 근본 취지는 중앙재정력의 증강을 통해 중앙의 포괄적 권력을 강화하고자 하는 데 있었다. 분세제 개혁 후 중앙정부의 재정수입 증가는 지방의 중앙에 대한 의존도를 제고시켜 과거 '약세 중앙, 강세 지방'이라는 형국으로부터 '중앙의 재정력 회복'으로 바뀌고 있다. 한편, 정치적 측면에 있어서는 '4항 기본원칙'과 '민주집중제'의 조

직원칙을 고수하고 있어 중앙집권의 기조에 흔들림이 없다고 보겠지만 당의 최고영도체제의 구성에 있어서는 다소 변화의 조짐이 보이고 있다. 당의 최고영도기관인 중앙위원회 및 중앙정치국 위원의 중앙과 지방 출신 비중을 보면, 중앙의 절대적 우세에서 지방의 점진적 증가세를 나타내고 있다는 점이다. 이는 바로 지방 정치력의 점진적 증가를 의미하는 것이다. 요컨대, 오늘날 중국의 중앙과 지방관계는 경제적으로 중앙의 점진적 역량 회복과 정치적으로 지방 정치역량의 점진적 증가세로 중앙과 지방관계가 상호 협조 보완하는 슴의 관계로 수렴되고 있는 형세라 보겠다. 결국 중앙과 지방은 경제발전에 따른 이익분배 과정에서 상호 대립과 갈등의 관계를 유지하기 보다는 협상과 절충을 통해 균형을 모색하는 공생적 관계로 수렴되고 있다.

마지막으로 제6장에서는 분권화 개혁으로 야기된 지방간의 불균형을 치유하기 위한 또 하나의 방안으로 현재 중국정부가 추진하고 있는 서부대개발의 의의 및 기대되는 효과와 문제점 등을 분석해 보았다. 역사적으로 중국의 지역개발정책은 불균형개발-균형개발-선부론-균부론 등의 서클을 그리며 발전해 왔다. 청 말 중화민국 초기에는 연해지역의 문호개방과 공업화를 통한 근대화→중화인민공화국 건국 후, 20여 년간은 서부지역 집중투자에 의한 동서 지역 간의 균형적 발전전략(평등 강조-효율성 저하)→鄧小平의 '선부론(先富論)'에 의한 동부 우대 불균형적 발전전략(효율 제고-불평등 확대)→서부 집중투자를 통한 지역 간 협조 발전전략이 그것이다. 이러한 중국의 지역간 '균형-불균형적' 발전전략의 서클은 중앙과 지방 관계 정책의 '수권(집권)-방권(분권)'의 서클과 궤를 같이한다.

요컨대, 중국의 중앙과 지방관계는 국가적인 통일을 위해서 권력의 집중을 강조하다가도 경제활동이 위축되고 지방의 적극성이 우려되면 분권으로 숨통을 열어 주고, 지나친 방권으로 지역 간의 격차가 생기고 중앙의 통제능력 약화로 지방이 할거의 조짐을 보이면 다시 권력을 중앙으로 회수하는 서클을 그리면서 발전해 왔다. '收死放難', 즉 '권력을 중앙에 회수하면 바로 숨통이 막히고(一收就死)', '지방에 하방하면 바로 혼란해지는(一放就難)' 모순으로 인하여 중국의 중앙과 지방관계는 변증법적인 순환을 거듭해 온 것이다.

본서는 필자가 10여 년 동안 발표한 관련 논문들과 최근에 제기되고 있는 중국의 중앙과 지방관계의 변화 양상을 종합하여 체계화 한 것이다. 그리고 중국의 고유 지명과 인명은 그 진의를 살리기 위해 한자를 그대로 표기하였다.

끝으로 어려운 여건에도 이 책의 출판을 맡아 주신 평민사에 감사드린다.

2008년 8월 8일
베이징 올림픽 개막일
사림동에서 저자

목 차

제3장 모택동시대 중국의 중앙과 지방관계
: 집중화 속의 제한적 분급 관리

제1장 고대중국 중앙과 지방 관계의 발전

제1절 서언

중국 5천여 년의 정치사는 어떤 의미에서 중앙과 지방 관계의 역사라 할 정도로 그 관계의 조정과 처리가 중국정치의 중요 쟁점이었다. 중국은 夏代 때부터 중앙집권적인 중앙정권과 중앙정부 통할 하에서 지방정권이 형성되기 시작했다. 이후 1911년 봉건군주체제가 종말을 고할 때까지 중앙과 지방관계의 조정은 중국정치에 있어서 풀어야 할 핵심 과제 중의 하나였다. 이는 현대 중국체제에도 변함이 없다. 왜냐하면 중앙과 지방관계는 정치·경제·군사·법률·민족·문화 등 각 영역에 걸쳐 중요한 함의를 갖고 있으며, 그것과 중국사회의 흥망성쇠는 아주 밀접한 상관관계를 갖고 발전해 왔기 때문이다.

중앙과 지방의 관계가 상호 협조적이었을 때 중국사회는 강성해질 수 있었고, 반면 중앙과 지방이 상호 모순·대립할 때에는 중국사회는 분열의 위기를 맞았다. 말하자면 지방호족의 세력이 강성해지면 중앙과 지방관계의 모순이 격화되어 국운이 쇠하였다. 夏에서 秦, 漢에서 唐, 宋 및 明에서 淸에 이르기까지 황조의 흥망성쇠는 모두 지방 호족 세력의 역량과 상호 관련이 있었다. 이유는 간단했다. 중앙정권의 생산기반은 농업이었기 때문에 중국의 경우 비록 광활한 영토를 보유하고 있긴 해도 전체적으로는 그 양이 고정적인 데다 지방호족의 수탈은 끝이 없었고, 그들의 끊임없는 잠식과 탐욕의 鯨呑은 중앙정권의 생존 기반인 소농 생산자의 존재를 위협할 수밖에 없었기 때문이다(辛向陽, 1995: 20-21). 결국 지방 세력의 증대는 중앙정부에 대한 도전으로 이어져 정치적 불안과 사회적 혼란을 가져왔다. 그리하여 5천여 년의 중국역사를 통해 얻은 교훈은 지방 세력이 강해져 할거하면 혼란하고, 중앙을 중심으로 통일되면 안정된다는 것이었다.1)

따라서 고대 중국은 정치적 안정과 사회경제적 발전을 위해 반드시 위에서 아래를 바로 잡고(正), 상층이 하층을 다스리며(治), 중앙이 지방을 하나로 통일하는(統) 통치구조를 요했고,2) 이 권력구조는 또 반드시 일원화 되는 것이어야 했다. 정치의 分節化(일원화에 반하는 개념으로 사용)는 바로 절제가 없는 '혼란(亂)'의 대명사였다. 이는 결국 '大一統 사상'으로, 지방을 중앙과 일치(與中央一致)되게 하는 것을 중앙과 지방관계의 요체로 뿌리내리게 했다(孫隆基, 1989: 310).

그러나 중앙과 지방의 관계에 있어서 중앙의 '명분(名)'이 바로 서지

---

1) 『孟子, 梁惠王』 "天下惡乎定, 定於一."; 『墨子, 尙同』 "鄕長唯能一同鄕之義, 是以鄕治也… 國君唯能一同國之義, 是以國治也.… 天子唯能一同下之義, 是以天下治也."

2) '政治'의 어원은 첫째, 정치의 '政'은 바로잡고(正), 하나로 통일해야 안정된다(定於一)는 뜻이다. 즉 『論語, 顔淵篇』 "政者正也."; 『說文』 "從止, 一以止"; 『說文繫薄』 "從一從止, 一以止."라 했다. 이는 "하나로 안정되는 국면하에서 비로소 '亂'은 멈출 것이라는(守一以止) 뜻이다. 다음, '治'는 '亂'에 대칭되는 뜻이다. 원래 중국고어에는 反訓의 습관이 있는데, 즉 하나의 글자의 뜻에 완전히 상반되는 글자를 동의사로 하는 경우가 있다. 예를 들면 "亂, 治也."(『說文』)다. 그러므로 『論語, 秦伯篇』에 周武王曰: "予有亂臣十人."이라는 말이 있는데, 이는 주 무왕 밑에 10명의 난을 일으킨 신하가 있다는 뜻이 아니고, 10명의 신하가 있어 '난'과 '反正'을 능히 다스릴 수 있었다는 뜻이다. 따라서 근원적으로 보면 '正(政)'은 바로 '治'다. 그것은 "定於一"의 뜻 이외에, 위로부터 아랫사람을 기율하는 함의도 가지고 있다. 이러한 기율은 반드시 가부장적인 '人治' 또는 '身敎'여야 했다. 공자는 "其身正, 不令而行; 其身不正, 雖令不行."이라 했다(『論語, 顔淵篇』). 따라서 중국인들은 "상량이 곧지 않으면, 기둥이 굽는다(上樑不正下樑歪)는 말을 잘 한다. '歪'는 역시 '不+正'의 뜻이다. 그러나 아랫사람이 바른지(正), 바르지 않는지(不正)는 윗사람이 결정하는 것이다. 그래서 어의상으로 보면, 중국의 '政治'와 서양의 Politics(Polis의 사무, 시민자치의 함의)는 차이가 있다.

못할 때,3) 중국 역사상 그 관계의 모순은 무수히 많은 분열과 할거의 국면을 조성하였다. 하지만 신기하게 느껴지는 것은 중국 역사상 어느 한 차례의 분열도 모두 단독의 민족국가를 건립하기 위하여 분열된 것이 아니고, '재통일'을 위해 분열된 것이며, 잠시 하나의 새로운 왕조나 정권을 건립한 것은 오직 역량을 집결하여 '名号'를 다시 바꾸고 여타의 역량을 하나로 통일하는 데 있었다는 것이다. 춘추의 쟁패는 각각의 패주가 모두 독립적으로 하나의 새로운 국가를 건립하려는 데 목적을 둔 것이 아니고, 모두 周왕조의 천하를 재통일 또는 복구하기 위한 것이었다. 劉備가 蜀을, 曹操가 魏를, 孫權이 吳를 세워 삼국이 鼎立한 것도 모두 영구히 상대와 필적하기 위한 것이 아니고, 재통일된 나라를 세우기 위한 과정이었다. 그래서 결국은 3국이 晉으로 합해졌다. 唐 말 지방 藩鎭세력이 할거하였지만 藩鎭 각자가 하나의 독립된 신왕조나 정권의 건립을 기도하지는 않았으며, 설사 중앙정부와 첨예하게 대립한 번진이라 할지라도 명의상으로는 唐朝의 통치를 받아드렸으며, 唐朝와의 분할 통치를 원하는 것이 아니었다. 중화민국 초년 군벌이 할거하여 각자가 비록 군사적으로는 대립하였지만, 그들 모두 국가를 분열시키려 하지는 않았으며, 군벌의 혼전은 모두 상대방을 항복시켜 통일중국의 새로운 통치자가 되는 데 목적이 있었다(辛向陽, 1995: 22). 바로 분열은 재통일을 위한 과정이라는 것이다.

위의 사실로서 알 수 있는 이른바 고대중국의 정치형태는 ① 국가의 분열은 중국 역사에 있어서 최대의 금기였으며, ② '大一統 사상'을 최고의 이상으로 수용한 것이다. 이러한 이상을 실현하기 위하여 채택한 통치구조가 바로 중앙집권적 봉건체제였다. 중국의 중앙집권적 봉건체제는 秦 이래 확립되기 시작했다. 秦의 통일과 중앙집권은 春秋중엽 이래 사회·경제·정치발전의 필연적 결과였으며, 중앙집권적 행정

---

3) 孔子와 董仲舒는 다스림에 있어 '正名'이 가정 우선적인 덕목임을 강조하였다. 『論語, 子路』 名不正, 則言不順; 言不順, 則行不果; 『春秋繁露, 深察名號』 治天下之端在審辨大, 辨大之端在深察名號.

체제는 당시 상황으로서는 사회경제의 발전과 국가의 통일과 안정에 유리한 제도였다.

그러나 지방적 성격의 농업경제의 발전은 지방할거를 부추기는 물질적 기초를 제공하였고, 설사 통일왕조의 통치라 할지라도 불가피하게 모종의 할거(자율)상태를 남겨 두지 않을 수 없어 중앙집권에 대한 지방정권의 할거와 대항은 거치지 않았다. 이는 통치계급 내부 모순의 주요 표현이었다. 이러한 대항과 충돌은 비록 무수한 유혈 투쟁을 동반하면서 중국전통사회를 통일-분열-재통일의 순환 속에 빠져들게 했지만, 그러한 순환을 거칠 때마다 중앙집권은 더욱 강화되어갔다(林尚立, 1999: 266). 결국 중국 전통사회의 중앙집권은 지방분권을 쓸어버린 기초 위에서 발전된 것이다. 중앙집권은 지방분권을 완전히 배척하였으며, 지방분권을 용납하고 도와주는 협조기제가 아니었다. 때문에 중앙이 명분(名)을 잃고, 지방이 일단 힘을 얻기만 하면 중앙에 대항하는 기세가 형성되었다. 이러한 대항은 두 가지 가능한 결과를 야기하였다. 하나는 중앙이 지방의 모든 권력을 회수하고 지방 세력을 전면적으로 소탕하는 것이었고, 다른 하나는 제후들이 집단으로 봉기하여 전란을 일으켜 직접 왕조를 해체하고 국가를 분열시키는 것이었다.

요컨대, 춘추전국시대 이래 지방할거는 통일과 중앙집권의 여건을 성숙시켰고, 그로 인하여 중앙은 권력을 부단히 강화시켰으며, 중앙의 권력 강화는 또 다시 지방의 할거를 야기하였다. 이러한 지방 세력의 도전과 중앙과 지방의 대립과정에서 통일 집권은 더욱 강화되었다. 이는 바로 고대 중국 중앙과 지방간의 변증법적 규율을 표현한 것이다. 현대 중국의 중앙과 지방관계에 있어서 반복되고 있는 지방분권(放)→ 중앙집중(收)→재분권(再放)→재집중(再收), 즉 '收亂放死'의 순환(趙立波, 1998: 115)과 같은 유형의 변화라 보겠다.

1장에서는 이러한 중국식 중앙과 지방관계의 특징에 착안하여 먼저, 고대 중국 중앙과 지방관계의 형성과정과 특징을 살펴보고, 다음 중국 역대 왕조가 정치적 안정과 정권유지를 위해 중앙과 지방관계를 어떠한 방법으로 조정·통제하여 왔는가를 고찰해 보고자 한다. 나아가 중앙의 지방에 대한 통제원칙과 그 결과가 중국사회에 미친 영향을 간략히 평가해 보고자 한다. 그것은 현대 중국의 중앙과 지방관계의 발전을 예측하는 단초를 제공해 주리라 본다.4)

제2절 고대 중국 정권구조의 형성

1. 고대 중국의 정권구조

고대 중국의 전통적인 정권구조는 '大一統思想'이라는 정치 문화적 전통의 틀 속에서 형성되고 발전되었다. 秦始皇이 중앙집권적 전제체제를 구축한 이후부터 辛亥革命에 이르기까지의 중국의 정권구조는 이러한 정치문화적 전통의 기본 틀 속에서 유지되어 왔다. 제2장에서 재론하는 바와 같이 1949년 출범한 중화인민공화국의 정권형태에 있어서도 이러한 정치전통은 무리 없이 받아들여졌고, 이후 중국의 중앙과 지방관계에 있어서 그것은 국가적 통일을 유지하는 데 적극적 작용을 하고 있다.

고대중국의 정권구조는 일원적 집권구조였다. 일원적 집권구조란 정책결정의 모든 권한이 최고 통치자 한 사람에게 집중되어 있는 정치체제를 의미한다. 일원적 집권구조에 있어서 국가의 최고통치권자인

---

4) 서방의 많은 중국전문가들은 중국공산체제의 성격은 마르크스·레닌주의와 중국의 역사적 전통과 문화의 혼합적 산물이라는 것에 대해 일치된 견해를 보이고 있다(Gray, 1975: 197; Goldman, 1978: 466; Baum, 1980: 1174; Gupta, 1974: 33-38). 이는 근원적으로 중국의 역사적·전통적 요인이 현대중국 정치체제의 성격에 큰 영향을 미쳤음을 시사한다.

국왕 혹은 황제는 至高無上의 지위와 권력을 향유한다. 국왕 혹은 황제는 정책결정을 주재하는 유일한 지위에 있으며, 또 그는 국가권력을 상징한다. 국왕이나 황제의 주위에는 그것과 균형적 관계에 있거나 그것을 견제하는 어떠한 기제가 없으며, 또 그것을 감독하거나 통제하는 어떠한 법률이나 권력주체도 없다. 이처럼 국가의 최고 통치자 한 사람, 즉 국왕 또는 황제에게 모든 국가권력이 집중되어 있는 정치구조를 일원적 집권구조라고 하며, 전통중국의 정권구조는 이러한 일원적 집권구조였다.

춘추전국의 할거시대를 거쳐 秦始皇이 6국(天下)을 통일한 후에야 비로소 중국정치제도는 일원적 집권구조로 정형화되었다. 秦始皇이 천하를 통일하기 이전의 중국은 분열된 사회였다(呂思勉, 1985: 410). 따라서 중국사회는 비록 일찍이 계급사회에 진입하여 국가가 존재했다 할지라도, 우리가 말하는 정형화되고 통합된 국가구조는 아니었다. 요컨대, 중국의 완벽한 국가구조는 秦始皇이 천하를 통일한 후에야 비로소 형성된 것이다. 이 통합의 주요 통치기제는 일원적 중앙집권이었으며 (林尙立, 1998: 26), 그것은 지방 세력의 할거를 배척하여 중국사회를 고도로 중앙집권적인 통치하에 하나로 묶는 제도였다.

진시황 이후 2천여 년 간의 역사를 통해 형성 발전되어 온 중국 정권구조는 다음과 같은 三者 간의 연대적 기반 위에 조직, 운영되었다. 첫째 횡적 체계로서의 구역제, 둘째 종적 조직으로서의 계층제, 그리고 종합적 체계로서의 황제 중심제를 통한 운영이 그것이다(李鐵, 1989: 6-8).

1) 황제중심제

고대 중국의 정치구조는 황제 1인에게 권력이 집중된 일원적 집권체제였다. 즉 황제중심제다. 이는 각종 권력관계를 황제라는 하나의 특정 구조에 집중시킨 제도로서 중국사회에서 형성되어 중국사회를 지배해 온 통치유형이다. 그 권력집중의 단계를 보면 鄕里의 권한은 州·縣에 집중되고, 州·縣의 권한은 중앙에 집중되었으며, 중앙의 권한은 황제 1인에게 집중되는 일원적 집권구조다.

황제는 천부적, 절대적 권위를 향유하고 권력의 집중 및 외형상의 통일에 있어서나 행정상의 구속 또는 심리적인 순종에 있어서 모두 일종의 主宰的·우상적 지위에 있었다. 이러한 구조 하에서 형성된 관료체계는 횡적인 구역구조와 종적인 계층구조 내부로부터의 통제보다 황권에 대한 복종을 더욱 절대적인 의무로 받아 들였다.

따라서 일원적 집권구조에 있어서 국가의 최고정치권력은 분할과 분산이 허용되지 않았다. 황제는 국가의 모든 권력을 장악하여 "천하에 왕의 땅이 아닌 곳이 없고, 온 영토에 왕의 신하가 아닌 자가 있을 수 없었다(『詩經, 北山』; 『史記, 秦始皇本記』)." 따라서 국가의 최고 통치권력은 황제 개인에 의해 완전히 독점되었다. 황권이 바로 국가의 최고 통치권이요 최고정책결정권이었으며, 황제의 의지와 언행이 곧 국가의 의지요 법률이며, 도덕적 기준이었다. 따라서 역대 중국의 여느 행정법전에도 황제의 책무에 관한 규정은 하나도 없다.

2) 橫的인 체계로서의 구역구조

구역구조는 행정체계의 횡적 조직으로서 동일의 時·空間 속에서 자연적으로 형성된 省·路·府·州·郡·縣 등 각종 區域體를 말하는데, 이들 구역관계의 등차가 중국행정체계의 공식적 단위를 이룬다. 그들 단위 간에는 오직 정치적으로만 절대적 통일의 개념이 존재했을 뿐, 지리적으로 획일적인 통제관계에 있지는 않았다. 그러므로 그들 각자는 법률적으로 자치를 보장받았으며 각자의 특징에 맞는 관제를 건립하기도 했다.

3) 縱的 조직으로서의 계층구조

종적 계층구조는 횡적 구역구조 위에 형성되었는데, 그것은 주로 국가의 수직적 관리를 수행하기 위한 예속적 행정체계로서 중앙과 지방의 관계, 각 부문 간의 계층관계와 같은 것이다. 이러한 종적 계층구조의 확립은 먼저 중앙이 지방을 통할한다는 역사적 전통에 따른 것으로 양자는 통제와 피통제의 관계에 있었다. 즉 중앙의 省・部・司・監 등이 지방의 府・州・郡・縣 등을 통제하는 것과 같은 것이다. 또 중앙과 지방의 계층이 어떻게 구분되고 그 내부구조가 어떻게 조정되든지 간에 행정체계의 종적 계층구조는 일종의 통제와 피통제, 통할과 피통할의 예속관계 하에서 행정의 통일성을 유지하고자 하는 데 목적이 있었다. 중국의 전통적인 관료제도는 이러한 계층구조의 전형적인 표현이다. 고대중국의 종적 계층구조는 봉건적・폐쇄적 성격만 갖고 있었을 뿐, 법적인 평등개념은 없었다(張金鑑, 1977: 13). 秦 이후 관료제가 비세습화 됨으로써 이러한 지배-복종관계는 더욱 공고화되었다.

고대 중국의 국가관료제는 국가의 최고통치자인 황제의 지배하에 오직 수직적이거나 단일적인 구조로만 설계된 것이 아니고, 중앙에서 지방에 이르기까지의 모든 기구가 상호 교차적이고 상호 견제적이며 분업적으로 전문화된 기구로 짜여 진 것을 특징으로 한다. 황제는 이처럼 고도로 치밀하게 정비된 국가 관료기구를 통하여 정치적 통일과 행정적 효율을 제고시킬 수 있었다. 결국, 관료제도는 황제의 손발이 됨으로써 황제와 관료집단이 함께 국가의 통치자가 되었다(曾小華, 1991: 4).

司馬光은 "무릇 온 천하와 만백성은 한 사람의 지배를 받거늘…, 윗사람이 아랫사람을 시키는 것은 심장이 손발을 움직이는 것과 같고 뿌리와 몸이 가지와 잎을 통제하는 것과 같으며, 아랫사람이 윗사람을 섬기는 것은 손발이 심장을 지켜주고 가지와 잎이 뿌리를 비호하는 것과 같게 되면 능히 上下가 서로 보완하여 나라를 편안하게 다스릴 수 있게 된다."고 했다(『資治通鑑, 卷一』). 이처럼 고대중국정치의 일원적 집권구조에 있어서 君臣(황제와 관료제)의 관계는 심장과 수족 및 뿌리와 가지의 관계와 같이 혼연일체의 관계에 있었다. 비록 국가는 황제 한 사람의 지배 아래에 있었으나 한 사람이 아무리 절대적인 힘이 있고 지혜가 높다고 해도 혼자서 모든 것을 통할할 수는 없다. 따라서 관료집단의 보조가 있을 때만이 모든 국가기구를 관리하고 운영할 수 있었다. 제왕은 권력의 최정상에 위치하며 제왕의 밑에는 많은 관료가 있고 관료의 아래에는 수많은 胥吏와 鄕紳이 있으며, 서리와 향신의 밑에는 만백성이 있었다. 황제는 이러한 여러 계층의 상호관계를 이용하여 그 통치 권력을 사회의 가장 말단 기층까지 침투시킬 수 있었다.

요컨대, 고대중국의 권력구조는 일원적 집권의 중심인 황권을 축으로 종적인 조직체로서의 관료체계와 횡적인 구역체로서의 지방단위에 의해 통치되었다.

2. 고대 중국 중앙과 지방관계의 형성과정

先秦시대로부터 隋唐에 이르는 기간 비교적 집중, 통일된 중앙정권과 중앙정부 통할 아래 지방정권이 형성되었다. 사료에 의하면 중국은 夏代에 이미 부락연맹의 기초 위에 국가가 형성 발전하기 시작하였다. 당시 국가의 범위는 좁고 국가의 통치기제는 간단하여 국왕의 권력은 한계가 있었으며, 반면 씨족제도가 사회조직의 모체로 남아있었다. 이러한 예속성과 혈연성의 병존상태가 중앙과 지방관계의 초기 유형이었다. 商代에 와서는 노예제 국가를 건립하고, 왕과 귀족(상당한 권력을 향유)이 정치권력을 공유하였다. 따라서 귀족이 왕의 통치권이나 정책 결정권 등에 대해 어느 정도의 견제와 제약을 가할 수 있었다. 행정체계 역시 중앙과 지방을 명확히 구분했을 뿐만 아니라, 각자의 조직체계를 갖추었다. 중앙의 宗主的 지위는 형식에 불과했고, 실제 중앙은 정치에 편중했으며, 경제권은 지방이 더 많이 가지고 있는 상태였다.

西周 시대에는 '宗法制'의 기초 하에 '봉건제(蔭封制)'를 건립하였다. '봉건제'는 '封土建君', '封邦建國'의 약칭이다. 봉건제에서 周王은 스스로 '天子'라 칭했으며 周나라 천자는 국가의 최고통치자요 천하의 大宗이었다. 모든 禮·樂·징벌은 천자로부터 나왔다. 하지만 封土를 수여받은 각급 귀족(諸侯·卿大夫·士 등 3급의 封國) 역시 일정한 권력을 향유하였다. 귀족의 작위와 수여 받은 토지의 세습은 물론, 각급 귀족은 封地 내에서 절대적 권력을 향유했고, 封國의 왕과 대종은 상당한 독립성을 가지고 周나라 천자의 왕권에 대해 일정한 견제 역할을 하였다. 따라서 비록 하나의 중앙이 있다할지라도 실제적으로는 禮·樂·징벌이 諸侯들로부터 나왔으며(『漢書, 地理志』), 그 말기에는 군웅의 할거로 천하가 혼란과 도탄에 빠졌다.

진정한 통일국가는 秦이 그 최초다. 秦은 郡縣制를 실시, 중앙으로부터 지방에 이르기까지 엄밀한 통제체제를 구축했다. 모든 국가권력이 중앙에 집중되는 일원적 집권체제를 건립했다. 지방세력을 규합하여 秦을 멸망시킨 漢代에 와서는 중앙과 지방관계에 새로운 변화가 일어났다. '郡國竝行', 一封兩制(황족과 공신 병존), 집권강화 등 몇 차례 중앙과 지방관계의 변화를 거쳐 마침내 3국이 정립하는 시대가 되었다. 즉 중앙이 없는 지방분열의 시대가 되었다. 兩晉시대로부터 南北朝에 이르는 시기의 중앙과 지방의 관계는 한마디로 혼란 그 자체였다. 隋唐에 이르러 비로소 통일된 중앙정권을 가질 수 있었다.

隋唐 이래 중앙과 지방관계의 변화 추세는 중앙의 집권을 강화하는 방향으로 발전되었다. 隋는 비록 그 황조를 오래 유지하지는 못했지만, 三省六部制를 건립하여 중앙으로 하여금 능률적으로 지방의 정무를 처리하게 했고, 과거제를 실시하여 인재의 임면권을 중앙이 장악함으로써 지방정부로 하여금 중앙과 일치되게 했다. 唐代에는 중앙과 지방관계를 법률화하고 법률관계의 규범화를 포함한 입법권을 중앙에 집중시켜 황제의 권위를 보증하였다. 하지만, '安史의 난' 이후 藩鎭의

할거를 가져와 중앙정부의 통치영역은 축소되었다. 그 후 100여 년간의 중앙과 지방관계는 分分合合을 거듭, 말 그대로 '분열 상태'였다. 이러한 정치사회적 혼란은 경제적 쇠퇴를 가져왔고, 급기야 '五代十國'의 분열기로 이어졌다. 페어뱅크(John King Fairbank)의 통계에 따르면 중국의 역사상 그 2/3 기간은 통일정부를 유지했고, 1/3 기간은 분열의 역사라 했다. 후자는 1,000여 년 정도며, 주로 五代十國 이전이라 했다(沈立人, 1999: 37).

宋이 중국을 재통일하자, 강력한 중앙집권적 통치체제를 구축한다. 먼저 '强干弱枝'의 책략에 따라 재정권을 중앙에 집중하고 황제가 지방의 관리를 직접 임면하는 등 前代未有의 황권독재를 실시했다. 그러나 지나친 집권은 지방의 숨통을 억눌러 경제발전을 저해했다. 王安石의 개혁('變法')도 성공을 거두지 못해 결국 황조는 종언을 고했다. 元나라는 이민족(몽고족)이 건국했다. 그러다보니 효과적인 지방통제가 절실했다. 따라서 지방의 특수성을 감안한 行省制를 건립하여 지방에게 어느 정도의 자율성을 보장해 주었다. 재정권의 경우 일정 정도 중앙과 지방이 나누어 가졌다(分成比例). 후세 연구자들은 중앙과 지방이 그 재정을 6 : 4로 배분했을 때 정치는 안정되었고, 거꾸로 4 : 6으로 배분했을 때 중앙정권은 도전을 받았으며, 중앙재정의 비중이 7할 내지 8할로 증가되었을 때에는 지방정부는 수입보다 지출이 많아 관료의 부패와 민심의 혼란을 가져와 결국 元朝는 멸망하게 되었다고 했다(沈立人, 1999: 37-38).

明·淸代 중앙과 지방관계는 새로운 변화가 있었다. 明代 역시 중앙전제주의의 첫걸음으로 지방정권을 약화시키고 황권을 공고히 하였다. 이른바 황권과 相權을 황제 1인에게 집중시키고, 국무와 정무를 한 손에, 중앙과 지방 사무를 하나로 일치시켰다. 그러나 이 역시 오래 유지될 수 없어 분봉제를 실시하지만 꼬리가 길어 자를 수 없는 지경이 되자 다시 지방(藩鎭)을 억누르는 정책을 썼다. 하지만 원상회복은 불가능했고, 지방 세력의 발호로 혼란이 가중되던 차에 女眞族의 침입으로 明朝는 막을 내렸다. 淸朝 300여 년간의 중앙과 지방관계를 보면, 順治로부터 康熙까지는 집권화의 길을 걸었고, 雍正에서 乾隆시기에는 그것이 한층 더 독재화 되었으며, 이는 급속한 경제발전을 가져왔다. 하지만 太平天國의 난을 시작으로 지방이 동요, 중앙과 지방관계는 혼란상태에 빠졌다. 淸日戰爭으로부터 戊戌變法 때까지 중앙집권을 다시 시도하지만 이는 실패로 돌아가고, 다시 지방자치를 시도하지만 이미 청조는 內憂外患으로 국운을 다하였다.

이상과 같이 유구한 역사를 통해 본 중국의 중앙과 지방 관계는 국가의 흥망성쇠를 결정하는 매우 복잡하고도 중요한 인소였다. 그 관계를 적절히 처리할 때 정치는 안정되고 경제는 발전했으며, 그 처리가 적절치 못할 때 정치는 불안하고 경제는 혼란하였으며 심지어 황조가 교체되는 중요 원인이 되었다.

제3절 고대중국 중앙의 집권화 과정

이상과 같이 고대중국의 중앙과 지방관계는 상호 대립과 모순의 역사를 통해 발전되어왔다. 역대 중국의 중앙정권과 지방정권은 그 상호관계에 있어서 각자의 이해득실에 따라 자신의 역량을 증대시키려 했다. 중앙정부는 중앙에 권력이 집중되는 것을 강조, 지방에 대한 지도 및 감독과 통제를 강화하고자 하였고, 지방은 더욱 많은 독립성과 자율권을 향유할 것을 요구하였다. 이러한 모순은 西周시대부터 시작되었다. 당시 周왕조는 蔭封制를 실시했다. 따라서 지방의 諸侯들은 각자 分封하여 독립적이고 다원적인 권력실체를 형성시킬 수 있었다. 그 결과 지방의 제후들은 할거하여 중앙정부에 복종하지 않고 심지어 중앙정부를 무시함으로써 중앙정권과 지방정권의 관계는 형평을 잃게 되었다. 나아가 첨예한 대립현상을 빚었다. 그리하여 최고 통치자는 중앙과 지방관계에 있어 부득불 중앙집권을 강화하는 조치를 취하지 않을 수 없었다. 그러한 추세는 周代부터 일기 시작하여 秦 이후 계속 강화되었다. 역대 왕조가 제도적으로 추진한 중앙권한의 강화과정을 요약하면 다음과 같다.

1. 皇權 강화를 통한 중앙집권 확립

봉건 황권은 秦始皇에서 출발하였다. 春秋戰國 이래 장기적인 제후의 할거 및 列國 간의 전쟁으로 인하여 백성들은 도탄에 빠지고 국가질서는 파괴되었다. 따라서 국가로부터 백성에 이르기까지 모두가 하나의 통일되고 안정된 사회의 건설을 희망하였다. 특히 周왕실 붕괴와 부족연합체의 와해로 등장한 신지주계급과 상인계급의 활동은 개혁을 촉구하였다(周谷城, 1982: 125-128). 이러한 역사적인 상황에 힘입은 秦始皇이 6국을 통일함으로써 역사상 최대의 통일 봉건왕조가 건립되었다. 당시 秦始皇이 당면한 주요 과제는 바로 국가권력을 어떻게 운용하여 춘추전국 이래의 이 하나의 다양한 민족·다양한 체제·다양한 문화가 복합된 신흥 봉건정권을 안정시키느냐는 것이었다. 이러한 시대적 요구는 먼저 진시황으로 하여금 황제제도를 창건케 하는 동시에 정치·경제·문화적으로 일련의 혁명적인 개혁을 통하여 중앙집권을 강화토록 하였다. 이것이 바로 황권 강화의 기원이다. 秦이래 중국의 황권 강화는 역사적으로 아래와 같은 4단계를 거치면서 발전되었다.

1) 제1시기-황제제도 수립기

秦始皇이 황제제도를 건립5)하여 중앙집권의 중심축을 강화하고, 새

---

5) 秦始皇은 이전의 신(上帝)을 지칭하는 말과 上代의 전설적인 聖君(三皇五帝)을 호칭하는 말을 합한 새로운 용어 '皇帝'를 사용하여 始皇帝, 즉 '제일 황제'라는

로 획득한 전 국토를 郡縣으로 편입시켜 중앙정부(황제)의 직접적인 지배하에 두기 시작한 시기다. B.C. 221년 秦은 비록 무력으로 중국을 통일하기는 했으나, 국가 통일에 걸맞게 사회를 완전히 통합하지는 못했다. 따라서 통일 후 진시황은 역사적으로 전승되어오던 分封制(分權)의 유지와 황권의 확립(集權) 문제를 놓고, 그중 하나를 선택해야 할 기로에 처해 있었다. 당시 통치계급 내부에서는 이에 대한 일대 논쟁이 전개되었다. 승상인 王綰은 燕·齊·楚 등이 수도로부터 멀리 떨어져 있기 때문에 통제하기 편리하도록 하기 위해 황자를 그 왕으로 봉하여야 한다고 주장하면서 분봉제의 실시를 청원했고, 廷尉 李斯는 이에 강경히 반대했다. 李斯는 西周 정권이 강성하여 쇠퇴될 때까지 戰國이 분열되어 할거하는 국면이 출현하게 된 것은 周代 초의 분봉제, 즉 황권의 약화에 연유한 것이라고 보았다. 따라서 그는 分封制를 과감히 폐지하고 전면적으로 군현제를 실시할 것을 주청하였다.6)

진시황은 李斯의 의견을 받아들여 중앙집권을 강화하는 군현제를 실시할 것을 선포하였다. 그는 먼저 분산되고 다원화 된 사회를 고도로 중앙집권적인 통치 하에 하나로 통합하는 조치를 취하였다. 진시황이 통일된 일원적 중앙집권체제를 공고히 하기 위하여 취한 주요 정책은 첫째, 전국의 모든 제후를 폐하고 전국적으로 단일의 중앙정부가 직접 관할하는 郡·縣—2급 지방행정체제를 완비하였다. 둘째, 기존 법령을 하나로 통일하였다. 즉 전국의 법령을 크게 하나로 통일하고, 전통적으로 각 지방에 횡행하던 사법(私道)을 폐지하였다.7) 셋째, 중앙에서 지방에 이르기까지 하나의 완전히 새로운 통일되고 엄밀한 통치기구와 관료제도를 건립하였다. 넷째, 화폐와 도량형을 통일하고 수레축의 길이를 표준화하는 등 모든 사회 및 경제생활을 일원화하였다.

칭호를 채택했다.

6) 『史記卷六, 秦始皇本記』 "今海內陛下神靈一統, 皆爲郡縣, 諸子功臣以公賦稅重賞賜之, 甚足易制, 天下無異意, 則安寧之述也, 置諸侯不便."

7) "大立法令者以廢私也, 法令行而私道廢矣. 私者所以亂法也"(韓非, 1989,: 243).

다섯째, 다양한 한자체를 소전체(小篆體)로 표준화하는 한편, 고대의 서적을 불사르고('焚書坑儒'), 私塾을 금지하는 등 문화와 사상을 일원화하였다(薩孟武, 1975: 70-75). 그리하여 전국의 모든 권력이 중앙에 집중되고, 집중된 권한은 황제8)를 중심으로 하나로 통합된 중앙집권적 전제군주체제를 구축하는 제도적 기틀을 마련했다.

중앙정부의 조직도 황권강화에 맞추어졌다. 중추기구의 상호견제와 균형을 통해 국가권력이 황제독재를 가능케 개편되었다. 즉 정치기구에 있어서 上古의 제도를 그대로 답습하지 않고 시대적 요청에 따라 대대적인 개혁을 단행하였다. 중앙의 경우 그것은 바로 중앙정부기능을 3등분한 三公列卿制를 건립하고, 그들 상호 간의 견제와 균형을 유지케 함으로써 황권을 至高無上의 권력으로 신격화한 것이다.

중앙정부기능의 3등분이라 함은 중앙정부의 최고위 관료계층에 丞相, 太尉, 御史大夫를 두어 그들에게 황권을 위임하여 정사를 분담케 한 것이다. 승상은 백관의 수장 및 일반행정의 중추로서 정무를 총괄하였고, 태위는 軍政을 관장했으며, 어사대부는 최고감찰관으로서 모든 행정을 감찰하고 잘못된 행정을 탄핵하는 임무를 맡았다. 三公은 황제의 최고보좌기구로서 황제에 대해 책임을 지는 위치에 있었다. 그 다음의 중앙정부 고급관료로서는 승상 밑에 15卿을 두었다. 이들은 일반행정의 총수인 승상의 지시를 받아 중앙정부의 일반행정을 분담했다. '三公列卿制'는 秦나라에서 시작되어 漢나라에서 공식화되었다. 이후 역대 왕조는 이 제도를 계승하여 三省六部制로 발전시켰다.

이상과 같이 秦始皇은 통일적 권력구조의 제도적 기반 조성과 중추기구의 균형과 견제 메커니즘 및 군현제의 건립 등을 통하여 중앙집권적 군주제를 강화해갔다. 하지만 秦 초기에는 국가건설의 기초가 아

---

8) 일원적 집권구조의 상징인 황제제도는 秦始皇이 천하를 통일한 후 처음으로 건립되었다. 始皇은 이전의 신(上帝)을 지칭하는 말과 上代의 전설적인 聖君(三皇五帝)을 호칭하는 말을 합한 새로운 용어 '皇帝'를 사용하여 始皇帝, 즉 '제일황제'라는 칭호를 채택했다.

직 견고한 상태가 아니었기 때문에 6국의 잔여세력이 계속하여 활동하고 있었다. 때문에 지방세력에게 자율적으로 긴급한 상황에 대처할 수 있는 권한을 부여할 필요가 있었다. 그리하여 통일 후에도 지방 郡·縣의 수령들은 여전히 비교적 광범한 권력을 장악하고 있었다. 그러나 진시황은 한편으로는 군·현의 수령에게 광범한 권한을 부여하였지만, 동시에 엄격한 법률적 감독을 통하여 그들을 엄밀히 통제하였다. 지방 관원의 임면, 상벌, 녹봉, 上策 등을 불문한 모든 것은 엄격한 법률로서 信賞必罰토록 했다(『語書』). 당시의 역사적 상황에서 결국 분봉제는 부정 내지 와해될 수밖에 없었고, 다민족을 통일시켜 봉건국가를 확립해야 한다는 이상은 하나의 진보적인 의의로 뿌리를 내렸다. 秦은 천하통일 후 불과 15년(B.C. 221-206)밖에 존속하지 못했지만, 진시황이 취한 이상과 같은 사회 일원화 전략 및 중앙의 지방에 대한 통제전략은 이후 중국의 문화와 국토를 하나로 묶는 통치 패러다임이 되었다.

2) 제2시기-强幹弱枝 전략기

漢나라가 "天子를 중심으로 하나로 통합하여 그 권한을 강화하고 제후를 약화시키는(天子一統, 强幹弱枝)" 전략을 추진한 시기다. 劉邦(高祖)이 漢朝를 건국한 후, 그중앙 정치체제는 秦의 것을 모방했고, 지방행정체제는 기본적으로 秦의 郡縣制를 답습하였으나, 초기에는 分封制를 병행하였다. 이 점에 있어서는 漢은 秦의 중앙집권적 통치에서 뚜렷이 후퇴하였다. 그것은 秦에 대한 반란이 부분적으로는 구질서를 회복하려는 욕망에 동기가 있었기 때문이기도 하지만, 제국의 대부분의 지역이 중앙으로 멀리 떨어져 있고 당시로서는 교통도 불편하여 정부의 책임과 동시에 수입을 제후들에게 양여하는 것이 바람직하다고 보았기 때문이었다. 다른 한편 이러한 분봉정책은 강력한 군사적 인물의 충성심을 지속케 하고 황실의 방계를 유지하는 수단으로서도 알맞은 제도였다(라이샤워·페어뱅크, 1987: 114-116). 그 결과 "諸王은 법을 만들어 봉토를 다스렸고, 관리를 임면하였으며, 세금을 부과하고 司法을 농단하였다." 심지어 스스로 연호를 개명하여 사용하고 漢朝의 연호를 쓰지 않기도 했다. 따라서 지방 왕국의 권세는 날이 갈수록 팽창되어 중앙과 첨예하게 대립하는 국면을 형성하였다. 그리하여 漢代 초기의 황제들은 그 최초의 반세기를 중앙집권세력에 대한 위협을 제거하는데 허비하지 않으면 아니 되었다.

漢 武帝는 즉위 후 董仲舒와 主父 언(偃)의 건의를 받아들여, 권세 있는 신하들의 횡포를 바로잡기 위하여 政事를 아랫사람에게 위임하지 않았다. 비록 3公을 두었지만, 그 직무는 臺閣에 넘겼다. 그 이후 3公의 권한은 줄어들었다. 원래 한나라의 3公은 政·法·兵을 총관하였고, 그 직속인 9卿은 禮·樂·稅·法·警·府庫 등을 분담하는 정부의 직능기구였다. 武帝 때 이를 6曹로 개편했다. 또한 武帝는 '推恩令'을 내려 제후들의 封土와 행정권력을 없애거나 줄여갔다. 즉 "大國은 10여 城을 넘지 못하고 小諸侯는 10여 里를 넘지 못하도록 하는 등…9) '强幹弱技'의 전략을 통하여 천자에게 권력이 집중되는 '天子一統'의 목적을 한 걸음 앞서 달성하였다. 그 후 지방의 할거세력은 점차적으로 약화되었고, 봉건중앙집권제도는 확립될 수 있었다. 말하자면 漢초 1백여 년의 세월을 허비한 후에야 비로소 정치·군사·법률 등 각종 정책수단을 동원하여 중앙집권과 지방할거의 모순을 조정하고, 양자 간의 권력관계에 형평을 가져와 통일된 국가의 통치기반을 안정시켰다. 漢代를 시작으로 '강간약지'의 전략은 전체 봉건사회의 기본시정원칙으로 뿌리를 내렸다.

---

9) 『史記·漢興以來諸侯王年表』"大國不過10餘城, 小侯不過十餘里, 上足以奉貢職, 下足以供養祭祀, 以藩輔京師. 以漢郡八·九十, 形錯諸侯間, 犬牙相臨, 乘其阨塞地利, 强本干, 弱枝葉之勢, 尊卑明而萬事各得其所矣."

3) 제3시기-황권의 안정 및 상승기

황권이 안정 내지 상승되고 그것이 법률로 보장된 시기다. 漢代에 확립된 '强干弱枝' 정책은 비록 이론과 실천에 있어서 황권을 대대적으로 강화했다 할지라도, 강화된 황권은 아주 급속히 지방할거세력의 야욕의 대상이 되었다. 따라서 이어서 전개된 魏晉南北朝 시대의 정치적 혼란은 행정체제의 분화와 변혁을 촉진하였다. 그중 가장 현저한 특징의 하나는 東漢시대의 尙書制가 3省制로 극적으로 승격된 것이다. 즉 中書省은 정책을 결정하고, 門下省은 이를 심의하고, 尙書省은 집행업무를 담당하게 되었다. 3성의 장관은 국가의 정무를 관장하는 중추가 되었다.

또한 魏나라 건국 초기 각 州에 都督을 설치하여 각 州의 군사를 감시케 하는 동시에 刺史를 두어 행정을 감독토록 하였다. 그 결과 군권을 장악한 도독이 자사의 임무까지도 겸임하게 되어 군권이 행정을 간여하는 폐해를 노정하였다. 晉代에 와서도 이러한 폐해가 계속 되어, 결국은 16국이 끊임없이 혼전을 벌이는 남북분열의 시대에 돌입한다.

隋·唐은 이러한 남북조시대 지방할거의 교훈을 바탕으로 강력한 중앙집권적 체제를 구축하였다. 예컨대, 隋文帝와 같은 황제는 조정의 정무를 크고 작은 것 가리지 않고 모두 친히 처리하였다. 隋文帝는 3省 6曹를 5省 6曹로 개편하고, 동시에 황권을 최고 입법권으로 확정하였으며, 황제의 詔令이 최고의 법률적 효력을 가지도록 했다. 그리고 황권 통제하의 인사기구와 인사권을 제도화·법률화하고, 행정법을 제정 운영함으로써 황권을 더욱 견고히 했다. 이것이 발전하여 훗날 『唐六典』이 된다. 이로써 秦·漢代로부터 건립되기 시작한 중앙집권적 봉건전제체제가 제도화, 법률화의 길을 걷게 된 것이다.

역사적으로 唐의 중앙집권제가 높이 평가받는 이유는 바로 황권이 중앙집권을 실현하는 화신이긴 했지만, 그것은 결코 황제 독단이 아닌 절대적인 충성과 황제의 명을 받는 종적 관료기구에 의해 성취되었다는 점에 있다. 이와 동시에 관료기구의 권한행사를 일정한 기능으로 제한하여 중앙집권과 국가의 관리관계, 중앙정권과 지방정권의 상호관계를 모두 제도적 내지 법률적으로 제약하였다. 이 점이 바로 황권 강화 면에 있어서 唐이 기타 황조보다 진일보한 점이다.

4) 제4시기-황권의 독재화 시기

이 시기는 황권이 독재화된 시기다. 이는 北宋 개국 황제인 조광윤(趙匡胤) 이후부터 시작하여 明・淸 시대에 완성되었다. 北宋이 어떻게 황권 독재화의 길을 걷게 되었는가에 대해서는 이견이 분분하다. 하지만 일반적으로 당조 중・후기의 失政과 크게 관련이 있는 것으로 보고 있다. 앞에서 언급한 바와 같이 魏朝에서 시작한 도독의 州에 대한 군사 관제로 인하여 발생한 군의 정치 간여의 폐단은 남북조시대를 거치면서도 사라지지 않았고, 오히려 군이 행정을 대신하는(以軍代政) 현상으로 변전하여 군권을 장악한 자가 왕권을 좌지우지할 수 있는 정도가 심각한 상황에 달하였다. 唐 건국 후에도 결코 그 폐해를 근절시키지 못했다. 당 玄宗 말년에 마침내 번진정권과 중앙정권이 공개적으로 대립하여 힘을 겨루는 일이 벌어졌다. 安史의 亂은 중앙집권과 번진할거의 투쟁이 최고봉에 치달은 사건이다.[10] 그 결과 중국은 또 五大十國의 할거국면으로 분열하였다.

이 난세에 나타난 趙匡胤은 중앙집권을 공고히 하여 국가를 통일해야한다는 절박성을 심각히 깨닫고 그는 황권을 한층 더 강화하는 한편, 지방 권력을 단계적으로 약화시켜 나갔다. 대신과 지방 관료들의 농간을 무력화 시키고, 일체의 政事를 황제가 독단하였다. 3師 3公을 상설화하지 않고, 재상을 專用하지 않았으며, 3省 장관은 정사에 관여

---

10) 『新唐書, 方鎭表一』 "始也各專其地自世, 繼則迫於利害之謀, 故其喜則連衡以叛上, 怒則以力而相幷, 又其甚則起而弱王室."

하지 못하고 6부는 虛名에 불과했다. 대사감의 관원은 정원이 없고 관원들은 그 직책을 모르는 자가 10명 중 8-9명이나 되었다. 兵은 있으되 장수는 없고, 장수는 있으되 군권이 없는 기이한 현상이 나타났다. 말하자면 文官이 국사를 논의하지 못하고, 武官이 군대를 모르는 실정이었다. 이처럼 과도하게 황권을 강화한 결과 비록 지방(藩鎭)의 할거 국면은 종식시킬 수 있었으나, 중앙집권의 기반인 관료기구가 쇠약해져서 국가권력을 효율적으로 집행할 수 없었고, 국가의 통일된 권위를 적극적으로 발휘할 수 없었다. 宋의 통일은 이름 뿐, 실질적으로는 宋・遼・金・西夏가 병립하여 천하는 여전히 분열상태 그대로였다.

明의 朱元璋은 趙匡胤의 정책을 그대로 계승하였다. 朱元璋은 3省을 철폐하고 재상제도를 폐지하였으며, 6部를 두어 전국의 행정을 分掌케 하였다. 洪武 13년(1380) 정월에는 승상인 胡惟庸을 죽이고 중서성의 승상직을 폐지하여 황제가 스스로 6部를 관장하였다. 이처럼 6部는 황제의 직속으로 3省의 직권을 대신하는 일약 최고행정기관으로 황제에게 직접 책임을 졌다. 결국 방대한 행정기관은 황제 1인에게 귀속되었으며 황제가 친히 이를 통제하게 됨으로써 실질적으로 국가최고행정의 수장이 되었다. 따라서 皇權(國務)과 相權(政務)이 모두 황제 1인에게 집중되어 황권 독재가 극치에 달했다.

이는 한편으로 지방할거의 사회적 기반과 역량을 제거하여 봉건국가의 안정과 통일을 한층 더 강화시키는 데 기여했지만, 다른 한편으로는 중국의 봉건전제제도가 극치에 달하여 후세에 봉건전제의 유산이 고질화되도록 했다.

2. 지방기구의 조정을 통한 중앙집권 강화

강력한 중앙집권체제를 유지하기 위해서는 효율적인 지방행정기구의 존재가 필수적이다. 역대 중국의 통치자들은 중앙집권제의 유지 및 강화를 위해 아래와 같은 4단계를 통해 부단하게 그 지방행정기구를 개혁해 갔다(李鐵, 1989: 16-21).

1) 제1단계: 郡縣制 건립을 통한 지방통제 기틀 구축

진시황은 천하를 통일한 후 새로 획득한 전 국토를 지방행정단위에 편입시켜 중앙의 직접 지배하에 두는 郡縣制를 건립했다. 건국 초기 전국을 36개 郡으로 분할하였다. 그 후 邊境의 개척에 따라 48개 군으로 확대 개편하였다. 군은 지방의 최고 1급 정부로서 郡守를 두고, 군수는 황제의 임명과 중앙의 통제 하에 군의 사무를 통할하였다. 군에는 중앙관제와 병렬하여 都尉를 두어 군사를 주관케 하고, 監御史에게는 감찰을 맡겨 세력균형을 유지케 함으로써 지방할거의 틈을 없앴다.

군 밑에는 縣을 두고 縣令이 그 행정을 주관했다. 현령은 중앙이 임면하고, 군수의 통제를 받아 1현의 행정·사법·군사·재경에 관한 사무를 관장하였다. 군수 및 현령은 각각 중앙정부에 대해 직접 책임을 졌다. 縣 밑에는 卿·里·伍 등의 기층조직을 두었다. 1향은 10정을, 1정은 10리를, 1리는 100호(家)를 관할하였으며, '5가구를 1오로 조직'(五家作伍)하였다. 이처럼 지방조직을 복잡하게 만든 것은 그만큼 秦의 지방에 대한 통제가 치밀했음을 의미한다(傅樂成, 1978: 113-114).

전국의 군수와 현령을 중앙정부의 지배하에 둠으로써 전 영토에 세습적 대토지소유(봉건)의 여지를 남기지 않았으며, 또 그것은 직업관료제도를 여는 단초가 되었다. 이는 중국사회는 물론, 세계사에 있어서도 대단한 의의를 지니는 역사적 개혁이었다. 전국적인 범위에서의 군현제의 건립은 다민족의 통일적 정권기반을 공고히 하고, 그것을 위한 중앙집권의 여러 정책을 추진하는 데 있어 적극적인 작용을 하였다. 秦 이후 역대의 지방행정제도는 비록 다소의 변동은 있었지만 기본적으로는 郡縣制度의 틀 위에서 발전되었다.

2) 제2단계: 지방감찰구(州) 건립을 통한 지방통제

郡縣制의 확립으로 중앙정부는 지방정부를 비교적 순탄하게 통제할 수 있었다. 그러나 漢代에 들어와 중앙의 지방(군·현)에 대한 감독과 통제를 한층 더 강화하기 위하여 郡의 상급 단위로 전속 감찰구인 州를 설치하였다. 漢武帝는 기원전 106년 전국을 13개 감찰구로 나누고 각 구의 刺史로 하여금 지방의 행정·군사·사법업무를 감찰하게 하였다. 漢의 지방관에 대한 감찰은 그중점이 주로 지방관과 지방호족이 결탁하여 중앙집권에 불리한 세력을 형성하는 것을 방지하는 데 있었다(張晉藩, 1988: 65).

이러한 제도는 隋나라 초까지 약 700여 년간 존속되었다. 그것은 군현제를 가일층 공고히 했고, 중앙과 지방의 상호연계를 원만히 조정하고 개선하는 데 크게 이바지하였다. 그러나 이러한 조치들은 東漢 말에 와서 오히려 지방할거를 조성하는 빌미를 제공하였다. 예를 들자면 자사가 실권을 장악하고 임지에 장기간 근무하는 것은 행정의 계속성을 유지하는 데에는 도움이 되었지만, 지방호족과 결탁하여 그 세력이 깊이 뿌리 내려져 통제 불능의 상태에 이르는 등 그 폐해가 컸다. 東漢 말에 이르러서는 농민폭동을 진압할 필요에 따라 감찰구를 州로 개편하여 지방의 최고 1급 정권으로 승격시켰다. 그리하여 州의 牧使는 이제 단순한 감찰관이 아니고, 행정·군사·사법·재정을 장악한 실권이 있는 장관이 됨으로써 점차적으로 국가의 重心이 지방으로 옮겨가게 된다. 결국 초기의 '強幹弱技'가 '內輕外重'으로 바뀌게 되는데, 이러한 국면은 魏晉南北朝를 거쳐 唐 건국 이후에야 비로소 제자리로 돌아가게 된다.

위진남북조 시기는 정치적 분열 상태로 지방 정권이 할거하여 중앙에 의한 통제력은 거의 무방비 상태였다. 이러한 지방행정의 혼란은 후대 봉건통치계급에게 중요한 교훈이 되어 그들을 각성하게 하는데, 그것은 바로 중앙집권을 강화하려면 반드시 효율적인 지방행정기구를 건립하여 강력한 수단으로 중앙정권과 지방정권의 지리적 행정관계를 조정해야 한다는 것이었다.

3) 제3단계: 감찰구(道와 路)의 확대개편과 지방통제강화

남북조시대의 정치 분열이 가져온 가장 큰 결과는 감찰구의 확대로 지방통제를 가일층 강화해야겠다는 것이었다. 唐은 견고한 군현제의 기초 위에 漢의 감찰구역인 州를 정식행정기구로 만들고, 州·縣 위에 별도의 감찰구역인 道를 신설하여 州의 기능(감찰기능)을 대신하게 했다. 이때 道는 오직 감찰기능만 수행하여 중앙과 지방의 연계를 강화하는 동시에 擺撥制度를 건립하여 그 직무를 수행하였다. 비록 도는 당나라 최고지방구역의 명칭이기는 했으나 감찰관이 지방에 대한 감찰권을 행사, 중앙집권체제를 강화하는 기능이 주 임무였음으로 행정단위와는 다소 구별되었다(程幸超, 1987: 154-155). 한편 당나라의 州와 郡은 동일한 지방구역으로서 그 명칭만이 시대에 따라 상호 변경되었을 따름이며 실제적으로는 큰 구분이 없었던 것이다.

唐이 멸망하고 宋이 건국되자 唐의 道를 축소 조정하여 路로 개칭하였다. 감찰구역인 唐·宋의 道와 路의 건립은 중앙의 지방정권에 대한 감찰기능을 더욱 효과적으로 집행하고 중앙과 지방관계에 있어서의 공식적인 전달기능을 강화시켜 주었다. 道와 路의 설치로 행정관리에 있어서도 또 다른 효과를 가져왔다. 그것은 州와 縣을 단순한 행정기구로 고정시키고, 중앙과의 관계는 대부분 1급 지방정부인 道와 路를 통해 조정토록 그 기능을 구분한 것이다. 이러한 점으로 보아 唐의 道와 宋의 路는 중앙과 지방정부 관계의 조정과정에서 생성된 과도적 기구였다고 하겠다. 道와 路의 직무상 성격은 明淸代에까지도 변함이 없었다.

4) 제4단계: 行省의 설치를 통한 중앙과 지방간의 연계 강화

唐의 道 및 宋의 路는 중앙과 지방을 연결시키는 중추 기능을 겸함으로써 그 폐단이 컸다. 감찰기능을 행사하는 기구가 지방행정에까지 관여함으로써 직권과 기능상의 혼란을 야기하였다. 그것은 중앙과 지방을 효과적으로 연계시키지도 못했고, 지방정부에 대한 통제기능도 더 강화시키지 못했다.

따라서 방대한 영토를 평정한 元은 이상과 같은 병폐를 없애기 위하여 지방행정기구의 대개혁에 착수한다. 먼저 감찰구역인 路를 정식으로 지방정권인 州·縣과 나누고, 州를 확대하여 路와 府(2급 행정단위)로 개편하여 각각에게 감찰기능과 지방행정기능을 엄격히 분담시켰다. 둘째, 1급 지방행정단위로 省을 신설하여 지방의 1급 최고행정단위로 하였다. 이러한 지방행정체제의 개혁은 행정관리의 객관적 수요와 지리·기후 등 자연적 조건에 근거하여 행정구역에 대한 합리적 정책추진을 위해 개편한 것으로 그 이전의 제도보다는 크게 발전한 것이었다.

省制의 건립은 元 제국의 중앙집권을 강화하고 하나의 다민족국가로서의 통일을 공고히 하였을 뿐만 아니라, 후대의 정치제도에 지대한 영향을 미쳤다. 元 이후 省제도는 현재까지 그대로 유지되고 있으며 그것은 현행의 省·地·縣 3급제로 발전되었다.

이상에서 언급한 중국지방행정기구의 변천과정을 종합해 보면 다음과 같은 두 가지 흐름을 발견할 수 있다. 첫째, 기본적 행정단위인 縣은 秦 이래 왕조의 교체에 관계없이 안정적으로 지속되어 왔다. 둘째, 州·郡·道·路·府·省은 정치적 상황에 따라 그 위치와 권한에 있어 상당한 기복을 나타내며 변천해 왔다. 이러한 변화는 중앙과 지방권력구조의 조정에 있어서 그 기본 특점의 소재가 어디에 있었나를 반영한 것이다.

제4절 국가 권력의 획일적 운용을 통한 중앙권력의 강화

고대중국의 중앙은 주로 행정·재정·사법·군사 및 감찰(5권) 체계11)를 통하여 지방을 통제하였다. 본 절에서는 고대 중국의 중앙정부가 이 다섯 가지의 메커니즘을 통하여 어떻게 권력을 일원화하고, 통일정부를 유지해 왔는가를 살펴보고자 한다.

1. 행정의 내부통제를 통한 중앙집권

중국 역대 황조의 행정체계는 느슨해 보이지만 엄밀했고, 광범해 보였지만 치밀하게 조직되어 지방에 대한 장악력과 통제는 아주 강하고 엄격했다. 일반적으로 행정기구와 직제의 신설·개편, 행정구역의 재편과 관할권의 결정 등은 모두 중앙의 권한에 속했으며, 모든 행정규범은 일률적으로 중앙이 제정한 행정법령에 의해 집행되었다. 秦始皇 때의 郡縣制의 실시로부터 淸末의 省·地의 건립에 이르기까지 중앙정부는 계속 이러한 행정권의 행사를 통하여 직접 지방에 대한 통제권을 행사하였다. 비록 蒙古族·回族·苗族·彝族 등 특수 상황에 있는 소수민족지역이라 할지라도 자치를 주장하지 아니하고, 추장을 주인으로 하는 정치, 중앙이 勅命으로 제후를 봉하는(敕封) 정책을 답습하였다.

구체적인 관리권을 포함한 지방의 행정권은 일반적으로 중앙에서 파견한 省·府·郡·縣의 각급 주요 관료들에 의해 행사되었다. 관료들의 권한과 책임은 모두 중앙이 법령으로 규정했고, 모두 중앙의 결정에 따랐다. 지방관리와 지방세력의 결탁을 방지하기 위해서도 두 가

---

11) 辛亥革命 이후 孫文이 건립한 中華民國 헌정체제는 이러한 五權體制를 승계했고, 현재까지도 臺灣의 중화민국은 五權體制를 유지하고 있다.

지 조치를 취하였다. 그 하나는 관리를 임명함에 있어 연고지에 배치하지 못하도록 하는 '回避制'이며, 다른 하나는 정기적인 전환배치를 통해 관리가 한 지방에 그 세력을 뿌리내리지 못하도록 한 '輪換制'였다(林尙立, 1988: 268-269).

또한 역대 중국의 통치자들은 지방정부의 각급 관료들에 대하여 엄격한 근무평정(行政考績)과 법률적 감독을 통하여 지방을 통제하였다. 근무평정은 각급 지방관료들의 皇權에 대한 충성도와 최고통치자의 결정에 대한 집행력 및 관료의 기타능력 등을 종합적으로 평가하는 것이었다. 법률적 감독이라는 것은 법적 절차에 따라 각급 관료의 법규집행의 질과 능력을 조사하고 감찰하는 것이었다.

행정근무 평정의 중심내용은 忠信과 능력이었다. 중앙 및 지방정권은 전제군주통치의 실체로 국가의 법령은 반드시 각급 관리를 통하여집행되었다. 그러므로 관리의 중앙권력에 대한 충성은 최고통치자인황제에 대한 충성이었으며, 그들의 행정 능력은 중앙집권제를 견고히하고 정권을 안정시키는 기반이었다. 일찍이 秦代에 '爲吏之道'를 제정하여 각 급 관원의 '五善五失'을 엄격히 조사하였다. 이른바 '善'이란그 기준을 忠信과 治善에 두었으며, '失'의 기준은 不忠과 권력의 전횡에 두었다. 이는 바로 중앙정권이 지방정권에 대해 가장 우선적으로요구하는 기본적 정치品德이었다(『秦律, 爲吏之道』). 후대에 제정한 각종근무평정 규정은 비록 善과 失에 대해 다른 조건과 해석이 있긴 하나(「晉律」 중의 '正身'·'修本', 「唐4善27最中」의 '德義有聞'·'淸愼明著' 등과 같이), 모두 엄격히 각급 지방정부 관료의 중앙에 대한 忠信과 탁월한 행정실적(政績)을 요구하는 것이었다(『晉書, 職官志』; 『唐書, 職官志』). 이러한직무와 실적에 대한 평가는 법률의 형식으로 엄격히 규정함으로써 제도화되었다.

그리고 법률 감독의 핵심은 관리의 청렴과 준법에 두었다. 漢代의「六詔察吏」, 唐의 「六察法」과 淸의 「四格八法」 등 이에 대한 대표적인규정이었다(『大淸會典, 考課』). 각 지방 관료의 치적이 중앙집권의 존망을 좌우하는 기반이라면, 지방 관료가 규율을 준수하고 법을 지키며(遵紀守法) 청렴하고 바르며 투명하게(淸正廉明) 공무를 집행하는 것은 정권을 보존하는 관건이라는 것은 예나 지금이나 다름이 없었다.

이상에서 볼 때 중앙(통치자)과 관료간의 관계는 절대적인 명령-복종, 즉 수직적 인간관계에 있었다. 따라서 이러한 관료에 대한 강력한 내부통제는 황권(중앙)에 대한 충성심을 확보, 지방 세력의 발호를 차단하는 효과는 가져올 수 있었지만 관료의 자율성 내지 창의적인 행정은 기대할 수 없었다. 결국 지방의 자율성과 능동성을 상실시켜 지방의 사회경제발전을 저해하였다. 이러한 행정전통으로 인하여 공산정권 수립 이후에도 행정의 획일화 내지 지령화는 무리 없이 수용되었고, 개혁개방 이후 비록 정부(행정) 개혁을 꾸준히 추진하고 있으나 그 전통적 폐해는 지속되고 있다.

2. 재정권의 중앙집중을 통한 지방통제

재정권은 중앙의 지방에 대한 경제적 통제수단이다. 진시황은 통일 직후 중앙에 의한 재정적 통제의 중요성을 인식하고 신속히 화폐와 도량형을 통일하여 재정권을 중앙에 집중시키는 조치를 취했다. 이후 역대 통치자들에게 있어서 재정의 집중은 바로 중앙집권의 기본 요건이었다. 역대 왕조는 주로 지방세수 및 광산·야금과 제련·소금·철과 수공업생산의 官營을 통해 재정권을 장악하였다. 특히 稅收의 집중은 재정권 통제의 기본수단이었다. 세수의 중앙집중 후에 권력은 한층 더 중앙에 집중되었다(周伯棣, 1981: 567).

兩漢시대에는 농민의 세금부담을 줄이는 한편, 지방상공업의 관영을 강화하여 그 지방 상공세수로서 국가재정수입을 증대시켰다. 唐代에는 중앙과 지방의 농·공·상업세를 병과하고, 국외무역과 해상무역의 발전에 주의를 기울여 국가의 稅源을 국제시장으로 확대하였다. 明代 초기에는 지방공업을 크게 육성하고 지방의 해상무역을 적극적으로 장려히여 국외시장을 개척함으로써 국가의 경제력을 증식시켰다.

그러나 이러한 직접적인 재원 취득의 권한은 중앙정부 자신이 직접 통제하고 지방에 이전하지 않았으며, 지방에는 생산경영권 또는 위탁적 성격의 해외무역에 관한 권한만 부여했다. 한편, 지방의 세수에 대해서는 철저한 회계감사를 통하여 중앙 통제하에 두었다. 즉 지방의 모든 재정수입은 회계감사를 통하여 상급에 보고해야 하고, 중앙에 상납해야 하며, 지방이 임의로 처리하지 못하도록 규정하였다. 이 밖에 세율도 중앙이 구체적으로 규정함으로써 중앙의 전국의 세수에 대한 관할과 통제를 보증했다(林立尙, 1988: 269).

이처럼 중국 봉건집권제도 하에서는 중앙이 직접 재원을 장악하고, 법률수단을 통하여 세수를 효과적으로 통제하여 지방과의 경제관계를 조정했다. 지방 재정권에 대한 제약은 엄격한 법적 성격을 가진 것으로, 임의적인 조정이 불가능했다. 재정권의 고도 집중은 지방 세력이 팽창하여 중앙의 안정을 뒤흔들지 못하도록 하는 데 목적이 있었지만, 재원의 중앙집중은 결국 지방경제를 위축시켜 그 자립의 기반을 짓눌러 놓았으며, 나아가 국가전체의 경제발전을 저해하는 주요 원인이 되었다. 이러한 전통은 중화인민공화국 건국 후 개혁개방 시기까지 중앙이 견지해 온 재정정책으로서 결국 지방경제의 숨통을 틀어막아, 중국 경제를 도탄에 빠지게 하였다.

3. 사법권의 통일을 통한 권력의 일원화

사법권과 군사권은 중앙집권 제도하에서 중앙이 장악하는 진압의 권한이다. 사법권은 고대 중국사회에 있어서 각종 사회악을 다스리고 반역을 징벌하여 국가질서와 윤리 관념을 안정시키는 데 그 목적이 있었다. 역대 중국 황조의 일체의 사법권은 중앙이 장악하고 있었고,

지방은 중앙이 제정한 법률에 의거하여 단지 그것을 집행할 뿐이었으며, 그 집행이 중앙정부와 최고 통치자의 의지에 반하는 것이어서는 아니 되었다.

4. 군사권 통일을 통한 권력의 일원화

고대 중국의 군대는 여느 국가나 마찬가지로 외부적으로 적의 침입을 막고, 내부적으로 중앙에 대한 반란을 다스려 집권을 강화하고 국가통일을 유지하는 중추역량이었다. 따라서 군사권은 중앙이 직접 완벽하게 장악하였으며, 결코 지방과 공유할 수 없는 것이었다. 황제는 확실하게 군대를 장악 통제할 때만이 비로소 황권을 안정시킬 수 있고, 지방의 할거와 분열을 방지할 수 있었다. 上軼은 "황제의 병권을 크게 강화해야 제후들이 두려워한다(兵革大强, 諸侯畏懼)."는 이치를 명백히 했고(戰國策譯註, 1984: 62), 秦始皇은 이를 받아들여 전국을 통일한 후 지방의 무장역량을 약화시키기 위해 강력한 정책을 강구한다. 대표적으로 민간이 소지한 무기를 모조리 몰수하여 폐기하고, 전국 1/3 이상의 장년 남자를 병역에 복무시키는 방법 등을 통하여 무장역량을 중앙에 집중시켰다. 그리고 진시황은 6국을 통일한 후 전국의 兵을 수도 咸陽으로 회수하였다(『史記卷六, 秦始皇本紀』). 그럼으로써 군사권을 중앙이 통일적으로 지휘·관리할 수 있었다. 隋代에는 부병제를 실시, 가장 주요한 기동타격부대(折衝府)를 關中 및 그 부근 지역에 배치하여 중앙이 필요할 때 언제든지 이동시킬 수 있도록 했다.

宋代에 이르러서는 부병제를 고용병제로 바꾸고 황제는 장수를 한 곳에 오래 주둔시키지 아니하고, 연고지에 배치하지 않으며, 중앙을 강화하고 변방을 약화시키는(强干弱枝) 방법으로 군권을 집중하여 지방 세력의 할거를 방지하였다. 明淸代에는 衛所와 八旗의 주둔방위제도를 실시하여 병역주소지와 주둔지역을 상대적으로 고정시켜 황제가 이들을 수시로 이동시켰다. 황제는 필요에 따라 군대를 이동시킬 수 있고, 황제만이 그것이 가능하였기 때문에 지방관리와 무관이 군대를 통제하여 분열과 독립을 획책할 가능성은 한계가 있었다. 비록 그러한 움직임이 있다 할지라도 황제는 병력을 집중시켜 이를 진압할 수 있었다(李桂海, 1987: 457).

따라서 중앙정부의 이 같은 사법권과 군사권의 전횡에 대해 지방의 저항도 아주 격렬했다. 東漢 말년에는 사법권과 兵權의 독점에 대한 분권 쟁탈이 발생했고, 남북조 시대에는 지방의 항의 시위까지 발생했다. 隋・唐代에도 선비들이 여러 차례 중앙에게 法・兵 兩權의 과도한 집중의 폐단을 논박했다. 그러나 중앙은 이에 개의치 않고 사법권과 군권을 일관되게 장악했다.

그러나 문제는 지방 세력과 지방수령의 결탁에 있었다. 지방의 사법・군사권의 구체적 집행권은 역대 황조 모두 중앙이 파견한 지방 수령에게 부여하였다. 이렇게 법・병 양권을 한 손에 쥔 지방의 수령은 자연히 그 힘이 막강해졌고, 따라서 세력을 확장하여 중앙을 압박하였다. 魏晉시대의 刺史와 唐 후기의 節度使가 이를 가장 잘 예증해준다. 이들 요직의 관료들이 장악한 권력은 충분히 한 지역을 군림할 수 있어 상시 지방의 할거를 조장하거나 지방왕국을 규합하여 중앙정부로부터의 독립을 요구하는 등 국가의 동란과 분열을 조성하였다.

魏晉시대로부터 唐 후기에 이르기까지의 이러한 역사적 교훈은 宋・元・明・淸 4황조로 하여금 법・병 양권의 장악을 통한 지방 통제를 더욱 강화시키도록 했다. 결국 지방의 할거는 중앙정부의 권력 재집중의 빌미로 작용하였다. 宋은 '유상 몰수정책(贖買力略)'을 써서 군사권을 회수하여 모두 중앙에 귀속시키고, 사법기구를 전면적으로 조정하여 사법대권을 중앙이 독점하였다. 하지만 지나친 집중은 그 효과가 결코 이상적인 것만은 아니었다. 따라서 明・淸代 초기에는 병권만 중앙에 집중 강화시키고, 사법권은 지방에 하방하는 정책을 채택하여 지방 수령의 병・법권의 합일을 허용치 않았다. 이러한 정책의 채택은

明·淸代 초기의 사회를 안정시키고, 지방할거를 방지하는 데 효과적인 작용을 하였다.

본서 제3장에서 재론하겠지만, 공산정권 수립 이후에도 大軍區와 행정구를 엄격히 구분하여 지방권력을 분산시킨 것이나, 특히 高崗-饒漱石 사건을 계기로 지방의 군사 지도자를 중앙으로 이동시키는 등의 정책을 추진한 것은 군부지도자와 지방 세력과의 결탁 내지 지방 왕국화를 차단, 방지하는 데 목적이 있었으며(김정계, 2002: 64-67), 이는 바로 兵權의 집중을 통하여 권력을 일원화하는 중국의 정치전통에 기인한 것이라 본다.

5. 감찰권을 통한 권력의 일원화

중국 군주전제체제의 역사를 장기적인 측면에서 보면, 체제의 안정은 첫째 지방정부 관료의 질과 중앙에 대한 충성도 및 지방정부 자신이 그들의 이익을 위해 중앙으로부터 이탈하려는 원심력 정도 여하에 의해 좌우되었다. 중앙과 지방정부의 관계는 역사적 상황의 변화에 따라 상호 흥망성쇠의 궤를 달리하였다. 즉 지방정부 자신의 원심력이 강하고 지방 관료의 충성심이 약화될 때 지방 세력의 할거로 분열되고, 반대일 경우 권력의 일원화는 유지되었다. 따라서 중앙정부는 지방정권, 특히 그것의 주체인 지방 관료에 대해 엄밀히 주시해야 했고, 법률적 수단을 이용하여 지방의 원심력을 강제적으로 차단해야만 중앙과 지방 상호관계의 평형을 유지할 수 있었다. 이러한 정치적 배경으로 인하여 고대 중국 관료체계에 있어서 하나의 완벽한 근무평정제도와 감찰체계의 구축은 불가피했다.

감찰권은 중앙의 지방에 대한 감독권으로 그것은 중앙과 지방관계에 있어서 지방에 대한 특수한 통제기능을 했다. 그 기능의 범위로 보면 행정감독권과 사법감독권이 있었고, 감찰의 절차와 구체적 감찰의 내용에 따라 상규감찰과 특명감찰이 있었다. 상규감찰은 중앙의 감찰기구인 御史臺가 지방행정에 대하여 정규적으로 행사하는 감찰이며, 특명감찰은 중대 사법 사건 및 억울한 죄의 재판에 대해 황제의 특명을 받아 파견된 어사가 鞫問하는 비상시적 감찰이었다. 어사는 秦代 朝廷(중앙)과 지방 1급 정부인 郡에 상주하며 감찰업무를 수행했고(『通典卷二十四, 監察侍御史』), 漢代에는 비서와 검찰 업무를, 그리고 後漢 이후로는 주로 탄핵을 담당하는 국가최고 감찰기구의 하나가 되었다. 역대를 통하여 그 직능은 크게 변하지 않았으며, 그것은 행정체계에 대한 감독권과 백관에 대한 사찰권 행사를 통해 중앙집권을 강화하고 황권을 보호하는 역할을 했다. 따라서 그 권능은 막강하였다.

이밖에 采訪使·觀察使·按察使·廉訪使 등과 같은 일종의 巡監大使가 상시 중앙정부 또는 황제의 명을 받들어 직무 巡監을 실시하여, 탐관오리를 징벌하고 민정을 찰방하는 등의 감찰제도도 있었다. 巡監使는 중앙집권제도와 國法의 존엄성을 옹호 유지하는 데 늘 중요한 역할을 하는 위치에 있었다.

辛亥革命 이후 국민당에 의해 건국된 중화민국(현 타이완)헌법 역시 입법원, 행정원, 사법원 등 전통적인 3권 이외에 감찰원, 고시원 등을 두어 5원집정제를 실시하고 있는 소이도 바로 이러한 전통에 기인한 것이라 보겠다. 공산정권 수립 이후 공산당이 정부를 감시하는 체계의 무리 없는 수용도 이러한 전통에 기인한다고 보겠다.

제5절 경제력의 국가 독점과 권력의 일원화

중국은 고대부터 인구가 많고 영토가 넓으며 민족관계가 복잡한 국가였다. 따라서 경제력의 장악 없이는 효과적으로 지방 및 변방 여러 민족과의 관계를 조정하고, 중앙집권과 정치적 안정을 유지할 수 없었다. 그리하여 역대 황조는 적극적으로 두 가지 측면에서 중앙정부가 경제를 장악 통제하는 정책을 썼다.

첫째, 그것은 토지소유권을 엄격히 통제하는 정책이다. 중국은 농업 대국으로 고대 중국의 토지소유형태는 국가가 직접 통제하는 제도였고, 황제는 가장 큰 地主였다. 즉 토지의 지배권은 국가가 장악하였고, 그 결과 토지를 점유한 국가가 지주집단과 농민을 직접 통제하는 제도가 형성되었다. 이는 중앙과 지방의 관계에도 반영되어, 중앙은 직접 생산요소인 토지와 노동자를 소유하게 되어 국가를 지탱하는 경제의 명맥을 확고히 장악했다. 이는 바로 중국 봉건사회를 오랫동안 지속시키고 안정되게 한 기반이었다. 이를 서구 각국과 비교해 보면, 그들 국가들은 모두 중국만큼 토지와 생산자에 대한 통제정도가 엄밀하지 못했다. 그러므로 그들의 봉건제도 역사는 중국 사회만큼 오랫동안 안정되게 뿌리내리지 못한 것이 아닌가 생각된다.

다른 한편 중앙은 농업생산의 품목·수량·계획 내지 기술규범에 대해 세세히 규정하고, 각급 지방정부에게는 엄격히 지방의 특수성과 국가적 수요를 고려하여 농잠·목축 등을 계획적으로 생산 발전시킬 것을 지령하였다. 또 그 생산관리를 지방관원의 행정고과에 반영함으로써 농목생산과 양잠방직업의 발전을 촉진하였다. 이처럼 중국 고대 사회는 국가 생존의 기반 강화에 착안하여 생산요소의 국가 소유, 그리고 농업·목축업·잠업에 대한 지령성 생산관리를 강화함으로써 국가경제질서의 안정을 보증하였다.

다음, 상공업과 수공업에 대한 국가의 관리와 경영(官辦官營) 역시 경제발전을 돕고 지방을 통제하는 하나의 중요한 수단이었다. 국가에 의한 관리와 경영의 중심은 상공업을 정부가 직접 관리하고 稅收를 독점하는 것이었다. 이로 인하여 중앙과 지방이 첨예하게 대립되기도 했다. 漢武帝 때부터 중앙정부가 소금과 철을 전매하고 그 세수를 독점, 각 지방정부의 경제 및 그 재정을 통제하게 되자 지방에서는 불만이 고조되기 시작했다. 그 유명한 염철논전(鹽鐵論戰)이 발생한 것도 이 때문이었다. 그 논전의 핵심은 바로 지방이 중앙에게 전매세수관계를 여하히 처리 조정해 줄 것을 요구하는 것이었다. 결국 절충 방안으로 지방에게 약간의 세수(재정) 자율권을 주는 결정을 내렸지만, 사실 그것은 한 장의 빈종이 쪽지였다. 이 정책이 공식적으로 법률에 규정된 것은 唐代다. 唐代에는 법전의 조문을 통하여 그것을 법제화했다. 그 이유는 국가에 의한 관리와 경영이 비록 경제번영에 크게 기여는 했지만, 역시 강제적 조치로 인하여 야기된 지방의 반항의식은 은연중에 잠재화되어, 지방이 중앙에 대항하여 할거하는 것과 같은 '財利之爭'이 자주 발생하였기 때문이었다. 宋代에 와서는 중앙 독점경영권이 더욱 고도화되어 지방의 제한된 세수권 마저 모두 중앙의 순회 使節에게 농단 당하고, 지방이 그나마 가지고 있던 극소의 자율권마저 박탈당하자 중앙에 대한 반항심은 더욱 격렬해졌다. 국가경영의 고도의 농단으로 야기된 모순은 계속하여 정부에서 민중으로 확산되어 중앙은 갈수록 농단이 고도화되고, 격분한 대항의식은 더욱 높아져 지방의 중앙에 대한 신뢰는 그 정도가 갈수록 떨어졌다(張晋藩 1987, 188- 189).

이밖에 지방에 의한 해운과 대외무역의 금지, 기술도입의 제한 등에 관한 규정의 제정은 과학기술의 교류·발전과 국가 세수의 증대를 막았을 뿐 아니라, 자본주의의 싹을 누르게 되었다.

이처럼 전통중국의 중앙집권적 군주제 하에서는 중앙이 모든 생산요소를 독점하고, 생산관리를 획일화하는 한편, 직접 법률수단을 통하여 세수(재원)를 장악함으로써 지방경제를 효과적으로 장악할 수 있도록 제도화하였으며, 이에 따라 중앙정부는 지방의 모든 행정권을 통제 조정할 수 있었다. 공산정권 수립이후에도 이러한 전통의 결과, 계획경제 내지 지령성경제의 전통이 무리 없이 수용될 수 있었고, 현재까지도 지방경제의 활성화를 위해 어느 정도의 경제권을 지방에 위양(放)했다가도 정치의 안정과 분열의 방지 및 균형적 발전이라는 명목으로 중앙이 그 권한을 지방으로부터 회수(收)하는 사례는 계속되고 있다(3장과 4장 참조).

제6절 이데올로기 및 법제의 통일을 통한 권력의 일원화

중국은 전통적으로 다양한 윤리규범이 혼재하는 다민족, 다문화국가다. 본 절에서는 이러한 다원적인 이데올로기와 문화를 어떻게 규범화하여 일원적 정권구조에 적응시켜 왔는가를 고찰해보고자 한다.

1. 이데올로기 및 법제의 통일과 권력의 일원화

중국의 역대 황조는 중앙과 지방정권의 통일을 견지하고, 중앙집권을 강화하기 위해 이데올로기와 문화의 일원화 전통을 건립하는 데 전력하였다. 이른바 문화의 一元化란 바로 사상체계에 있어서 諸子百家가 할거했으나 그중 儒家를 주체로 삼았고, 문화에 있어 다민족 다원적 문화가 혼재했지만, 漢문화를 주류로 삼았으며, 지역적으로 中原을 과학기술 문화의 표준으로 삼은 것이다. 다시 말해 고대 중국에 있어 중앙은 지방과의 일원적 관계를 견지하기 위해 먼저, 이데올로기적으로 儒家 사상·漢문화·중원의 과학기술 규범을 민족문화의 준거로 삼았으며, 그것을 각 지역과 각 민족의 문화전통이 되도록 했다.12)

먼저, 사상체계에 있어 유가사상을 보면, 그것의 중심은 크게 두 가지 측면을 포괄하고 있다. 하나는 四書五經 등 經書를 공부하는 것을 立國治政의 이론적 바탕으로 삼은 것이며, 다른 하나는 행위규범에 있

---

12) 진시황의 '焚書坑儒'도 비록 유교를 本으로 삼은 것은 아니지만, 이데올로기 일원화의 극단적인 정책수단이었다.

어 禮를 근본으로 하는 이른바, 三綱五倫을 국가를 경영하고, 社稷의 정통을 유지하고, 백성의 질서를 세우는 근본으로 삼은 것이다(『左傳』 隱公十一年). 이후 經典과 禮를 本으로 삼은 儒家傳統은 중화민족의 생활규범이며 행위준칙이 되어 오랜 역사를 통해 지속되었다. 禮를 가정에 적용할 때 孝가 되며, 국가에 확대시킨 개념이 忠이었다. 따라서 충효사상은 宗法制度에 기초한 고대 중국사회의 家父長的 통치질서의 기본이었다.

『大學』首章 五節의 "意識而後心正, 心正而後修身, 修身而後家齊, 家齊而後國治, 國治而後平天下"이나, 삼강(父爲子綱, 夫爲婦綱, 君爲臣綱) 및 오륜(父子有親, 夫婦有別, 長幼有序, 朋友有信, 君臣有義)의 윤리구조는 모두 수직적(계층적) 윤리로, 이는 통치계층과 피통치계층 및 중앙과 지방, 그리고 통치자와 관료의 관계에도 그대로 반영되었다. 때문에 중국인들에게 있어서는 개인주의보다 가족주의와 집단주의정신 그리고 권력의 상하관계가 일반화될 수밖에 없었다. 그리고 오랫동안 이러한 유교이념에 익숙해진 중국인들에게는 가부장 내지 통치자의 도덕성만이 으뜸가는 덕목이었다. 따라서 그들은 지배계급의 대체나 정치제도의 개혁에는 등한할 수밖에 없었다. 그리하여 역사상 수많은 혁명을 거쳤지만 집권관료체제만은 그대로 수용하는, 한마디로 주권행사(政體)의 변화는 이루어지지 않았고, 易姓혁명에 그쳤다. 중화인민공화국 수립 후 毛澤東이 비록 공산주의 이데올로기를 표방하기는 했지만, 용이하게 전 대륙을 하나로 통합하고 획일화 할 수 있었던 것도 이러한 이데올로기 및 문화 일원화의 전통에 기인한 것이라고 볼 수 있다. 중국 역대 황조가 유가윤리를 사상적 기반으로 삼은 일원적 통제는 중국을 하나로 통합한다는 측면에서는 성공을 거두었다. 개혁개방 이후 공산주의 이데올로기에 의한 일원화가 쇠퇴하자 유가사상의 재발견(재정립)을 강조하게 된 소이도 이러한 맥락에서 해석할 수 있다.

다음, 중국인의 주류를 이루는 漢민족은 전통적으로 중국을 夏, 華, 中華, 中土라고 부르면서 중화가 세계의 중심에 위치하고 문화가 가장 으뜸인 지역임을 자칭하였다. 이는 고대로부터 전승되어 온 전통적 우월의식, 즉 천하사상 혹은 중화사상에서 연유한 것이다. 따라서 전통중국에 있어 통치계층은, 비록 異民族이 중국대륙을 지배했다 할지라도 그들은 정통성을 바로 세우고 기존질서를 유지하기 위해서는 문화상으로 華夏 전통의 漢문화를 주체로 하고 외래문화 및 기타 소수민족 문화를 흡수 융합하는 데 초점을 맞추었다. 이른바 중화 중심의 문화 일원화 정책을 통해 중앙집권적 지배구조를 뒷받침하였다.

19세기 말에서 20세기 초, 중국이 서양문화를 수용하는 과정에서 내세웠던 '中體西用'의 슬로건이나, 사회주의를 수용하는 과정에서 나타나는 '毛澤東思想' 및 개혁개방 이후에도 계속되는 '중국적 사회주의'도 이러한 맥락에서 볼 수 있다.13) 이는 역대 중국의 황조가 일관해 온 문화 일원화 전통의 기반이다. 그것은 문화의 패턴, 문학예술, 조형미학, 문자의 형체규범, 건축양식, 거마·복식의 디자인, 관혼상제 등 모든 분야에 반영되었다.

西周가 문화의 일체화를 창도한 후 진시황·한 무제·당 태종·송 태조는 물론, 심지어 非漢族이 세운 北魏의 孝文帝·거란의 聖宗·金의 世宗 및 칭기즈칸과 淸의 康熙帝 등까지도 모두 지방에 강권으로 문화통일의 원칙을 수용케 하였다. 그중 非漢族인 孝文帝의 문화개혁 정책은 급진적이었다. 그는 漢文化를 모방하여 官制를 개편하고, 胡服과 北語(胡族의 언어)의 사용을 금지하도록 하였으며, 姓氏를 개명하고 예법과 형법을 뜯어고치는 등 대대적으로 문화의 漢化정책을 추진하였다. 따라서 그의 문화정책은 당시 보수 세력으로부터 성명도, 민족도, 祖宗도 필요 없느냐는 조롱을 받기도 했지만, 후대 각 황조가 문화의 통일화 정책을 추진하는 데 있어서는 많은 시사점을 남겼다.

나아가 중국 고대의 역대 황조는 일원화된 문화관계의 건립을 강조

---

13) '毛澤東思想'은 마르크스·레닌주의를 중국적인 환경에 變容한 것이며, 이른바 '중국의 특색 있는 사회주의' 역시 중국적 실정에 맞는 사회주의 건설을 주장하고 있다.

하는 가운데 과학기술의 일원화도 중시하였다. 즉 과학기술규범의 中原化를 강조하였다. 중원화란 지역적으로 중국고대문화의 본산지인 중국 양자강과 황하의 중심에 위치한 중원지방의 문화를 本으로 삼는다는 뜻이다.

예를 들면 농경·방직·전원·공예 등 각 부문에 관련된 기술 내지 천문학·물리학·건축학·국방과학·의약학·광산학 등 자연과학의 범주에 속하는 모든 영역을 문화 통일의 원칙하에 중원의 관습에 따르도록 강경한 법률수단을 동원하여 국가가 조정·관여하고, 또 독립적인 과학법률체계, 세세하고 치밀한 기술규범을 제정하여 일원화하였다.

이러한 전통 민족문화에 기반을 둔 과학기술의 일원화 정책은 중앙집권을 강화하고 전통문화를 유지함은 물론, 부분적으로 과학의 발전과 진보에 기여한 바도 있다. 하지만 과학은 결국 과학이며 그것은 전통 민족문화와 완전히 일치할 수 없는 것이기 때문에 순수한 과학발전의 측면에서 보면, 문화일원화 정책은 결국 과학발전에 오히려 장애가 되었고, 나아가 전제집권체제 붕괴의 한 원인이 된다.

淸 말 중국의 근대화 초기, 과학기술혁명의 지체 등은 결국 전통문화에 포위된 중국과학의 일대 비극을 말해주는 단적인 예라고 보겠다. 그럼에도 불구하고 공산정권 수립 이후 대약진운동, 문화대혁명을 거치는 동안 毛澤東이 외래의 과학기술문화를 배격하고, 전통적인 중국식 土法과학기술에 집착했던 것은 결국 중국의 현대화를 뒷걸음질 치게 한 것이다.

2. 법제의 통일과 권력의 일원화

중앙집권을 공고히 하는 기초는 국가의 통일이며, 국가를 통일하려면 이데올로기와 문화적 틀 위에 통일된 법률제도가 있어야 했다. 따라서 중국의 역대 황조는 입법과 집행을 포괄하는 법률제도의 통일을 지방을 통제하는 또 하나의 중요 수단으로 강조하였다.

먼저 입법 통일의 경우, 법률제도의 통일을 강조하기 시작한 것은 春秋戰國 시대부터이다. 秦始皇이 천하를 통일한 후, 먼저 上古의 법률을 폐지하고 전국적으로 통일된 법률체계를 정비하는데, 그것이 바로 중국이 최초로 공포한 성문법인 「秦律」이다(『史記卷六, 秦始皇本紀』).

「秦律」의 규정에 의하면 "입법권은 중앙에 있고, 그 집행권은 지방에 있다. 중앙은 법적으로 지방에 대한 관할·지령·감독권이 있으며, 지방이 중앙에 복종하고, 신하가 임금에게 복종하며 백성이 官에 복종하는 것은 법률상의 의무다. 중앙정부의 각종 법령과 규정을 포괄한 최고통치자의 詔令은 모두 중앙과 지방간의 법률관계를 형성하며, 그것에 대한 해석과 증보 내지 폐지에 관한 권한은 모두 중앙에 귀속된다"고 했다. 법률제도의 통일은 중앙의 권위를 유지하고, 중앙이 지방을 통제하는 데 있어서 필요불가결한 통치기제였다. 따라서 秦 이래 중국 역대 통치자들은 이러한 秦의 '법제통일의 원칙'을 중앙집권 강화의 기본 틀로 삼았다.

漢代에 와서는 한걸음 더 나아가 '律'을 봉건사회의 刑法典으로 삼았고, 동시에 '典·格·式'을 제정하여 官吏의 직무분장·사무규칙 등을 규정하는 행정법규로 삼았다. 唐은 직접 法典 및 勅令의 형식으로서 국가 최고입법기구와 법률제정의 권한을 규정하고, 입법권을 중앙에 속하도록 함으로써 법률 통일의 원칙을 확립하였다. 宋·元·明·淸代에는 漢·唐의 법제를 모방하여 중앙이 제정한 '律令'을 모두 국가의 최고규범으로 삼았고, 각급 지방정부는 반드시 그것에 따라 집행해야 했으며, 이를 위배해서는 안 되었다. 律을 위반하거나 法度의 규정을 넘는 자에 대해서는 법에 의거하여 징벌을 가함으로써 중앙의 지방에 대한 통제효과를 극대화했다.

중앙의 행정입법은 더욱 '大權獨攬', 즉 중앙이 독점하는 특징을 띠었다. 官吏에 관한 규정(吏典)인 「漢官」으로부터 중국에서 가장 완비된 행정법전이라 할 수 있는 『唐六典』·『元典章』·『明會典』과 『淸會

典』에 이르기까지의 모든 법령은 황제의 칙령에 의해 제정된 흠정법이 아닌 것이 하나도 없었다. 淸정부가 會典을 공포하면서 "會典은 바로 이 시대의 헌장으로서 御令과 상호 표리의 관계에 있다." "會典에 실린 것은 모두 신료들이 받들어 행해야 할 政令이다"(『大淸會典, 序』)라고 천명했다. 행정법전은 역대 중앙정부가 그것을 통해 지방정권에 대한 통제를 강화하고, 지방을 완전히 법적으로 중앙에 복속시키는 기능을 했다. 이는 결국 지방의 자율성과 창의성을 뿌리내리지 못하게 하여 지방정부를 중앙집권의 부속물로 만들어 놓게 되었다. 본래 입법을 통일시킨 취지는 국가가 법률을 통하여 중앙과 지방의 상호관계의 조정을 적극적으로 촉진하는 작용을 하는 데 있었다. 그러나 결과는 시간이 흐르면 흐를수록 입법권에 대한 중앙의 전횡 쪽으로 흘러가 중앙과 지방관계의 모순이 노정되는 상황에 이르렀다.

법률의 시행에 있어서 역대 중앙은 각 지방정권에 지령을 내려 무조건 따르도록 했다. 이는 사법기구의 권한, 각종 행정규정 등을 포괄한 모든 법규의 집행에 있어서도 마찬가지였다. 중앙의 사법기구의 기능은 황권의 강화를 기본으로 하였고, 지방에 있어서는 황권의 지령하에 있는 '行·司 合一體'였으므로 중앙에서 파견한 지방 최고행정장관이 사법업무를 겸직하는 체계였다. 단일 형태의 지방 사법행정은 법률 집행에 있어 중앙정권에 대한 종속관계를 떨칠 수 없었으며, 소위 사법권을 독립적으로 행사한다는 것은 이름에 불과했다(薄貴利, 1991: 92). 요컨대, 지방에서의 법률 해석과 판단은 피동적인 것으로 지방정부의 법률 집행 행태는 최고 통치자의 의지를 체현하는 것에 지나지 않았다.

전통중국사회에 있어서 2천여 년 간에 걸친 법제의 통일은 체계적인 법률제도체계를 형성케 하여 중국으로 하여금 강력한 중앙정권과 문명대국의 역사를 유지케 하는 데 공헌한 바 크다. 그러나 이러한 과정에서 형성된 황권이 법률을 대신하고, 중앙이 사법을 독점하는 전통은 지방의 자율권 신장에 큰 장애가 되었다. 이는 공산정권 수립 이후에도 '민주집중제'(제2장 참조) 내지 '人治' 전통으로 이어졌고, 지금까지도 이는 현대 중국정치개혁에 있어 풀어야 할 가장 중요한 과제 중의 하나로 남아 있다.

제7절 결언

중국의 역사상 그 2/3 기간은 통일정부를 유지했고, 1/3 기간은 분열의 역사였다. 본 장에서는 중국이 2천여 년의 오랜 기간, 동일의 영토 위에 일원적 통일정부를 유지할 수 있었던 이유를 중앙과 지방의 관계에서 찾고, 역대 황조(중앙)가 통일정부를 유지하기 위해 지방정부를 어떻게 조정 통제해 왔는가를 고찰해보았다.

秦始皇이 천하를 통일한 이후 전승되어 온 고대 중국의 전통정치구조는 황제 중심의 일원적 집권구조였다. 秦이 구축한 일원적 집권구조는 춘추 중엽 이래의 사회·경제적 환경의 요구였으며, 새로이 등장한 사회세력이 추진한 개혁의 결과였다. 고대 중국의 일원적 집권구조는 한편으로 전 국토를 郡·縣 등 지역 단위로 나누어 지방 세력을 지역 단위에 편입시켜 중앙의 직접적인 지배하에 두고, 다른 한편으로는 종적인 국가 관료체제를 건립하여 지역 단위를 중앙의 省·府·司·監의 예속 하에 두어, 중앙의 권한은 모두 황제에게 집중되도록 한 정치구조였다.

이러한 정권구조 하에 역대 황조가 추진한 지방행정체제의 개혁은 모두 중앙의 지방에 대한 통제의 효율성에 초점을 맞추었다. 일반 행정체계와는 별도의 감찰구(漢대의 州, 唐대의 道 등)를 병설하거나 지방수령의 권력을 분산시키는 등의 방법을 통해 지방행정수령과 지방토호세력의 결탁을 방지함으로써 중앙집권을 보증하였다. 공산정권 수립 이후 대군구(군사단위)와 행정구를 분리 운영하고 있는 것이나, 행정구에도 각각 黨·政을 분리하여 상호 견제 감독토록 하는 제도가 무리 없이 수용될 수 있었던 것도 이러한 전통에 기인한 것이라고 볼 수 있다.

권력운용에 있어서도 고대중국은 행정·재정·군사 등 집중시킬 수 있는 권력은 모두 일원화하여 중앙에 집중시킴으로써 지방관리와 지방기구는 모두 황제의 대표 또는 중앙의 파출기구화 되었다. 생산요소의 국유 및 계획관리, 세수의 중앙집중은 물론 이를 보증하기 위해 지방행정관의 고과를 이와 연계시켜 운영했다. 특히 군대와 사법권의 중앙집중을 통해 지방 세력의 할거를 방지했으며, 엄밀한 감찰체계는 이를 보증했다. 지방에 대한 치밀한 통제는 한편으로는 정치적 안정과 통일정권의 기반을 공고히 하는 데 기여하였지만, 다른 한편으로는 결국 지방의 자율성과 능동성을 상실시켜 지방의 사회경제적 발전을 저해하였다.

나아가 이데올로기 내지 문화 및 법률제도의 통일을 통해 일원적 지배구조의 기반을 가일층 군건히 했다. 먼저, 중국의 역대 통치계층은 국가의 통일과 중앙권력의 강화를 위해 윤리적으로 유교를 통치이데올로기, 민족적으로 漢문화를 지배문화, 지역적으로 중원문화를 과학기술규범의 표준으로 삼았으며, 이것이 전체 사회문화에 내면화되어 있어 이를 보증할 때만이 비로소 지배의 정통성을 인정받을 수 있는 전통이 형성되었다. 따라서 비록 이민족이 중원을 통치하더라도 그들은 자신의 문화보다 이러한 중국의 전통 이데올로기와 문화를 강조할 수밖에 없는 토양이 형성된 것이다. 이는 권력의 일원화를 배양하는 문화적 바탕이 된 것이다.

이러한 일원적 문화유산은 결국 중국이 공산화된 이후에도 그 지배이데올로기가 비록 유교에서 마르크스·레닌주의로 바뀌긴 했지만, 그 전통은 지속되고 있다. 중국의 근대화 과정에서 표방했던 '中體西用'이나 공산화과정에서 창도했던 '毛澤東思想' 및 개혁과정에서 내세우고 있는 '중국적 사회주의 건설' 등도 결국 문화의 중국화라는 전통에 바탕을 둔 것이라 보겠다. 나아가 전통중국사회에 있어서 2천여 년간에 걸친 법제의 통일은 강력한 중앙정권과 문명대국의 역사를 유지케 하는 데 공헌한 바 크다. 그러나 이러한 과정에서 형성된 황권이 법률을 대신하는 등의 '人治'의 전통은 지금도 이어지고 있어, 현재까지도 이는 중국정치개혁에 있어 가장 중요한 과제 중의 하나로 남아있다.

이상과 같은 물샐 틈 없는 중앙집권적인 통일 황조의 통치하라 할지라도 불가피하게 약간의 할거의 여지를 남겨 두지 않을 수 없었고, 이에 통치집단 내부의 모순과 사회 각종 요인이 작용하여 중앙집권에 대한 지방정권의 할거와 대항은 거치지 않았다. 특히 중앙으로부터 멀리 떨어져 있거나 교통이 불편한 지방은 황제의 영향력이 약할 수밖에 없었고, 이로 인하여 자신의 자주적 지위를 확대시키고 자신의 역량을 누적시켜 그 여세를 몰아 중앙에 항거하는 경우가 빈번하였다.

중국 역사상 대부분의 지방 할거는 모두 중앙으로부터 멀리 떨어진 변경지역에서 먼저 시작되었다. 이러한 지방의 중앙에 대한 항거와 충격은 무수한 유혈 투쟁을 동반하면서 중국전통사회를 통일-분열-재통일의 순환 속에 빠져들게 했다. 하지만, 그러한 순환을 거칠 때마다 통일에 대한 사회경제적 수요는 증대되었고, 그것에 부응한 중앙집권은 이전보다 더욱 강화되어갔다. 그래서 明·淸代에 이르러 중앙집권은 절정에 달했고, 그 결과 중국은 분열보다 통일(秦, 漢, 隨, 唐, 宋, 元, 明, 淸 등)의 역사가 더욱 장구했다. 특히 이민족이 건국한 西晉 말기의 16국과 南北朝시기의 北朝를 포함한 遼·金·西夏, 그리고 元과 淸(이민족이 건립한 국가는 수적으로는 전체 황조의 1/3에 달했고, 그 통치기간은 무려 중국 전통사회전체의 1/2에 근접)까지도 중화전통-통일사상을 승계·유지·발전시켰다. 결국 고대 중국의 사회경제적 수요에 부응하여 구축된 중앙집권은 국가통일을 보증하고 사회의 일체화를 촉진하였으며, 이러한 국가의 통일과 사회의 일체화는 다시 중앙집권을 공고히 하는 바탕이 되었다.

요컨대, 고대 중국의 중앙과 지방관계의 역사를 통해 형성된 중국의 정치문화는 정치적 안정과 사회경제적 발전을 위해 반드시 위에서 아래를 바로 잡고(正), 상층이 하층을 다스리며(治), 중앙이 지방을 통일하는(統) 구조를 요구했고, 이 권력구조는 역시 반드시 일원화된 것이어야 했다. 이는 결국 지방을 중앙과 일치시키는 것을 중앙과 지방관계 조정의 요체로 뿌리내리게 한 것이다. 따라서 우리는 문화적 뿌리와 권력구조의 상응이라는 보편적 논리가 중국이 그토록 오랜 기간, 방대한 영토 위에 통일국가를 유지할 수 있게 한 원인 중의 하나라 보겠다. 오늘날 중국의 중앙과 지방관계의 변화(收-放-再收-再放의 순환)를 보는 시각도 단순히 현실적 상황에서만 가늠할 것이 아니라, 이상과 같은 중국의 정치전통에 바탕을 둔 접근이 필요하다고 본다.

제2장 新중국의 국가형태와 권력구조

제1절 단일제 국가 및 그 생성배경

1949년 10월 1일 중국공산당은 새로운 국가인 중화인민공화국을 탄생시켰다. 건국 당시 중국공산당 지도부는 어떠한 형태의 국가구조를 채택할까에 대해 여러 가지 논의가 있었다(薄一波, 1993: 21-28). 초기의 구상은 연방국가 건설에 기울어져 있었다.

당시 이러한 구상이 제기된 주요 원인은 다음 두 가지에 있었다. 하나는 당시 사회주의 종주국가인 소련이 연방제 국가형태를 채택하여 상당히 성공하고 있었기 때문이다. 특히 소비에트 연방은 다민족 국가로 민족 문제를 잘 해결해가고 있었기 때문에 55개 소수민족을 포괄하고 있는 중국으로서는 매력을 느끼지 않을 수 없었다.

다른 하나는 당시 중국내 '聯省自治運動'이 활발히 추진되고 있었으며, 당의 몇몇 창당 멤버들도 이 운동에 참여하고 있었던 것이 원인이었다. 이 운동의 주창자들은 '聯省自治運動'이 군벌할거의 혼전을 종식하고 제국주의를 몰아내어 국가의 독립과 통일을 앞당길 수 있다고 보고 연방제 실시를 촉구했다. 하지만 '聯省自治運動'의 실패와 더불어 중국공산당은 중국과 같은 다민족 국가에서는 민족구역자치의 실시를 통해 통일되고 부강한 인민공화국을 건립할 수 있다는 데 인식을 함께하게 되었다. 중화인민공화국 건립 전야, 중국공산당은 「共同綱領」

을 통해 국가의 형태를 '單一制 國家'로 규정하였다.

중화인민공화국이 천명한 국가구조는 '民主集中制'의 조직원칙에 기반을 둔 '단일제 국가형태'였다. 건국초기 임시헌법의 기능을 한 「共同綱領」은 다음과 같이 규정하였다.

"인민대표대회와 인민정부위원회에서는 少數가 多數에 복종하는 제도를 실시한다. 하급 인민정부는 상급 인민정부에 의해 조직되고 상급 인민정부에 복종한다. 전국 각 지방인민정부는 중앙인민정부에 복종한다."

「공동강령」에 의해 조직된 신중국의 국가형태는 단일제 국가가 가지고 있는 중앙집권제의 일반적인 특징을 갖추고 있었다. 중앙인민정부는 최고행정기관으로 각급 하급 행정단위에 대해 직접적으로 지휘관리할 수 있는 권한이 있고, 지방 각급 인민정부의 행정은 모두 반드시 중앙정부가 공포한 政令에 의거하도록 규정하였다.

이러한 국가형태는 현재도 변함이 없다. 현행 「중화인민공화국헌법」 3조 1항은 "중화인민공화국의 국가기구는 민주집중제의 실행을 원칙으로 한다"고 규정한 다음, 그 4항에서는 "중앙과 지방 국가기구의 직권구분은 중앙의 통일적 지도하에 지방의 능동성·적극성을 충분히 발휘시킨다는 원칙을 따른다"고 규정함으로써 중앙집권적 단일제 국가임을 천명하고 있다.

1949년 중국이 새로운 국가를 건설함에 있어 이와 같은 국가형태를 채택하게 된 이유는 다음과 같은 몇 가지 배경에서 연유하였다.[1]

---

1) 謝慶奎(1998: 62-63; 80-82), 林尙立(1998: 280-284), 潭健(1989: 7-9), 吳國衡(1994: 16-18), 高尙全(1994: 12)의 연구 등을 참조.

1. 역사적 전통

앞 장에서 살펴 본 바와 같이 중국은 중앙집권제의 전통을 가진 국가다. 秦始皇이 중국을 통일한 이후 역대 황조는 계속하여 중앙집권제를 至善의 국가형태로 채택해 왔다. 중앙의 지방에 대해 엄격한 정치적, 경제적 통제는 국가의 통일을 보증하고 사회의 일체화를 촉진할 수 있다고 본 것이 중국의 전통적인 국가관이었다. 즉 통일되면 안정을 유지할 수 있고, 분열하면 정치, 경제, 사회적 혼란을 초래한다는 것이 일종의 정치전통이었다. "천하대세는 합해져 오래가면 반드시 분열하고, 분열해져 오래가면 또한 반드시 합해 진다"는 이른바 통일-분열-재통일의 순환을 거치며 발전되어 온 것이 중국의 정치사였다. 하지만 이러한 정치사를 통해 체득한 사실은 하나로 통일될 때 안정을 기할 수 있다는 것이었다. 따라서 분열된 후 재통일된 제국의 중앙집권제도는 과거보다 더욱 강화된 것으로 나타난 것이 중국 중앙과 지방관계사의 특징이었다.

따라서 19세기 40년대부터 제국주의, 봉건주의, 관료자본주의 통치에 의한 군벌할거, 전란, 지역봉쇄, 민족분할 등의 국면을 경험한 중화인민공화국으로서는 거대한 영토 위에 민족의 대동단결과 발전을 촉진하기 위해 그들이 채택할 수 있었던 국가형태는 더욱 강화된 중앙집권적 단일제 국가일 수밖에 없었다.

2. 공산당 지도이론

중국공산당은 코민테른의 지도하에 창건되었고, 소련공산당이 강조한 집중된 조직체제와 지도체제를 모방하였다. 당시 구소련은 세계 최강의 사회주의국가였으며, 코민테른의 지도국이었다. 신중국 수립 이후 중국공산당이 집권당이 되자 당의 조직체제와 원칙이 바로 정부의 조직체제와 원칙으로 되었다. 중국공산당 조직과 모든 중국사회를 지도하는 이론은 마르크스주의에 기초하였다. 마르크스주의의 국가관에 따르면 일반적으로 프롤레타리아계급은 반드시 집중 통일된, 즉 단일제 국가를 건립할 것을 강조한다. 엥겔스는 "민주주의 프롤레타리아계급은 부르주아계급이 실시한 중앙집권보다 더욱 광범하게 중앙집권제를 실시하도록 해야 한다." "민주주의 프롤레타리아계급이 스스로 통치체제를 구축하려면 모든 국가로 하여금 중앙집권화를 실시하도록 해야 할 뿐만 아니라, 빠른 시일 내에 모든 문명국가를 반드시 하나로 통일시켜야 한다"고 역설하였다. 따라서 마르크스주의는 원칙적으로 연방제도와 분권제도를 인정하지 않았다. 연방제도의 국가형태는 통일을 향하는 과도적 형태로 하나의 예외로 보았다. 마르크스주의의 중국화라는 기치 아래, 중국공산당에 의해 건립된 중화인민공화국으로서 중앙집권적 단일제 국가형태의 채택은 자연스러운 선택일 수밖에 없었다.

또한 공산당 조직원칙인 '민주집중제'의 영향을 들 수 있다. 민주집중제는 중국공산당이 일관되게 견지해 온 조직원칙으로 당의 조직은 이 원칙에 의해 운영될 뿐만 아니라 정부조직도 이 원칙에 따라 운영되었다. 董必武는 「中華人民共和國中央人民政府組織法」 제정에 대한 제안 설명 중 민주집중제가 '정부조직의 원칙'임을 분명히 했다(『董必武選集』, 1985: 246).

「공동강령」 이후 1982년 헌법에 이르기까지 민주집중제는 정부의 조직원칙이 되었다. 「공동강령」에 의하면, 민주집중제는 다음 두 가지 측면에서 실시할 것을 규정하고 있다. 의회와 행정부(議行) 관계의 측면에서는 '議行合一'을 규정하였다. 행정과 사법기관의 지도부는 인민대표대회에서 선거·파면토록 하고, 인민대표대회에 보고하도록 하고, 인민대표대회의 감독을 받도록 했다. 중앙과 지방관계에 있어서는 하급이 상급에 복종하고, 지방은 중앙에 복종하도록 하는 한편, 중앙은 지방의 특수성을 감안하여 지방의 창의성을 충분히 살리도록 하였다."

원래 민주집중제란 '민주주의의 기초위에서의 중앙집권제와 중앙집권제의 지도하에서의 민주주의'라는 두 개의 원칙을 결부시킴으로서 밑으로부터의 민주주의에 의하여 당 활동에 있어서 당원의 적극성과 융통성을 끌어내는 한편, 위로부터의 집권제에 의하여 당 지도부의 강력한 지도력을 확보하여 당 조직의 통일을 확보한다는 중국공산당의 조직원칙이자 중국정부의 조직원칙이다. 그러나 실제적으로는 '민주'는 '집권'을 위하고 '집권'을 방해할 수 없다고「中國共産黨章程」총강에서 강조한 것처럼 민주는 수단에 불과하고 집권이 바로 실질적인 목적이 되고 있다(김정계, 1988: 304-305). 이러한 성격의 민주집중제의 원칙은 자연스럽게 '단일제' 국가형태와 친화할 수밖에 없었다.

3. 혁명전쟁시기 해방구 건설의 전통 승계

신중국은 1921년 중국공산당 창당 이래 장기간에 걸친 혁명투쟁에 의해 건설된 국가다. 조직적 측면에서 중국공산당이 국민당을 물리치고 승리를 거둘 수 있었던 주요 요인 중의 하나는 고도로 집중된 조직체제였다. 정권수립 후 집권당이 된 당의 조직체제는 필연적으로 당의 지도를 핵심으로 한 정부체제의 수립에 영향을 주게 되었다. 한정된 인적·물적 자원을 효율적으로 동원하여 전쟁을 승리로 이끌기 위해서는 완벽하고 통일된 군사지휘체계와 지도원칙이 필요했다. 즉 고도의 집중관리가 요청되었다.

일찍이 토지혁명 시기부터 공산당은 이 원칙에 따라 근거지 정부를 조직 운영한 경험이 있었다. 중화인민공화국이 탄생되고 중앙인민정부를 건립할 당시에 이미 전국의 여러 지방에 지방인민정부는 존립하고 있었다. 혁명전쟁시기에 건립한 여러 해방구의 지방정부는 군사체제의 영향을 받아 조직과 권한 범위 등 모든 부문에서 집중통일이 요구되었다. 따라서 근거지와 해방구의 각급 지방정부는 모두가 자체의 인민대표기구를 갖고 있었지만 이들 기구의 권한은 제한될 수밖에 없었다 (陳瑞雲, 1988: 412-444). 혁명전쟁시기에 있어서의 이러한 정부체제형태와 새로운 체제건립의 경험은 신중국의 국가체제건설에 지대한 영향을 미쳤다.

4. 소비에트 모형 국가발전전략

건국 이전 중국공산당은 이미 건국 후 사회주의 혁명과 건설의 기본전략을 확정하였으며, 동 전략은 농업과 자본주의 상업에 대한 사회주의 개조를 통하여 '공유제'를 주체로 한 사회주의 경제를 확립하고, 아울러 중국을 농업국에서 공업국으로 전환시켜 위대한 사회주의 국가를 건설하자는 것이었다. 당시 구상한 사회주의 경제는 '사회주의 계획경제'였다(薄一波, 1993: 21-28).

이것은 전통사회주의경제 모형-당시 '구소련 모델'(또는 스탈린식) 발전전략을 모방한 것이었다. 소련식 중앙집중적 계획경제모델[2]은 풍부한 천연자원과 숙련노동을 갖고 있으면서도 상대적으로 경제가 낙후되었던 구소련이 급속한 공업화를 달성하고 군사력의 증강을 도모하기 위해 채택한 전통적인 발전전략이었다. 구소련이 이러한 모형을 적용하게 된 동기는 중앙관리체제하의 사회경제적 비용을 감수하고서라도 노동과 자본의 총체적 동원을 통하여 급속한 경제성장과 산업의 구조적 변화를 가져와 서구와 버금가는 국력을 증대하자는 데 있었다.

---

2) 전통적인 소련식 계획경제모형은, 첫째, 생산수단의 소유구조는 농업 이외의 중요 생산수단은 국유화되어 있고, 농업부문은 엄격한 국가의 통제하에 집단화 혹은 집단소유의 형태로 된 사회주의 공유제다. 둘째, 관료적 경제체제하에 의 사결정권은 중앙에 고도로 집중되어 있는 중앙집중식 계획경제관리체제이다. 셋째, 가격은 중앙정부의 행정수단에 의해 결정되며 거의 고정적이다. 넷째, 야심적인 계획수행을 위해 원료배분은 행정지령으로, 노동은 임금지출에 대한 통제로, 자본은 투자기금·건설자재 기계 및 설비의 할당을 통해 이루어지는 것 등이다.

당시 신생중국 역시 이러한 구소련의 동기와 부합되는 조건에 처해 있었다(譚健, 1989: 7-9; 高尚全, 1994: 12). 그리고 구소련의 발전모형은 이념적으로 수용할 수 있고 단번에 활용이 가능할 뿐 아니라 당시 유일한 우방인 구소련의 경제, 기술원조가 절대 필요했기 때문에 자연스럽게 받아들여졌다. 특히 1950년 한국전쟁이 폭발하고 그 해 10월 중공군이 한국전쟁에 참가하자 서방세계는 중국에 대한 봉쇄정책을 펴게 되었고, 따라서 중국내 親스탈린파의 영향력이 강화되었으며, 또 소련 이외의 국가로부터의 도움이 불가능했기 때문에 결국 毛澤東은 소련의 원조를 얻기 위해 그 정책을 모방할 수밖에 없었다.

5. 건국 당시의 상황

중화인민공화국 출범 당시의 사회경제적 상황으로 볼 때, 국공내전 및 항일전쟁 등 장기적인 전쟁이 가져다 준 자원의 결핍, 질서 혼란 등으로 사회는 자아 조정기능도 건전한 자원의 재분배기제를 형성, 가동할 역량도 없었다. 중국공산당 지도부는 전후의 경제복구와 경제발전을 추진함에 있어서 직면한 통화팽창, 자원결핍과 재정경제적 혼란의 국면은 오직 집중·통일의 방식으로 사회경제활동을 조직하고 유한한 자원을 분배함으로써만이 사회적 요구를 만족시키고 지역의 균형적 발전을 촉진시킬 수 있다고 보았다.

다른 한편 중화인민공화국 수립 당시 중국을 둘러싼 정치적 환경은 중앙집권적 정치체제의 채택을 불가피하게 했다. 국제적으로 미국을 위시한 서방자본주의 국가의 봉쇄와 국내적으로 국민당의 세력을 완전히 소탕하지 못한 상태에서 파괴된 사회질서를 재건하고, 국가의 정체성을 확립하기 위해서는 중앙집권적 정치체제가 불가피했던 것이다.

상기 원인을 종합해 보면 중화인민공화국 건립과 동시에 중국이 선택한 단일제 국가조직형태는 중국이 안고 있는 현실적 상황과 역사적 전통의 필연적 결과라 보겠다. 무엇보다도 공유제의 기초 위에 계획경제를 통하여 위대한 사회주의 국가를 건설한다는 발전전략은 고도로 권력이 중앙에 집중된 중앙집권적 단일제국가 형태와 친화력을 가질 수밖에 없었다.

제2절 신중국의 권력구조-중앙과 지방 정치체계

현대중국의 권력구조는 횡적으로는 당, 국가 및 이를 지탱해주는 집권화된 군사조직, 그리고 이들 권력조직과 인민간의 연계를 제공하는 군중(群衆)조직 단위로 조직되고 있으며, 종적으로는 이들 조직이 '민주집중제'의 원칙에 의해 중앙-지방-기층으로 이어지는 피라미드 체계를 구성하고 있다(<표 2-1>참조). 이는 공산체제의 기본적 권력구조이기도 하지만, 전통적인 중국정치체제의 3중조직-政事, 감찰, 군사-과 흥미롭게 연계되어 있다. 국가관료제는 정부를 운영하고, 御史(공산당)는 政事의 전반을 감찰·통제하며, 집권화된 군사조직이 정권을 유지케 하는 점에 있어서 전통과 현 체제는 매우 유사한 일면을 가지고 있다.

물론 중국공산당은 '권력의 원천'이요 '영도의 핵심'으로서 '以黨領政'(당이 정치를 영도)과 인사상의 '교차겸직메커니즘'을 통하여 정권을 주도한다. 본 장에서는 현행 중국공산당 黨章(당헌)과 중화인민공화국 헌법에 근거하여 현재 중국권력구조의 기본단위인 당·정·군 그리고 군중조직을 중심으로 중앙과 지방의 권력구조를 살펴보고자 한다.[3]

---

3) 많은 연구자들이 정치협상회의를 정부체계에 포함시키고 있다. 하지만 엄격한 의미에서 정협은 독자적인 군중체계로 분류될 수 있다.

<표 2-1> 중국의 중앙과 지방 정권체계

	공산당체계			정부(국가)체계			군대체계
	당대표대회	당위원회	기율검사 위원회	인민대표 대회	인민정부	정치협상 회의	해방군
중앙	全大	중앙위	중앙紀委	전국人大	국무원	전국 政協	중앙軍委
省級	省대표대회	省黨委	省紀委	省人大	省정부	省정협	省軍區
地級(市)	市대표대회	市당위	市紀委	市人大	市정부	市정협	軍分區
縣級	縣대표대회	縣당위	縣紀委	縣人大	縣정부	縣정협	武裝區
鄕(鎭)	鄕대표대회	鄕당위	紀檢組	人大 주석단	鄕정부	정협 參事組#	武裝部
街		街당위			街道 辦事處*		
村(社區)		村黨조직					

주: 1) *표시는 파출기구, #표는 협조기구임.

　　2) 당 16대 수정「黨章」에 의하면, 村黨支部를 촌당조직으로 바꾸었음.

　출처: 朱光磊, 2004: 52-53; 施哲雄, 2003: 73; 詹中原, 2002: 97.

1. 중국공산당의 중앙과 지방 체계

중국은 1921년 7월 상해에서 57명의 당원을 대표한 13명의 대표가 출석한 가운데 제1기 전국대표대회를 개최하였다. 이것이 바로 중국공산당의 창당이다.4) 창당 이후 조직기구는 노선의 변화에 따라 약간의

---

4) 그러나 중국공산당 중앙은 1941년 6월 30일 「중국공산당 탄생 20주년 및 항쟁 4주년 기념에 관한 지시」를 발표하고 7월 1일을 창당일로 정하였다(高凱·于玲, 1990: 1).

변동이 있었으나 당 조직의 기본골격은 '민주집중제'의 원칙하에 ①
중앙조직 ② 지방조직 ③ 기층조직의 피라미드 체제를 유지하고 있다.

1) 당의 중앙조직

1949년 중화인민공화국 수립 이후 중국공산당의 중앙 지도기관은
몇 차례의 개편을 거쳐 왔다. 건국 초기 소집된 전국대표대회는 1945
년 제7기 전국대표대회(이하 7大로 약칭)에서 채택된 지도체제와 기구
인 중앙위원회, 중앙서기처, 중앙군사위원회를 그대로 유지했다. 당시
의 중앙서기처는 오늘날의 중앙정치국 상무위원회와 같은 위상에 있었
다.5) 이러한 당중앙 지도체제는 1956년 9월에 이르러 중앙위원회, 중
앙정치국, 중앙정치국 상무위원회, 중앙서기처, 중앙감찰위원회로 재편
되었다. 중앙위원회에는 주석·부주석(4명)제를 두었으며, 서기처에는
총서기를 두었다. 그리고 중앙정치국 상무위원회는 주석·부주석·총
서기로 구성되었다.

그러나 1969년 4월에 개최된 9大에서는 중앙서기처와 감찰위원회
를 폐지하고 중앙위원회에 주석과 부주석(1명)을 두었으며, 중앙정치
국 상무위원회는 5명으로 구성하였다. 1973년 중공 10大와 1977년의
11大는 중앙위원회 부주석을 증원했을 뿐, 기본적으로 9大와 동일한
지도체제를 유지하였다. 1978년 12월 제11기 전국대표대회 제3차 중
앙위원회 전체회의(이하 11대3중전회라 약칭)에서 폐지된 감찰위원회
대신중앙기율검사위원회를 신설하고, 1980년 2월 11대5중전회에서는
중앙서기처가 부활되었으며, 중앙위원회 총서기제를 설치하였다.

1982년 9월에 개최된 중공 12大에서는 30여 년 이상 유지되어 온
중앙위원회 주석제를 폐지하고 일종의 당 원로원의 성격을 띤 중앙고
문위원회를 신설하였다.6) 그러나 당 14大(1992년 10월)에서는 중앙

---

5) 당시 중앙서기처는 毛澤東, 劉少奇, 周恩來, 朱德, 任弼時 등 최고지도층으로 구
    성되었다.

고문위원회를 다시 폐지하였다. 현행 중국공산당 중앙조직은 전국대표
대회, 중앙위원회, 중앙정치국, 중앙정치국 상무위원회, 중앙서기처, 중
앙군사위원회, 중앙기율검사위원회 등으로 조직되어 있다.

(1) 전국대표대회

레닌주의적 정당의 전통에 따라 중국공산당은 명목상 혹은 의전상
의 최고권위를 그 전국대표대회에 귀속시키고 있다. 현행 黨章에 의하
면 전국대표대회는 5년마다 1회씩 개최되며, 중앙위원회가 소집한다.
전국대표대회는 보통 중앙위원회의 결정을 추인하는 형식적인 회합에
지나지 않기 때문에 그 회기 또한 1주 혹은 2주에 불과하다. 이 정도
의 기간은 사실상 의안에 대한 충분한 검토와 논의를 하기에는 짧은
기간이다. 또한 전국대표대회는 그 규모(16기 현재, 2,132명)가 크기
때문에 사실상 토의기관으로서는 부적합하다.

(2) 중앙위원회

전국대표대회의 폐회기간 중 전국대표대회의 결의를 집행하고 모든
당의 활동을 지도하며, 대외적으로 중국공산당을 대표한다. 중앙위원
회의 임기는 전국대표대회의 대표와 같이 5년이다. 중앙위원회는 黨歷
5년 이상의 중앙위원과 후보위원으로 구성되며, 그 전체회의는 중앙정
치국이 소집하고 적어도 매년 1회 이상 개최한다. 중앙위원회의 위원
및 후보위원회의 정수는 전국대표대회에서 결정되며 그 수는 300명
내외인 것이 보통이지만 2002년 16기의 경우 356명(위원 198명, 후
보위원 158명)을 선출하였다. 중앙위원회 역시 그 규모나 개최 회수로
보아 정책결정기구로는 비효율적이다. 따라서 중앙정치국 혹은 중앙정
치국 상무위원회에서 내락된 정책, 세부사업 또는 중앙기구의 인사변

---

6) 중공 중앙고문위원회는 사실상 당시 중국공산당의 당면과제인 지도층의 세대교
   체와 연경화를 위해 신설된 일종의 과도기구였다. 퇴직하는 당 원로를 수용하
   기 위한 일종의 원로원적 성격을 띤 기구였다(김정계, 1990: 30).

동사항들을 형식적으로 발의·승인 또는 비준하는 경우가 보통이다. 그러므로 중앙위원회에 속하는 대부분의 권한은 실제적으로 중앙정치국과 중앙정치국 상무위원회에 의해 행사된다. 그러나 중앙정치국, 중앙정치국 상무위원회 및 중앙위원회 총서기는 중앙위원회 전체회의에서 선거되며 나아가 중앙위원회는 전국대표대회와는 달리 중앙과 지방의 당과 국가의 핵심간부들로 구성되어 있기 때문에 중앙위원회의 구성을 분석함으로써 중앙과 지방의 정치관계를 가늠하는 지표로 활용하는 경우가 많다(제5장 제3절 참조).

(3) 중앙정치국과 중앙정치국 상무위원회

중앙정치국과 중앙정치국 상무위원회는 중앙위원회의 폐회 기간 중 중앙위원회의 직권을 행사한다고 규정한 이외는 중앙정치국이 행사하는 실질적인 권한이 무엇인가에 관해 아무런 언급도 없다. 그러나 분명한 것은 중앙정치국과 그 상무위원회가 국가와 당의 존립에 관계되는 모든 정책에 관하여 무한하고 막강한 권한을 갖고 있다는 점이다. 당·국가 및 군을 움직이는 고위엘리트의 인사는 사실상 중앙정치국이 장악하고 있다.

중앙정치국은 1927년 5대1중전회에서 최초로 구성되었으며 역대 정치국과 그 상무위원회의 규모는 위원과 후보위원을 합하여 20명에서 25명 내외, 그리고 상무위원은 5-9명이다. 중앙정치국의 위원과 후보위원(정치국회의에 배석은 하지만, 표결권이 없음) 그리고 그 상무위원은 모두 중앙위원회 전체회의에서 선거된다. 중앙정치국 상무위원회는 1927년 6월 1일 중앙정치국 확대회의에서 통과 확정된 「중국공산당 제3차 수정 당장」에 최초로 규정되었으나 7대 당장에서 삭제(대신 중앙서기처 설치)된 바 있다. 그러나 현행 중앙정치국 상무위원회는 1956년 8대 이후 설립된 중국 최고위 통치 집단이다. 이는 흔히 정치국과의 상의 없이 독자적으로 정책을 결정하는 '頂上 중의 정상'이다. 이들 정치국 상무위원들은 소수정예 최고권력 엘리트군으로서 실질적으로 중국정치를 움직이는 최고실세 그룹이다. 이들의 출신 배경 역시 중앙위원의 구성과 마찬가지로 중앙과 지방의 정치관계를 가늠하는 자료로 많이 활용된다.[7]

(4) 중앙서기처

중앙서기처는 원래 1945년 6월, 당의 일상 업무를 관장하고 독립된 집행권을 행사하는 당의 중앙기구로 출발하였다. 당시 중앙정치국 상무위원회가 폐지된 상태여서 그 서기 역시 고위정치국위원이 겸임하는 등 정치국보다 우위에 있었다. 그러나 1956년 정치국 상무위원회가 부활됨과 동시에 중앙서기처는 중앙정부의 기능부처에 대응, 당의 각종 기능부처를 지휘 감독하는 당의 행정참모기관으로 변하였다. 따라서 중앙당 기능부처의 수가 한때 18개를 넘기도 하였다.

중앙서기처의 서기 정수는 고정되어 있지 않았고 7-8명에서 10-11명 정도의 중앙위원회 고위위원이 서기직을 겸임하였다. 그러나 이 기구는 문화대혁명 때 폐지되었다가 1980년 2월 11대5중전회에서 부활되어 정책결정과정상 중앙정치국과의 역할분담이 불가피하게 되었다. 1982년 12기에 통과된 黨章에 의하면 정치국은 이데올로기나 원칙 면에서 고위결정을 필요로 하는 문제만 취급한다면, 중앙서기처는 정치국과 그 상무위원회의 지도하에 당 중앙의 일상 업무를 관장하는 제1선의 행정(당무) 기구라고 규정하고 있다. 1987년 13대 당장에서는 이를 더욱 명백히 하고 있다. 즉 중앙서기처는 중앙정치국과 그 상무위원회의 집행기구이지 정책결정기구가 아니라는 것이다. 중앙서기처의 구성원은 중앙정치국 상무위원회의제청에 의해 중앙위원회 전체회의에서 선출한다.

---

7) 그러한 연구로는 陳永生(1998: 29-49), 田弘茂(2000), 楊開煌(2002: 6,20-6,24), Zang(1993: 793-795), Li and Lynn(1998: 245-247), Li(2000: 1-40), Bo(2004; 225-231), 그리고 김정계(2000a, 353-356; 2005) 등의 연구가 있다.

(5) 중앙위원회 총서기

중앙위원회 총서기제는 1982년 당 12대에서 중앙위원회 주석과 부주석제를 폐지함으로써 부활된 제도다. 당주석제의 폐지는 과거 문혁의 발생이 어느 특정인에게 권력이 과도하게 집중된 결과에서 연유한 점을 감안하여 개인숭배의 가능성을 배제하려는 데 주목적이 있었다. 중국공산당의 지도체제는 창당 이후 여러 차례의 변화를 거쳤다. 1921년 창당대회 이후 1935년 '遵義會議'까지 중국공산당은 소련공산당의 서기장제와 마찬가지로 총서기 중심 체제를 유지하였다. 1935년 이후 당의 최고권한은 중앙정치국(주석)으로 이양되었고 이어 1945년 延安에서 개최된 7대에서 총서기직은 공식적으로 폐지되었다. 그러다가 1956년 8대에서 총서기제가 부활되어 당 행정상의 실무조정을 책임지는 최고위직이 되었지만 직책의 중요성은 그 이전보다 줄어들었다. 문혁기간 중에는 이 직위가 폐지되었다가 1980년 11대5중전회에서 다시 부활되었다.

이상 당 최고지도체제의 변화과정을 요약하면 창당 이후 1935년까지는 총서기가 최고지도자였고, 1935년부터 1945년까지는 총서기가 존재했으나 실권은 당 주석에게 있었으며, 1945년부터 1956년까지는 총서기제는 공식적으로 폐지되었다. 1956년에는 부활되어 문혁 전까지 계속되었으나 당 최고지도권은 1945년 이후 계속 당 주석에게 있었고 총서기는 행정상의 업무만을 담당했을 뿐이었다. 그러나 1982년 12대에서 당주석제가 폐지됨으로써 1980년 부활된 중앙위원회 총서기가 당의 최고지도자가 되었다.

(6) 중앙기율검사위원회

중앙기율검사위원회는 1978년 12월 11대3중전회에서 신설된 당 중앙 감찰기구다. 이것은 문혁 중 폐지된 중앙감찰위원회(1955년 전국대표대회에서 董必武를 초대서기로 선출)를 대체한 중앙기구이며, 당원의 부패와 정치적 비행을 척결하는 등 일종의 감찰업무를 수행하는

整黨장치로서 출범했다. 중앙기율검사위원회는 당장에는 중앙위원회와 병렬적 관계에 위치하고 있으나 실제로는 중앙위원회의 지도하에 그 임무를 수행한다. 12기 이후 중앙기율검사위원회는 과거의 감찰위원회와는 달리 준독립적인 지방조직을 가질 뿐만 아니라, '당의 노선, 방침, 정책과 결의의 집행을 검사'하는 포괄적인 기능을 보유하는 막강한 기구가 되었다. 중앙기율검사위원회는 당의 전국대표대회에서 선거되며, 서기와 부서기 그리고 약간의 상무위원은 중앙기율검사위원회 전체회의에서 선거하여 중앙위원회의 비준을 얻도록 되어 있다.

(7) 중앙군사위원회

중앙군사위원회는 중국인민해방군 내의 당 조직을 통하여 군대 내에서 당의 활동을 관리하는 업무를 담당하며, 특히 예속기구인 인민해방군 총정치부를 통하여 군내부에서의 정치공작을 책임진다. 당 중앙군사위원회는 주석과 부주석을 포함한 약간의 상무위원이 중심이 되어 운영되며, 그 구성원은 중앙위원회에서 선임한다. 국가중앙군사위원회와 이름만 다를 뿐, 구성원은 같다. '군대'편에서 재론하기로 한다.

요컨대, 중국공산당의 중앙조직체계를 보면, 전국대표대회가 레닌주의적 전통에 따라 당원을 대표하는 명목상 당의 최고영도기관이며, 중앙위원회는 이를 대표하는 기관이다. 중앙정치국은 또 중앙위원회를 대표하는 기관이며 당의 실질상의 최고정책결정기구이다. 나아가 중앙정치국 상무위원회는 정치국의 최고영도핵심이며, 총서기는 당대표다. 즉 중국공산당은 레닌주의적 민주집중제의 원칙에 따라 권력구조의 정상에 소수 주요지도자들이 포진하고 있는 중앙정치국에 당의 최고정책결정권을 부여하고 있다. 그리고 당, 정, 군의 수뇌와 핵심구성원은 인사상의 겸직 메커니즘에 의해 당 정치국상무위원 내지 정치국위원이 겸직하기 때문에 그들의 구성을 보면 중국정치의 흐름을 파악할 수 있다. 특히 毛澤東 사후 당주석제가 폐지된 집단지도체제하의 정권구조에서는 중앙정치국위원의 공통속성은 중국정치를 가늠하는 주요 변수다.

```
인민대중-> 공산당원-> 전국대표->중앙위원-> 정치국원->정치국->총서기
              대회대표                      상무위원
(13억명) ->(7,300만명)->(2,220명)-> (371명=  ->  (25명) -> (9명) -> (1명)
                                204+167)
```

2) 당의 지방조직

중국공산당의 지방조직으로는 省, 自治區, 直轄市와 自治州, 縣, 自治縣, 區가 없는 市와 市 直轄區 이상의 지방행정단위에 설치된 당의 각급 대표대회와 위원회(黨委) 및 기율검사위원회가 있다.

1949년-1954년, 1961년-1966년에는 중앙위원회와 省 당위원회의 중간에 6개의 地區局이 설치된 바 있다. 이는 大行政區에 상응하는 것이었고 그 기능은 주로 중앙기구와 省 당위를 연계하는 것이었다. 그러나 1949년에서 1954년 사이에 지구국은 막강한 영향력을 省당위에 행사하였고 동북지구의 高崗과 화동지구의 饒漱石은 중앙의 집단화정책에 반대하면서 중앙지도권에 도전하는 등 소위 '독립왕국'을 구축, 중앙의 권위에 대한 위협적인 존재로 부상하였다. 그러므로 1954년 헌정체제의 정비와 더불어 중앙집권적 계획경제의 추진을 위하여 그 방해물이 되는 지구국은 폐지해 버렸다.

하지만 지구국은 1961년에 와서 종전의 형태로 부활되기에 이른다. 이는 대약진정책의 실패 후 회복조정정책을 추진하던 省에 대하여 중앙의 감독을 용이하게 하자는 것이 재설립의 일차적인 목적이었을 것이다. 그러나 이들 지구의 책임자들은 많은 경우, 黨·政·軍權을 장악하고 있었고 문화대혁명이 발발하면서 이들의 일부세력인 내몽고의

烏蘭夫, 四川과 서남지구를 통치하고 있던 李井泉, 티베트의 張國華 등이 보수적인 태도를 취했기 때문에 지구국은 과격분자들의 공격을 받게 되었다. 그리하여 지구국은 문혁과 더불어 다시 폐지되었다.

(1) 당의 지방 각급 대표대회

성, 자치구, 직할시, 區를 두고 있는 시와 자치주의 당대표대회는 5년마다 한 번 열리며, 縣(또는 旗), 자치현, 區를 두고 있지 않은 시와 시 직할구의 당대표대회는 3년마다 한 번씩 소집된다. 지방의 각급 대표대회는 동급의 당위원회에 의해서 소집되며, 특수한 상황 하에서는 次上級 위원회의 승인을 얻어 그 개최를 앞당기거나 연기할 수 있다.

각급 대표대회의 직권은 ① 동급 당위원회의 보고에 대한 청취 심사, ② 동급 기율검사위원회의 보고에 대한 청취 심사, ③ 당해 지구 범위내의 중요문제에 관한 토론 및 결의, ④ 동급 당위원회와 기율검사위원회의 선거 및 상급 당대표대회에 출석하는 대표의 선거 등이다.

(2) 당의 지방 각급 위원회

성, 자치구, 직할시, 區가 있는 시와 자치주의 위원회의 임기는 매기 5년으로서 지방 각급 대표대회와 동일하며 이들 위원회의 위원과 후보위원은 5년 이상의 당력을 가져야 한다. 현, 자치구·區가 없는 시와 시 직할구의 위원회 임기는 매기 3년(동급 대표대회와 동일)이며, 그들 위원회의 위원이나 후보위원의 정수는 각기 차상급 위원회가 정한다. 당의 지방 각급 위원회는 1년에 적어도 한 번은 소집되어야 한다. 당의 지방 각급 위원회는 당해 대표대회의 폐회기간 중 상급 당조직의 지시와 등급 당대표대회의 결의를 집행하고 당해 지방의 활동을 지도하며, 상급 당위원회에 정기적으로 그 활동을 보고한다.

당의 지구위원회는 省, 자치구위원회의 위임을 받아 지구의 활동을 지도한다. 지구위원회는 당의 성, 자치구위원회가 그 산하 몇 개의 현, 자치현, 시를 한 단위의 지구로 하여 파견한 대표기관이다. 당의 지방

각급위원회 전체회의는 상무위원회와 서기·부서기를 선거하여 상급의 당위원회에 보고하여 그 승인을 받아야 하고, 그 상무위원회는 전체회의의 폐회기간 중 위원회의 권한을 행사하며, 새로운 상무위원회가 선거되기까지는 차기의 대표대회 개최 중에도 계속 일상업무를 관장한다.

특히 省 당위원회의 경우 당의 조직과 통제, 농·공·재정 등의 경제활동, 인민의 동원 및 정책개발을 위한 연구 등의 분야에 있어서 감독과 지시를 한다. 처음에는 省당위가 省의 경제발전에 있어서도 부차적인 역할만 담당했었다. 특히 제1차5개년계획(1953-1956) 당시에 그랬던 것은, 경제계획이 중앙집권적이어서 중앙정부의 직능 부처들이 막강한 권한을 행사하였기 때문이다. 대약진기(1957-1959)는 일종의 분권화시기였기 때문에 省당위의 역할이 보다 중요해졌다. 어쨌든 省당위와 그 하위에 있는 지방 당위가 당의 정책을 집행하는 지방기구인 까닭에 이들은 당 체계 내에서 독특한 지위를 향유하고 省당위의 서기들은 막강한 정치력을 행사한다. 이러한 정치력은 14기 이후 개혁개방실적이 현저한 省당위의 서기들이 중앙정치국과 같은 당의 최고정책기구에 대거 참여하고 있는 것에서 나타난다(김정계, 1994: 32-35).

(3) 당의 지방 각급 기율검사위원회

지방에는 각급 기율검사위원회가 동급의 당위원회와 상급의 기율검사위원회의 2중적 지도로 활동하고 있으며, 그 임기는 동급의 당위원회 임기와 같다. 그 직무는 중앙기율검사위원회의 그것과 같으며, 상급의 기율검사위원회는 하급의 활동을 감찰하고 그 결정을 승인 또는 변경시킬 수 있다.

3) 당의 기층조직

省과 縣 아래에는 당의 기층단위들이 있다. 이들 기층단위는 당의 정책과 노선을 집행하는 '전투보루'이다. 당은 여기서 사회의 나머지 부분과 직접적인 접촉을 갖게 된다. 省의 당위원회와 마찬가지로 당의 기본적인 단위는 모두 黨委를 주관하는 서기가 중심이 되어 운영된다. 그러나 이들 단위는 상부기구의 결정을 단순히 집행하는 데 그치는 것이 아니라, 창의성과 자율성 있는 활동이 권장되며, 비평과 토론이 끊임없이 계속되는 곳도 바로 여기라고 할 수 있다.

모든 기층 행정단위(鄕, 鎭), 모든 생산단위(공장, 상점, 학교, 기관, 합작사, 농장 등), 인민해방군의 중대 및 기타 기층단위는 3명 이상의 정식 당원이 있으면 모두 당의 기층조직을 구성하여야 한다. 당의 기층조직은 그 활동의 필요와 당원의 수에 따라서 차상급 당 조직의 승인을 얻어 당의 기층위원회 또는 총지부위원회, 지부위원회를 설치하며, 기층위원회는 당원대회 또는 대표대회에서 선출되고, 총지부위원회와 지부위원회는 당원대회에 의해서 선출된다. 이들의 임기는 전자는 3년이며, 각 위원회가 선출한 서기·부서기는 상급 당 조직에 보고하여 승인을 받아야 한다. 위원회가 설치된 당 조직은 대표대회 또는 당원대회를 매년 1차례, 총지부는 매년 2차례, 지부는 3개월에 1차례의 당원대회를 열어야 한다.

2. 중앙과 지방의 각급 정부조직

중화인민공화국 국가조직의 특징은 '民主集中制'와 '議行合一'을 통한 인민민주독재를 건설하는 데 있다. 따라서 국가 최고권력기관인 전국인민대표대회(보통 '전인대'로 약칭)가 입법권과 행정권은 물론 검찰과 사법권까지 장악 통제하며, 이를 정점으로 행정·사법·검찰기구가 중앙에서 지방으로 연계되어 중앙의 통일적 지도를 받는다. 지방조직은 전통적인 省·縣·鄕의 3급 계층으로 구성, 그 하부구조는 중앙조직의 기능과 연계되어 있다.

이들 중국의 국가(정부)조직은 당이 정부를 영도하는 '以黨領政'의 원칙에 따라 딩의 정책과 계획을 집행하는 기능을 주 임무로 한다. 그리고 중앙정부의 요직은 '교차 겸직메커니즘'에 의해 당의 최고지도층이 겸직하고 있다.

1) 중앙 정부(국가)조직

현행 헌법상 넓은 의미에서의 중앙정부조직은 국가 최고권력기관인 전국인민대표대회를 정점으로 한편으로는 그 상설기구인 전인대 상무위원회와 중화인민공화국 주석 및 국가최고군사기관인 국가중앙군사위원회가 병렬적 위치에 있고, 다른 한편으로는 최고행정기관인 국무원, 최고사법 및 검찰기관으로서의 최고인민법원 및 최고인민검찰원이 전인대의 예속적 위치에 있다. 제도상 '의행합일'의 원칙하에 국가조직이 체계화되어 있다.

(1) 전국인민대표대회 및 그 상무위원회

전국인민대표대회는 1954년 헌법 제정과 더불어 설립된 국가 최고권력기관이다. 정권초기(1949-54) 「공동강령」 시기에는 중국인민정치협상회의가 그 위치를 대신했다. 전국인민대표대회(상설기관: 전국인민대표대회 상무위원회)는 ① 입법권을 행사하는 '의행합일'의 국가 최고권력기관이며, ② 전국인민대표대회는 성·자치구·직할시 및 군대에서 선출된 대표로 구성(소수민족도 일정한 인원수의 대표로 구성)되는 인민의 대표기관으로서의 지위를 갖고 있다. ③ 전국인민대표대회는 입법권과 재정에 관한 권한 및 각종 인사에 대한 비준권 등의 행사와 중대 사항의 결정 및 국정전반에 대한 질의 등의 방법을 통하여 국정에 관여하고 통제할 수 있는 지위에 있다.

전국인민대표대회의 대표는 성·자치구·직할시 인민대표대회(이하 '인대'로 약칭) 및 인민해방군의 선거에 의하여 선출되며, 대표의 정수는 3,500명을 초과하지 못한다. 전국인민대표대회의 임기는 1기를 5년으로 한다. 이 대회는 1년에 1회 개최하며, 그 상무위원회에 의해 소집된다. 1954년 이후 현재까지 전인대는 10기까지 선출되었는데, 처음 3기의 임기는 4년(현재는 5년)이었고, 1954년에서 1964년까지 매년 소집되었다. 그러나 1965년 1월 이후 문혁과 '林彪사건'으로 인한 국내정치의 혼란으로 1975년까지 한 차례도 소집되지 못했다.

헌법상 전인대는 '인민민주독재' 및 '議行合一'의 원칙에 의해 국가권력구조에서 헌법상 막강한 권한을 보장받고 있다. 그러나 그것은 명목적 권한에 불과하고 실질적인 운영에 있어서는 당 및 정부(국무원)가 사전 합의한 내용을 승인하는 데 그칠 뿐이다. 따라서 흔히 공산주의 국가의 의회를 '고무도장'(rubber stamp)에 비유하기도 한다. 그것은 전인대가 1년에 1차례 소집되고 회기가 짧을 뿐 아니라 그 구성원이 3,000여 명에 달하는 데서도 연유한다. 따라서 그 기능은 대부분 전인대 상무위원회에 위임하고 있다.

전인대 상무위원회는 현재 위원장 1명, 부위원장 19명, 비서장 1명그리고 135명의 위원으로 구성되어 있다. 이들은 전인대에서 선거되고 파면되며, 이 구성원 속에는 반드시 적당한 수의 소수민족대표가 포함되어야 한다. 그리고 이 구성원은 국가의 직위를 겸임할 수 없다. 문혁기에 국가주석제가 폐지되었을 때에는 전인대 상무위원회 위원장(당시 朱德 상무위원장)이 대내외적으로 국가를 대표하였다.

(2) 중화인민공화국 주석

중화인민공화국 주석(국가주석으로 약칭)은 대내외적으로 국가를 대표한다. 건국 초기(1949-1954년 정치협상회의체제하)에는 국가주석직을 두지 않고 중앙인민정부위원회가 대내외적으로 중화인민공화국을 대표하였다. 중앙인민정부위원회는 주석 1명, 부주석 6명, 위원 56명, 비서장 1명으로 구성되었으나 당시의 중앙인민정부위원회 주석은 중앙인민정부위원회 구성원이었을 뿐 독립된 국가기구가 아니었으며 후에 설립된 국가주석과는 그 위상이 달랐다.

1954년 헌법의 제정과 더불어 국가주석제가 신설되었다. 이 시기에 중국은 '집단지도체제'를 표방하였으나 국가주석(당시 毛澤東)이 강력한 권한을 행사했다. 국가주석은 국가를 대표하고 상징하는 수반으로서 외교상의 일정한 권한을 행사할 뿐 아니라, 전국의 무장력을 통솔하는 국방위원회의 의장이 되며, 최고국무회의를 주재하는 등 정부의 '명백한 중심체'였던 것이다. 당시 국가주석이 국방위원회의 의장 및 최고국무회의의 주재자가 되었던 것은 형식상의 상징적 지위를 넘어 큰 실권을 장악하였음을 의미하는 것이었다. 왜냐하면 최고국무회의는 공화국 주석과 전인대 상무위원회의 지도급 인사 및 국무원 요직자에 의해 구성된 국가의 중대사를 논의하는 회의체였기 때문이다. 또 국방위원회는 원래 그 성격상 최고군사지도자들이 국가의 중요 군사전략을 기획하는 군 수뇌기관이었지만 사실상 그것은 인민해방군의 고위지도자들 뿐만 아니라 투항 또는 전향한 전 국민당정부군의 장성들을 수용하는 기관이었다. 따라서 중국의 모든 군사지도자들을 국가주석의 통제하에 둔다는 것은 그 직위를 차지하는 개인으로서는 중요한 의미를 갖는 것이었다. 이와 같이 1954년 헌법시기의 국가주석은 막강한 권한을 가진 실질적인 국가수반의 지위에 있었다.

그러나 문혁이 시작되면서 당시 주석이던 劉少奇가 '走資派'로 몰려 실각됨으로써 중국은 국가주석이 없는 시대로 돌입하게 된다. 1970년 「林·毛 헌법초안」, 1975년 「毛·江 헌법」 그리고 1978년의 헌법에는 모두 국가주석제를 두지 않았다. 당시 대내외적으로 국가를 대표하는 직위는 전인대 상무위원회 위원장이었다. 1982년 헌법은 국가주석제를 부활했다. 하지만, 그 권한을 1954년 헌법과 비교해 보면 실권적 지위보다 상징적 성격이 훨씬 강하다고 할 수 있다. 즉 현행 헌법상의 국가주석은 전인대의 결정 및 전인대 상무위원회의 결정에 따라 법률을 공포하고 총리, 부총리, 국가위원, 각부 부장, 각위원회 주석, 심계장, 국무원 비서장의 임면권을 가지며, 국가훈장·영예의 수여, 특히 사령·계엄령·선전포고·동원령의 발포권을 가지는 외에 대내외적으로 중화인민공화국을 대표하고 외국사절 접수, 전인대 상무위원회의 결정에 의한 해외전권대표 파견 및 소환, 외국과 체결한 조약 및 중요 협정을 비준하고 파기하는 권한을 가지는 등 극히 의례적 지위에 있다. 다시 말해, 현행 헌법상의 국가주석은 1954년 헌법과는 달리 군의 통수권도, 최고국무회의의 주재권도 없는 명목상의 지위에 있다.

중화인민공화국 주석과 부주석은 전인대에서 선출되며, 그 임기는 전인대의 임기와 같이 5년으로 연임할 수 있으나 계속하여 2회를 초과할 수 없다. 선거권과 피선거권이 있는 만 45세의 중화인민공화국 국민은 누구나 공화국 주석과 부주석의 피선거권이 있다.

(3) 국무원

국가조직을 넓은 의미의 정부라 한다면 국무원을 정점으로 한 중앙 및 지방의 행정체계를 좁은 의미의 정부라 하겠다. 국무원은 건국 당시의 정무원을 1954년 헌법제정과 더불어 승계하여 개편한 최고행정기관, 즉 중앙인민정부이다. 중화인민공화국 국무원은 바로 중앙인민정부로서 최고국가권력기관(전인대)의 집행기관이며 최고국가행정기관이다. 이처럼 국무원은 최고국가권력기관의 결정을 집행하는 최고행정기관이기 때문에 중앙행정 각 부·위원회 및 전국의 각급 지방행정기관의 업무를 통일적으로 지도하는 한편, 전인대(폐회 중일 때는 그 상무위원회)에 대해서 책임을 지고 업무를 보고한다.

국무원은 그 소관업무를 수행하기 위해 첫째 인적 구성으로 총리·부총리 약간 명·국무위원 약간 명·각부 부장·각위원회 주임·심계장·비서장으로 조직되어 있으며, 둘째 제도적 기구로서 부·위원회·심계기관·직속기구·辦事기구 및 비서기구·지도기구 등을 설치 운영하고 있다. 단 비상사태 등 돌발사태가 발생할 경우나 기타 필요시는 임시기구 및 참모기구·부설기구 등도 설치·운영한다.

총리8)는 국가주석의 제청에 의해 전인대에서 선거되며, 임기는 전인대 1기의 임기와 동일하고 1회에 한하여 연임이 가능하다. 부총리 및 국무위원, 각 부·위원회의 부장 및 주임, 심계장·비서장은 총리의 제청에 의해 전인대에서 선거하며, 부총리·국무위원의 임기는 총리와 같다.

각 부나 위원회는 거의 예외 없이 전국적인 기능적 명령체계를 지휘할 권한과 책임이 있으며, 위로는 중앙으로부터 아래로는 지방에 이르기까지 수직적 계층구조를 형성, 국무원의 통일적 지도하에 전국적인 행정업무를 집행한다. 부와 위원회의 차이점은 위원회의 업무가 종합적이고 광범한 업무에 연계되어 있는 반면, 부의 업무는 비교적 전문적인 성격을 띠고 있다는 것이다9).

국무원의 각 부는 두 가지 유형으로 나누어진다. 그 첫째 유형은 업무의 성격이 지방정부와는 비교적 관계가 적고 일체의 업무가 거의 중앙에 집중되어 중앙정부가 직접 처리하는 경우의 부류이다. 이를 다시 세분하면 경제적 성격을 띤 기업기구와 비경제적 성격을 띤 사업기구로 구분된다. 전자의 경우는 기계공업부·철도부 등과 같은 것이며, 후자의 경우는 외교부·국방부 등과 같은 것이다.

둘째 유형의 부는 그 업무의 성격이 비교적 지방정부와 긴밀한 관계에 있는 것으로서 일체의 공작을 지방행정기관의 조직적 지도를 통하여 달성할 수 있는 업무를 관장하는 부류이다. 교육부·민정부 등이 이 부류에 속한다.

한편 국무원 직속기구의 경우 그것은 건국이후 문혁기를 제외하고는 계속 존립한 기구이다. 이 직속기구는 국무원의 각종 전문 업무를 담당하는 기구로서 그 업무의 성격이 특수하거나 당시의 업무량으로는 하나의 부를 설치하기에 미흡할 경우 설치 운영한다. 이러한 직속기구

---

8) 국무원이 비록 최고행정기관이긴 하나 국무원 총리는 헌법상 최고의 지위에 있는 것은 아니다. 그것은 국가주석과 상무위원장 다음의 위치에 있다. 그러므로 국가주석이 아닌 정부수뇌라고 하겠다.

9) 정무원시기의 위원회는 部級보다 상위에 있었다. 즉 정무원과 部의 중간계층으로서 정무원을 도와 산하 부의 업무를 협조하고 지도하는 위치에 있었다.

의 설치나 통폐합은 국무원 전체회의에서 결정한다. 사후에 전인대 상무위원회의 사전결의를 거쳐야 설치하거나 통폐합할 수 있는 부나 위원회와 차이점이 있다.

이 밖에 국무원 비서기구는 국무원 비서장의 지도아래 총리가 처리하는 일상 업무를 돕는 역할을 한다. 또 지도기구로서 중국사회과학원 등은 정부정책결정에 싱크 뱅크(think bank)의 역할을 한다.

(4)중화인민공화국(국가) 중앙군사위원회

1982년 헌법에 신설된 전국의 무장역량을 영도하는 국가최고의 군사영도기관이다. 국가중앙군사위원회는 최고국가행정기관(국무원), 최고국가심판기관(최고인민법원), 최고국가검찰기관(최고인민검찰원)과 수평의 관계에 있으며, 최고국가권력기관인 전인대 및 그 상무위원회에 의해 선거·파면된다. 국가중앙군사위원회의 임기는 전인대의 임기와 같으며, 국가중앙군사위원회 주석은 전인대 및 그 상무위원회에 대하여 책임을 진다. 중앙군사위원회는 주석·부주석 약간 명·위원 약간 명으로 구성되며 '주석책임제'를 실시한다. 국가중앙군사위원회에 대한 상세한 내용은 '군대' 편에서 후술하겠다.

(5) 사법기관 : 최고인민법원과 최고인민검찰원

중국의 사법기구로서는 국무원과 대등한 관계에 있는 최고인민법원과 최고인민검찰원이 있다. 이들은 모두 전인대의 직속기관으로서 3자는 상호 연계 속에 각각 독립된 수직적 하위체제를 갖고 있다.

중국의 인민법원은 국가의 심판기관으로서 최고인민법원, 지방각급 인민법원 및 전문인민법원이 있다10). 인민법원은 법률의 규정에 따라

---

10) 지방 각급 인민법원에는 형사심판정·민사심판정·경제심판정과 행정심판정을 두며, 전문인민법원에는 군사법원·海事법원·森林법원을 두고 있다. 그리고 최고인민법원에는 형사1과 2·민사·경제·교통운수·행정심판·申訴심판정 등 재판부를 두고 있으며, 판공청·사법행정청·연구실·인사청 등 행정기구를 둔다(吳磊主, 1988: 77-78).

독립적으로 심판권을 행사하며 행정기관, 단체 및 개인의 간섭을 받지 않는다. 최고인민법원은 전인대 및 그 상무위원회에 대해 책임을 지며, 각급 지방인민법원은 그것을 조직한 국가권력기관에 대하여 책임을 진다11). 최고인민법원은 최고심판기관으로서 지방각급인민법원과 전문인민법원의 재판활동을 감독하며, 상급 인민법원은 하급 인민법원의 새판활동을 감독한다. 최고인민법원장의 임기는 전인대의 그것과 같으며 1기에 한하여 연임이 가능하다.

한편 검찰의 경우 인민검찰원은 국가의 법률 감독기관으로서 최고인민검찰원, 지방각급 인민검찰원 및 전문인민검찰원으로 조직되어 있다. 인민검찰원은 법률에 따라 독립적으로 검찰권을 행사하며, 행정기관과 단체 및 개인의 간섭을 받지 않는다. 최고인민검찰원은 전인대 및 그 상무위원회에 대하여 책임을 지며, 지방 각급 인민검찰원은 동급 국가권력기관 및 상급인민검찰원에 대하여 책임을 진다. 최고인민검찰원은 최고검찰기관으로서 지방 각급 인민검찰원 및 전문인민검찰원의 업무를 지도하며, 상급인민검찰원은 하급인민검찰원의 업무를 지도한다. 최고인민검찰원 검찰장 및 각급 인민검찰장의 임기는 전인대 및 동급 인민대표대회의 그것과 같으며 1기에 한하여 연임할 수 있다.

인민법원과 인민검찰원은 1950년대까지 주요한 사법기구였으나 대약진시기부터 문혁기까지는 사법관할 밖의 구조와 관례의 중요성이 증대되어 그 기능이 마비되었으며, 특히 문혁파의 공격으로 1975년 헌법에서는 검찰기구가 폐지되었다. 그러나 1978년 헌법 및 1982년 헌법에서는 사법기구를 부활하였다. 중국의 최고인민법원은 구소련의 연방최고법원과 같이 그 권한에 있어서 미국의 대법원보다 훨씬 약한 기구이다. 왜냐하면 중국의 법 이론은 권력의 분립을 인정하지 않으며

---

11) 왜냐하면 최고인민법원장은 전국인민대표대회에서 선거되고, 지방 각급 인민법원은 동급 인민대표대회에서 선거되며, 최고인민법원 부원장 廷長 副廷長과 심판원은 전인대 상무위원회가 각급 인민법원 부원장·정장·부정장·심판원은 동급 전인대 상무위원회가 임면하기 때문이다.

따라서 위헌조사권이나 법률해석권도 전인대 상무위원회에 귀속되어 있기 때문이다.

2) 지방 정부조직

중국은 전통적으로 중앙정부에 정치와 행정의 모든 권력이 집중된 중앙집권적 통일(단일)국가인 한편, 지방의 특수성을 감안하여 지방정부의 자주성을 어느 정도 허용하는 정치체제를 지속시켜 온 국가이다. 오늘날의 지방조직도 중앙정부의 통일적 지도하에 지방의 적극성을 창출하기 위하여 어느 정도의 자율성을 보장하고 있다. 오늘날 중국의 지방정부단위는 다음과 같이 구분한다.

① 전국을 省, 自治區, 直轄市로 구분한다.
② 省, 自治區를 自治州, 縣, 自治縣, 市로 구분한다.
③ 縣, 自治縣을 鄕, 民族鄕, 鎭으로 구분한다.

그리고 직할시 및 비교적 규모가 큰 시(地級 市)는 區와 縣으로 나누며, 자치주는 현·자치현·시로 나눈다. 여기서 자치구·자치주·자치현은 모두 민족자치지방이다. 따라서 오늘날 중국의 지방단위는 전통적인 지방단위와 마찬가지로 省級·縣級·기층조직의 계층으로 구성되어 있다. 2004년 말 현재 중국의 현급 이상 1급 지방정부 단위는 23개 성·5개 자치구·4개 직할시·2개 특별행정구로 구성되어 있다. 그리고 50개 지구(州, 盟), 661개 시(그중 4개는 직할시, 283개는 지급 시, 374개는 현급 市), 1636개의 縣(自治縣、旗、自治旗、特区和林区)과 852개의 市轄区가 있다.

乡镇 总数 37,334개이며, 그중 镇은 19,883개, 乡은 17,451개 있다. 그리고 기층조직으로, 전국에 7만 8,000개의 거민위원회 (社區거민위원회) 와 129만 6,000개의 居民小组, 64만 4,000개의 촌민위원회와 507만 9,000개의 村民小组가 있다. 전국의 鄕·鎭 총수의 변화

추이는 <표 2-2>와 같다.

<표 2-2> 중국의 鄕·鎭 수의 변화 추이

년도	鄕(개)	鎭(개)	합계(개)
1986	61,766	9,755	71,521
1988	45,393	10,609	56,002
1990	44,446	11,392	55,838
1992	34,115	14,235	48,250
1994	31,642	16,433	48,075
1996	27,496	17,998	45,484
1998	26,402	19,060	45,462
2001	20,606	19,555	40,161
2004	17,451	19,883	37,334

출처: 『中國統計年鑑』. 2001: 363; 『中國統計年鑑』. 2002. 383.

지방의 각급 국가기구는 중앙조직과 마찬가지로 동급 인민대표대회와 인민정부 그리고 인민법원 및 인민검찰원(縣級 이상에만 설치)이 수평적으로 연계되어 있다. 여기서는 지방조직 중 지방각급 인민대표대회와 인민정부, 그리고 민족자치기구에 대해서만 살펴보기로 한다.

(1) 지방 각급 인민대표대회

성·직할시·縣·市·市관할 區·鄕·民族鄕·鎭 등 지방각급 행정단위에는 인민대표대회를 설치하며, 이는 지방의 비상설적 권력기관이다. 縣級 이상의 인대에는 상설적인 인대 상무위원회를 설치한다.

성·직할시 및 구를 설치하고 있는 시의 인대 대표는 임기 5년으로 次下級(직근 하급) 인대에 의하여 간접 선출되며, 縣과 區를 설치하지 않은 市·市관할 區·鄕·民族鄕·鎭의 인대 대표는 임기 3년으로 선거민에 의해 직접 선출된다.

지방 각급 인대는 적어도 년 1회 개최한다. 현급 이상 지방각급 인대의 회의는 동급 인대 상무위원회가 소집하며, 현급 미만 인대의 회의는 동급 인민정부가 소집한다.

현급 이상의 지방각급 인대의 상무위원회는 주석, 부주석 약간 명 및 위원 약간 명으로 구성되며, 동급 인대에 대하여 책임을 지고 회무를 보고한다. 그리고 상무위원회 구성원은 국가행정기관, 재판기관 및 검찰기관의 직무를 겸임하지 못한다.

현급 이상의 지방각급 인대 상무위원회의 헌법상 주요 직권은 다음과 같다(헌법 제10조). 즉 당해 행정구역 내에서의 각 부분의 업무 중 중요사항을 토의·결정하며, 또한 동급의 인민정부, 인민법원 및 인민검찰원의 업무를 감독하고 동급 인민정부의 부적당한 결정과 명령을 취소할 권한이 있다. 그리고 차하급 인대의 부적당한 결의를 취소하고 법률에 정한 권한에 따라 국가공무원의 임면을 결정하고 또한 동급 인대의 폐회기간 중에는 次上級 인대의 개별대표를 파면·보선할 권한이 있다.

(2) 지방 각급 인민정부

지방각급 인민정부는 지방 각급 인대(국가권력기관)의 집행기관이며 지방의 각급 국가행정기관이다. 지방 각급 인민정부의 임기는 그것을 선출한 동급 인대의 임기와 동일하며, 지방각급 인민정부는 省長·縣長·區長·鄕長·鎭長 책임제를 실시한다.

한편 지방 각급 인민정부는 모두 동급의 인대와 차상급의 국가행정기관에 대하여 책임을 지고 업무를 보고한다. 현급 이상 각급 지방인민정부는 동급 인대의 폐회 중 그 상무위원회에 대하여 책임을 지고 업무를 보고한다.

또 성·자치구·직할시 인민정부의 각 업무부처는 인민정부의 통일적 지도를 받으며 또한 국무원 주관부처의 지도 또는 업무지도를 받

는다. 自治州·縣·自治縣·市·市관할 區 인민정부의 각 업무부처는
인민정부의 통일적인 지도를 받으며, 또한 상급 인민정부 주관부처의
지도 또는 업무지도를 받는다. 따라서 전국의 지방 각급 인민정부는
동급의 인대에 책임을 지는 한편, 모두 국무원의 통일적 지도하에 있
는 국가행정기관으로 국무원에 복종한다.

(3) 민족자치지방의 자치기관

중국은 漢族 외에 55개(비공식으로는 350개) 소수민족이 살고 있는
다민족 국가이다. 한족에 비해 인구가 소수이기 때문에 소수민족이라
부르고 있으며, 그들은 한족에 동화되지 않고 원족계의 혈통과 풍속·
언어 등을 그대로 간직하고 있다.

소수민족은 비록 전체인구의 6.7%인 6,720만에 불과하지만 현재
민족자치지방의 자치기관은 지방각급 인대 및 인민정부와 마찬가지의
유형으로 자치구·자치주·자치현의 인대와 인민정부가 있다. 현재 중
국은 5개 자치구, 30개 자치주·7개 盟, 116개 自治縣·49개 旗·3
개 自治旗, 1356개의 民族鄕 등이 있으며, 이들 자치지역의 총인구수
는 1억 2,000만 명으로 그중 소수민족은 약 5,000만 명이다.

이상 지방 각급 국가기관 및 민족자치기관 이외의 지방기층조직으
로서 居民委員會와 촌민위원회가 있다(헌법 제111조). 도시와 농촌은
주민의 거주 지역에 따라 거민위원회 또는 촌민위원회를 설치하여 지
방의 말단 군중자치조직으로 한다. 이들 위원회의 주임·부주임 및 위
원은 주민이 직접 선거·파면한다. 이들 위원회는 인민조정·치안보위
·공공위생 등의 위원회를 설치하여 당해 주거지역의 공공사무와 공익
사업을 처리하며, 민간분쟁을 조정하고 사회치안의 유지에 협조하며,
인민정부에 대하여 군중의 의견과 요구를 반영시키고 건의한다.

3. 군대조직

1) 군의 영도체제

"정치권력은 총구로부터 나온다"는 毛澤東의 말이 시사하듯이 중국의 권력구조에 있어서 군이 차지하는 비중은 지대하다. 현행 헌법은 중화인민공화국(국가) 중앙군사위원회는 전국의 무장역량을 영도한다고 규정하고 있는데, 이는 바로 무장역량의 최고 통할권이 국가기관에 귀속됨을 명백히 규정한 내용이다. 그러나 중국의 인민무장역량 및 그 최고통할기관인 중앙군사위원회는 중국공산당이 혁명투쟁을 진행하는 과정 중에 창건·발전시킨 기관이다. 즉 중앙군사위원회는 1925년 10월 전국적인 工·農·群(노동자, 농민, 군중) 혁명운동의 전개와 발전의 필요에 부응하여 중공 제4기 중앙위원회 제1차 확대집행위원회의 제의에 의해 중국공산당 '중앙군사운동위원회'를 설치한 것이 그 효시이다.

신중국의 수립과 더불어 중국공산당이 중국의 집권당이 됨으로써 당이 창건하고 영도하던 인민무장 역량 역시 국가영도하의 무장역량이 되었다. 물론 1949년 이후 40여 년간 몇 차례의 변화가 있기는 했으나 군에 대한 최고통할권은 국가에 귀속되기에 이르렀다.

중화인민공화국 건국초기 헌법을 대신한 「공동강령」은 그 제19조에서 "중화인민공화국의 무장역량, 즉 인민해방군인민공안부대와 인민경찰은 인민의 것"이라고 하였으며, 「중앙인민정부조직법」은 "중앙인민정부의 인민혁명군사위원회는 전국의 인민해방군과 기타의 인민무장역량은 통일적으로 관할하고 지휘한다"고 규정하였다. 그리고 인민혁명군사위원회에는 1인의 주석과 약간 명의 부주석 및 위원을 두고, 그 조직관리 및 지휘체계는 중앙인민정부가 통일적으로 제정하였다. 따라서 「공동강령」 시기 군사통할권은 인민정부하의 '인민혁명군사위원회'에 속했다.

1954년 중화인민공화국의 헌법이 제정됨과 동시에 '국방위원회'를 신설하고 중화인민공화국(국가) 주석이 국방위원회 주석을 겸임, 전국의 무장역량을 통수하였다. 국방위원회의 부주석과 위원의 인선은 국가주석의 제청으로 선임하였다. 당시 국가주석이었던 毛澤東·劉少奇가 전후 국방위원회주석을 겸임하였다. 그러나 국방위원회는 자문적 성격을 띤 기구에 불과했으며 무장역량의 영도기관은 아니었다. 무장역량의 영도권(통수권)은 국가주석이 장악하고 있었다. 같은 해 중국공산당 중앙 역시 '당중앙군사위원회'를 신설, 오늘에 이르기까지 중국인민해방군과 기타의 무장역량을 영도하고 있다.

1975년 헌법과 1978년 헌법은 모두 국가기관으로서의 군사 통할기관(국가주석제와 국방위원회)을 폐지하고 "중국공산당 중앙군사위원회 주석이 전국의 무장역량을 통솔한다"고 규정함으로써 '黨政不分', '以黨代政'의 작폐가 심화되었다. 그러다가 사회주의 현대화가 막을 올린 1982년 헌법은 중화인민공화국(국가) 중앙군사위원회를 신설하고, 그것을 전국 무장역량의 최고통수기구로 규정하였다.

현재 중국의 무장역량의 통수권은 인민정권(국가)과 중국공산당이 공유하고 있다. 1982년 중공 12대에서 통과된 현「중국공산당章程」은 당의 중앙조직에 여전히 중앙군사위원회를 설치, 군의 총정치부를 통하여 군대 내의 정치공작을 지도하고 있다. 이처럼 국가와 당이 동시에 중앙군사위원회를 설치하고 있으나, 양 기관의 구성원은 동일인이 겸직하고 있으며, 군에 대한 영도직능 역시 완전 일치하고 있기 때문에 모순 없이 운영되고 있다. 이는 바로 소위 중국적 특색 있는 무장역량의 영도체계라 하겠다(浦興祖, 1992: 313-316).

중화인민공화국(국가) 중앙군사위원회와 각종 권력기구와의 법적 관계는 다음과 같다.

첫째, 전인대와의 관계. 전인대는 최고국가권력기관으로 국가중앙군사위원회 주석을 선거하고 중앙군사위원회 주석의 지명에 의거 국가중앙군사위원회의 기타 구성원을 인선하는 권한이 있다. 전인대 폐회기간에는 그 상무위원회가 국가중앙군사위원회의 지명에 근거하여 국가중앙군사위원회의 기타 구성원을 인선한다. 중앙군사위원회 주석은 전인대 및 그 상무위원회에 대해 책임을 진다.

둘째, 국무원과의 관계. 국무원은 중앙인민정부, 즉 최고국가권력기관(전인대)의 집행기관이므로 최고행정기관이다. 국무원은 국방건설사업을 지도 관리하는 권한이 있으며, 주로 국방부 및 국방과학위원회를 통하여 전국무장역량의 건설·편제·장비·교육훈련·국방과학·연구와 계급제도 등을 지도 관리한다. 따라서 국가중앙군사위원회는 軍令을, 국방부는 軍政을 관장한다.

셋째, 4총부와의 관계. 중국인민해방군의 총참모부, 총정치부, 총후근부, 총장비부는 중앙군사위원회의 집행기관인 동시에 각각 최고군사지휘기관, 정치공작기관, 후근공작기관, 그리고 군사장비 관장기관이다.

2) 무장역량의 조직체계

국가의 무장역량은 국가가 지휘하는 각종 무장력의 조직인데 일반적으로 군대를 주체로 하며, 군대와 기타 정규적 비정규적 무장조직으로 구성된다. 현재 중화인민공화국의 무장역량은 중국인민해방군, 중국인민무장경찰부대('武警'으로 약칭)와 민병으로 조직되어 있다. 이는 혁명전쟁시기에 형성된 중국식의 야전군 지방무장력과 민병의 '3결합'체제를 계승, 새로운 역사적 조건과 현대화건설의 필요에 부응하여 개혁 발전시킨 것이다. 이는 인민군대를 골간으로 하고 군중의 무장력을 기초로 하여 유기적으로 배합시킨 국가무장조직체계이다. 이 중 인민해방군은 무장역량의 주체이다.

(1) 인민해방군
중국의 정규군은 인민해방군이다. 1927년 8월 1일, 江西省 南昌市

에서 중국공산당을 지지하는 군대가 무장폭동을 일으키고 쿠데타로 정권을 탈취하고자 한 사건('南昌起義')을 중국공산군의 창건으로 규정한다. 1927년부터 1937년간의 제2차 國共內戰에서는 '中國農工紅軍'이라 칭하였고, 1937년부터 1945년간의 항일전쟁기에는 국공내전으로 중국국민당 군사위원회의 휘하에 편입되어 '八路軍'·'新四軍'으로 불리었으며, 1945년부터 1949년까지 제3차 국공내전을 치르는 동안인 1947년 9월에 지금의 명칭인 '중국인민해방군'이 되었다.

군대에 대한 관리체제는 군사와 행정으로 구분된다. 헌법규정에 따르면 국가중앙군사위원회는 전국무장역량의 최고정책결정 및 지휘기관인 한편, 국무원 소속 국방부 및 국방과학기술위원회는 군사와 관련된 국가행정기관이다. 즉 군령과 군정을 엄격히 구분하였다(左言東, 1989: 553-555).

따라서 인민해방군 지휘체계의 중추는 중앙군사위원회이며, 중앙군사위원회는 4대 막료기구 － 총참모부·총정치부·총후근부, 총장비부(4총부)를 통하여 각 대군구, 해군, 공군, 제2포병을 지도·지휘한다. 각 軍區에 주둔하는 육군의 각 兵種부대는 군구에 편제되며 군구의 지도와 지휘를 받는다. 요컨대, 중국의 군대편제는 3군 통합 합성체제로서 '중앙군사위원회 주석책임제'를 실시하고 있다.

군대조직체제에 있어서 인민해방군은 크게 육군·해군·공군, 그리고 제2포병 등 4개 군종으로 나누어진다. 인민해방군은 지역편제상 크게 7개의 1급 대군구와 31개의 성급 군구로 나누어져 있다(<그림 2-1>). 각 군구는 몇몇 省軍區의 지역적 군사조직을 연합하고 전군을 혼성한 지도 및 지휘기관이다. 따라서 각 군구의 해·공군부대는 해·공군총부와 군구의 이중지도를 받는다. 그러나 海·空의 임무를 위주로 한다.

<그림 2-1> 중국 7개 대군구와 관할구역

주: 省과 직할시로 승격된 海南省과 重慶市는 각각 廣州군구와 成都군구의
    관할임.

　대군구는 관구 내 육군의 각 병종과 省군구(경비구, 위술구, 수비구,
요새구를 포함)를 체계적으로 통일·지도한다. 그리고 군구 직속의 군
사학교, 전문부대와 보장단위를 지도·관리하며 관구내에서의 총부공
작을 대행한다. 또 군구 내의 육·해·공군의 합동작전을 통일적으로
지휘한다. 군구에는 사령부, 정치부, 후근부, 장비부를 둔다.
　省군구, 軍分區는 군대계통에 예속되는 동시에 지방당위의 군사공작부문에 속한다. 현·시의 인민무장부는 소재지 군(분)구의 직접적인 지도를 받는다. 성군구의 사령부는 그 군구가 소속된 1급 대군구의 지시를 받고 보고를 하며 당해지역에 있어서의 병참, 충원, 동원 및 경우에 따라서는 행정적 공작을 포괄하고 있다. 특히 성군구와 대도시 경비구의 사령원은 문혁 당시에 볼 수 있었듯이 법과 질서에 대한 책임을 지는 등 막강한 정치적 영향력을 행사하기도 한다.

홍콩과 마카오 반환 이후 각각 홍콩, 마카오에 주둔부대를 두고 중앙군군사위원회의 직접 지도하에 국방과 안보질서를 유지하고 있다.

각 군구에는 사령원과 정치위원이 있다. 당이 군을 영도한다는 중국 정치의 특징에 따라 사실 정치위원이 사령원보다 우위를 차지하고 있었다. 하지만 개혁개방 이후 군 현대화 개혁에 따라 군 본연의 업무를 중시하고, 실전경험의 중요성이 부각되면서 사령원의 위상이 제고되고 있는 추세다. 중앙정치국 및 중앙군사위원회 구성원(군대 출신) 중 현직 군 사령원의 비중이 정치위원보다 앞섬은 이를 입증한다.

(2) 중국인민무장경찰부대

중국인민무장경찰부대는 국가안전보위의 임무를 지닌 무장역량의 하나이다. 1983년 4월 무경총부가 창설됨으로써 그 조직이 공식화되었다. 이는 1955년에 존재했던 공안부대와 유사한 치안부대로, 당 중앙정치국·중앙군사위원회·국무원의 공동결정으로 조직되었다. 즉 무경은 인민해방군의 內衛부대와 공안부문의 보안군, 변방무장부대, 특종 무장경찰부대 및 소방무장경찰부대를 통합하여 조직한 무장부대이다. 총병력은 100만여, 총부는 국무원 공안부 산하에 있으며 이는 공안부와 중앙군사위원회의 이중적 지도를 받는다. 즉 '통일영도 분급관리' 체제다. 현재 무경은 모두 37개 총대, 58개 支隊, 1,029개 대대 및 많은 중대로 조직되어 있다. 이들 무경은 유사시에는 정규군부대로 즉각 전환될 수 있도록 훈련되어 있다.

(3) 민병: 예비역 부대

민병은 생산에 종사하는 군중무장 조직으로서 인민해방군의 後備隊이다. 항일전쟁 시기부터 '팔로군'을 돕는 지방농민의 자위조직 및 무장조직으로 발전하였다. 1985년 8월 이후에는 '인민공사'의 무장조직으로서 편성되었다. 당시 병력은 2억 5,000만에 달했다. 1983년 4월 이후 무경은 새로운 모습으로 재조직되었으나 민병대는 직장이나 부락별로 자위대 형태로 유지되고 있다. 그것은 일반적으로 기간민병과 보통민병으로 구분된다.

이상 중국무장역량은 검찰 및 사법기구와 함께 당 중앙의 통일적 영도 하에 국가의 안전과 보위는 물론, 중앙의 지방에 대한 통제를 강화하는데 기여하고 있다.

4. 중국인민협상회의

중국인민협상회의('政協'으로 약칭)는 신중국 건립의 전야(1949. 9. 21-30 제1차 전체회의의 개최)에 성립된 '인민민주 통일전선'조직이다. 정협은 그 제1차 전체회의에서 중화인민공화국의 성립을 대내외적으로 선포하고 임시헌법의 성격을 띤 「중국인민정치협상회의의 공공강령」과 「중국인민정치협상회의 조직법」, 「중화인민공화국 중앙인민 정부조직법」을 통과시켜 중화인민공화국의 수도를 北京으로, 五星紅旗를 國旗로 정하였으며, '의용군행진곡'을 國歌로 결정하였다.

「공동강령」과 「정협조직법」은 모두 보통선거에 의해 성립되는 전인대가 개회되기 전까지 정협 전체회의가 전인대의 직권을 대행하는 국가 최고권력기관의 성격을 가진다고 규정하였다. 1954년 9월 전인대가 구성되자 정협은 본래의 기능인 통일전선조직으로서의 기능과 임무만 갖게 되었다. 1965년 제4기 전국회의 개최이후 활동이 중단된 상태에 있었으나 1978년 2월 제5기 조직위원회를 개최, 정협의 성격을 중국공산당이 지도하는 혁명적 통일조직이라고 규정하는 신규약을 채택하였다.

현행 헌법에 의하면 그 선언에서 "정협은 광범한 대표를 갖는 통일전선의 주요 조직으로서 지금까지 중요한 역사적 역할을 하였으며, 앞으로도 국가의 정치생활, 사회생활, 대외 우호활동과 사회주의 현대화건설을 추진하고 국가의 통일 및 단결을 수호하는 투쟁에서 보다 중요한 역할을 발휘할 것이다"라고 규정하고 있다. 정협의 조직은 전국위원회와 지방위원회를 둔다.

1) 정협 전국위원회 및 그 상무위원회

전국위원회는 정협의 전국적인 조직으로 다음의 3개 부류들로 구성된다. 첫째, 중국공산당, 각 민주당파, 무당파 민주인사, 인민단체, 각 소수민족과 각계 대표, 둘째, 타이완 동포, 홍콩 및 마카오 동포와 귀국화교의 대표, 셋째, 특별초청 인사 등으로 구성된다. 每期 전국위원회의 참가단위, 위원수와 인선은 전기 상무위원회가 협의 결정하며, 매기 임기 내 증원 또는 참가단위의 변경과 정원 및 인선은 본기 상무위원회가 협의하여 결정한다. 전국위원회의 임기는 5년이며, 매년 1차 정기회의를 소집한다.

전국위원회의 직권은 당정의 수정, 전국위원회 주석 부주석 상무위원의 선거, 상무위원회의 공작보고의 청취와 심의, 본회의 중대 업무방침과 임무에 대한 토론 및 결의, 국가 대정(大政)의 방침에 대한 토론 및 건의와 비평 등이다.

정협 전국위원회는 상무위원회를 설치, 회무를 주재한다. 상무위원회는 전국위원회 주석 부주석 약간 명 비서장과 상무위원 약간 명으로 구성되며, 그 후보자는 전국위원회에 참가하는 각 당파·단체·각 민족과 각계 인사의 지명에 따라 전국위원회 전체회의의 선거를 통해 구성한다. 상무위원회는 전국위원회의 상설집행기관으로 정협 장정에 규정된 임무와 업무, 전국위원회의 결의를 집행한다.

2) 정협 지방위원회

1982년 수정된 新章程에 의하면 "각 성·자치구·직할시와 자치주
·구가 있는 시·현·자치현·구가 없는 시와 시 직할구는 모두 조건
이 되면 정협 지방위원회를 둘 수 있다"고 규정하고 있다. 따라서 향
·진을 제외한 지방행정단위에는 그 지방위원회를 둘 수 있다. 그 명
칭은 예를 들면 중국인민정치협상회의 山東省위원회와 같다.

정협 전국위원회와 그 지방위원회는 영도관계가 아닌 지도관계에
있다. 즉 현 장정에 의하면, 전국위원회의 지방위원회에 대한 관계 및
지방위원회의 차하급 지방위원회에 대한 관계는 지도관계에 있다. 그
러나 전국위원회의 전국적 성격을 띤 결의나 상급 지방위원회의 전국
적 성격을 띤 결의에 대해서는 지방위원회 또는 그 차하급 지방위원
회는 모두 그것을 준수하고 이행할 의무가 있다.

성·자치구·직할시·자치주·구가 있는 시의 정협 지방위원회의
임기는 5년이며, 현·자치구 구가 없는 시와 市 직할구의 지방위원회
는 그 임기가 3년이다. 지방위원회의 전체회의는 적어도 1년에 1회
소집되며, 그 상무위원회가 소집한다. 지방위원회의 직권은 지방위원
회의 주석 부주석 비서장과 상무위원을 선거하고 상무위원회의 업무보
고를 청취 심의하며 그것을 건의 비평하는 것 등이다.

정협 지방위원회는 상무위원회를 설치, 그 회무를 주재하게 한다.
상무위원회는 지방위원회의 주석·부주석·비서장과 상무위원회로 구
성되며, 정협 장정의 규정에 근거하여 그 직권을 행사한다. 그 업무는
지방위원회 주석이 주재한다.

제3장 모택동시대 중국의 중앙과 지방관계[1]
: 집중화 속의 제한적 分級化

1949년 이후 현대 중국의 중앙과 지방관계는 1978년 12월 중국공산당 11대3중전회(개혁개방)를 경계로 중앙집권적 계획체제 하의 제한된 分級管理 시대와 분권적 시장지향체제하의 제한된 집권화(統一領導) 체계로 나눌 수 있다.[2]

제1절 서언

1949년 중화인민공화국 건립 이후 개혁개방이전까지 중앙과 지방관계의 변화는 통일적 영도의 기조 하에 대체적으로 放權→收權→再放權→再收權의 서클을 그리며 발전되어 왔다. 본 장에서는 개혁개방 이전, 즉 毛澤東시대(1949-1978) 중국의 중앙과 지방의 관계(분권 : 집권)가 지도 이데올로기(급진 : 온건)—경제발전의 지도 이념(생산관계 : 생산력)—중앙정부의 기구(감축 : 팽창)—간부의 수(증가 : 감소)와 어떠한 관계를 형성하며 발전되어 왔는가를 검토해 보고자 한다.

---

1) 본 장은 김정계. 2000b. "中國 中央과 地方關係의 辨證法: 마오쩌둥시대를 중심으로"『中國學報』41. 405-431쪽을 참조 정리하였음.
2) 김영문(1994)은 毛澤東시기에는 중앙집권을 축으로 몇 차례의 분권화가 추진되었다면, 鄧小平시기에는 지방분권화를 중심축으로 변증법적 변화가 이루어지고 있다고 했다.

제2절 毛澤東 시대 중앙과 지방관계의 발전과정

1. 건국초 체제형성기(1949-1957): 하방에서 집중

　　중화인민공화국 건국 직전, 중앙과 지방관계를 보면 군사적으로는 권력이 중앙에 집중되어 있었으나 경제적으로는 권력이 지방(혁명근거지)에 분산되어 있었다. 국공내전을 통한 공산화 과정에서 중국공산당이 점거한 지역, 이른바 근거지는 비록 정치, 군사적으로는 중앙의 통일적 방침과 정책의 지도하에 있었지만, 경제적으로는 각기 '自給自足, 自收自支'로 혁명전쟁을 수행하였다. 혁명근거지는 자급자족의 전통을 갖고 발전하였기 때문에 정부의 정책과 계획을 집행함에 있어 상당한 자율권을 갖고 있었으며, 관리체계는 본질적으로 편의적인 이유와 더불어 외지인에 의한 지배라는 비난을 피하기 위하여 대부분 당해 지역의 거주민에 의해 충원되었다. 따라서 재정·물자·인사 등 자원은 모두 省·地·縣 등 각급 지방정부가 분리 통제하였다. 이는 지방할거의 역사적 전통에 의해 자연적으로 생성된 것이다. 특히 1947년 3월 중국공산당 중앙이 延安을 철수한 후, 2년 이상의 기간 동안 불안정한 유동상태에 처해 있었기 때문에 군사지휘부가 지방의 경제·재정권을 장악할 수 없었으며, 현물세(공출미)·세수·공영기업·사업 단위의 이윤 등 주요 재정수입은 모두 지방(혁명근거지)이 독자적으로 관리하였다.

　　그러다가 1949년 10월 1일 중화인민공화국이 건국되었다. 하지만 당시 상황을 보면, 엄밀한 의미에서 중국공산당이 중국대륙을 완전히 장악한 상태는 아니었다.[3] 비록 공산당이 정권을 장악한 곳일지라도

---

3) 1949년 10월 1일 당시 국민정부는 중남·서남·화동지역에 白崇禧·余漢謀·胡宗南 장군이 지휘하는 3개 집단군 70만 명이 주둔하고 있었기 때문에 공산당이 전국을 완전 장악한 것이 아니었다. 1950년 10월 26일 인민해방군이 티

당시 省 및 지방정부는 유격대의 혁명근거지나 인민해방군(야전군)의 점거지역을 중심으로 설립되었다. 따라서 건국 초기, 지방인민정부가 구성될 때까지 지방은 과도적으로 군사관제위원회에 의해 통치되었다. 군사관제위원회는 임시적인 기구로 지방정부의 직권을 대행했는데, 이는 대륙점거과정에서 설립된 6개 大軍區와 그에 상응하는 6개 대행정구 -華北·東北·華東·中南·西北·西南-로서 군사적 점령지역(解放區)을 그대로 지방정부 제도로 전환시켜 나간 것이다.[4]

華北은 중앙의 직할구였고, 동북에는 동북인민정부가 설치되었지만 다른 지역에는 '軍政合一'의 군정위원회가 설치되어 軍事管制를 실시하였다. 그 주요 지도자는 大軍區의 행정 및 군사의 주요 직위를 겸임하였다. 林彪가 中南軍政委員會 주석 겸 중남군구 사령관, 賀龍이 西南軍政委員會 제1부주석 겸 서남군구 사령관으로 재직한 것이 그 예다. 이처럼 대행정구 지도부는 대부분 인민해방군 4대 야전군 지도부에 의해 조직되었다. 따라서 건국 이전 전쟁 시기 지방이 독자적으로 공작을 수행하던 전통이 그대로 이어졌다. 그리고 大區의 지도자들은 대부분 戰功이 탁월한 군사지도자들로서 개인적으로 높은 권위를 가지고 있었다. 그들의 권위는 정권초기 지역의 실정에 따른 대책 강구, 즉 '因地制宜'에 의해 지역의 정치, 경제, 사회 질서를 신속히 회복하고 정권의 안정을 기하는데 유리하였다(趙立波, 1998: 24-25).

대행정구는 정부조직법상 省보다 높은 1급 지방정부기관이며, 중앙

베트의 랏사를 점령함으로써 臺灣·澎湖·馬祖·金門·홍콩·마카오를 제외한 전 대륙이 비로소 중화인민공화국의 통치 아래에 들어갔다(신승하, 1996: 21-22).

4) 軍區는 원래 항일전쟁 초기에 설립되기 시작했다. 8路軍과 新4軍이 점거한 지역에 군구를 설립하여 군인이 임시정부의 지도자를 겸직하는 일종의 지방정부 형태로 발전한 것이다. 1949년 10월 신중국 성립 후 1950년 5월 臺灣·膨湖·金門·馬祖西沙·南沙 등 도서와 西藏을 제외한 전 중국대륙을 점거한 후 6개 군구를 설치하였다. 이러한 군구제도는 중국고대의 兵馬제도의 전통을 이어받은 것이고, 국민당군의 戰區 구분 및 소련군구를 모방한 것이다(李谷城, 1990: 478). 점거군의 작전지역을 중심으로 야전군이라 명명하기도 하였다(『新中國軍事活動紀實 1949-1950』, 1989: 2-82)

인민정부의 지도를 받는 대표기관이었다. 따라서 산하 省·市·縣에 명령을 발할 수 있고, 이들 지방정부의 업무를 지도하였다. 지방정부 계층은 대행정구-省-縣-鄉의 4급 체제 또는 대행정구-省-縣-區-鄉으로 이어지는 5급 체제였다. 政務院과 정무원 산하 각 부처의 결정·명령·지시는 일반적으로 大區를 통해서 하달되었다. 대행정구 인민정부의 임무는 현지 인민의 혁명질서를 확립하고 반혁명활동에 대한 진압 업무를 지도하며, 일정한 조건이 갖추어졌을 때 인민대표대회와 지방의 인민정권을 건립하여 각종 사회개혁운동을 추진하고 국민경제를 복구시키는 활동을 전개하는 것이었다(程幸超, 1987: 235-236).

이상과 같은 이유로 대행정구는 중앙정부로부터 半獨立적인 자율권을 위임받아, 막강한 권력을 행사했다. 대행정구(군사관제위원회)를 이끈 당과 군사지도자들은 관할 省을 지도·감독함에 있어 막강한 권한과 재량권을 행사하였다. 경제활동에 관한 한 대행정구중심의 지방분권체제였다(張中華, 1997: 120-121). 동북인민정부의 경우, 滿洲를 중심으로 한 동북지방의 정치, 군사권을 장악한 高崗은 중앙정부의 승인 없이 독자적으로 소련과 무역협정을 맺고 교역을 할 정도였다. 따라서 대행정구의 막강한 권세는 중앙집권과 계획경제체제의 추진에 상당한 장애로 작용하였다,

1) 부흥기: '統一領導·分級管理'에서 '統一領導·統一管理' 체제로

건국 직전과 건국 초기 해방구와 대행정구는 이상과 같이 정치군사상의 '統一領導'와 경제적으로 '分散管理'의 원칙에 의해 통치되었다. 그러나 건국 후 얼마 안 되어 국민당 군을 대륙에서 완전히 축출하자, 공산당 지도자들이 당면한 과제는 정치적으로 정권기반을 공고히 하고, 피폐한 경제를 부흥 발전시켜 사회주의체제의 기초를 다지는 일이었다. 따라서 이상과 같은 지방분권적·할거적 체제는 그러한 국가적

과제를 해결하는 데 부적합하였으며, 그것은 결국 재정적자의 누적과 물가 폭등 등 정치경제적 불안을 노정하였다.

그리하여 毛澤東은 건국 전야인 1949년 7월에 이미 스탈린식 중앙집권적 계획경제에 밝은 陳雲을 동북으로부터 불러 들여 중앙군사혁명위원회 산하에 국가재정경제위원회를 신설하고, 그를 중국경제조정의 사령탑(주임)으로 임명하였다. 그것은 건국 후 국가관리체제를 지방분권으로부터 중앙집권으로 전환시키기 위해 마련한 전략적 포석이었다. 陳雲은 1949년 겨울과 1950년 겨울 두 가지 중대한 조치를 취한다(阮銘, 1995: 70-71).

그중 하나는 국가행정력으로써 자유시장경제체제에 타격을 가하는 것이었다. 당시 陳雲의 임무는 국가가 시장을 통제하여 자유경쟁을 압살함으로써 자유거래에 타격을 가하고 자유시장을 말살하는 것이었다. 1949년 10월 건국 얼마 후 陳雲은 '四路進兵'을 제의, 上海·天津 등지의 식량·면사와 면포·토산품 등의 자유거래에 타격을 가하였다. 그 하나는 重稅의 부과. 둘째는 공채권의 회수. 셋째 기업주가 제때에 임금을 주도록 요구하고 공장의 폐쇄 불허. 넷째 사영은행과 사영기업에 대한 대출 불허 등의 조치를 취하였다.

이 '四路進兵'의 목적은 '一收一抛'를 위한 것이었다. '一收'는 자금을 긴축하는 것이고, '一抛'는 물가를 억제하여 물자(주로 식량, 면사와 면포)를 헐값에 파는 것이었다. 이를 위하여 陳雲의 지휘하에 전국적인 규모의 면사 면포공사·방적공사·토산공사를 설립하고 주요 물자의 공급을 국가가 독점하였다. 그는 쌀을 四川에서 上海로 운반해 왔는데, 쌀값 보다 비싼 운임은 국가재정으로 보조하고, 시장에서 염가로 투매함으로써 자유 양곡상을 시장에서 완전히 압살시켜 버렸다. 이는 스탈린식 경제정책으로 경제에 대한 국가행정의 간여와 물자의 국가 독점으로 시장경제메커니즘을 말살시키는 것이었다. 훗날 이러한 陳雲의 이론을 이어 받은 姚依林-宋平-李鵬 등은 이른바 '새장 경제이론'(鳥籠經濟)의 일파를 형성한다.

陳雲이 시도했던 두 번째 조치는 첫 번째 조치(자유시장 압살)의 기반 위에 재정대권을 중앙에 집중시키는 것이었다. 1950년 3월 陳雲은 중앙인민정부 정무원의 명의로 「국가재정 경제공작의 통일에 관한 결정」을 공포, 재정 경제에 관한 권한을 중앙에 집중(收)시켜 관리함을 천명하게 된다. 그 주요 내용은 다음과 같다(阮銘, 1995: 70-71).

① 전국 재정수지의 통일. 재정수지의 주요 부문을 중앙에 집중하고 징수를 인허가한 지방세 이외, 모든 현물세(공출미)·관세·소금세·화물세·공상세와 국유기업의 수입 등의 관리에 관한 권한과 세수제도, 재정수지 절차, 전국의 총 예결산 등 재정에 관한 일체의 권한을 모두 중앙정부의 재정부에 귀속시킨다.

② 전국 물자조정의 통일적 관리. 전면적인 '통일수매와 통일판매'(統購包銷)정책을 실시.5) 중요 물자의 수급은 모두 중앙정부의 재경위원회가 관장하고, 각 지역 국영무역기관의 물자조달 역시 중앙정부의 무역부가 지휘한다.

③ 전국의 현금과 화폐발행의 통일. 중국인민은행이 현금관리의 사령탑이 되어 환율·외환관리 역시 인민은행이 통일적으로 관리한다.

④ 인력관리의 경우, 역시 행정인원 편제와 보수기준을 전국적으로 통일하고, 각 지역이 독자적으로 새로운 인원을 충원하는 것을 불허한다.

이로부터 전국의 재정·물자·인사 대권이 모두 중앙에 귀속되었고, 따라서 재정은 안정되었다(『中國共産黨執政四十年』, 1989: 10-11).

---

5) 統購는 정부가 몇몇 국민생활과 관계가 깊은 상품에 대하여 계획적인 통일가격에 의해 수매하는 정책이며, 包銷는 국영상업부문이 사영공장에 대하여 상품의 규격과 가격을 규정하여 일정기간 내에 국영상업부문만이 판매할 수 있고 사영공장은 독자적로 팔 수 없도록 하는 정책이다. 이는 자본주의 말살정책으로 사영공장의 생산을 정부의 계획에 흡수시키기 위하여 취한 국가자본주의 초기 단계(1950년대 초)의 정책임(李谷城, 1992: 418-419).

그러나 지방의 자율권은 박탈되어 지방경제는 중앙경제의 부속물로 전락되었다. 陳雲의 이 두 조치는 시장에 의존하여 연명하던 '민족자본가계급'에 타격을 가했을 뿐만 아니라, 그것이 '사회주의 개조의 길'로 향하게끔 밀어붙여 지방정부의 이익과 적극성을 압살, 전국의 경제를 위축시키는 결과를 초래하였다. 上海의 예를 보면 1950년 4월 쌀과 면포·면사 도매시장의 교역량이 그 해 1월과 비교하여 각각 83%와 47% 하강하였다. 백화점의 거래액도 大商은 50%, 中·小商은 90% 하강하였다. 4월 하순에는 문을 닫은 공장이 1,000여 개, 조업을 정지한 공장은 2,000여 개 이상이 되었다. 실업자도 20여 만 이상으로 늘어났다(阮銘, 1995: 71).

이러한 상황에서 중앙집권에 대한 지방 지도자들의 반대가 속출하였다. 上海의 陳毅와 湖南의 黃克誠이 그 대표적 예다. 陳毅는 1950년 5월 중앙에 보낸 한 보고서에서 "3·4월 上海의 민심은 대단히 흉흉하다. 밥을 굶고 공장과 상점이 문을 닫고 시민들이 경찰서를 부수고 군중들의 민원이 쇄도하고 있다"는 등 당시 上海시의 혼란상을 상세히 보고했다. 黃克誠도 1951년 2월 毛澤東과 중앙의 재경위원회에 편지를 보내 지방경제를 목 졸리는 정책을 비판하고, 당연히 지방의 공업이 적극성을 발휘하도록 하는 조치가 있어야 할 것을 제의했다.

毛澤東은 지방 지도자들의 건의를 받아들여 중앙재경위원회(주임, 陳雲)에 이의 시정을 지시하였다. 정무원은 「1952년도 재정 수지체계의 구분에 관한 결정」을 내려 중앙이 통일적으로 지배하던 재정경제체계를 중앙·대행정구·省의 3급이 '단위별로 나누어 관리'(分級管理)하도록 개정, 중앙의 일부 재정권을 지방에 위임하였다.

예를 들자면 중앙의 각 공업부가 대행정구 공업부에 대리 관리하도록 위임한 국영공업의 이윤 중 10%를 대행정구가 쓸 수 있도록 하였으며, 중앙의 공업부가 省·市에 대리 관리하도록 위임한 국영기업의 이윤 중 10%는 성·시의 수입으로 돌려주었다. 또 재정수입의 경우도 화물세와 공상세·전매수입은 중앙과 지방이 비율에 따라 보유하고,

지방세와 식량에 부가하여 지방이 관리하는 것 이외의 세수 초과액에 대해서 지방이 일정비율을 사용하도록 해주었다. 농업세의 세수 초과액에 대해서도 지방이 일정비율을 사용하도록 해 주었다. 그리고 도시 공업이윤을 일정한 기간, 국고에 납부하는 의무를 해제해 주어 지방공업의 발전을 유도하였다. 지방이 해마다 국가에 납부하는 감가상각비를 국가의 지방에 대한 투자에 참작해 주었다.

그러나 이처럼 중앙집권의 기본 방침 아래 지방(대행정구, 省)에 자율의 여지를 두었지만 이는 권력을 중앙에 집중화하는 과정에서 일어난 문제점을 모면하기 위한 임시방편에 불과했다. 그 자체가 분권화로 돌아가는 것은 아니었다. 왜냐하면 당시의 상황으로는 국가적 통일과 사회주의 체제의 기반조성이 급선무였기 때문에 지방의 분권화는 이러한 시대적 요청에 부응할 수 없었다.

2) 제1차 5개년계획 시기: 권력의 중앙집중

중국은 陳雲이 추진한 집권화 정책을 통하여 경제가 건국 전 최고 수준에 육박하고 혁명질서와 정권체제 또한 어느 정도 공고하게 되었다. 이에 자신감을 얻은 당 지도자들은 중앙집권적 계획경제, 즉 '스탈린식 소련모형' 발전전략6)에 따라 제1차5개년계획(1953-1957년)에 착수하게 된다. 제1차5개년계획은 생산력 발전이라는 물질적 기초 위에 한편으로 중공업 우선과 국영기업의 공업력을 강화하고, 다른 한편으로 농업과 수공업 및 상공업의 사회주의화(합작화)를 강력히 추진하

---

6) 전통적인 소련식 계획경제모형은, 첫째 생산수단의 국유화 또는 사회주의 공유제. 둘째 중앙집중식 계획경제관리체제. 셋째 모든 경제는 경제적인 수단이 아닌 행정수단(행정지령)에 의해 운영되고, 산업구조상 중공업을 우선시 하는 것을 특징으로 하였다. 소련식 중앙집중적 계획경제모델은 풍부한 천연자원과 숙련노동을 갖고 있으면서도 상대적으로 경제가 낙후되었던 소련이 급속한 공업화를 달성하고 군사력의 증강을 도모하기 위해 채택한 전통적인 발전전략이었다.

는 것이었다. 이러한 기본목표를 조속히 달성하기 위해서는 권력이 더욱 고도로 중앙에 집중된 계획적인 정치·경제체제의 건설이 불가피했다. 즉 당시 중국이 처한 인적·물적·재정 자원의 한계를 극복하고 본격적인 사회주의개조와 조속한 생산력 발전을 위해 정부의 관료조직을 고도로 집중시키고, 경제계획은 경제관계부처를 통하여 통제·관리하며, 평등(紅)보다는 능률(專)을 극대화할 수 있도록 관료조직을 전문화할 필요가 있었다.

정무원과 동급인 국가계획위원회(1952. 11, 친소파인 高崗을 주석으로 임명)를 신설하고, 헌법제정을 통하여 정치제도화의 기초를 마련하는 등 중앙집권적인 계획체제로 당·정·군을 제도화·정규화 해나간 것도 이를 뒷받침하기 위한 것이었다. 정부 경제관리체계도 확대 조정되었다. 중앙의 경우 신설된 국가계획위원회는 정무원과 병렬의 지위에서 전국의 경제계획을 총괄하였다.[7] 그리고 무역부가 상업부와 대외무역부로 개편되고, 재정부에서 糧食部가 분리 독립하였으며, 중공업부에서 제1기계공업부·제2기계공업부(군사공업 관장)가 분리되고, 지질부·건축공정부가 독립 재편되었다. 이러한 여건 변화에 따라 중화구매협동조합(中華全國供銷合作社)도 신설되었다. 그리고 교육부에서 고등교육부·체육운동위원회·문맹퇴치(掃盲)운동위원회가 분리 독립되었으며, 신문총서와 정보총서가 폐지되었다. 1953년 말에 이르러 정무원 각 부처는 신중국 출범 당시 35개 부처에서 42개로 증가하였다(王志剛, 1988: 247; 張雲倫, 1988: 54).

또한 大區 행정위원회의 주요 지도급 인사 및 간부를 北京으로 이동시키고 당 중앙기구와 국가의 중앙기구를 증설하여 통일영도를 강화한 것도 이러한 취지에서였다. 1952년 8월 鄧小平이 서남국에서 정무원 부총리로 상경하였고, 高崗·饒漱石과 鄧子恢·習仲勳 등도 연이어 각각 동북·화동·중남·서북으로부터 상경하여 당과 국가기관의 영도

---

7) 그 부주석은 鄧子恢, 위원은 陳雲·鄧小平·彭德懷·林彪·饒漱石·彭眞·薄一波 등 쟁쟁한 10여 명의 중견 지도자들을 겸임시켰다(薄一波, 1993: 309).

직무를 맡게 된 것이 대표적인 예다.

그리고 1952년 들어 각 대행정구 인민정부 혹은 군정위원회는 모두 행정위원회로 개조하여 중앙정부가 해당 지역을 지도 감독하는 지방정부기관(파출기관)으로 전환시켰다. 대행정구는 상당한 자율권을 가졌던 지방정부의 성격이 아닌, 중앙인민정부의 각 해당지역 지방정부에 대한 지도와 감독을 하기 위한 파출기관화 되었다(程幸超, 1987: 238). 그것마저도 1954년 들어 폐지했다. 중앙은 국가계획경제건설을 집중·통일적으로 영도하고, 省·시·자치구에 대한 영도를 강화하기 위하여 조직의 계층을 줄여 업무의 효율을 제고시키기는 방책으로서 대구행정위원회를 폐지한 것이다.

지방행정계층은 省級(성, 자치구, 직할시)-縣級(현, 시 및 이후의 자치주, 자치현)-鄕級(鄕, 鎭 및 이후의 민족향)으로 축소되었다. 대행정구의 폐지와 함께 1955년 2월, 이에 상응하여 건국 초의 6개 大軍區(군사 편제)를 12대 군구(瀋陽·北京·濟南·南京·廣州·武漢·成都·昆明·蘭州·新疆·內蒙古·西藏)로 개편하였다. 여기서 관심을 끄는 것은 6대 군구를 왜 12대 군구로 확대 재편하였는가의 문제다. 그 주요 원인은 모두 정치상의 이유이지 군사전략상의 이유가 아니었다. 毛澤東이 볼 때, 무엇보다도 6대 군구를 그대로 유지할 경우 군구 사령관의 힘이 너무 막강하여 중앙정부에 부담 내지 위협이 될 수 있었다. 高崗-饒漱石 사건이 그것을 반증해 주었다.[8] 그래서 각 야전군과 대군구의 원래 사령관과 정치위원을 모두 중앙으로 이동시키고, 대군구의 새로운 수뇌부는 지방의 당·정 영도직무를 겸임치 못하게 함으로써 지방 세력의 군벌화를 막고, 군권 역시 고도로 중앙에 집중시켜

---

8) 이밖에 또 다른 이유는 1927년 창군 이래, 혁명전쟁, 항일전쟁, 한국전쟁을 거치는 동안 목숨을 건 투쟁을 한 군지도자들에 대한 논공행상을 하기 위해서는 군구를 배가시켜 더 많은 지위(사령관·정치위원·군단장·사단장 등)를 만들지 않고는 그들의 욕구를 위무시킬 수 없었다. 당시 군고위지도자들에게 원수·대장·상장·중장·소장 등 장성급 계급을 부여한 것 또한 이러한 이유 때문이었다(김정계, 1999: 14-15).

갔다.

그리고 1953년 초 당 중앙은 "毛澤東의 정부업무에 있어 분산주의 현상이 존재하고 있다"는 의견에 따라 「중앙인민정부계통 각 부문의 중앙에 대한 사전 승인·보고제도의 강화 및 정부에 대한 중앙 영도의 강화에 관한 결정」, 경제부문 업무에 대한 중앙인민정부의 영도 강화에 대한 결정을 내렸다. 동시에 정무원 黨組 간사회(즉 總黨組) 제도를 폐지하고, 정부 각 부문의 당조는 직접 당 중앙의 영도를 받도록 하였으며, 정부업무 중의 일체의 주요 방침·정책·계획과 중대 사항은 모두 반드시 당 중앙의 사전 승인을 받아야 하고, 중앙이 토론을 거쳐 결정하며, 중앙의 비준 후에 집행할 수 있도록 규정하였다. 정무원 각 계통의 업무에 대해서도 당 중앙은 업무분장을 재조정하였다.

외교업무는 周恩來 총리가 관장하고, 계획업무와 8개 공업부의 업무는 高崗·李富春·賈拓夫가, 공안·검찰과 법원을 포괄한 정법업무는 董必武·彭眞·羅瑞卿이 책임을 맡았다. 그리고 재정·금융·무역업무는 陳雲·薄一波·曾山·葉季壯이 관장하였으며, 철로·교통·우전업무는 鄧小平이, 농림·수리·互助合作 업무는 鄧子恢, 노동임금업무는 饒漱石, 문교업무는 習仲勳이 관장하도록 하였다. 이는 당 중앙이 집중적 통일 영도를 강화하기 위해 취한 중요한 조치였다(薄一波, 1993: 310).

이상과 같은 조치들과 더불어 1954년 6월 이후에는 경제체제에 있어 본격적으로 완벽한 소련식 고도의 중앙집권체제를 구축하여갔다. 공업·농업·상업·교통·기본건설에서 문화·교육·위생·체육에 이르기까지 모든 부문을 '부처별 수직관리'(條條管理)9)를 하였다. 또 계획, 기본 프로젝트 및 생산원료와 임금 그리고 물가를 국가가 통일적으로 계획·분배관리하며, 국가재정 수지를 중앙정부가 통일적으로 관

---

9) '條條管理'는 중앙에서 지방까지 각 행정계층의 업무내용이 같은 직능 부문(예, 중앙에 농업부문이 있으면 省·縣 등 지방에도 이와 같은 농업 부문)을 설치하여 이들을 수직적으로 연계시켜 관리하는 것을 뜻한다.

리하는 이른바 '統收統支' 재정체제를 확립하였다. 중앙 각부 직속기업
이 1953년의 2,800여 개에서 9,300어 개로 증가하였고, 대형기업의
절대 다수는 중앙에 귀속되었다. 국가계획위원회·중앙 '각 부가 통일
적으로 분배하는 물자'(統配物資)는 500여 종이 넘었다. 국가의 기본
건설 투자예산의 90%를 중앙이 집행(배정)하였다. 기업의 인사·재무
·물자·생산·공급·판매는 모두 상급 주무부처가 결정하여 지령으로
하달(條條管理)하였다(阮銘, 1995: 73). 중앙의 재정수입과 지출은 각
각 전체의 80%와 75%를 차지했다(關山·姜洪, 1990: 2).

이러한 경제관리의 통일적 고도 집중체제를 일반적으로 '통일영도·
통일관리'라고 부르고 있는데, 이는 당시 재정경제상황을 근본적으로
호전시키는데 적극적인 작용을 하였다. 그러나 이러한 부처별 수직관
리(條條管理)는 부처 간·지역 간·기업 간의 횡적 연계를 단절시켜
경제적 협력을 이룰 수 없게 하였으며, 국가계획위원회와 중앙 각 부
처가 지나치게 많이 세세한 부문까지 간여하는, 중앙의 과도한 권력집
중과 지방에 대한 통제 강화는 지방과 기업의 적극성을 반감시키고
지방지도자의 반발을 불어 일으켰다. 高崗―饒漱石사건이 바로 그 대표
적인 예다. 동북(滿洲)지구의 당 서기이며 군사·행정위원회 주석인
高崗은 농업합작사를 반대하고 만주지역의 투자기금 배분에 대하여 중
앙당에 이의를 제기하였고, 또한 화동지구의 당 서기이며 군사·행정
위원회 주석인 饒漱石도 관할지역 농업합작사의 도입을 늦추어 줄 것
을 요구하며 중앙에 반기를 들었다.10)

高崗―饒漱石사건 후 기존의 다음과 같이 '통일 영도, 통일 관리'를
다음과 같이 '統一領導, 分散管理'로 정책을 전환시켜 나갔다.

---

10) 가오강과 라오수시는 결국 독립왕국을 건설하려 했다는 죄목으로 숙청 당하는
데, 이들의 숙청 후, 바로 6개 대행정구를 폐지해 버렸다. 이는 바로 1차5개년
계획의 실시에 따른 중앙권력의 집중을 강화하는 데 있어 장애가 되는 요소를
제거한 실례다(김정계, 2000: 27-29; 김정계, 2002: 42-61).

① 계획체계에 있어 '통일계획, 단위별 관리'의 실시. 계획을 중앙(주무 부)과 지방(각 성·시·자치구)의 두 계통에 의해 수립하도록 하였다. 그러나 실제로는 전자에 주로 의존하였으며 국가계획위원회가 자료를 모아 다시 총괄하였다.11)

② 재정체계에 있어 수입과 지출의 구분 및 단위별로 관리하는 소위 '劃分收支, 分級管理'의 실시. 이는 원래의 '統收統支'와는 달리 '지역의 특수성을 고려한 관리'(因地制宜)·신축적인 자금운용을 위한 조치였다. 재정체계를 크게 중앙·성(시·자치구)과 현(현급 시)으로 3분하여 중앙과 지방의 수지범위를 구분하고 재정부의 통일적 지도하에 단위별 관리, 계층별 책임제를 실시하는 것이었다. 그러나 1차5개년계획 시기 재정수입 중 약 80%가 중앙에 속했고, 지출의 약 75%를 중앙이 점하였다.

③ 물자체계에 있어 '통일 분배, 총괄 통일지출'(統籌統支)의 실시. 국민생계에 관계되는 중요 통용물자는 국가계획위원회가 '통일적으로 분배'(統配物資)하고, 중요 專用물자는 중앙의 각 주무 '部가 각각 통일적으로 관리'(部管物資)하도록 하였다. 전자는 112종, 후자는 115종이나 되었다. 기타 공업생산 원료는 '3류 물자'라 하여 국가의 계획적인 관리에서 제외하였으며, 일부분은 省이 생산과 판매를 맡고, 그 대부분은 기업이 스스로 생산·판매하였다.

④ 상업체계에 있어 '통일영도, 3급 관리'의 실시. 專業總公司가 주요 생산지 및 수입항에서 취합한 전국단위의 물자를 공급하는 1급 총공사, 주요 도시와 교통 요충지역에 省의 공사가 설립한 2급 도매상사, 市·縣의 공사가 설립한 3급 도매상점과 소매점에서 전국의 상품을 甲·乙·丙·丁으로 나누어 상호 연계 하에 분배하고 구매하였다.

---

11) 1954년도 계획의 예를 보면, 중앙 각 부가 계획한 양식은 112張, 1,804개 지표로 주로 중공업과 기본건설 등 분야였으며, 지방이 계획한 양식은 49장, 650개 지표로 주로 농업·지방공업·지방교통·문교위생 등의 분야였다(沈立人, 1999: 42).

그리고 高崗-饒漱石사건 이후 전국의 경제계획을 총괄하던 국가계획위원회(주임, 高崗)를 국무원과 병렬적 지위에서 국무원의 산하로 편입하였다. 그러나 국무원 부처는 64개 단위(35개 부・위, 20개 직속기구, 8개 판공청, 1개 비서청)로 증가하였다(張雲倫, 1988: 54- 55).

전통적인 지령성 계획경제체제(중앙집중)의 폐해를 줄이기 위해 이상과 같은 정책 -중앙과 지방의 직능 분업에 있어서 '대 집중・소 분산' 또는 '대 계획・소 자유'-을 시도했으나, 결과는 아직도 중앙에서 통일적으로 관리하는 업무가 지나치게 많아 자율성은 어느 곳에서도 찾아 볼 수 없을 정도로 경제운용에 숨통이 막혔다. 이는 '三大改造'12)가 기본적으로 완성된 후 더욱 현저하게 나타났다.13) 3대 개조가 완성된 후 도시와 농촌의 민간사회는 완전히 말살되고 모든 자유경제는 소멸되었으며, 공산당은 전국의 경제・정치・문화・사회생활에 대한 전면적인 통제를 실현, 무산계급독재정치를 실현하게 되었다.

모든 사업의 중앙집중은 정부조직의 팽창과 간부 수의 폭증을 불가피하게 한바, 1955-1956년 사회주의 개조의 고조기에는 국무원 경제관리 부문의 부・위원회가 2년 동안 각 2개 위원회와 11개 부에서 4개 위원회와 31개 부로 증가하였다. 전체 국무원 부처는 48개 부・위원회, 24개 직속기구, 8개 판공기구와 1개 비서청으로 모두 81개 단위가 되었다. 증설된 것은 모두 경제부문으로 연료공업부가 매탄・석유・전력부로, 중공업부가 야금・화공・건축재료부로 각각 3분되었으며, 상업부에서 도시(城市)복무부・수산부의 분리, 임업부에서 삼림공업부, 2기계공업부에서 3기계공업부(원자력에너지공업부), 1기계공업

---

12) '3대 개조'는 1950-1957년, 농업・수공업과 자본주의 공상업 이 세 부문에 대한 사회주의 개조를 단행한 것을 의미한다. 중공은 1956년 말 '3대 개조'가 기본적으로 완성되었다고 선언하였다.

13) 중앙직속기업의 경우, 1953년 2,800개에서 1957년 9,300개로 증가하였다(馬洪, 1988: 154). 기본건설의 경우 지방단위의 것에조차도 중앙 각부의 지시를 따라야 했다. 그리고 1957년에는 국가계획위원회가 직접 통일적으로 분배하는 물자(統配物資)와 중앙 각 부가 직접 관리하는 물자(部管物資)는 무려 532종에 달했다(趙立波, 1998: 34).

부에서 전기제조부, 농업부에서 삼림개간부(林墾部), 국가계획위원회에서 국가경제위원회와 물자공급(供應)총국, 국가건설위원회에서 국가기술위원회가 분리 독립되었다. 또 도시(城市)건설총국이 도시(城市)건설부로 승격되었다(張雲倫, 1988: 55; 王志剛, 1988: 249-250). 1개 업종에 1개 部가 있을 정도로 국무원 경제부처는 급팽창했다. 간부의 수도 증가하였다. 중앙정부의 간부 수만도 5만여 명이 되었다(吳國衡, 1994: 29). 전체 국가간부의 경우는 1952년 말 331만 명(전체 인구의 0.58%)이던 것이 1958년에는 792만 명(전체 인구의 1.21%)으로 증가하였다(한광수, 1982: 21).

여하튼 1차5개년계획의 추진으로 결국 중국은 신민주주의에서 사회주의로의 전환을 성공적으로 실현시켜 노동인민의 사유제와 민족자산계급의 사유제를 집단소유제와 전민소유제로 개조할 수 있었다. 동 기간 중 공업생산액의 평균 성장률은 18%, 농업은 4.5%로서 계획된 생산과 건설지표를 초과 달성하였다. 공업생산고는 무려 173% 초과 달성했다(『中國統計年鑑』, 1959: 106-123). 그리고 고도로 중앙집권화된 계획체제의 운영은 중점사업의 효율적인 건설과 국민경제의 균형적인 발전을 가져오고, 물가의 안정과 인민생활의 개선에 큰 역할을 하였다. 그리고 직접계획의 범위와 규모가 확대되면서 업종의 전문화에도 크게 기여하였다.

그러나 이러한 성공에도 불구하고 공업우선 정책으로 인해 都(工)·農간에 소득격차가 심화되었고, 능률지상주의적 관념의 만연으로 평등주의적 이데올로기(紅)는 새로운 계층제와 불평등을 조장하였다. 중앙계획에 의한 지방과 기업 및 노동자의 자율성 억제, 의사결정의 중앙집중화로 인한 경제운영의 효율성 정체와 중앙정부의 권력이 비대화됨으로써 새로운 관료주의가 재등장되는 병폐를 낳게 되었다. 특히 '중앙부처 중심의 수직적 독점화'(條條專政)는 부문 간·업종 간·지역간의 횡적인 연계를 약화시켜, 날이 갈수록 생산력의 발전에 상응하지 않는 여러 가지 모순이 돌출하였다. 또한 정치적으로 1차5개년계획의 추진은 관료조직과 제도화 및 능률(專) 우위를 강조하며 정책을 실제로 집행한 劉少奇와 鄧小平, 彭眞 등 실무 엘리트들의 위상을 제고시키는 계기가 되었다.

2. 대약진-조정기(1958-1965년): 하방에서 재집중

제1차5개년계획은 성공했다. 그러나 성공 못지않게 위와 같은 모순이 노정되었다. 毛澤東은 이러한 모순과 실무파 전문관료 엘리트들의 역할 우위에 일종의 위협을 느꼈다. 특히 1956년 제8차전당대회(8대)에서 '毛澤東思想'이 당의 지도이념에서 삭제 당한 것은 치명적인 위신 손상이었다. 따라서 毛澤東은 소련모형으로부터 결별, 국공내전기 농촌에서 전개한 중국혁명전통에 바탕을 둔 대약진운동을 전개한다.

1) 대약진운동과 맹목적인 권력의 하방

대약진운동은 바로 상술한 집중화의 폐해와 毛澤東의 정치적 고려로 인하여 전개된 정치적 드라마다. 대약진운동의 원칙은 첫째 경제사회 어느 한 부문도 낙오 없이 산업을 골고루 동시에 발전시켜 나가야 한다는 '三面紅旗' 정책과 政社合一體인 '人民公司' 건립, 둘째 투자재원의 결핍을 인민의 보다 열성적인 노동과 창의력으로 대체한다는 군중노선의 견지, 셋째 투철한 이데올로기와 정치적 목표(紅)가 관료적 혹은 전문적(專)보다 중시되어야 한다는 '정치제일주의'(政治掛帥) 강조, 넷째 중앙집중적인 관료체제의 폐해를 보완하고 군중의 자발성과 열성을 끌어내기 위한 '지방분권주의' 실시 등이다(김정계, 2000: 35-36).

따라서 중앙과 지방관계에 있어서 대약진운동은 거꾸로 '권한의 하방(放權)'과 '분산'을 필요로 하게 되었다. 1차5개년계획 말기에는 권한을 省이나 기업 등 하부로 이양하는 것이 커다란 정치문제로 부각되었다. 毛澤東은 분권화로의 복귀를 옹호하면서 지방권력의 확대를 공개적으로 주장하였다. 1956년 4월 25일 중앙정치국 확대회의에서 毛澤東은 「十大關係論」과 「雙百方針」을 제의하고, 중앙과 지방의 관계에 있어 지방의 적극성을 유도하기 위해서는 '부처별 수직지도'(條條領導)를 반대하고 권력을 하방, 기업·生産隊로 하여금 통일적 계획경제의 지도에 복종케 하는 동시에 지방 나름의 자율성과 독립성을 보장해 주어야 한다고 주장했다(施九靑, 1993: 475-476).

특히 그는 「十大關係論」에서 '중앙과 지방의 관계'를 "중앙의 통일적인 영도를 공고히 하는 전제하에 지방의 권한을 확대하고 독립성을 더 주어 지방으로 하여금 더 많은 일을 처리하도록 해야 한다. 이렇게 하는 것이 우리가 강대한 사회주의국가를 건설하는 데 비교적 유리하다. 우리의 영토는 광활하고, 인구는 아주 많으며 상황 역시 대단히 복잡하기 때문에 중앙과 지방이 함께 적극성을 발휘하는 것이 중앙 하나만이 적극성을 발휘하는 것보다 좋은 점이 많다"고 하였다(『毛澤東選集』第5卷, 1997: 275). 그는 또 5월 2일 국무회의 석상에서 부연설명을 통해 국무원과 당 중앙에 협의도 거치지 않고 省과 市의 관할 부서에 직접 명령하는 중앙 기능부처의 관행을 신랄히 비판하였다.

毛澤東이 중앙집권화의 과잉성과 지방의 적극성 상실에 대하여 진심으로 우려한 바도 있겠으나, 순전히 정치적인 고려에 의해서도 자극을 받았을 것으로 보인다. 중앙집권제는 집권화된 정부부처와 국무위원들에게 막강한 권력을 부여하였고, 때때로 이들은 毛澤東의 정책에 도전하였으며, 毛澤東이 추진하는 급진적인 집단화 정책을 반대하였다. 지방으로의 권력분산을 옹호함으로써 毛澤東은 지방에 근거를 둔 지방 정치세력의 지지를 받았다. 이것은 毛澤東과 중앙의 고위 당정 실무 간부들 간의 대립상황에서 견제세력으로 이용될 수 있었다(금희연, 1999: 228). 毛澤東이 주장한 분권화로의 복귀는 제2차5개년계획 초안을 심사·통과시키기 위하여 개최된 당 7대7중전회에서 명백히 받아들여졌다.

周恩來도 당 8대에서 「국정보고」를 통하여 '통일영도의 원칙 아래에 단위별 관리'(統一領導, 分級管理), '因地制宜', '因事制宜'의 방침을 제시하고, 지방의 적극성을 충분히 발휘할 수 있도록 중앙과 지방의 행정관리 권한을 구분해야 할 것을 촉구했다(周恩來, 1956: 61-62; 趙立波, 1988: 35). 구체적으로 다음과 같은 몇 가지 원칙을 제의했다.

① 각 성·자치구·직할시는 일정한 범위의 계획·재정·기업·사업·물자·인사의 관리권을 가지도록 명확히 규정할 것.

② 일반적으로 전체 국민경제에 관련되는 전국적·관건적·집중성이 요구되는 기업과 사업은 중앙이 관리하고, 기타의 기업과 사업은 당연히 가능한 한 지방의 관리로 넘겨 줄 것.

③ 기업과 사업의 관리는 반드시 중앙이 主가 되고 지방이 보완하는 이중적 지도관리체제로 신중하게 개선해 나갈 것.

④ 중앙이 관리하는 주요 계획과 재무지표는 과거 중앙 각 부처가 수직적으로(條條) 하달하던 방법을 바꾸어 국무원이 통일적으로 하달하도록 할 것.

⑤ 몇 몇 주요 계획지표와 정원·편제 등에 대하여 지방에 일정의 재량권을 주어야 할 것.

이어 1957년 10월 당 8대3중전회 확대회의에서 陳雲이 주재하여 초안한 「공업·상업과 재정관리체제의 개선에 관한 규정」(전인대 상위에서 비준을 받아 국무원의 명의로 공포)을 통하여 중앙의 部가 직접 관리하는 일부 공상기업을 지방(성·시·자치구)에 하방하고, 지방 및 기업의 財權·물자 분배권과 계획관리권을 확대해 주었다. 그리고 상업가격에 대한 '단위별 관리'(分級管理)를 실시하는 등 지방의 권한을 확대해 주는 내용이었다.14)

또 1958년 3월 成都회의에서 계획·공업·기본건설·물자·재정·

물가·상업·교육 관리체제에 대한 전면개혁을 단행한 바, 그 중점은 이들의 관리권 대부분을 지방에 하방해 주는 것이었다.

동년 5월 5일 劉少奇는 당 8대2중전회에서 보고를 통하여 특수한 것, 주요한 것과 시험적인 것을 제외한 국무원 각 部 소속 기업은 일률적으로 지방의 경영으로 넘겨줄 것을 제의했다. 이에 따라 5월 17일 국무원은 제1·제2상업부, 糧食部의 공장 전부를 하방할 것을 결정하고, 규정에 따라 세금을 납부하는 것을 제외한 지방의 수입 전부를 중앙에 납부하지 않도록 하고 지방의 고정수입으로 돌려주었다.

그리고 동년 6월 1일에는 당 중앙이 전국을 동북·화북·화동·화남·화중·서남·서북의 7개 協作區로 구분하고 협작구위원회를 설치하였다. 그리고 省 단위의 독자적인 공업·상업체제를 조직하였다. 7대 협작구의 설치는 실질상 중앙집권화의 강화로 인하여 폐지되었던 대행정구제도의 부활이었으며, 지방 공상업체계의 설립은 농촌에 설립된 인민공사체제를 지원하기 위한 공업·상업의 재편성이었다(이재선, 1988: 159). 6월 9일 국무원은 「세수관리체제의 개선에 관한 규정」을 공포하여 세수관리권을 하방하였다. 성·시·자치구는 자율적으로 세수방법을 정하여 지역의 특성에 맞는 세금징수를 할 수 있었다. 수입인지세·이득세·도축세·축산물교역세·도시부동산세·문화오락세·자동차 선박면허세는 모두 지방의 수입으로 돌렸다. 상품유통세는 지역의 특수성에 따라 중앙과 나누어 관리하였다.

이상과 같이 대약진기간 동안 추진된 분권화 정책의 내용과 결과를 요약하면 다음과 같다(馬洪, 1988: 15; 吳國衡, 1994: 41-42).

① 계획관리 권한의 하방. 이는 지방과 중앙의 종합적인 형평을 기

---

14) 물론 지방에 많은 권한을 주는 대신 일정한 한계를 두었다. 지방의 3년간 수입 누계가 20억 원을 초과하지 못하며, 지방기업이 생산하는 '統配物資'와 '部管物資'가 계획분을 초과할 때는 일정한 비율을 기업 스스로가 사용할 수 있으나, 원래 정한 생산품의 종류는 임의로 바꿀 수 없도록 하였다.

하기 위하여 추진되었다. 그 취지는 중앙 부처의 전문성과 지방의 실정을 상호 결합하였다는 점에서 합리적인 측면이 없지 않았다. 그러나 실제로 계획관리권의 하방은 지방의 계획관리권의 확대에만 치중하여 중앙이 통일적인 계획을 통한 통제와 종합적인 형평을 기할 수가 없게 하였다.

② 財稅權 및 대출권의 하방. 중앙의 部 소속 일부 기업과 철도・세관 등의 수입과 같이 중앙이 장악하고 있는 것 외의 대부분의 재정수입은 모두 지방이 관리하도록 하였다.15) 또 일부 세수는 지방의 고정수입으로 넘겨주고, 다른 일부 세수는 중앙과 지방이 나누어 가졌으며, 몇몇 세목, 세율의 조정 및 감세와 면세권을 모두 지방에 넘겨주었다. 동시에 예금과 대출권을 지방에 하방해 주었다. 그러나 이는 결국 탈세・누세를 보편화 시켰고, 중앙과 지방의 예산은 모두 적자를 면치 못하게 하였으며, 대출금은 급격히 팽창되어 중국인민은행에서는 부득불 대량의 신 화폐를 발행하지 않을 수 없게 하여 물가의 수직적 상승을 자극하였다.

③ 중앙직속 기업의 하방 관리. 중앙의 각 공업부와 비공업부 소속의 기업(일부 사업단위) 중 소수의 중요한 또는 특수한 것을 제외한 기타 기업은 원칙상 일률적으로 지방에 그 관리권을 하방하였다. 따라서 중앙 각 部 소속 기업과 사업단위는 1957년 9,300여 개에서 1958년 말 1,200여 개로 줄어들었다. 약 88%가 지방에 하방되었다. 중앙직속기업의 공업생산액이 전체 공업총생산액에 차지하는 비중은 39.7%에서 13,8%로 하강하였다. 문제는 지방의 관리가 부적당한 기간산업 등 중점사업까지 무분별하게 과다하게 하방이 이루어졌고, 심

---

15) 1958년, 재정체제를 과거의 '以支定收' 1년 단위로부터 '以收定支' 5년 불변단위로 개조하였다. 즉 지방의 지출경비는 먼저 지방의 고정수입으로부터 해결하고, 부족분은 중앙직속기업의 수입(20%)에서 보충하였다. 지방재정권의 확대와 동시에 지방에 세수에 관한 자율권을 확대해 나갔다. 따라서 중앙이 지배하는 재력은 제1차5개년계획기의 75%에서 50%로 낮아졌고, 반면 지방이 지배하는 재력은 25%에서 50%로 상승하였다.

지어는 말단 행정 및 기업에까지 하방이 이루어져 관리의 혼란을 초래했을 뿐만 아니라, 기업 간의 횡적인 연계가 끊어지고 생산과 판매의 곤란을 초래하여 경제적 낭비와 손실이 극에 달했다.

④ 기본건설 인허가권의 하방. 투자 기준액 이상의 건설 항목은 그 계획요강을 중앙에 보고하여 허가를 받아야 하나, 기타 설계와 예산 문건은 일률적으로 지방이 심사 허가하도록 그 권한을 하방하였다. 그리고 기본건설 예산의 50% 이상을 지방이 배정하였다. 이러한 기본건설의 인허가권 및 예산 배정권의 하방은 결국 기본건설에 대한 느슨한 관리와 지방 '五小工業'의 무분별한 건설을 초래하였다. 1957년 143억 3,200만 元이었던 기본건설 총액이 1960년에는 388억 6,900만 元으로 1.71배 증가하였다. 그것은 전쟁에서 전선을 지나치게 늘어뜨려 놓은 결과와 같이 되어 역량의 분산, 중복 건설, 맹목적인 사업 확장을 조장, 투자의 효율성을 급격히 하강시켰다.

⑤ 상품유통과 물자관리권의 하방. 상업체계의 경우 각급 전문공사(기업)를 폐지하고 동급 행정기구에 병합시켜 '政企合一'의 조직형태를 만들었다. 농촌에서는 財貿系統의 기구·인원과 자산을 모두 인민공사에 하방하고, '兩放', '三統', '一包'.[16]의 財貿體制가 시행되었다 그리고 생산물자의 관리를 상업부처에서 물자부처로 떼어 주고, 소수 원재료와 설비 이외의 여타 모든 물자는 省·地區·局이 각각 조달하도록 하였다. 그 결과 중앙이 통일분배하던 물자의 종류는 500여 종에서 75종으로 감소하였다. 그러나 이는 유통체계에 혼란을 초래하였고, 상업과 물자 부문의 분리할거로 말미암아 힘의 분산은 물론 중점사업의 발전을 보증하기 어렵게 하였다 그리고 '等價交換'은 말도 안 되었으며, 어떤 것은 무상으로 조달하는가 하면 어떤 것은 상호 봉쇄하는 결

---

16) 兩放이란 국가는 농촌에 있는 상업·식량·재정·은행 등 財貿機構를 전부 인민공사가 관리하도록 하방하는 것이다. 3통은 정책의 집행, 계획의 제정과 유동자금의 관리는 국가에 복종하는 통일규정이다. 1포는 재정의 청부 납부 임무다.

과를 초래하였다.

이밖에 노동관리권도 하방하였다. 노동관리권의 하방은 농촌의 노동력을 도시로 유입케 하였고, 그 결과 직원과 노동자의 수를 급속히 증가시켜 결국 임금 총액을 통제 불능의 상태로 빠지게 하였을 뿐 아니라 식량(배급 양곡이 아닌 상품 양곡)과 부식품의 공급에 비상이 걸리게 하였다.

이러한 경제관리권의 하방은 중앙정부관리체계의 감축(精簡)을 동반하였다. 1959년 제2기 전인대를 전후하여 국무원의 기구는 총 60개 (39개 부·위, 14개 직속기구, 6개 판공청, 1개 비서청)로 줄어들었다. 주로 경제관련 部와 위원회(7개)가 통폐합되었으며, 경제부문 직속기구도 5개(본래 9개에서 4개로)나 줄어드는 등 중앙정부기구의 대대적인 감축이 이루어졌다.

감축내용으로는 국가물자국이 국가계획위원회에, 국가계량국이 과학기술위원회에 병합되고 도시(城市)건설부와 建材部가 建工部로, 전기공업부와 2기계공업부가 1기계공업부로, 식품공업부와 중앙수공업관리국이 경공업부로, 城市복무부와 구판협동(供銷合作)부가 상업부로, 중국민항국이 교통부로, 국무원 인사국이 내무부로, 삼림공업부가 임업부로 통폐합되었으며, 전력부와 수리부가 수리전력부로 통합되었다. 국무원에 외사판공실을 신설하는 한편, 국가자본주의판공실은 폐지하였으며, 중공업·경공업·교통판공실은 국무원 공업교통판공실로 그 조직과 기능을 통합하였다(王志剛, 1988: 250). 중앙정부의 간부 수도 3만 6,000명으로 줄어들었으며(吳國衡, 1994: 29).

1956년 294만 3,000명이던 전체 국가간부가 1958년 246만 7,000명으로 줄어들었다(趙立波, 1998: 38). 그리고 약 300만 명의 간부가 도시에서 농촌으로 하방되었다(張雲倫, 1988: 87; 蘇尙堯, 1990: 56-57). 지방정부의 경우도 政社合一, 政企合一의 원칙에 따라 1958년부터 鄕정부를 人民公司로 대체해나갔다. 鄕정부는 '人民公司管理委員會'에 의해 관리되었다. 공사의 범위는 일반적으로 본래의 鄕보다 컸고, '生産大

隊'는 원래의 鄕 정도였으며, '生産隊'는 기본의 자연 촌락 정도였다. 문혁 기간 인민공사관리위원회는 다시 '公司革命委員會'로 대체되었다. 1983년 10월 중공 중앙과 국무원이 「政社分離 실시, 鄕정부 건립에 관 통지」를 공포하여 鄕정부를 복구하기 시작할 때까지 공사체제가 지속되었다(朱光磊, 2004: 445-446).

이상과 같은 중앙정부의 기능 축소와 각종 관리권한의 하방은 과도한 중앙집권적 관료주의를 혁파하고 군중노선을 통하여 지방단위·기업단위의 적극성을 끌어내기 위한 조치였다. 그러나 그것은 분산적 투자와 지방적 할거주의 및 무정부주의적 기업관리 현상을 초래하여 중국경제를 혼란시키는 한 원인이 되었다.17) 또한 중앙정부 부처의 지방경제활동에 대한 지휘·감독권이 약화됨에 따라 지방지도자들이 중앙의 정책과 계획에 도전할 수 있는 경제적인 권력기반을 획득하게 되었으며, 필연적으로 지방주의의 급성장이라는 결과를 초래하였다.

2) 조정정책과 권력의 再集中化

1958년, 최고조에 달했던 放權은 대약진의 실패로 1959년에 이르러 중앙으로 회수되기 시작한다. 지방과 기업의 열성을 끌어내기 위한 지방분권화를 주장했던 毛澤東조차도 1959년 6월 29일 盧山에서 半無政府主義를 비판하였다. 그는 "四權(人事權, 財權, 商權, 工權)의 하방이 많고, 빨라 혼란과 半無政府主義를 조장하였다. 당연히 통일영도와 중앙집권을 강조하여야 한다. 하방된 권력은 적당히 회수하여야 한다"고 말했다. 이에 따라 그 해 9월 국무원은 하방된 民航事業과 航線에 대한 관리권을 회수하여 중앙이 主가 되어, 중앙과 지방이 이중으

---

17) 이 밖에 대약진운동은 현실을 넘어선 무리한 계획의 추진, 소련의 원조 중단, 자연 재해 등으로 좌절된다. 특히 농업부문에서 모든 생산단위가 '政社合一體'인 인민공사로 개편되면서 自留地와 자유시장거래가 중단됨으로써 농민의 생산 의욕은 크게 감퇴되었다.

로 영도하는(雙重領導) 체계로 바꾸었다. 그리고 다음 달인 10월, 국무원은 1960년 원단부터는 석탄광산기업 역시 이와 같이 운영할 것을 하달하였다(阮銘, 1995: 74).

결국 1961년 당 중앙은 국민경제의 '조정·공고·충실·제고'의 '八字 방침'에 따라 중앙과 지방의 관계를 조정, 대약진 이래 지방으로 하방·분산되었던 기업과 사업단위를 다시 중앙의 부처 관리로 하나하나 회수하기에 이른다. 그리고 당 중앙은 지방지도자들에 대한 중앙의 지도력을 강화하기 위해 재중앙집권화 계획을 추진한다. 즉 1961년 1월, 당 8대9중전회는 국민경제조정의 효과적인 지도 감독과 각 省이 '準國家機關化'하려는 경향을 막기 위하여 6개 중앙(지구)국－동북국·화북국·화동국·중남국·서북국·서남국－을 부활시켜 각 성·시·자치구의 각급 지방 당위원회에 대한 통제를 강화하기로 결정하였다. 그리고 급진적인 지방지도자들을 숙청하기 위한 정풍운동의 지휘권을 이 지구국에 위임하였다.

동년 1월 15일 재정부 당조는 「재정체계를 개선하여 재정관리를 강화하는 것에 관한 보고」를 통하여 재정대권을 중앙·大區·省·市 자치구 3급에 집중 강화시키고 '전국을 하나의 바둑판 같이 구획정리'(全國一盤棋)하여 예산의 분산을 단호히 바로잡기로 했다. 그리고 1월 20일 당 중앙은 「관리체제 조정에 관한 약간의 임시규정」을 제정하여 '大權統攬, 小權分散'의 원칙에 따라 경제관리 대권을 중앙, 중앙국, 省·市·自治區로 회수(집중)하고, 2·3년 내에 중앙과 중앙국으로 더욱 집중시켜 가기로 했다. 결국 대약진 이래 각 성·시·자치구와 중앙 각 部가 專區·縣·공사와 기업에 하방한 권한 중 하방관리가 부적당한 것은 일률적으로 회수하기로 하였다.

1962년 1월 劉少奇는 중앙확대공작회의(일명 7천인 대회)에서 서면보고를 통하여 집중통일의 강화를 위한 10개항의 요구사항을 제의했다. 보고서는 중앙 각 부가 지방에 하방한 기업은 반드시 1962년 안에 중앙으로 회수할 것과 전국 기초건설 항목 투자의 전부는 중앙의 계획에 넣어야 하지, 그대로 밀어붙여서는 아니 될 것. 재정·물자· 노동·보수·대출·가격의 관리는 일률적으로 1958년 이전의 체제로 복귀시킬 것 등을 강조하였다.

나아가 1964년 9월 23일(전국계획회의), 毛澤東은 대약진 실패에 책임을 지고, 국가주석에서 사임한다. 劉少奇가 국가주석직을 승계하였다. 결국 劉少奇-鄧小平-彭眞을 축으로 한 실무 관료엘리트들이 경제의 전면에 나서게 된 것이다. 이들은 생산력 발전에 우선순위를 두고 이데올로기(紅)보다는 전문성(專)을 우선시하는 실용주의자들이다. 따라서 毛澤東의 후퇴와 이들의 전면적인 등장은 계획과 경제업무의 중앙집중화를 더욱 강화시켜 갔다. 이들은 국가계획위원회의 기능을 강화하여 국가계획위원회가 중앙의 영도하에 진정한 경제건설의 총참모부 역할을 하도록 하는 한편, 아래와 같이 집중화 정책을 실시하였다. 그 내용과 결과를 요약하면 다음과 같다(馬洪, 1988: 155).

① 기업관리의 회수. 9개 省의 31개 鑛務局과 2개 석탄광산기계창과 같이 省級에 하방한 기업을 중앙으로 회수하는 한편, 기층 단위에 하방했던 기업관리권을 성·시·자치구 관리로 회수하였다. 특히 공업관리권을 더욱 중앙으로 집중시켰으며, 하방했던 민영기업과 국방공업 관련 기업 전부의 관리권을 중앙으로 회수하였다. 인민공사의 비농업적 기능(공산품 생산, 상업, 금융 및 民兵 제공 등)도 중앙관서로 이관되었다. 그 결과, 1965년 국민경제의 조정임무가 완성될 즈음, 중앙각 부처의 직속기업과 사업단위는 1958년의 1,200여개에서 1만 533개로 증가하였다(張雲倫, 1988: 57). 그 생산액은 전체 공업생산액의 42.2%이고, 그중 생산원료 부분은 55.1%를 점하였다.

② 계획의 중앙집중 강화. 중앙에 의한 계획의 범위를 더욱 확대(종전의 12종에서 20종으로)하는 한편, 계획지표 역시 중앙이 더욱 세세하게 수립하였다. 그리하여 중앙이 관리하는 생산품목의 수와 생산액의 비중이 하방 이전에 비하여 크게 증가하였다.

③ 기본건설 관리권의 회수. 중앙의 규제를 받지 않고 행사하던 지방의 기본건설에 대한 인허가권을 중앙으로 회수하여, 중앙에 의한 압축 투자의 효과를 노리던 것이 당시 조정의 중점이었다. 각 지방이 기본건설에 그 수익금(책임관리 후 남은 자금)으로 확대 재투자코자 할 때에도 반드시 전국적인 통일관리규정을 따르도록 했다.

④ 재정과 금융관리권의 통제 강화. 국가예산은 적자예산을 허용하지 않고 중앙에서 통일적으로 관리하도록 하였으며, '以收定支, 三年不變'의 재정체계를 '총액 배분(總額分成), 一年一變'으로 바꾸었다. 그리고 수직적 영도를 통해 화폐발행을 엄격히 통제하고, 하달된 모든 대출·현금계획은 본점의 동의 없이는 변경할 수 없도록 하였다. 은행자금과 재정자금 및 기본건설 투자와 유동자금의 범위를 명백히 구분하였다. 그리하여 1965년 국민경제의 조정임무가 완성될 즈음, 중앙이 직접 장악한 재정수입은 50%에서 60%로 증가하였다.

⑤ 상품·물자와 물가에 대한 관리권의 강화. 몇몇 경공업·수공업 생산품에 대해서는 '통일수매와 통일판매'(統購包銷)를 확대하고, 전국 범위 내에서 몇 가지 유사한 기준을 만들어 (통제품 등) 배급표를 가진 자에게 판매하는 상품을 증가시켰다. 물자관리는 기본적으로 1957년의 방법으로 복귀되어 '統配物資'와 '部管物資'가 1961년의 503종에서 1965년 579종으로 증가하였다. 주요 물가는 국가가 통일적으로 관리하였다. 1963년 중앙이 통일적으로 관리하는 농산품 가격은 124종이었고, 판매가격은 134종이었으며, 950여 종에 달하는 경공업 생산품 출고가격을 중앙이 관리했다.

이밖에 직원과 노동자의 충원에 대한 인허가권 역시 상급으로 회수하고, 지방의 인력(노동)계획은 반드시 중앙의 인허가를 받도록 하였다.

이러한 중앙집중화 정책의 결과, 1965년 국민경제의 조정 임무가 완성될 즈음, 재정·물자·금융·건설·인사 등 지방으로 하방했던 관리권의 대부분이 중앙으로 회수되었다. 따라서 이는 중앙부처의 업무량을 급증시켜 국무원의 중앙부처를 재 팽창시키게 된다. 1959년의 60개 부처에서 1965년에는 다시 79개(49개 부·위원회, 22개 직속기구, 7개 판공실과 1개 비서청)로 증가하였다. 이는 대약진 이전 1956년의 81개에 접근하는 것이었다. 그리고 국무원 경제관리부문의 부와 위원회도 37개 부(32)·위원회(5)로 팽창하였다(張雲倫, 1988: 57-58; 王志剛, 1988: 251). 따라서 중앙정부의 黨政群간부 수도 대약진기에 감소(제1차5개년계획 후 1956년 294만 3,000명이던 것이 1958년 246만 7,000명으로 감소)되던 것이, 다시 증가(1961년 315만 명)되는 현상을 보였다(趙立波, 1998: 38-39).

조정정책은 성공했다. 1962년부터 1966년 문혁 전까지 국민경제는 비교적 무리 없이 회복, 발전하였다. 실조된 균형관계도 기본적으로 제 자리를 찾아갔다. 그리고 경제는 서서히 회복되기 시작하였다. 그러나 그것은 행정권의 집중에 따라 중앙의 관료조직과 간부의 수를 팽창·증가시켜 결국 조직의 비대화와 관료주의를 재현시켰다. 그리고 발전전략상 중앙의 집중 계획에 의해 평등보다 능률을 중시하게 되어 또다시 양극화(불평등 현상)를 조장하였다.

따라서 조정 후기에는 경제적 방법이 아닌 행정적인 수단으로 경제를 관리함으로써 발생하는 각종 폐단을 제거하기 위하여 전국의 12개 공업·교통 트러스트에 시험적으로 공업관리체제에 대한 개혁을 시도하였다. 국무원의 공업·교통(工交)부문의 기능을 생산관리·구체적인 일상 건설 업무의 관리로부터 정책(방침 포함) 집행에 대한 감사기능과 장기계획과 연도계획의 수립 및 각 트러스트 간의 관계를 조정하는 방향으로 그 기능을 바꾸어 갔다. 따라서 국무원 工交部門의 간부 수도 조정 감축시켜갔다. 이러한 개혁은 상업·물자·교육·노동제도에 있어서도 시도되어(張雲倫, 1988: 58), 계획적 집중관리의 폐해를 최소화하고자 했다.

그러나 當權派(실무 관료파)들의 이러한 노력과는 별개로 毛澤東을 중심으로 한 급진주의자들에게 있어 조정정책의 성공은 자본주의 재건이라는 망령으로 받아들여졌고, 더구나 그 자신도 정치의 제1선(국가주석)을 물러난 만큼 위기의식과 불만은 점점 더 증폭되어갔다. 毛澤東이 1962년 9월 당 8대10중전회에서 "계급과 계급투쟁을 절대로 잊어서는 안 된다"라고 부르짖게 된 배경에는 이와 같은 사정이 있었다 (한광수, 1982: 65). 결국 毛澤東 일파의 당권파에 대한 반격은 문화대혁명으로 이어지게 되고 대약진 원칙(인민공사 건립, 군중노선 견지, 정치제일주의, 지방분권화)의 극단적인 적용이 구체화된다.

3. 문혁기(1966-1976년): 再下放에서 再집중

1) 제4차5개년계획과 권력의 대대적인 再下放

문혁은 중국의 중앙과 지방정부의 기능을 정지 및 半停止 시키는 상태로까지 몰고 갔다. 특히 1969년 이전의 문혁 전기, 중앙과 지방의 정치행정 및 경제체제는 문자 그대로 무자비하게 파괴되어 혼란 상태에 빠졌다. 그리고 劉少奇-鄧小平 등 당권파의 중앙집중화 정책을 격렬히 비난하였다. 1969년 2월 16일-3월 24일 소집된 전국계획공작좌담회는 劉少奇의 '트러스'를 비판하고, 중앙과 지방관계에 있어 '지역위주(以塊爲主)의 관리'를 제의했다. 회의에서는 다음 세 가지 안건을 결정, 공포하였다(阮銘, 1995: 74-75).

① 「재정관리체제 개혁에 관한 초보 의견」(초안)을 통하여 지방의 수입과 지출의 범위를 확대하고, '지방이 節用하여 남은 돈은 지방이 쓰도록'(節餘留用)하며, 초과수입은 중앙과 지방이 비례하여 배분하는 재정체제의 운영.
② 「중앙 각 부의 기업관리체제 하방에 관한 초보적 구상」을 통해 권력의 중앙집중으로 인한 중앙 기구의 과도한 팽창, 과다한 기능의

중첩, 과중한 업무량 등을 해소키 위하여 야금·석탄(煤炭)부 등 19개 부와 위원회 소속의 기업·사업·학교를 하방키로 결정.

③「물자관리체제의 개혁에 관한 초보적 의견」을 통하여 중앙의 통일적 계획하에 지역 간의 균형 유지와 차등적인 물자 분배제도를 실시할 것을 결정.

1969년 3월 2일, 周恩來 총리는『全國計劃座談會簡報』제10기에서의 지시를 통해 기업관리체제의 하방에 관한 문제를 제의했다. 기업하방은 첫째, 대다수를 지방에 하방해 줄 것. 둘째, 일부는 중앙과 지방이 이중으로 지도하되, 지방이 主가 될 것. 셋째, 극소수 몇몇은 이중으로 지도하되 중앙이 主가 될 것(沈丹英, 1997: 146-147).

이상의 결정과 지시를 통해 권력의 하방이 다시 시작되었다. 1970년부터는 문혁정신에 따라 경제체제는 더욱 맹목적인 하방으로 치달았다. 즉 중앙의 통일적 계획하에 지방의 권력을 확대하고 인민대중에게 혁명정신을 격발시킴으로써 지방의 적극성을 유도하려 하였다. 이는 毛澤東의 일관된 사상이었다. 1970년 2월 15일-3월 21일, 전국계획회의는 제4차5개년계획안을 결의한바, 그 주요 골자는 ① 기본건설·투자의 전면청부(大包干), ② 물자분배의 전면청부, ③ 재정수지의 전면청부, ④ 정책(계획) 수립의 군중노선화 등이었다.

이러한 정책의 대전환(권력의 하방)은 중앙정부(국무원) 기구의 대규모적인 통폐합을 가져왔다. 1970년 국무원은 1965년의 79개 기구에서 32(경제부문, 21개)개 기구로 줄었다. 그것마저도 13개 기구는 군대가 관리하고,[18] 실제 국무원이 관리하는 것은 19개 부문에 불과했다. 물론 국무원 직속기구는 거의 다 파괴되었다. 경제부처 통폐합

---

18) 군대가 관리하는 부문은 그동안 중앙군사위원회 판사조 관할의 국방부·제2·3·4·5·6·7기계공업부와 총참모부 지도하의 체육운동위원회·공군지도하의 중국민용항공총국·해군지도하의 국가해양국과 중앙문혁소조와 중앙연락부 지도하의 신화사통신사·방송(廣播)사업국·외문출판발행사업국 등 13개 기구였다.

의 대표적 예는 국가계획위원회·경제위원회·공업교통판공실·통계국·물가위원회·노동부·물자부·지질부·중앙판공실 등 9개 기구를 국가계획혁명위원회라는 하나의 기구로 합병한 것이다. 그리고 국무원에 있던 기존 판공실을 모두 없애고, 문혁판공실을 신설하여 국무원 산하 각 기구를 감독하였다. 국방관련 공업부는 모두 중앙군위원회(상무부주석, 林彪)의 지도하에 두었다. 문혁 중 국방관련 사업 부처는 손상을 입지 않았다. 그것은 林彪가 이끄는 인민해방군의 이익과 직접 관련이 있었기 때문에 적극적으로 보호를 받을 수 있었던 것이다.

기구의 통폐합은 간부의 감축도 동반하였다. 중앙집중 통일계획의 사령탑인 국가계획위원회만도 610명(11%)을 감축하였다(阮銘, 1995: 75). 그리고 '하방·합병·폐지·감축'이라는 '八字 방침'에 따라 각 기관·기업·공사·기층의 간부는 대폭 삭감되었다. 어떤 縣에서는 1968년 현 직속기구 및 기업 116단위를 16단위로 합병하고, 50%의 간부를 삭감하였다. 縣혁명위원회도 20%, 인민공사급 역시 25%를 감축시켰다. 이처럼 중앙 뿐 아니라, 하급 및 기층 단위까지 간부를 감축시킨 것으로 보아 당시 간부감축의 원인은 권력 하방에만 연유된 것이 아닌 관료제도(專)에 대한 군중노선(紅)의 추구라는 毛澤東思想, 그리고 당시 중국의 경제사정이 그 많은 간부를 수용할 만한 역량을 갖추지 못했다는 점 등에도 유의할 필요가 있겠다.

간부의 충원 및 교육은 '정치제일주의'(政治掛帥)에 따라 專(才)보다 이데올로기(紅, 德)가 우선되었다. 중·하위 간부는 지금까지의 보조노동이 아닌, 본격적으로 직접 노동에 종사하게 되었다. 고급간부 노동개조의 경우, '五七幹部學校'[19]를 통하여 실시되었다. 劉少奇의 소위 직업간부학교는 문혁 중 오칠간부학교로 바뀌었고, 오칠간부학교는 黑龍江省 柳河縣에서 시작되어 縣級 혁명위원회를 단위로 전국적으로 보

---

19) 오칠간부학교는 문화대혁명 직전, 毛澤東의 '五·七指示'(1966)와 '여러 종류의 수많은 간부를 하부기관과 지방으로 하방, 노동에 참가시키라'는 지시에 따라 1968년부터 농촌에 설립된 간부의 재교육기관.

편화 되었다.[20)

이처럼 문혁기에는 계급투쟁의 노선 견지에 의해 다수의 당·정기구나 제도가 파괴되고, 수많은 간부 및 지식인이 하방되어 전문분야와는 다른 사상 및 노동개조를 받거나 직장을 쫓겨나게 되었다. 그 결과 1950년대 중반에 그 기반이 구축된 행정관리기구나 제도는 기능을 발휘할 수 없게 되었고, 전문인재의 배양도 거의 황폐화되었다.

지방도 소련과의 전쟁에 대비한다는 명목 하에 林彪의 제의에 따라[21) 내륙지방(內地)을 대 전략적 후방으로 삼고, 전국을 西南·西北·中原·華南·華北·東北·山東·福建 江西(閩贛)·新疆 등 10개 지구로 나누어 각자가 독자적으로 작전하는 전략적인 經濟協作區-공업체계로 만들었다.

제4차5개년계획에 의해서 추진된 권력하방의 주요 내용과 그 결과 야기된 문제점은 다음과 같다.

① 무차별적이고 급속한 기업관리권의 하방. 1970년 3월, 국무원은 毛澤東의 鞍山제철소를 遼寧省으로 하방하라는 지시의 정신과 「4차5개년계획 요강(초안)」의 정신에 근거하여 「국무원 공업·교통 각 부 직속기업의 지방 하방관리에 관한 통지」를 결정하고, 각 부처는 1970년 안에 절대부분의 직속기업과 사업단위를 지방에 하방하여 관리토록 하였다. 몇몇 소수의 기업은 중앙의 부와 지방이 이중으로 지도하되

---

20) 통계에 의하면 1969년 黑龍江省에서는 180개 五七幹部學校에서 3만 명이 재교육 받았고, 廣東省에서는 300개 교에 10만여 명이 재교육 받았다. 오칠간부학교의 교육내용은 주로 간부와 군중·노동실천을 결합시키는 것이었다. 고급 지도간부는 피교육자가 되고 농민·노동자는 교관이 되어 재교육을 실시함으로써 관료의 무기력하고 사치스런 병리적 행태와 권위적 작태를 일소하자는 것이었다.

21) 1970년 林彪는 '전략을 중심개념으로 할 것(以戰略爲綱)'이라는 구호를 앞세워, "전쟁의 관점에서 모든 것을 관찰하고, 모든 것을 검사하며, 모든 것을 실행할 것"을 촉구했다. 林彪는 또 같은 해 소집된 전국계획공작회의에서 전국을 10개 협업구로 나누어 각자가 독립적으로 작전하는 공업체계를 건설할 것을 제의했다.

지방이 主가 되었고, 극소수의 대형기업 및 골간기업은 중앙 部와 지방이 2중으로 지도하되 主된 지도는 중앙이 맡도록 했다. 하방은 중앙에서 省級으로 또 어떤 것은 省級에서 專區·市·縣級으로 에스컬레이트화 되었다.22) 그러나 당시의 하방은 지나치게 많은 부문을 무차별적이고 급작스럽고 강하게 밀어붙였기 때문에 조직공작이 이를 따르지 못하였다. 동시에 기업 하방 후 여러 지방이 자급자족(지역 이기주의)을 추구, 그 결과 대대적으로 맹목적인 건설·중복 생산 등이 이루어져 경제생활에 혼란을 가중시켰다. 또 인사·예산·물자관리간의 효율적인 연계 관리를 저해하여 생산성을 크게 저하시켰다. 1971년과 1972년 공업의 노동 생산성은 전년에 비해 각각 0.2%와 1.5% 하강하였다. 1976년 전국 공업기업의 자금 이윤율은 겨우 1965년의 50% 정도였으며, 적자 기업이 3분의 1 이상이나 되었다.

② 물자분배의 전면 청부(大包干). 1970년 당 중앙은 물자분배의 전면 청부제를 시행할 것을 제의하고 국가의 '통일분배와 통일관리'(統配統管) 물자의 종류를 조정하여 줄여 갔다. 그 결과 1972년 '統配部管' 물자는 1966년의 579 종에서 217종으로 감소되었다.23) 이처럼 물자 분배권이 대량적으로 층층이 에스컬레이트화 되어 하방되자 원래의 수평적 협력관계는 혼란이 일어나 물자의 총괄적 배정과 종합적인 형평을 기할 수 없게 되었다. 특히 물자조달이 제 때에 이루어지지 않아 중점 산업의 건설에 차질을 초래하였다.

③ 재정수지의 전면 청부. 1971년부터 시작하여 전국에 재정수지

---

22) 단시일 내에 鞍山철강공사(1969년, 요령성), 大慶유전·長春자동차공장·開灤석탄광·吉林화학공업공사(1970) 등 2600여 개의 대형 골간기업이 모두 성으로 하방되었다. 이들 중 어떤 경우는 지구·시·현까지 하방되었다. 하방 후 중앙 부처의 직속 기업 사업단위는 1674개에 불과했다. 부 직속의 설계원·과학연구기구는 개별단위 이외의 것은 모두 일률적으로 하방하였다(吳國衡, 1994: 68).

23) 물자청부제의 경우 국가의 통일적 계획 하에 '지역 간 평형, 차액 조달, 종류 조정, 보증 납부'의 방법을 실시하였다. 따라서 통배·부관 물자가 217종에서 약 60%가 감소되었다.

전면 청부제(大包干)를 실시하였다. 즉 국가의 통일적 예산 아래에 성·시·자치구가 '定收定支'·'收支包干', 초과 수입 혹은 잉여금을 모두 지방의 관리로 귀속시키고 단기적인 수입 또는 초과 지출 역시 지방이 스스로 그것을 처리하도록 하였다. 이러한 제도는 대량의 중앙기업·사업단위를 지방이 관리하는 조건하에 대대적으로 그 재정에 관한 권한을 지방에게 위임함으로써 지방이 적극적으로 세수를 증대시키고 그 지출을 최소화하도록 유도하는 장점이 있었다. 하지만 지역 간에 수입이 일정치 않고 그 재력에 현저한 차이가 있어 지방간에 불균형을 조장하였다.

④ 기본건설 투자의 전면 청부. 1971년부터 국가가 정한 건설 임무에 따라 지방이 청부를 맡아 기본건설 항목의 자금·설비·재료를 총괄적으로 지방이 조정배정·사용하고 결산 후 잉여금은 지방에 돌아가도록 했다. 동시에 기업이 중앙에 납부한 기본 감가상각 기금을 전부 지방에 돌려주어, 설비와 기술개조에 종합적으로 사용하도록 했다. 그러나 그 집행과정에서 하방된 감가상각비는 대부분은 기본건설에 전용되었고, 이는 곧 기본건설의 전선을 길게 늘어뜨려 생산·유지·수리용의 재료와 설비비에 야금야금 충당되어 결국은 국가계획에 영향을 미쳤다.

⑤ 세수·대출권의 하방과 노동 및 보수제도의 단일화. 세수의 경우, 당 중앙이 1970년 국영기업의 공상세 제도를 개정함에 따라 세금의 종류[24]와 세목·세율을 단일화하고 세수관리에 관한 권한의 일부를 省級에 하방하여 현지의 신흥공업·'五小기업'·社隊기업·종합이용·협동생산 등에 대한 징세권 또는 감·면세권을 주었다. 그러나 결국 세수관리권의 하방은 관리 창구의 다원화로 혼란을 초래, 중앙의 재정수입이 감소되었다. 그리고 세제의 단일화로 인하여 조세의 거시

---

24) 工商統一稅 및 그 부가세·도시부동산세·자동차 선박면허세·염세·도축세 등 5종을 하나의 공상세로 통합하였다. 합병 후 국영기업에 대해서는 공상세만 부과하고, 집체소유제 기업에 대해서는 공상세와 소득세만 징수했다.

적 경제조정 기능이 약화되었다. 대출의 경우, 1970년 국무원의 결정에 따라 그 관리 권한을 하방하여 농촌에서는 '대출청부(信貸包干)·一定一年'의 방법을 실시하였고, 대출은 그 종류를 줄이고, 이율도 내렸다. 그리고 물가 및 임금도 동결하였다. 따라서 경제운용의 거시적 조정기능이 약해졌다. 특히 지방에서는 그것들이 어떠한 경제조정기능도 할 수 없었다. 1971년 국무원 결정으로 전민소유제 기업·사업단위의 노동제도를 개혁하여 임시 노동자와 순환 노동자를 고정 노동자로 전환할 수 있도록 하고, 단일 고정 노동자 제도를 진일보 강화시켜갔다. 그러나 그것은 결국 노동생산성의 제고를 가로막았고, 국가에게 취업보장에 대한 압력을 가중시켰다. 그리고 보수제도의 경우 '물질적 인센티브', '상여금 제일'에 대한 비판에 따라 기업의 상여금 제도를 점차적으로 없애고 상여금을 정식 보수로 바꾸었다. 이와 동시에 '작업량에 따라 산정하는 보수제'(計件工資制)를 폐지하고 보수제도를 더욱 단일화하였다. 이는 분배상의 평균주의, 이른바 '共産風'을 한층 더 심화시켰으며, 결국은 생산성의 저하에 심각한 영향을 미쳤다.

이상의 권력 하방은 분권화 정책의 단계를 넘어, 경제를 경제적 수단으로 운용하지 않고 군중동원 방식에 의한 정치적 논리로 몰고 간 毛澤東과 그의 추종자인 林彪(급진주의자들)에 의해 추진되었으며, 그것은 결국 중국을 암흑시대로 빠뜨렸다.

2) 林彪의 사망과 45계획의 정지 : 권력의 再集中

제4차5개년계획 시행기간 중인 1971년 9월 林彪의 사망으로 동 계획은 바로 중지되었다. 林彪 등 문혁 급진세력의 숙청은 바로 그들이 추진하던 군중노선에 의한 분산화 정책(급진 좌경화)의 후퇴를 가져온다. 그렇지 않아도 방권으로 인한 폐해가 노정되어 인민의 불만이 고조되고 있던 차에 林彪세력의 숙청은 바로 권력의 하방에 대한 재집중 정책을 부채질하였다.

1971년 12월 周恩來 총리는 「1972년 전국계획회의 기요」를 기초할 것을 지시하고, 그 내용에 다음의 항목을 포함시킬 것을 제의했다. ① 국가의 통일적 계획의 강화와 무정부주의 반대. ② 기업의 정돈과 林彪의 유산 청소. ③ 농업·경공업의 강화와 3선건설(대 전략 후방)의 제3 순위화. ④ 기본건설을 433관리체제로 바꾸어 40%는 중앙이, 30%는 중앙과 지방이 상의하여, 나머지 30%는 지방이 총괄적으로 배정. ⑤ 경제협작구를 6개구로 환원.

그리고 1972년 계획회의에서 이상의 실시를 제의했다. 그는 또 1973년 전국계획회의에서 「통일적 계획의 견지, 경제관리의 강화에 관한 규정」을 제출, 중앙과 지방관계에 있어서 과도한 분산화 경향을 해결하는 것에 대한 10조의 의견을 제의하였다. 그것은 국가의 계획적 통일영도의 강화, 종합적인 균형화, 지방 각 업종 할거 반대, 기본건설 규모의 엄격한 통제, 건설항목의 난맥상 불허, 직원 및 노동자 총 수·보수총액·물가 등에 대한 통제권의 중앙집중(회수), 각 영역·각 부문의 독단적인 결정 불허, 중앙이 지방에 하방한 대·중형 기업은 성·시·자치구 혹은 소수 省직할의 市가 관리하고, 이의 再下放 불허 등을 포괄하는 것이었다.

1975년 1월 제4기 전인대 이후, 周恩來와 鄧小平이 4개 현대화 – 농업·공업·국방과 과학기술의 현대화– 계획을 추진함에 따라 기업·물자·재정·기본건설·노무 등에 대한 관리권의 중앙집중은 더욱 강화되었다. 당 중앙의 결정에 따라 鄧小平은 국무원의 일상 업무를 주재하는 위치에 복귀하게 되었고, 공업·교통·문화·교육·과기 등 계통에 대한 혼란을 정돈하는 작업에 착수한다.

정돈은 먼저 철도체계의 정돈에서부터 시작하였다. 사실 '批林批孔' 운동으로 인하여 당시 전국의 주요 철도체계는 완전히 마비·혼란 상태에 있었고, 이로 인하여 경제가 심각한 타격을 받고 있었다. 때문에 鄧小平은 1975년 2월-3월, 당 중앙이 소집한 전국 공업서기회의에서 "철도 운수의 문제가 해결되지 않고서는 생산 부처는 모두 혼란해 빠지고 전체계획은 모두 허사가 될 것"이라고 하면서 "철도문제 해결의 방법은 바로 집중 통일관리의 강화"라고 했다. 중앙은 鄧小平의 주장에 따라 철도의 특성에 근거하여 그 관리를 집중통일하기로 결정하였다.[25]

1975년 6월 국무원은 반드시 직원과 노동자 및 기업관리를 전면적으로 정돈하고, 계획체제의 경우는 '아래로부터 위로'(自下而上), '상하가 결합된,' '지역위주의 부문(수직)과 지역(수평)을 결합'(塊塊爲主·條塊結合)한 관리방법을 추진할 것을 요구하였다. 기업관리의 경우, 관건 기업은 중앙이 주가 되어 관리하고 그 외, 여타 기업은 지방이 관리하도록 하였다. 재정체제는 '수지의 연계', '총액 배분'(總額分成)의 방법을 추진하였다. 또 물자관리의 경우, 물자 관련 부처가 물자를 관리하고 전문 부처가 전용 물자를 관리하게 하였다. 이러한 규정들은 경제생활의 혼란과 분산을 정돈하는 데 적극적인 작용을 하였다.

나아가 鄧小平이 주재하여 제정한 「공업발전을 가속화하는 것에 관한 약간의 문제」(후에 「공업 20조」라 칭함)에서 국가는 반드시 경제생활에 대한 집중적 통일영도를 강화하여야 한다고 강조하고, 일반적인 국민경제의 정책과 방침·공농업의 주요 생산지표·기본건설 투자와 중요 건설 항목·중요 물자의 분배·중요 상품의 구매 조달·국가예산과 화폐의 발행·직원과 노동자 총수 및 임금 총액의 증원 및 증액·주요 공·농업 생산품의 가격은 반드시 중앙이 결정하여야 하며, 어느 지역이나 어떤 부문도 독자적으로 결정하지 못하도록 하였다. 계획의 수립은 '아래로부터 위로'(自下而上), '상하가 결합된,' '塊塊爲主·條塊結合'의 관리방법을 실시, 지역 간 부처·간 균형과 협조를 통하여 전국의 통일적 계획을 기하도록 하였다. 이들 규정은 비록 전부가 모두 실현되지는 못했지만, 당시 '극좌'적 사조를 저지하는 데는 상당한 작

---

25) 당 중앙은 「철도공작의 강화에 관한 규정」을 발포하여 전국 철도의 통일 관리, 집중 지휘, 건전한 직위 책임제 건립, 기술조작규정, 질량 점검제도 등을 명백히 규정하였다(『鄧小平文選』(1975-1982), 1983: 5).

용을 하였다.

이상과 같이 문혁으로 파괴된 경제를 재건하고 4개 현대화의 달성을 위해 1971-1973년과 1975년 경제체제에 대한 두 차례의 정돈이 있었다. 따라서 문혁 중 그 권한과 기능이 파괴·중지되었던 중앙의 관료체제 또한 복구 또는 신설이 불가피해졌다.

1971년 '9·13 林彪사건' 이후 1973년에 이르는 동안, 국무원은 정치적으로 극도로 어려운 상황에서도 국무원 국방공업판공실을 복구하여 중앙군사위원회 판사조가 관할하던 국방공업 부문을 회수하고, 경제업무의 정돈에 착수, 폐지되었던 몇 몇 기구들을 복구 또는 신설하여(張雲倫, 1988: 59) 중앙에 의한 통일적 계획과 경제관리를 강화시켜 나갔다. 따라서 국무원은 재차 기구의 조정을 단행하였다. 즉 국무원에 2개 부와 7개 직속기구 및 1개 판공기구를 복구 또는 신설하였다. 따라서 문혁후기인 1975년 말의 국무원 기구는 29개 부·위와 19개 직속기구, 4개 판공기구 등 모두 52개 단위로, 다시 늘어나기 시작했다(張雲倫, 1988: 59).

毛澤東의 사망 및 4인방의 체포로 문혁이 종결되자 지방으로 하방된 권력을 본격적으로 중앙으로 회수하여 중앙의 관련 부처가 이들을 직접 관리하였다.26) 1978년 3월(제5기전인대)에는 국무원 산하 부와 위원회는 37개, 직속기구는 32개, 판공기구는 7개 등 도합 76개 단위로 팽창되었다(王志剛, 1988: 253).

---

26) 省·市에 속하는 철도·郵電·항공운수·전산망·민간항공·송유관과 탐사대·중요 과학연구설계단위·중점건설 항목 그리고 대유전 등 소수의 관건 기업도 중앙의 각 부·위가 관리하고, 물자관리체제 등도 모두 중앙에 집중시켜, 국가의 경제활동에 대한 집중적이고 통일적인 지도를 강화하는 방향을 나갔다.

제3절 毛澤東시대 중앙과 지방관계의 특징

1. 毛澤東시대 중앙과 지방관계의 특징

1949년 신중국 건립 이후 개혁개방 이전까지의 중앙과 지방관계는 중앙 권력의 지방 이양(放)→중앙의 통제능력 약화 우려→지방권한의 중앙 회수(收)→지방 적극성 약화 우려→중앙 권력의 지방 재이양(放)이라는 서클을 그리면서 발전하였다. 크게 1949년 건국 초기의 大區 분권에서부터 시작하여 고도로 중앙집권화 된 계획체제와 행정체제가 형성될 때까지 放權→收權의 제1 서클을 형성하였고, 1956년·1958년 두 차례의 연속적인 권력 下放으로부터 1960년대 조정기에 중앙의 통제를 강화하기까지가 放權→收權의 제2 서클을 만들었다. 그리고 문혁기간 중의 방권으로 부터 문혁 후기 권력을 중앙으로 회수한 것이 放權→收權의 제3 서클이다. '收死放難', 즉 '권력을 중앙에 회수하면 바로 숨통이 막히고'(一收就死), '지방에 하방하면 바로 혼란해지는'(一放就難) 모순으로 인하여 중국의 중앙과 지방관계는 변증법적인 악순환을 거듭해 왔다.

이러한 중앙과 지방관계의 방권과 수권은 우연히 형성된 것이 아니고, 그 배후에는 각 시기 별로 강조된 지도 이데올로기의 차이가 존재하였다. 즉 이데올로기를 중시하는 紅(급진세력)과 전문성을 중시하는 專(온건세력)사이의 갈등과 대립이 그 배경적 요소로 작용하였다는 점이다.[27] 이를 경제발전의 지도이념이라는 차원에서 볼 때는 이른바

---

27) 1949년 건국 초에 온건정책을 채택하였으며, 1950년부터 한국전쟁의 발발 및 반혁명운동 진압 등에 직면하여 급진으로 변했고, 1952년의 토지개혁을 거쳐 한국전쟁의 휴전이 실현된 1953년부터는 다시 온건정책을 썼다. 1958년 대약진 정책으로 온건으로부터 급진으로 대전환하였으나, 1958년 12월 중공 8대6 중전회 이후 대약진정책을 서서히 수정하고 1961년에는 온건상태로 회귀하였다. 그리고 1965년 이후 문화대혁명까지 급진으로 급격한 전환이 시작되었다.

毛澤東思想과 劉少奇思想간의 교차관계로 표현할 수 있을 것이며, 마르크스·레닌주의적 용어를 빈다면 "생산력과 생산관계의 변증법"으로 해석할 수 있겠다(Engels, 1972: 25-173). 즉 중앙과 지방의 권력관계는 정치적으로 온건과 급진, 경제적으로 생산관계와 생산력의 변증법에 따라 放權과 收權의 서클이 반복되어 나타난 것으로 해석된다.

<표 3-1> 毛澤東시대 중앙과 지방관계의 변화

시기	당의 지도 이데올로기 및 국가발전 목표	강조된 발전의 지도이념	중앙-지방관계	정부 기구수	간부 수
건국전-건국초(1949)	신민주주의, 전국토의 공산화	생산관계	제한된 분권화: 통일영도·단위별관리	미정비	
부흥기 (1949-52)	경제부흥, 국가건설의 기초 마련, 사회주의화 온건	생산력	집권화(통일영도·통일관리)-제한된 집권화	팽창	충원
1차5개년 계획기간 (1953-57)	사회주의 과도기의 총노선	생산력	집권화:-제한된 집권화-집권화	팽창	증가
대약진기간 (1958-61)	사회주의화 급진	생산관계	분권화	감축	감소
조정정책 (1962-65)	경제건설, 온건	생산력	집권화	팽창	증가
문혁초기 (1966-1970)	사회주의화급진		파괴와 혼란	파괴와 혼란	파괴
문혁중기 (71-75)	사회주의화 급진	생산관계	재분권화	감축	감소
문혁후기 (1975-78)	4차5개년계획, 4개 현대화, 사회주의 온건		재집권화	팽창	증가

그러나 4인방 축출 후 중공 11대3중전회를 거치면서 온건으로 고착화되어 가고 있다고 衛藤瀋吉은 분석하였다(1982). 이와 같은 온건과 급진의 진자현상에 의한 분석 방법은 일찍부터 주목받아 엑스타인(Alexander Eckstein, 1975), 타운센드(James R. Townsend, 1974), 파이(Lucian W. Pye, 1972) 등에 의해서도 시도되었다.

<표 3-2> 중앙정부제도 개혁 전 물자관리의 집중 정도

년 도	統配物資	部管物資	合 計
1950	8		
1951	33		
1952	55		
1953	112	115	227
1954	121	140	261
1955	162	139	301
1956	234	151	385
1957	231	301	532
1958	93	336	429
1959	67	218	285
1960	75	342	417
1961	87	416	503
1962	153	345	498
1963	256	260	516
1964	370	222	592
1965	370	222	592
1966	326	253	579
1972	49	168	217
1973	50	567	617
1975	52	565	617
1978	53	636	689
1979	210	581	791
1981	256	581	837

출처: 楊冠瓊, 1999: 259.

따라서 이는 정부기구의 팽창→감축(精簡)→再팽창→再감축, 간부
수의 增→減→增→減의 반복적인 변화와 상관관계를 형성하며 발전하
여 왔다(<표3-1>). 또한 <표 3-2>는 1950년-1981년간 각 시기별

물자관리의 집중정도를 반영한 것으로, 이 역시 중앙과 지방관계 및 정부기구 수 등의 변화와 궤를 같이하였다.

하지만 毛澤東시기 분급화는 극히 제한적이었다. 왜냐하면 중앙집중식 계획경제체의 틀을 벗어날 수 없었기 때문이다. 따라서 분급화로 인한 혼란은 더 큰 중앙집중화 현상을 가져왔다. 이는 고대중국 중앙과 지방관계의 전통적 특징과 다를 바 없다. 1949-1978년 중앙과 지방 권력 조정의 특징은 다음과 같다.

첫째, 一方性. 放權(권력하방)과 收權(권력집중)의 정책, 실시방법 등은 전적으로 중앙이 결정하였으며, 지방은 권력조정과정에 있어서 피동적 지위에 있었고, 기본적으로 전혀 발언권이 없었다. 이러한 특징은 단일제 국가구조는 물론 계획체제와 집권형 정부 유형과 밀접한 관계가 있다.

둘째, 內循環性. 권력의 放收는 공공권력체계 내의 중앙과 지방권력의 분배문제에만 관련된 것이었고, 공공권력체계와 사회 권력의 분배문제와는 상관이 없었다. 따라서 권력의 放收는 오직 공공권력체계 내에서 만의 순환이었다. 이에 대해 鄧小平은 다음과 같이 설파했다. "과거 중앙과 지방관계에 있어서 몇 차례 분권을 시도했지만, 당과 정부·경제조직·군중조직 등등 간의 직권범위를 어떻게 획분할 것인가의 문제와 관련된 것은 한 번도 없었다."(『鄧小平文選』 第2卷: 329). 권력의 放收는 오직 체계 내에서만이 추진되었기 때문에 당위·정부와 사회 기타 조직의 관계는 변화되지 않았다. 따라서 권력 放收의 정도·작용·방식은 모두 한계가 있었다. 위와 같은 상황이 조성된 원인은 첫째 '계획 일체·관리 일체'를 강조하고 가치규율과 시장의 작용을 부정 내지 억제, 권력과 자원이 모두 정부에 집중되어 있었기 때문에 권력의 분배는 정부체계 내에서만 진행되었다. 둘째 고도집중의 계획 체제하에서 기업 등 사회조직은 정부의 부속물과 같은 것이었기 때문에 정부의 권력분배문제에 대해서 발언권이 없었다. 셋째 소유제구조가 국유 내지 준국유의 집체경제체제였기 때문에 그 소속 경제 및 사업조직은 자연히 모두 행정과 계획의 통제권 내에 포함되어 있었다. 따라서 권력 분배과정 중 정부와 협상할 주체로서의 역할을 할 수 없었다.

셋째, 隨意性. 수의성이라 함은 권력의 조정을 완전히 1개인이 임의대로 결정함을 의미하는 것이 아니라, 권력의 종적인 분배·권력조정의 범위와 정도를 결정하는 명확한 법률규정과 절차가 없이 개인의 의지와 群體的인 충동, 우발적인 사건 등의 영향에 의하여 중앙과 지방의 권력관계를 좌우하는 것을 의미한다. 毛澤東의 다음 한마디가 이를 잘 설명한다. "중앙집권이 많으면 나는 곧바로 하방하였고, 지방분권이 많으면 나는 곧바로 끌어들였다(收)." 수의성의 원인은 첫째 전체 행정체제의 법제화의 정도가 낮고, 둘째 권력이 중앙에 고도로 집중되어 권력분배는 중앙만이 결정하고 지방은 발언권이 없었으며(단일성), 셋째 권력조정에 대한 장기적이고 명확·구체적인 목표가 없고 조정과정상 합리적인 의견조율 기제가 없었기 때문이다. 1957-1958년 권력하방과정 중 중앙 각 부 직속 기업 사업단위 9,300여 개를 1,200개로 줄이고, 그중의 80%를 하방하는 작업을 불과 10여 일만에 해치우는 것처럼 모든 결정이 즉흥적이었다. 따라서 권력이 아래위로 숨 돌릴 틈 없이 오가서 그 관계가 고정되지 않고 종잡을 수 없이 흔들렸다. 행정의 안정성을 유지할 수 없었다.

2. 毛澤東시대 중앙의.지방에 대한 통제방법

개혁개방 이전 중국의 중앙과 지방경제관계는 위와 같이 그 기본은 고전적인 사회주의 정치경제체제의 틀 속에서 추진되었다. 따라서 중앙에 의한 일방적 방법으로, 공공권력의 체계 내에서, 그것도 그 때 그 때 상황에 따라 수시로 권력관계를 조정하는 정도에 그쳤다.

그러면 건국 이후 개혁개방 이전까지의 중국은 중앙집중식 계획체제의 틀을 유지하기 위해 중앙은 지방을 어떻게 통제해 왔는가? 그 기본 틀(정책)을 요약하면 아래와 같다.

1) 경제적 통제

개혁개방 이전 중앙집중식 계획경제체제하의 중앙의 지방에 대한 경제적 통제 방법은 소유에 있어서의 공유제와 운영에 있어서의 계획경제로서 지방정부가 중앙의 절대적인 통제를 받도록 했다.

첫째, 소유에 있어서 공유제. 개혁개방 이전 중국의 사회주의 경제체제는 모든 생산수단을 국가가 소유했다. 그것(공유제)은 '전민소유'와 '집체소유'로 구분되었다. 전민소유의 전형은 주로 중앙 각 부처가 직접 관리하는 국영기업이며, 집체소유는 주로 지방의 관리하에 있는 기업이었다. 이들 양자는 모두 스스로의 생산정책이나 판매망이 없고 오직 계획에 의한 행정지령을 집행하는 도구에 불과했다. 따라서 이러한 소유제는 결국 전체 경제체제를 통제하는 유용한 제도로서의 기능을 했다.

둘째, 운영에 있어 계획경제. 중앙은 그들이 수립한 계획에 의해 지방 및 모든 기업단위와 사회조직을 통제하였다. 중앙정부는 지령성 계획을 통하여 전체 국민경제를 관리하였다. 각 지방은 당해 지역의 각종 경제지표를 먼저 중앙의 국가계획위원회에 보고하고 이에 의거해 중앙은 전국의 경제활동–생산·교환·분배·소비 등의 지표를 제정하여 각 부문·각 성·시로 하여금 그 지표를 구체화·세밀화하여 사정한 후 상부에 보고토록 한다. 보고를 받은 중앙이 이를 공식적인 계획으로 결정한 후 다시 각 부문·각 성·시에 내려 보낸다. 이처럼 계획안이 두 차례에 걸쳐 올라가고 내려가는 절차를 거쳐 기본건설·수입·상업금융 등을 불문한 모든 경제활동을 중앙이 통제하고 지방이나 기업 부문은 오직 집행단위로서의 역할을 할 뿐이었다. 간단히 말해 행정체계의 지령에 의해 경제를 관리하였다. 이러한 체제 하의 지방정부는 당해 지역의 경제발전에 대해 건의권만 있을 뿐, 어떠한 정책결정권도 없었다. 그러므로 지방의 경제발전 속도·범위와 방향 등은 전적으로 중앙의 수중에 있었다.

재정관리체제의 예를 보면, 개혁개방이전까지 중국은 '統收統支', '分類分成', '總額分成'(중앙이 지방의 재정수입·지출기준액과 재정수입의 유보·상납비율을 매년 조정하여 지방의 재정수입을 중앙과 지방에 분배하는 방식)모형과 전면청부(大包干) 모형을 견지해 왔다. 이러한 모형의 결정에 있어 중앙은 지방과의 논의를 통해 결정하는 것이 아니고, 전적으로 중앙의 판단에 의해 정책의 형식으로 결정했다. 재정수입과 지출의 분배에 있어 그것이 중앙에 집중되어 있는지 지방에 분산되어 있는지를 불문하고 중앙정부는 언제나 '3개 통일의 원칙,' 즉 중앙의 통일적 지도, 국가의 통일적 계획과 통일적인 재정제도를 견지했다(田一農, 1988: 57).

2) 정치적 통제

신중국 수립 이후 1978년까지 중앙과 지방경제관계 조정 중 경제관리권의 '분산(放)→집권(收)→再放→再收의 반복은 중앙과 지방정치관계에 어느 정도의 영향을 미쳤다 할지라도 고도의 중앙집권적 정치통제체제에는 근본적인 변화가 없었다. 毛澤東시대 중앙의 지방에 대한 정치제도적 통제 방식의 기본 틀을 요약하면 다음과 같다(謝慶奎, 1998: 82-85; 林尙立, 1998: 304-305).

첫째, 당의 영도에 의한 통제. '以黨領政' 및 '민주집중제'의 조직원칙에 따라 당 중앙은 지방정부에 대해 통일적으로 영도하는 당정영도의 최고지도부였다. 당 중앙의 통일적 영도는 다음 세 유형의 각급 또는 각종 지방의 조직기구를 통하여 실현했다. 하나는 省·縣·鄕·기층 지부 등과 같은 각급 당의 영도체계이고, 다른 하나는 공장·점포·학교·광산·공사 등과 같은 각종 당 조직이며, 또 하나는 각급 행정단위의 黨委나 黨組를 통한 통제였다. 중국공산당은 본래 혁명과정을 통해 형성된 치밀한 조직체계이기 때문에 이러한 세 종류의 당 조직으로 지방의 동향을 샅샅이 살피고 엄밀하게 지방정부를 지도 감독할 수 있었다. 그럼으로써 당의 방침·정책과 노선의 관철을 보증하였다. 그 결과 당과 정부와 기타 사회조직(특히 기업)의 관계에 있어 권력이 각급 당위에 지나치게 집중되어 당이 모든 것을 처리하고 모든 것에 관여함으로써 '黨政不分', '黨企不分', 以黨代政, '以黨領企' '黨政企不分' 현상을 초래했다. 당의 지도를 견지하는 것이 권력의 지나친 중앙집중 현상을 가져왔고, 소수의 엘리트 심지어 1인 지도자의 수중에 권력이 집중되었다.

둘째, 중앙정부에 의한 행정영도. 중앙의 1급 국가(정부)기구는 지방의 1급 정부기구에 대한 직접적인 지도를 통해 지방을 통제했다. 당의 영도가 정치적 사상적 일치에 대한 지도라면 행정영도는 주로 법률·명령 및 지시로서 행해졌다. 중앙행정기관의 지방행정기관에 대한 행정영도를 보면, 중앙과 지방의 권한 배분이 법률적·제도적으로 규정되지 않고, 지방정부가 당연히 행사해야 할 세세한 권한마저도 법규로 규정하지 않은 채 특정 시점의 정책이나 국가 최고지도자의 의지에 의해서 결정되었다. 그래서 근본적으로 지방정부는 독립된 행정관리의 주체가 되지 못했다. 지방사무에 대한 재량권이 없었다. 중앙의 지방에 대한 통제(행정집권)는 다음과 같은 방법을 통하여 이루어졌다. ① 행정지도 또는 업무지도: 국무원의 지방정부에 대한 직접적인 행정지도와 중앙행정기관의 지방행정기관 각 부처에 대한 행정지도 및 업무지도. ② 지방의 조직편제에 대한 통제: 중앙정부는 지방 각급정부가 설립한 행정기관의 명칭, 급별, 임무, 권한, 기구신설과 정원 등에 대한 통제권을 가지며, 그것을 통해 더욱 큰 범위에서의 지방에 대한 통제와 전국적인 政令의 통일을 기하였다. ③ 행정감독: 행정감독의 형식과 방법은 다양하였다. 주로 행정입법감독과 주관 부처에 의한 감독, 전문감찰기관에 의한 감독, 그리고 정기 감사 등이 있었다.

셋째, 군대 및 공안계통을 통한 통제다. 1967현재 중국에는 11개 대군구가 있고, 1개 군구는 몇 개 성·직할시 및 자치구의 군구를 관할한다.28) 따라서 자연스럽게 관할 1급 지방정부에 대한 안전보장과 동시에 감시통제의 2중적 기능을 하였다. 문혁 중의 군사통제는 이의 적극적 행사였다. 이밖에 공안부·무장경찰부대와 같은 전국적인 공안계통이 있어 중앙의 지휘 하에 지방정부는 물론, 사회전반에 대한 감시 및 통제기능을 하였다. 이들 여러 계통의 지휘·감독체계, 이른바 수직적(條條) 체계는 모두 중앙과 지방에서 기층에 이르는 수평적(塊塊) 조직과 종횡으로 물샐 틈 없이 엮어져 있어 완벽한 통제체제망을 구축하고 있었다. 이는 지금까지도 변함이 없다.

넷째, 간부인사에 의한 통제. 중앙은 간부의 인사를 통해 지방을 통제했다. 지방 간부에 대한 임면, 발탁, 심사 및 상벌 등은 당 중앙이 관리 통제하였다. 당은 간부의 인사업무를 직접 지도하고, 당에 의한 간부 관리라는 원칙하에 간부의 임면, 발탁, 이동, 심사와 상벌은 모두 당위가 결정하고 당위 조직부가 비준하였다.

① 중앙과 지방간부의 관리에 있어서 중앙은 직접 중앙국가기관과 省級 지방기관과 地區 行署(市, 州, 盟)의 지도급 간부를 관리하였다. 이들 성급 내지 지구 행서에 근무하는 간부의 임면, 심사비준과 통제권은 중앙에 귀속되었다. 일반적으로 '국가간부'는 모두 그들이 담당하는 직무에 따라 중앙과 각 지구 및 각 부문의 당위, 당조 또는 소재단위의 당위가 직접 관리하고, 당해 행정단위는 간부를 선발할 권한이 없었다. ② 局級 간부와 시·현급 주요 지도급 간부에 대해서는 비록 중앙이 직접 관리하지는 않았지만 그 인사에 대해서는 정기적으로 중앙에 보고토록 했다. ③ 긴급상황 하에서는 중앙이 직접 성·자치구·직할시의 주요 지도급 간부의 직무대행자를 선임할 수 있었다. ④ 지방의 지도급 간부의 직무대행자 선임은 반드시 중앙의 비준을 받아야

---

28) 신중국 건국 이후 軍區의 통폐합 과정 및 그 배경에 대해서는 김정계의 연구 (2000: 214-216) 참조.

했다. ⑤ 지방이 업무의 증가로 기구를 신설하고 간부를 임명할 때에는 반드시 사전에 중앙의 비준을 거쳐야 했다. 그 외 개혁개방이전 중국의 간부관리제도는 과학적인 표준이나 합리적인 절차에 의한 채용 및 이동이 이루어지지 않고, 간부채용은 공개되지도 않았다. 이는 우수한 인재발굴을 어렵게 했고, 실제적으로 오랜 기간 지도업무에 그대로 머무는 간부종신제의 현상을 노정했다.

다섯째, 국가(정부)와 사회의 관계에 있어서도 정부는 '만능의 정부'로 전체 국가의 경제와 사회생활을 조정하고 통제했다. 정부가 직접적으로 생산·교환·분배를 통제했고, 정부는 직접 사회의 모든 영역에 간여했다. 혁명전쟁연대의 군사배급제의 방식에 기초하여 정부는 사회와 기업의 활동에 간여하고 정부의 각 부처가 사회와 경제운영이 책임을 졌다. 의·식·주·교통(行) 등 일상생활 일체를 정부가 도맡았다. 정부와 기업의 업무는 분리되지 않았고(政企不分), 기업의 투자와 생산 및 판매 등 일체의 업무는 정부에 의해 계획되고 운영되었다. 기업은 정부의 부속물이었다. 정부가 사회와 기업을 관리함으로써 정부의 기구와 간부 수가 팽창되고 자원의 낭비를 초래하여 효율성이 저하되었다.

여섯째, '以法治國'의 정신을 도외시 했다. 「공동강령」과 「54헌법」은 신중국 건설에 지도적 역할을 하였다. 하지만 1957년 하반부터 '좌'적 사상이 대두, 정치권력의 집중을 위하여 정치체제는 법률과 제도를 경시하기 시작했다. 이때부터 각급 인민대표대회의 입법, 인민법원의 독립심판, 변호사제도와 검찰기관의 법률감독 기능 등은 모두 자산계급의 법률관이라 하여 비판을 받았다. '좌'적 사상의 영향 하에 행정권이 입법과 사법권을 대체하기 시작했고, 인민대표대회제도는 일대 수난을 맞았다. 특히 1966년 문혁 폭발 후 '극좌' 사상의 횡행으로 인민대표대회는 이름 뿐 실제 그 기능은 완전 정지되었다. 전국인민대표대회는 10여 년간 소집되지 못했고, 지방 각급 인민대표대회의 선거는 실시되지 못했다. 중앙과 지방의 입법기관이 파괴됨에 따라 정치권력은 일원화된 각급 '혁명위원회'에 집중되고, 이는 다시 당 중앙으로 집중되었다.

제4절 毛澤東시대 중국 중앙과 지방관계의 문제점

전술한 바와 같이 신중국의 건립 초기, 중국은 정치적으로 사회질서를 회복하여 정권기반을 공고히 하고, 경제적으로 사회자원을 동원하여 공업화와 경제의 복구와 발전을 앞당겨야 하는 중차대한 임무에 직면했다. 하지만 당시 상황은 전쟁 직후의 폐허 그대로였다. 자본축적은 되어있지 않았고, 기술은 낙후상태였으며, 자원은 황폐화되어있었다. 전통적인 경제 및 정치사회구조와 편협된 정치문화유산만이 기다리고 있었다. 여기다 서구자본주의 국가들의 봉쇄정책에 둘러싸인 정치적 환경 속에서 당시 중국이 선택할 수 있었던 유일한 길은 중앙집권모형의 계획경제체제뿐이었다. 이러한 중앙집권적 계획체제는 정권초기 정치권력의 기반을 공고히 하고 대규모 국가적 경제건설을 초보적으로 달성하는 데에는 크게 공헌하였다. 하지만 여느 사회주의 국가(예, 구소련의 신경제정책 등)나 마찬가지로 정권초기 단계에서는 그 성과가 괄목할 만했지만, 시간이 흐름에 따라 그 폐단이 노정되게 마련이었다. 毛澤東시대, 중앙집권적 계획체제하의 중앙과 지방관계에서 노정된 정치경제적 폐해를 요약하면 다음과 같다.

1. 정부 간 관계의 왜곡

첫째, '정부와 기업의 일체화'(政企合一)로 인하여 기업의 독자적인 특성은 완전히 상실되었으며 구체적인 경제활동에 있어서 각급 정부는 소속기업의 독점적 소유권자로 경영권을 직접 행사하였다. 모든 경제 주체의 주요활동은 중앙정부에서 하달된 계획에 의해 추진되었으며, 지방정부는 중앙정부의 계획에 따라 기업을 관리하였다. 따라서 중앙, 지방, 기업 3자가 고도로 일체화된 상황 하에서의 지방정부의 기능은 당해 지역의 특수성을 고려하지 않고, 오직 중앙의 지령에 따라 당해 지역기업의 생산활동을 관리함으로써 국가(중앙)의 계획된 목표를 달성하는 데에만 급급하였다.

둘째, 당·정부·기업의 일체화는 정부 간 관계를 당내관계로 바꾸어 놓았다. '以黨領政'체제 하에 있어서 중앙정부와 각급 지방정부의 관계는 당 중앙과 각급 지방 당위의 관계로 대체되었고, 결과적으로 각급 정부관계는 당 조직체계 내부의 관계가 되었다. 이러한 상황 하에서의 행정관리 및 정부 간 상호관계는 행정적 원칙보다는 정치적 원칙을 우선하게 되었다.

셋째, 집권과 분권이 중앙과 지방의 권한의 배분에 의해 이루어진 것이 아니고, 동일한 기능과 동일한 계획(목표)을 달성하는 과정에서 중앙이 지방에 부여한 권력의 크기에 의해 결정되었다. 따라서 특정시기의 국가 발전전략 및 지도부의 정치적 목적과 필요에 따라 권력을 하방-회수-재하방-재회수하는 과정을 임의대로 반복함으로 인하여 중앙과 지방관계의 정상적인 발전을 왜곡시켰다.

2. '條塊'관계의 모순

條塊관계의 모순이라 함은 업종을 중심으로 하여 조직된 종적인 부

처 관리체계(條)와 지역을 중심으로 하여 조직된 횡적인 관리체계(塊)
간의 충돌을 의미한다. 條塊관계의 모순은 표면상으로는 부처관리와
지방관리 간의 모순이지만 그 본질에 있어서는 중앙과 지방간의 모순,
집권과 분권 간의 모순이다. 이러한 모순의 원인은 계획경제하의 정부
와 기업관계 및 행정관리체제의 원칙 중 하나인 '統一計劃', '分級管理'
에서 연유한 것이다. 통일계획은 중앙에서 수립하고, 분급관리는 각급
지방정부가 수립된 계획을 집행하는 것이다. 일부 중앙의 직속기업·
사업단위를 제외한 대부분의 기업·사업단위는 동시에 두 가지 행정체
계의 관리와 통제를 받게 되는데 하나는 업종별 부처관리이며, 다른
하나는 지역관리이다. 부처기구와 지역기구가 전체적인 국가행정체계
에서 갖는 위상과 권리관계가 다름으로 인하여 기업 및 사업단위에
대한 각자의 관리행위에 있어서 충돌이 불가피하다.

계획경제와 중앙집권 체제하에서 條塊관계의 모순은 정부 간 관계
에서 구체적으로 아래와 같은 세 가지 부류의 충돌을 수반했다(林尙立,
1998: 309-311).

첫째, 권력관계 중 집중과 분산의 모순 노정. 계획체제하에 중앙집
권은 부처에 의한 수직관리(條條管理)의 강화를 통하여 실현하였다.
이는 중앙과 지방의 권력배분을 전체 권한의 분할이 아닌, 각 직능부
처별로 지방과의 권력을 분배하는 제도를 의미하는 것이다. 중앙집권
은 국가권력을 각 기능부처에 집중시키는 것이고, 중앙권력의 지방분
권 역시 각 기능부처가 그 권력을 지방으로 분산하는 것이었다. 이러
한 권력의 유동방식은 중앙에 권력을 집중시키면 권력이 인력·재정·
물자 및 생산·공급과 판매를 맡은 각각의 중앙의 부처에 집중되어
'수직적 관리의 독재'(條條專政)를 초래하였고(薄一波, 1994: 780), 권력
을 지방에 분산시키면 중앙의 입장에서는 중앙의 권력을 분산하여 지
방에 내려 보내는 것이 되고, 지방의 입장에서는 인력·재정·물자 및
생산·공급과 판매권 등 종합적인 대권을 한꺼번에 얻게 되는 것이
되어 중앙 각 부처의 지방에 대한 통제를 약화시켰으며 동시에 중앙

의 각 주관부처에 의한 집중지도 역시 약화되었다. 이것이 집중시키면 바로 죽고(一統就死)-죽으면 절규하고(一死就叫)-절규하면 하방하고 (一叫就放)-하방하면 바로 혼란하고(一放就混)-혼란하면 바로 회수하고(一亂就收)-회수하면 다시 집중통일(一收又統)하는 순환체제를 조성하는 주요 원인이었다.

둘째, 정책 간 모순의 노정. 먼저, 부처별(條條)집권을 위주로 한 경제관리체제 하에서 만약 계획 및 정책을 담당한 주관부처가 상호 협조하지 못할 경우 지방과 기업은 업무를 집행함에 있어 혼선을 빚게 된다. 또한 부처관리와 지역관리 간에도 혼선이 빚어진다. 중앙의 직능별 부처는 지방의 상응한 직능부서와 연계하여 이른바 毛澤東이 말한 '聯成一線'의 국면을 형성한다. 하지만 다른 한편으로는 지방의 직능부서는 지방정부에 소속된 바 지방정부의 정책과 명령을 집행해야 하는 위치에 있다. 이러한 상황 하에서 지방의 직능부서는 중앙 주관부처의 명령을 집행해야 할지 아니면 지방정부의 명령을 집행해야 할지를 모르는 곤경에 봉착할 경우가 많다. 이는 정부 간 관계에 긴장을 조성하고 심지어 충돌을 야기, 정부의 행정효율을 저하시키는 주요 원인이 되었다.

셋째, 재정상의 분권과 '자금분배'(分錢)의 모순 노정. 계획경제하 국가의 재정수입은 주로 각종 세금과 기업이 납입한 이윤으로 구성된다. 중앙과 지방소속 기업에서 납입한 이윤은 중앙과 지방의 고정 재정수입의 기초가 되었다. 하지만 '統一領導', '分級管理' 하에서의 국가 재정 및 예산체제는 중앙이 통일적으로 집중 관리하는 것이어서 지방 수입이 확대되어도 지방이 자율적으로 관리할 수 있는 수입의 폭은 증가되지 않았기 때문에 분권과 자금 분할의 모순이 발생하게 된다. 지방이 비록 자금을 취득한다 할지라도 그것을 조정, 관리할 권한이 없다. 왜냐하면 지방의 매년 예산 중 지출 지표는 중앙정부의 각 주관부처가 정해 주고 지방이 임의로 변경할 수 없기 때문이다. 만약 특수한 상황이 발생하여 계획을 변경할 필요가 있을 경우에도 중앙에 보고하여 승인을 받아야 했다. 비록 지방이 일정한 범위 내에서 조정권이 있다 해도 중앙이 획정한 수지 총액의 범위 내에서만 가능했다.

3. '塊塊'관계의 괴리

정부의 '塊塊' 관계는 바로 지방정부와 지방정부간의 횡적 관계를 가리키며, 때로는 정부 내 각 부처 간의 관계도 포함한다. 중국의 전통적인 정부 간 관계의 유형은 '條塊關係'를 기초로 한 것으로 그중 횡적 관계는 지방정부간 관계와 정부 내 부처 간 관계를 지칭한다.

정부 간 횡적관계의 괴리는 앞서 언급한 '條條專政'의 출현과 밀접한 관계가 있다. "條條專政"이 나타나기 이전, 1950년대 상반기에는 대행정구가 지방의 최고 행정단위였다. 대행정구는 비교적 큰 재정에 관한 권한과 기업·사업단위에 대한 관리권을 기지고 있었다. 그것은 대행정구 자체의 자율성은 물론, 산하 지방정부간의 관계조정에도 도움이 되었다. 그러나 1954년 대행정구의 폐지와 함께 중앙집권의 강화로 대형 국영기업은 중앙에 귀속되고, 각종 공업부가 이들을 직접 지도하게 되었다. 따라서 지방간의 횡적관계도 점점 괴리되었다. 1958년 중앙은 합리적인 지방공업체계를 건립하기 위하여 6개 행정구를 기본골격으로 하여 전국을 東北, 華北, 華東, 華南, 華中, 西南, 西北 7개 協作區로 나누어 지방간의 협력관계를 시도했다. 하지만 이는 실효를 거두지 못했고 다시 재집권화 현상이 일어났다. 당 중앙은 1960년 9월, 행정단위가 아닌 당 중앙의 조직체제로 6개 중앙국 즉 華東局, 中南局, 東北局, 西南局, 西北局, 華北局을 설치하여 각각 산하 지역 省, 市, 自治區의 黨委를 직접 지도하는 체제로 개편했다. 이러한 집권과 분권의 순환은 1970년대 말까지 계속되었다.

이른바 '條條專政'하에서 지방정부간 횡적 괴리의 원인은 다음과 같다(林尙立, 1998: 313-317).

첫째, 지방은 중앙정부의 계획적 안배에 완전히 복속되고, 지방정부의 관리적 지위는 배척되며, 지방정부가 주장하는 지방이익은 억제되었다. 따라서 지방정부 관계의 횡적인 협력 메커니즘이 형성되기 어려웠다.

둘째, 중앙의 기능부처는 관리의 편의를 위해 지방의 각급 정부에 대해 그에 상응한 부서를 설치할 것을 요구하며, 지방정부는 프로젝트·투자물자를 확보하기 위하여 중앙 각 부처와 상응한 부서를 두길 바랐다. 이처럼 지방정부는 사실상 '條條專政'에 의해 해체되고, 지방의 행정은 지방 각 부서의 행정에 지나지 않으며, 지방의 전체적인 발전계획을 수립하지 못하는 상태에서 지방간의 횡적 관계는 논할 여지가 없었다.

셋째, 경제와 사회발전을 위해 필요로 하는 물자와 재원 등 주요 자원에 대한 관리와 통제는 중앙의 각 부처가 장악하고 있으며, 지방정부가 장악하고 있는 자원은 매우 제한적이었다. 때문에 지방정부간의 연계는 물론, 합작의 물질적 기초가 빈약하게 되었다.

넷째, 지방정부 기능의 위축. '당정 일체화'(黨政合一)와 함께 '條條專政'은 결국 당의 一元化 영도체제를 형성했다. 당과 정부기구가 병렬적으로 연계되어 당은 정부의 상응되는 부처를 통제 및 지도하였다. 각급 지방정부의 경우, 한편으로는 상급 정부의 행정감독을 받고 다른 한편으로는 상급 혹은 동급의 당(당위 또는 당조)의 영도(정치적 지도)를 받게 되었다. 따라서 정부의 행정기능은 약화되고, 지방정부는 주동적으로 타 지방정부와의 연계 내지 협조관계를 형성할 수 없었다.

이상과 같이 중앙집권과 부처 간 또는 지방간 관계의 괴리는 正의 상관관계에 있다고 보겠다. 중앙이 집권을 강화하면 할수록 각 부처간, 각 지방간의 관계는 더욱 멀어졌다. '條條專政' 및 그로 인하여 형성된 부처 간 관계와 지방간 관계의 괴리는 전 중국의 행정체제를 다음과 같은 두 가지 악순환을 가져오게 했다. 첫째, 기구의 축소→팽창→재축소→재팽창의 악순환. 둘째, 권력분배상 집권→放權-재집권-재방권의 악순환이 그것이다.

　요컨대, 개혁개방 이전의 중앙과 지방의 권력관계는 중국의 발전전략이 집권적인 계획경제체제를 전제로 추진된 것이었기 때문에 지방정부의 자율성은 중앙정부의 통일적 계획을 전제로 한 부분적, 수단적 분산화에 불과했다. 따라서 비록 대약진과 문혁 기간 인민공사·군중노선 등의 정치논리를 통해 지방에 권력을 분산시켜 지방에 활기를 불어넣어 균형적인 발전을 유도하려 했으나, 구조적으로 지역 간의 균형과 지역 간의 연계가 취약한 중국에 있어서는 오히려 지방정부의 할거주의와 독립왕국화를 조장시켜 자원배치의 중복, 경제발전의 불균형, 생산력의 저발전을 초래하였다. 이는 모든 결정을 더욱 중앙에 재집중시키는 결과를 빚었다. 즉 중앙집중에 대한 지방분권은 분권화의 부작용에 따라 곧 중앙집중화로 회귀하는 성향을 띠었다. 결국 개혁개방 이전 30여 년간 중국의 중앙과 지방관계를 보면, 정치적·경제적 이유로 해서 비록 지방권한을 부단히 확대해가긴 했지만, 중앙에 권력이 고도로 집중된 정책모형과 가치지향에는 근본적인 변화가 없었다. 그 근본 원인은 시장 메커니즘을 운영하지 않고, 부분적인 전략으로 계획체제를 공략했기 때문이다. 즉 자유시장 없이 행정지령만으로 경제체제를 운영해서는 부처 위주(條條爲主)의 경제체계에 대신할 수 있는 횡적 연계체제를 구축할 수 없었다. 반대로 지역 위주(塊塊爲主)의 폐쇄적 경제체제는 중앙집권의 부문별 장벽과 마찬가지로 경제의 자연적인 성장을 파괴하였다. 더구나 毛澤東은 1958년과 1970년 두 차례의 하방시 정치적 통제를 강조함으로서 더욱 그러했다.

제4장 개혁개방 이후 중국의 중앙과 지방관계
: 분권화 중의 포괄적 집중

제1절 서언

개혁개방 이전 毛澤東시대 중국의 모순은 생산관계의 측면, 즉 계급간의 경제적 불평등에 있다고 보고 국가의 당면목표를 계급투쟁에 두었다. 그리고 계급간의 불평등을 해소하는 관리방법에 있어 소유제에 있어서는 '공유제'의 원칙, 운영에 있어서는 '계획체제'를 고수했다. 따라서 비록 정치적 필요성 및 환경변화에 따라 권력을 하방하여 지방을 활성화하려 했지만 그것은 제한된 개혁에 불과했고, 결국 경제의 저발전과 절대적 빈곤을 가져와 중국을 비참한 가난의 수렁에 빠지게 했다. 毛澤東 사후 정권을 장악한 鄧小平은 중국의 모순은 계급의 불평등이 아닌, 생산력의 저발전(절대 빈곤)으로 진단하고, 국가의 발전목표를 '계급투쟁'에서 '경제건설'을 통한 사회주의현대화로 바꾸게 된다. 즉 경제건설을 위해서는 (사회주의)시장경제로의 개혁이 불가피했다. 따라서 이 목표를 실현하기 위해서는 필연적으로 '생산력 발전'에 부적절한 생산관계 및 상부구조(관리방식)의 변화와 개혁도 함께 요청되었다. 중앙과 지방관계의 조정은 관리방식 개혁의 핵심과제로 제기되었다.

1978년 12월, 당 11대3중전회는 중국경제체제에 내재한 폐단과 개혁의 방향을 다음과 같이 제기함으로써 중앙과 지방정부의 관계의 전환을 촉구하였다. 즉 중국경제체제가 처한 가장 심각한 문제는 생산력의 저발전과 권력이 과도하게 중앙에 집중되어 있는 것이라 보고, 개혁의 초점을 중앙에 고도로 집중된 권력을 하부단위로 이양(放權讓利)하는 데 맞추었다(김정계, 1997: 228).

鄧小平은 1978년 11대3중전회에서 행한 「사상해방, 실사구시, 일치단결하여 앞을 향해 보자」는 연설에서 다음과 같이 주장했다. "현재 우리나라 경제관리체제의 가장 큰 결함은 권력이 과도하게 집중되어 있는 것이다. 따라서 이에 대한 계획을 세워 과감하게 중앙에 집중된 권력을 하방하여야 하며, 국가의 통일적 지도하에 있는 지방과 농공기업에 더 많은 경영관리의 자주권을 주어야한다. 그렇지 않으면 국가·지방·기업 그리고 노동자들의 적극성을 충분하게 발휘하게 할 수 없으며, 이렇게 되면 현대화된 경제관리와 노동생산율의 제고에 불리하다."(『鄧小平文選』(1975-1982), 1983: 135). 鄧小平의 이러한 지도사상에 근거하여 중국공산당 13전대회는 다음과 같은 점을 천명했다.

　　"지나친 권력집중현상은 행정경계문화조직 및 군중단체의 권력이 당의 영도기관에 지나치게 집중되는 현상을 노정케 했을 뿐만 아니라, 기층조직의 권력이 상급 지도기관에 지나치게 집중되는 현상을 노정했다. 지도기관은 한편으로 자신들이 관리해서는 아니 될 일, 잘 관리할 수 없는 일 등을 관리함으로써 사무주의의 늪에 빠져 버렸으며, 다른 한편으로는 기층조직의 자주권을 상실시켜 인민대중의 적극성을 충분히 발휘할 수 없게 하였다. 이러한 폐단을 극복하기 위한 효과적인 방법은 권력을 하방하는 것이다. 이 점은 농촌개혁에서 증명되었다. 따라서 기타 여러 부문에서도 계속 실시해 가야한다."

권력하방의 내용은 크게 두 가지로 나눌 수 있다. 첫째는 중앙과 지방과의 관계를 조정하여 지방의 자주권을 강화시키는 것이다. 鄧小平의 주장에 의하면, 권력하방으로 중앙과 지방관계를 해결하는 것이며, 동시에 지방의 각급 기관도 더욱 더 하부기관으로 권력을 이양해야 한다는 것이다. 중국은 광활한 영토와 수많은 인구를 보유하고 있다.

지방정부 가운데 어떤 省은 유럽의 한 국가만큼 크다. 따라서 이처럼 광활한 성급 지방정부 역시 권력을 하부단위로 하방하여야 한다. 중앙이 권력을 하방하여 하급기관에 대한 간섭을 적게 하면, 지방의 자율성은 증대되어 현지의 사정을 잘 감안하여 발전을 가속화시킬 수 있게 된다. 그렇다고 해서 중앙이 지방을 통제할 수 없을 정도로 권력을 하방하거나, 지방이 중앙으로부터 완전히 독립해서도 안 된다. 중앙의 효율적인 통제와 지방의 적극성을 해치지 않는 범위 내에서 권력하방이 이루어져야 한다(陳志良楊耕, 1992: 339).

둘째는 권력을 기층조직, 특히 기업에 이양해 주는 것이다. 이에 대해 鄧小平은 "현재 가장 절박한 문제는 기업과 生産隊의 자주권을 확대하여 모든 기업과 생산대들이 능동적으로 창의성을 발휘할 수 있게 하는 것이다. 하나의 생산대에게 경영의 자율권이 주어진다면 그들은 잠도 자지 않고 온갖 아이디어를 동원하여 토지와 자원을 활용하려고 할 것이다. 전국 수십만 개의 기업과 수백만 개의 생산대가 모두 이렇게 된다면 얼마나 많은 富를 증대시킬 수 있겠는가"(『鄧小平文選』(1975-1982), 1983: 135-136)라고 하여 권력분산의 효율성을 강조하였다.

요컨대, 권력하방에 대한 鄧小平의 구상은 중앙에 지나치게 집중된 권력을 지방과 기업에 위양(放權讓利)하여 그들에게 자율권을 줌으로써 그들의 적극성과 효율성을 제고시키고자 한 것이었다. 이러한 분권화 개혁의 추진과정을 보면 다음과 같다.[1]

---

1) 肖灼基(1992: 144-146) 및 김홍수(1998)의 연구가 중국개혁기 시대 구분에 참고가 되었다.

제2절 분권화 및 시장화 개혁의 발전과정[2]

1. 제1단계 : 분권화의 시험단계(1978. 12-1984. 10)

1978년 12월 당 11대3중전회를 분수령으로 완전히 정권을 장악한 鄧小平은 중국이 처한 현실에 착안하여 사회주의현대화-개혁개방을 정책기조로 삼는다. 정책 방향은 毛澤東시대의 경직되고 이념지향적인 사회 시스템을 보다 유연하면서도 생산력 제고에 유리한 사회 전반적인 사회시스템을 구축하는 데 모아졌다.

11대3중전회는 사회주의현대화를 실현시키기 위해서는 필연적으로 '생산력 발전'에 부적절한 생산관계 및 상부구조, 관리방식의 변화와 개혁이 요청된다고 하고, 중국경제체제에 내재한 폐단과 개혁의 방향을 제기함으로써 정부기능(주로 경제관리기능)의 전환을 촉구했다(劉國光 1993: 463- 464). 11대3중전회는 구체적으로 다음과 같이 중국경제체제에 내재한 폐단과 개혁의 방향을 제시했다.

첫째, 중국경제관리체제의 가장 큰 폐단은 권력의 과도집중이라고 보고, 국가의 통일적 지도하에 있는 지방과 기업에 대한 더 많은 자주적 경영관리권을 부여하고, 각급 경제관련 부처를 대대적으로 감축(精簡)하여 그 권한을 기업에게 하방할 것을 촉구.

둘째, 경제적 규율에 따라 업무를 처리함으로써 노동자의 적극성을 고무시킬 것.

셋째, 당의 일원적 영도하의 '以黨代政', '以黨代企'현상을 신중히 해결하고, 分級·分工·分人 책임제를 실시하여 관리기관과 관리자의 권한과 책임을 강화할 것.

---

2) 본 절은 김정계, "전환기 중국 정부경제관리체계의 개혁," 『지방정부연구』 창간호(1997 겨울), pp.225-240의 일부임.

넷째, 회의와 공문을 줄여 작업능률을 제고하고, 평가, 상벌, 승진제도 등의 도입으로 중앙, 지방, 기업과 노동자 개인의 주도성, 적극성과 창의성을 충분히 발휘토록 할 것.

1979년 4월, 이상의 3중전회 정신을 관철하기 위하여 중앙공작회의에서 '조정, 개혁, 정돈, 향상'의 '八字 방침'을 결정했다. 이 방침에 따라 다음과 같이 체제개혁에 대한 원칙과 방향을 더욱 명확히 했다(吳國衡, 1994: 94-96).

첫째, 계획경제를 주로 하고 동시에 시장조절의 보조작용을 중시.

둘째, 기업의 자주권 확대, 노동에 따른 분배 실시(按勞分配).

셋째, '통일영도, 분급관리'의 원칙에 따라 중앙과 지방의 권한을 명확히 하고, 전국적인 정책과 법령의 제정 공포권, 대형건설 프로젝트와 같은 전국적인 중점기업은 중앙이 집중 관리하고, 그 밖의 세부적인 결정은 지방에 관리권을 더 많이 위임할 것.

넷째, 행정관리기구를 감축하고, 행정적 수단에 의한 관리가 아닌 경제적 수단에 의한 관리를 할 것을 촉구.

또 1982년 당 12대가 '계획경제를 主로 하고 시장경제를 보조로 하는 원칙'을 체제개혁의 목표로 확정했다. 그럼으로써 사회주의경제와 시장제도의 不相容이라는 사회주의경제의 전통적 관념을 깨고, 체제개혁의 방향을 더욱 확실히 하였다(김정계, 1994: 184-185).

이상과 같은 당 노선의 전환에 따라 먼저, 경제체제개혁에 착수한다. 정책의 중점을 농촌의 경제개혁에 두고, 보수를 생산에 연계시키는 농가책임생산제의 정착을 목표로 삼았다. 왜냐하면 종전의 중국농촌의 경제구조는 인민공사체제(政社合一)였으며, 정부의 지도에 의한 집체소유제, 획일적인 경영방식, 평등주의적 분배제도 등을 기본으로 하고 있어 이러한 장애물은 인구의 절대다수인 농민군중과 농촌경제조직의 생산의욕을 감퇴시키는 직접적인 원인이었기 때문이다. 개혁의 내용은 생산대대에 대한 경영자주권 부여, 농촌경제의 다양한 경영 및 정사합일체인 인민공사의 해체 등을 통한 경영자주권 확대, '전면 청부제'(聯産承包責任制)의 건립을 통해 분배상의 평등주의적 폐해를 제거하고 농민의 직극성을 유발하는 것 등이었다. 도시지역에도 기업의 개혁을 시험적으로 실시하기 시작했다. 1979년 국가계획위원회와 재정부 등 6개 부처는 수도강철공사·天津자전거공장·上海디젤엔진공장 등 8개 기업을 자주권 확대모델로 선정하여 개혁을 실험하였다.

이와 동시에 초보적이긴 하지만 정부관리체제의 개혁도 추진하게 된다. 정치체제개혁의 초점은 주로 중앙의 계획에 따른 지령과 행정수단에 의존했던 경직된 통제체제를 보다 효과적인 조정기제, 특히 경제적 수단에 의한 조정기제–시장기제를 통해서 생산력을 발전시키는 체제로의 전환에 맞추었다. 따라서 정부의 경제운용방법은 점차 직접적인 규제방식에서 간접적인 조정방식으로 전환되어갔다. 정부의 경제운용에 관한 책무는 거시적 목표와 방침을 정하는 데 있었고, 여타 기능은 국가의 통일적 계획 하에 하부기관이나 기업에 위임하여 경영의 자주권과 생산에 대한 의욕을 제고시키는 데 역점을 두었다.

이에 따라 정부 간 관계 및 관리체제–당정간의 관계에도 개혁이 이루어졌다. 먼저, 중앙과 지방관계에 있어서 지방의 자율성 제고를 위해 1979년 7월 제5기 전인대 2차회의에서는 「지방인민대표대회와 지방인민정부조직법」과 「지방인민대표대회와 지방인민정부선거법」을 제정하여 직접선거의 범위를 鄕 수준에서 鎭 수준으로 확대하는 등 지방의 자율권을 법으로 보장해주었으며, 상당 정도의 간부 임면권도 지방으로 하방해 주었다. 그리고 1980년 2월 11대5중전회에서 과도한 집중의 폐해를 막기 위하여 당의 집단영도체제를 강조하고, 1인 독재와 1인 숭배를 반대하는 준칙(「당내 정치생활에 관한 약간의 준칙」)을 통과시켰으며, 1982년 개정 헌법은 '黨政分離'와 '黨企分離'의 원칙을 관철시키기 위하여 각급 정부의 '行政首長責任制'와 기업의 생산과 경영에 대한 '공장장 책임제'를 명문화하였다(吳國衡 1994: 127-128). 또 1980년 8월 18일 당 중앙정치국 확대회의에서 鄧小平은 「당과 국가의 영도체제에 대한 개혁」이라는 연설을 통해 권한의 과도한 집중과 겸직을 비판하고 당과 정부 간의 간부겸직을 금지하는 제안을 했다(『鄧小平文選』第二卷, 1994: 320-343).

한편 재정면에 있어서도 1980년에는 종래의 '統收統支'원칙의 중앙과 지방 재정관계를 '劃分收支分級包干'제도로 전환하였다. 이는 지방정부가 자체의 재정을 축적할 수 있는 근거를 마련해 준 것이다. 1979년 8월에는 廣東省과 福建省에 대외경제에 대한 자율권을 보장하고, 深圳, 珠海, 汕頭, 廈門 등지에 경제특구 설치를 결정하였다. 지역개발전략도 종래의 '均富論'(평균적 발전전략)에서 '先富論'(불균형적 발전전략)으로 전환하게 되었다(제6장에서 재론).

그리고 1982년, 문혁 종결 후 극도로 팽창되었던 행정기구도 과감하게 감축(精簡) 하였다.3) 무혁 종결 후 정부기구가 팽창된 이유는 경제건설을 가속화하기 위하여 문혁기간 파괴되었던 중앙정부기구를 재건하고, 문혁 受害者로 실직상태에 있던 老幹部들을 복권시켜 爲人設官하였기 때문이다. 따라서 정부기구 수는 건국 이래 최고조에 달하고 인력도 범람하였으며, 간부들은 노화하여 행정효율은 저하되었다. 1981년 말 국무원의 총 기구는 모두 100개에 달했다.4)

鄧小平은 이러한 방대한 정부기구와 조직으로는 생산력의 발전이 불가능하다고 보고, 1982년 전격적으로 정부개혁을 단행하였다. 국무원의 기구(부위, 직속기구, 판공기구) 수는 100개에서 61개로 줄어들었다. 이 중 정부경제관리 부문은 31부·10위원회·25개 직속기구(총 66개)에서 24부·5위원회·10개 직속기구(총 39개)로 감축되었다. 部내의 司·局級 행정기구도 180개에서 112개로 줄었다(김정계, 1997:

---

3) 정간의 목적은 기구의 비대, 복잡한 계층구조, 위인설관(爲人設官), 기능의 중첩 등을 지양하여 업무의질과 효율을 제고 시켜 4개현대화의 건설과 경제체제개혁을 효율적으로 추진하는 데 있었다(張云倫 1988: 61-62). 기구의 경우 국무원 산하 부·위원회와 직속기구 및 판공기구 총 100개를 60개로 통폐합하였다(蘇向喬, 1993: 73-82).

4) 그중 부·위는 52개, 직속기구는 43개, 판공기구는 5개였다. 1977년-1981년 5월까지 무려 48개 업무부문이 복구 내지 증설되었다(吳佩綸, 1993: 82-83).

228-229). 국무원의 인원은 5만1천 명에서 3만9천 명으로 줄어 25% 감축되었다. 변화가 가장 컸던 것은 部·局級 지도급 正·副職 간부 수를 줄인 것이다. 부총리 수는 13인에서 2인으로, 부장·부부장은 117명에서 27명으로 77% 줄었다. 그리고 正副 司·局長은 51%, 즉 617명에서 304명으로 줄었다. 장·차관의 평균연령은 64세에서 58세로 낮춰졌으며, 司·局級 간부의 평균연령은 59세에서 53세로 줄었다. 간부들의 교육수준도 현저히 높아졌다. 部級 지도간부의 대졸 점유율은 31%에서 48%로, 司·局級 지도간부는 32%에서 45%로 증가하였다(吳佩綸, 1993: 87; 烏杰, 1998: 139-140; 김정계·안성수, 2001: 42-43).

지방의 경우 문혁 때 급조한 지방의 각급 혁명위원회를 각급 지방 인민정부로 복구하였으며, 행정단위의 중간계층구조를 축소하기 위해 地區와 市를 합병하고 '市 관할 縣(市管縣)체제를 넓혀 갔다. 농촌의 경우 '政社合一'체인 인민공사를 해체하고 鄕정부를 설치하여 '政社分離' 정책을 견지해 나갔다. 중앙-省級(성, 직할시, 자치구)-縣級-鄕級 4 급 행정체제가 형성되었다. 중국은 인민공사 해체 후 1984년 전국에 8만 4,340여 개의 鄕과 82만 2,000여 개의 촌민위원회가 건립되었다. 그 결과, 농촌경제에 평등주의적 분배제도의 결함을 제거하고, 기업의 경영자주권을 확대해 나가는 기초적인 여건을 조성하였다.

전반적으로 볼 때 이 시기 중앙과 지방의 관계는 경제적으로 농촌 부문의 분권화 개혁에 치중했고, 상당한 성과도 거두었다. 농업생산력의 향상을 위해 중앙의 집권성은 毛澤東시대에 비해서 상당히 약화된 반면, 지방정부의 자율성은 점진적으로 보장되고 있었다. 하지만 정치적인 면에 있어서의 지방에 대한 권력이양은 극히 초보적이고, 제한적인 수준에서 이루어지기 시작했다.

2. 제2단계 : 분권화의 확산 단계(1984. 10-1989)

농촌중심의 경제개혁이 어느 정도 성공하자 鄧小平은 과감하게 개혁의 속도와 범위를 확산시키기에 이른다. 개혁의 중점은 경제적으로는 농촌에서의 청부생산제의 성공을 근거로 도시 공업체계에 전면적으로 확산하려는 데 두었고, 정치적으로는 사회주의 상품경제에 걸맞는 정치체제의 개혁까지 요구한 것이다. 전자의 경우 12대3중전회의 결정을 통해 천명되었고, 후자의 경우 당 13대 이후에 본격화되었다.

1984년 10월 20일, 당 12대3중전회는 「경제체제개혁에 관한 중공 중앙위원회의 결정」을 통해 중국의 사회주의경제는 '공유제에 기초한 계획적 상품경제'(사회주의 상품경제)이며 모든 경제활동은 가치규율에 기초하여 운용되어야 한다는 사실을 천명했다. 이를 언론에서는 중국식 사회주의(有中國特色的社會主義)라 불렀다.

12대3중전회의 「결정」은 이론적으로 첫째 계획경제와 상품경제가 상호 모순된다는 사회주의경제의 전통적 관념에 대한 첫 돌파로 이것은 12大 정신('계획경제를 主로 하고 시장경제를 보조로 하는 원칙')을 진일보시킨 관념이다. 종전에는 계획경제와 상품경제가 상호 배타적이라고 보았다. 그러나 위 「결정」에서는 사회주의계획경제는 '공유제의 기초 위에 있는 계획적 상품경제'라 하고, 계획경제의 실시와 상품경제의 발전은 상호 배타적인 것이 아닌 통일적인 것이며, 그들이 배타적이라는 것은 착오라고 지적했다.

둘째, 계획경제가 바로 '지령성 계획'라는 등식을 부정하고, '지령성 계획과 '지도성 계획'이 모두 계획경제체제의 구체적 형식이라 보았다. 위 「결정」은 과거 국가의 기업에 대한 맹목적인 지령에 의해 조장된 역기능(과도한 통제와 관료주의 등)을 제거하기 위하여 점차적으로 지령성 계획을 줄이고 지도성 계획을 확대해 나가야 한다고 했다. 민생과 전체 국민경제에 영향을 미치는 주요 경제활동에 대해서는 지령성 계획을 실시하되, 기타 대량생산품과 경제활동에 대해서는 지도성 계획 또는 완전 시장기제에 의해 조정되어야 한다고 했다.

셋째, 소유권과 경영권의 분리를 부정한 전통체제에 대한 돌파였다. 전통적 관념은 전민소유제기업의 소유권과 경영권은 불가분할적이며, 국유기업은 국가가 직접 경영하는 것을 원칙으로 하였다. 하지만 위 결정은 "마르크스주의 이론과 사회주의의 실천에 근거하면 소유권과 경영권은 적당히 분리할 수 있는 것이다. 사회적 수요는 아주 복잡하기 때문에 어떠한 국가기구도 이러한 수요를 완전히 숙지하고 신속히 대응할 수는 없다. 만약 각종 전민소유제 기업을 모두 국가가 직접 지도하고 경영한다면 관료주의와 독단주의가 만연되어 기업은 활력을 상실할 것이다. 과거 국가가 기업에 지나치게 관여하게 된 중요한 원인은 전민소유를 국가가 직접 경영하는 기업과 혼동했기 때문이었다." 이상의 논지는 전통적인 마르크스주의 정치경제학에 대한 하나의 획기적인 돌파로 소유와 경영권의 분리 불가론을 뒤엎은 것이다.

다음 동「결정」은 사회주의제도가 우월성을 갖고 있으나 그 진가를 발휘하지 못한 주요 원인은 생산력 발전의 요청에 부응한 상부구조의 경직화 때문이라 보고, "경제체제의 개혁은 사회주의제도를 견지한다는 전제 하에 생산관계와 상부구조 중 생산력 발전에 부적합한 일련의 연계 고리(관리제도 등)를 개혁하는 것"이라고 했다.

개혁의 중심 고리는 도시 공업부문 기업의 활력을 증강시키는 데 두었으며, 개혁은 미시경제체제로부터 거시관리체제로 발전시켰다(肖灼基 1993: 145). 따라서 이 시기 정부 경제조정관리 체제개혁의 요체는 첫째 정기분리(政企分開)로 기업의 자주권 확대, 둘째 가격 메커니즘을 통한 거시적인 조정기능 중시, 셋째 다양한 경영과 책임생산제의 확대 및 노동에 따른 분배(按勞分配)제도의 실시로 직원들의 능동성과 창의성을 제고시키는 것이었다.

따라서 정부의 기능을 과거보다 축소하고, 정부와 기업의 관계에 있어서 정부의 경제관리기능을 다음 사항에 한정해야 할 것을 촉구했다. 경제 및 사회발전 전략 · 계획과 방침 · 정책의 수립 · 자원개방 · 기술개조와 개발의 방안 수립, 지역·부문·기업 간의 발전계획과 경제관계의 조정, 중점건설 특히 에너지·교통과 원자재 공업의 건설 배치, 경제정보의 취합·전파·경제조정수단의 운영, 경제법규의 제정·집행의 감독, 규정에 의한 간부 임면, 대외경제기술교류와 협력에 대한 관리 등에 국한했다. 「결정」은 금후 정부와 기업의 관계에 있어서 각급 정부부문은 원칙상 직접 기업을 경영관리하지 못하도록 하여 행정수단에 의한 기업관리를 지양하는 방향으로 정부기능을 전환시켜 나갔다. 소수 부득이한 경우도 정부경제부문은 '簡政放權'의 정신에 따라 권력집중에 따른 폐해를 줄이고 기업과 기층의 자주경영과 활력을 증강시키도록 했다(吳國衡, 1994: 150-152).

나아가 1987년 10월에 개최된 당 13대에서 趙紫陽은 「중국만의 특색 있는 사회주의의 길을 따라 전진하자」라는 보고를 통하여 '사회주의 초급단계론'을 천명하고, 사회주의상품경제를 발전시키기 위한 기능적 메커니즘으로서 '국가는 시장을 조정하고 시장은 기업을 유도하는 것임'을 구체적으로 제기하여 시장경제체제로의 전환을 진일보시켰다(吳國衡, 1994: 171-181). 또 1989년 13대5중전회에서는 경제체제개혁의 목표가 계획경제와 시장조절이 상호 결합된 신체제를 건립하는데 있음을 밝혔다. 따라서 정부경제관리체제는 이러한 사회주의상품경제의 발전이라는 새로운 수요에 따라 개혁이 이루어 졌다.

위 「보고」는 사회주의 초급단계, 특히 현 시점은 장기적으로 만성화된 경직된 체제가 생산력의 발전을 심각하게 속박하고 있기 때문에 개혁은 사회주의 생산관계와 생산력 발전에 부응하지 못하는 상부구조의 전면적인 개혁을 견지할 것을 촉구했다. 그리하여 경제체제개혁의 경우 반드시 기업경영메커니즘을 전환의 중심 고리로 하여 단계적으로 계획·투자·물자·재정·금융·무역 등의 체계를 동시에 개혁하여 계획적 상품경제체제의 기본 틀을 형성해 가야한다고 했다.

또 「보고」는 정치체제개혁-정부의 조정관리체계의 개혁이 수반되지 않는 경제체제개혁은 성공할 수 없다고 하고 중국이 당면한 정치체제의 폐해로는 권력의 과다 집중·심각한 관료주의·봉건주의 잔재의 미청산 등이라 했다. 정치체제개혁은 바로 이러한 폐해를 제거하고 중국만의 특색 있는 사회주의 민주정치제도를 건설하는 것이라 했다. 정치개혁의 장기적 목표로는 '고도민주', '법제완비', '부유효율', '활력이 충만한 사회주의 정치제도'를 건설하는 것이며, 단기적 목표는 효율성을 제고하고 활력을 증강시키며 다각적으로 적극성을 적출할 수 있는 지도체제를 구축하는 것이라고 했다. 그리고 구체적인 개혁의 내용으로는 당정분리 실시, 권력하방의 발전적 추진, 정부기구의 개혁, 간부인사제도의 개혁 등을 제시하였다.

당정관계의 경우, '黨政分離'의 원칙에 의거 당 중앙, 각 성·자치구·직할시 및 縣의 지도기구에 개혁이 추진되었다. 원래 26개의 당 중앙 직속기구와 사업단위가 23개로 감소되었다. 당의 공작부문과 행정부문을 엄격히 구분하여 정부부문 고유 업무는 정부 유관부처에 넘겨주었다. 당 중앙과 국무원 기능부문이 중첩된 조직인 영도소조와 辦事機構를 폐지하였으며, 각 성·자치구·직할시 그리고 몇몇 縣에도 이와 같이 구체적인 조직유형과 공작방법을 개혁했다. 黨委와 정부의 업무가 중첩된 부문은 당위의 내부기구를 조정하여, 본래 정부 관할 업무라면 정부기구로 이관해주었다(吳國衡, 1994: 190-191). 기업 역시 黨政企분리의 원칙을 실시하게 되었다. 1988년 공포된 「중화인민공화국 전민소유제 공업기업법」은 공장장을 기업의 법정대표로 한 사장책임제의 생산경영체계를 내용으로 한 입법이다. 본 법의 공포로 사장경영책임제가 전국적으로 보급되어 기업생산의 발전을 촉진하였다.

정부관리체제의 개혁은 기능전환·권력하방·기구조정·인원정간·정부의 기업에 대한 간여 감소·거시조정기능의 강화를 주요 임무로 하였다(張成福, 1993: 128-129). 따라서 경제관리기구의 개혁은 과거 精簡→팽창→재정간→재팽창의 전철을 탈피해 국가기능전환-政企分離의 요청에 따라 전문관리부문과 종합부문 내의 전문기구를 통폐합하여 정부의 기업에 대한 직접관리를 간접관리위주로 그 기능을 전환시켜 나가는 데 초점을 두었다. 이것이 1982년 정부기구개혁과 다른 점이다. 나아가 기구배치의 과학성과 종합성에 착안, 정책자문과 조정·감독·감사·정보부문을 강화하여 정부의 거시경제조정통제능력을 제고시키는데 역점을 두었다.

개혁결과(1988년), 정부기구는 72개에서 68개로 감축되었고, 그 가운데 부·위원회가 45개에서 41개로, 직속기구가 22개에서 19개로 감축되었다. 辦事機構는 4개에서 7개로 증가되었으며, 1개의 판공청은 그대로 두었다. 그 외에 부·위원회에서 관리하는 국가국은 14개에서 15개로 증가된 반면에, 비상설기구는 82개에서 44개로 줄었다(中央機構編制委員會辦公室, 1995: 73-76). 이 중 경제관리기구는 4개 위원회와 21개 부로 조정 축소되고, 국민경제와 사회발전을 종합관리하는 새로운 거시조정관리기구(종전의 미시 및 업종관리와는 다른)로서의 국가계획위원회(국가경제위원회와 합병)가 탄생하였다. 공무인원은 개혁전의 5만 2,000명에서 3만 9,000명으로 18% 감축되었다. 중앙정부의 직속기구와 사업단위수도 26개에서 22개로 줄었다. 1988년 개혁의 또 다른 성과는 黨政分離의 원칙에 따라 공산당의 소속기구에 대한 개혁을 통하여 정부부문과 중복되는 기구를 폐지하고, 상응한 기능을 행정부에 넘긴 것이다. 중앙외국인재도입소조, 중앙농촌정책연구실 등 5개의 기구를 폐지하고 중앙정책연구실을 신설하였다. 국무원 직속기구와 주요 국유기업, 사업단위 간부의 관리권을 국무원 인사부에, 당 중앙통전부의 민족사무와 종교사무를 각각 국무원 국가민족사무위원회와 국무원 종교국에 이양하였다.

그러나 기구개혁을 시작한 지 얼마 안 되어 '천안문사태' 등 정치적 이유로 1989년부터 중국경제가 '治理整頓' 시기에 들어가서 정부기능의 전환이 완결되지 못하고, 省級 이하 지방정부의 기구개혁은 계획대로 진행되지 못했다. 다수의 정부부처에서 사상관념과 관리방법 면에서 과거의 행정명령과 직접관리의 전통에 익숙하여 기득권을 내놓지 않았기에 정부기능의 변화는 매우 느렸고, 관리방식은 근본적인 변화를 가져오지 못했다. 그리하여 기구가 비대하고 인원이 팽창하는 현상이 또다시 발생했다.

여하간 이 시기는 분권화 개혁이 영역별로 확산되고, 시간적으로 가속화된 단계다. 부문별로는 농업(농촌)부문에서 공업(도시)부문으로 개혁의 범위가 확산되었고, 경제적 영역에서 정치적 영역까지 개혁의 필요성을 제기한 시기다. 따라서 개혁의 성과 이상으로 부작용과 저항도 많았다. 사회주의체제와 시장화 및 정치적 민주의 접목이 결코 용이하지 않음을 증명해 주는 사건이 바로 1989년 '6·4천안문사태'다.

3. 제3단계: 제한된 집권화로(1989-1992. 10): '治理整頓'

1989년 '6·4천안문사태'는 중국 개혁정책의 한계를 한꺼번에 보여준 상징적인 사건이다. 그것은 또 개혁개방 이래 개혁의 범위와 속도에 대한 지도부의 대립과 갈등이 동시에 표출된 사건이다.

먼저, 10여 년간의 분권화 개혁을 통하여 많은 부작용이 야기되었다. 그것은 지방의 무분별한 중복투자와 경기과열→인플레 폭등→실질임금의 감소→체제에 대한 불만으로 이어지는 악순환 및 자원배분과 산업구조의 기형화, 지역 간 빈부 격차, 그리고 지역이기주의의 팽배 등이었다(분권화 개혁의 폐해에 대해서는 다음 장에서 상세히 설명하기로 함).

다음, 1988년에 들어 이상과 같은 부작용이 표면화되면서 그 해결에 대한 정치 지도부간의 견해 차이가 첨예하게 대립되었다. 이 시기 경제정책은 趙紫陽 총서기 중심의 개혁파가 주도하였다. 개혁파는 13대 정신에 따라 사회주의상품경제를 발전시키기 위한 기능적 메커니즘으로서 '국가는 시장을 조정하고 시장은 기업을 유도하는 것임'을 구체적으로 제기하여 보수파들의 반대에도 불구하고 오히려 도시의 경제개혁을 가속화하고 시장경제체제로의 전환을 급진전시켰다. 특히 趙紫

陽을 중심으로 한 급진개혁파는 시장경제적 요소의 도입을 통하여 정치적으로도 공산당 1당 독재를 수정·완화함으로써 경제적·정치적 개혁을 동시에 추진, 소위 고르바초프식 소련형의 개혁을 주창하게 된다. 그러나 이러한 개혁정책은 11대3중전회 이후 10여 년간 누증된 개혁의 부작용과 서로 상승작용을 하여 사회적 부조리 및 부패의 만연, 정치적 자유화와 민주화의 범람 등 여러 가지 정치, 사회적 문제를 유발하였다. 따라서 중국지도부는 1988년 9월 당 중앙공작회의를 소집하였다. 여기서 趙紫陽이 과거 몇 년간 견지해온 "경미한 인플레이션은 생산을 자극할 수 있다"는 주장은 신랄한 비판을 받았다.

이에 趙紫陽 등 실권을 장악하고 있던 개혁파는 현 단계에서 시장경제를 실행하고 상품경제를 발전시키고 여러 가지 형태의 경제방식(소유제)을 함께 취하고 있는 것은 '사회주의초급단계'의 수요에 부응하는 것으로 이를 자본주의 부활이라고 질책할 수 없다는 논리를 펴 '4항 기본원칙'을 견지하면서 시장경제와 상품경제를 발전시켜 나갈 것을 촉구하였다.5) 이는 당시 보수파가 사회주의 상품경제 및 시장경제화는 자본주의자유화 경향이라고 개혁파를 격렬하게 공격한 것에 대한 방어적 전략이기도 하였다. 그러나 1988년 13대3중전회에서 당 중앙은 보수파의 '경제안정'정책이 개혁파의 '개혁을 더욱 빠르게 심화시키자'는 주장을 압도하였다. 이 회의에서 보수파가 지배하고 있는 국무원(총리, 李鵬)이 제출한 "금후 5년 또는 비교적 장기간 물가상승을 통제해야 한다"는 건의를 받아들인다. 그리고 「가격·임금개혁의 초보방안」을 통과시키고, 「당 중앙의 기업의 사상정치공작 강화 개선에 대

---

5) 사회주의 초급단계이론은 두 가지 의미를 포함하고 있다. 하나는 중국은 이미 사회주의국가이므로 반드시 이를 견지하고 사회주의를 벗어날 수 없다는 것이다. 또 다른 하나는 중국은 아직 사회주의 초급단계에 처해 있으므로 반드시 현실적 상황에서 출발하여야 하지 이 단계를 뛰어 넘을 수 없다는 것이다. 즉 자본주의의 충분한 발전단계를 경유하지 않고 사회주의의 길로 간다는 것은 우경착오의 중요한 근원이 되며, 생산력의 거대한 발전 없이 사회주의 단계를 넘어간다는 것은 공상론으로 좌경착오의 근원으로 보았다(상세한 내용은 김정계, 2000a 제3장 제1절 참조).

한 통지」를 통과시키는 등 이른바 '治理整頓'으로 정책의 전환이 이루어졌다. 한편 趙紫陽은 이 회의에서 정치국을 대표하여 최근 몇 년간의 경제과열과 격렬한 인플레이션을 시인하고, 시기를 놓쳤음을 인정하였다. 이후 보수파의 趙紫陽에 대한 압력은 더욱 가중되었고, 마침내 趙紫陽으로 하여금 경제의 지도권을 내놓게 하였다. 원래 정치국 상무위원이 5개 전문소조를 분담했는데, 이 회의에서 원래 趙紫陽이 조장으로서 경제개혁을 지도하던 '중앙재경소조'를 폐지하기로 하였다. 따라서 趙紫陽의 조장직 역시 자동 폐기되고, 그의 경제개혁 영도지위 또한 자동적으로 해제되었다. 이로써 사실 경제개혁의 전부라 할 수 있는 가격과 임금에 관한 정책결정권이 개혁파(당)의 손에서 보수파(국무원, 李鵬)로 넘어갔다(김정계. 2000a: 101-102).

보수파의 개혁파에 대한 불만은 개혁개방에 대한 현실적 인식 차이뿐만 아니라, 鄧小平-胡耀邦-趙紫陽으로 연결되는 실권파에 대한 陳雲-李鵬으로 연결되는 국무원과 중앙고문위원 및 정책소외 그룹의 감정표출을 가져왔다. 급기야는 동구와 소련의 몰락과 더불어 체제위협론까지 대두되었다. 여기에 1989년 胡耀邦의 사망 및 이어서 폭발된 '6·4천안문사태'로 급진개혁파의 입지를 곤란케 하였으며, 그것은 趙紫陽 후계제제의 와해까지 가져왔다.

1989년 6월 23일 당 13대4중전회에서 趙紫陽의 모든 당직을 해제하는 동시에 '치리정돈'(개혁조정)의 방침을 공포한다. 1989년 11월 13대5중전회에서는 1989-1990년의 기간을 조정하여 1989년-1991년의 3년간 또는 그 이상으로 '치리정돈'의 기간을 연장하였다. 이 시기에 추진된 발전전략의 주요내용은 긴축정책, 자원배분 및 산업구조의 합리화 정책, 중앙재정 균형정책, 대외경제교류 구조 개선정책 등이다(대외경제정책연구원, 1994, 281-282). 따라서 다시 중앙정부 차원의 집권화 정책이 강화되기 시작했다. 하지만, 개혁정책을 폐기하지 않는 이상 이미 확보된 지방정부의 자율성은 쉽게 중앙정부로 회수될 수 없는 상황이었다. '治理整頓'기는 사상교육 강화 등을 통해 이데올로기적, 정치적으로는 집권화의 경향을 보였지만, 경제영역의 분권화, 즉 지방정부의 자율성은 그대로 잠복되어 있었다. 특히 개방이후 각 지방정부의 외국과의 경제적 연계는 이를 더욱 보증하고 있었다.

제3절 개혁개방 이후 중앙과 지방관계의 변화

이상과 같이 1978년 11대3중전회 이후 추진된 중국의 분권화 및 시장화 정책은 중앙과 지방의 정치, 경제 및 사회문화적 관계에 있어서 다음과 같은 많은 변화를 가져왔다(施九靑, 1993: 485-486).

1. 재정 및 경제관리체제의 분권화 개혁

국가 경제관리권의 지방 또는 기업으로의 이양(放權讓利)을 의미하는 경제의 분권화 정책은 재정, 계획, 투자, 금융, 대외무역 관리체제 등 여러 영역에서 추진되었다. 그중 재정부문의 분권화가 중앙과 지방간 권력관계 변화의 관건적 인소였다.

1) 재정관리체제의 분권화

개혁개방 이후 중국은 재정관리체제개혁을 '放權讓利' 개혁의 돌파구로 삼았다. 1980년 이후 중국은 '분권양리'의 기조위에 재정체제를 개혁하고, 중앙과 지방의 '청부제'를 실시했다. 이른바 재정청부제(財政包干制) 개혁은 모두 세 차례에 걸쳐 추진되었다.

첫 번째, 재정체제의 개혁은 1979년부터 江蘇, 四川 두 지역을 중심으로 시범적으로 실시되었다. 국무원은 1980년 2월, 그것에 기초하여 「劃分收支・分級包干 재정관리체제의 실시에 관한 임시규정」을 공포하였다. 특징은 종래의 '統收統支'로 상징되는 중앙집권적 체제6), 즉 전국이 '한솥밥 먹는'(一爐吃飯) 방식에서 '각각 다른 솥의 밥을 먹는'(分爐吃飯)7) 방식으로, 종적(條條)인 분배 위주에서 횡적(塊塊)인 분배 위주로, '매년 한 번 약정'(一年一定)에서 '한 번 약정하면 5년 불변'(一定五年不變)으로, '중앙이 재정총액을 중앙과 지방에 분배'(總額分成)하는 방법에서 '단위별로 수입상황에 따라 분배'(分類分成)하는 방법으로 바뀐 제도이다(宋新中, 1992: 48-49). 구체적으로 경제관리체제에 규정된 소속관계에 따라 중앙과 지방재정의 수지범위를 명확히 규정, 수입은 중앙재정수입・지방재정수입・중앙과 지방의 조정수입으로 구분하고, 동시에 조사된 지방 수지 기준에 근거하여 지역별 지방 고정수입 상납비율과 조정수입 상납비율, 정책보조액 등을 정하며, 지방은 상기 비율과 자금의 범위 내에서 자체적으로 수입과 지출액을 배정함으로서 재정의 균형을 기하도록 한 것이다. 그럼으로써 지방에 비교적 많은 재정자주권을 부여하고자 한 것이다.

상기 국무원의 규정에 따라 省級 지방에서 다음과 같은 4종류의 '分爐吃飯'식의 4가지 유형의 재정제도를 실시하였다. 이는 중국의 국토가 광활하기 때문에 지역의 다양성과 특수성을 고려한 조치라고 보겠다(林尚立, 1998: 319-320).

① 첫째 유형은 '수입・지출 구분 및 단위별 청부'(劃分收支, 分級包干)의 방식으로 四川, 陝西, 甘肅, 河南, 湖北, 湖南, 安徽, 江西, 山東,

---

6) 신중국 수립 이래 개혁개방 이전까지 중국의 재정관리체제는 정치적 목적과 경제적 상황의 변화에 따라 집권(수)과 분권(방)이 반복했지만, 근본적으로는 '통수통지' 체제를 벗어나지 못했다. 본서 제3장 참조
7) '分爐吃飯' 방식은 각 지방정부는 중앙과 계약에 의해 해당지역에서 징수한 재정수입(세수) 중 일정(계약)분만 중앙에 납부하고, 나머지는 지방재정으로 남겨 지방자체의 지출로 충당하는 제도.

山西, 河北, 遼寧, 黑龍江,吉林, 浙江省 등 15개 성에 실시하였다(分類分成). '割分收支'는 예속관계에 따라서 중앙과 지방의 수입과 지출의 범위를 명확히 구분하는 것이고, '分級包干'은 구분된 수입과 지출의 범위에 따라서 1979년도 수입액을 기준치(基數)로 계산(청부)하는 것이었다. 지방수입이 지출을 초과하는 경우 초과분 중 일정 비율을 상납하고(固定收入比例分成), 수입이 지출보다 적은 경우 부족분은 중앙이 거둔 工商稅의 일정 비율을 '조정수입'으로 지방에 돌리도록(調劑收入分成) 하였다. 공상세를 전액 지방에 돌려주어도 여전히 지출이 수입을 초과하는 일부지역에서는 중앙(재정)이 일정액의 보조금을 지급하도록 하고, 이와 같은 방법으로 분배비율과 보조금 지급액이 결정되면 5년간 바꾸지 않고 계속한다는 것을 원칙으로 한 제도다.

② '수입·지출을 구분하고 일정액을 상급기관에 납부'(割分收支, 定額上交)하는 방식으로 廣東, 福建 2개 省에서 실시한 비교적 융통성 있는 특혜정책이다(定額包干). 일명 '전면 청부제'(大包干)였다. 이 방식은 1979년 廣東의 매년 납부액을 10억元으로 정하고, 福建省에는 '割分收支, 定額補助'의 방법을 실시하여 매년 1.5억元을 보조하였다. 이 방법의 공통적인 특징은 책임범위가 넓고, 지방에 대한 우대가 많다는 점이다.

③ 상납·유보비율을 확정한 후 4년간 바꾸지 않는 '고정비율청부제'(固定比例包干 또는 分成) 방법으로 1977년 이래 江蘇省에서 계속 실시되었다. 1980년의 경우 상납비율은 61%, 유보비율은 39%였다.

④ 內蒙古, 新疆, 西藏, 寧夏, 廣西 5개 소수민족자치구와 雲南, 靑海, 貴州 등 소수민족이 비교적 많이 살고 있는 3개 省에 대해서는 민족자치재정제도를 채택하여 특별보조정책을 실시했다. 즉, 종래의 특수 優惠政策의 기초 위에서 두 가지 점을 개선하였다. 첫째 상기 지역에서 '割分收支, 分級包干'의 방법을 채택하며, 둘째 지방수입의 증가분을 전부 지방에 넘겨주고, 중앙의 민족자치지구에 대한 보조금액을 매년 10%정도 증가시켜 준 것이다.

상술한 4가지 방법의 공통된 경향은 구체적인 재정구분에 있어서 중앙은 지방의 실정을 비교적 많이 배려해 주었으며 지방에 대해 비교적 많은 재정상의 탄력성을 부여한 것이다.

⑤ 당시 재정수입액이 비교적 큰 天津, 上海, 北京 3개 대도시에서는 재정의 상대적 안정을 보장하기 위하여 새로운 재정체제를 실시하지 않았으며, 여전히 '一爐吃飯', '總額分配, 一年一定'의 방법에 의해 운영되었다. 그러다가 아래에 재론하는 바와 같이 1985년에 와서 제2차 개혁(利改稅의 본격적 도입) 방안에 근거하여 새로운 재정체제가 보편화 되자 비로소 재정 청부제가 전국적으로 확산되었다.

두 번째로, 제2차 개혁은 1985년 시작되었다. 1985년 3월 국무원이 「割分稅種 核定收支 分級包干의 재정관리체제 실행에 관한 규정」을 공포함으로써 실시된 재정체제개혁이었다. 이는 중앙수입과 지방수입, 그리고 중앙과 지방공유수입(稅種)을 구분하여 중앙과 지방의 책임을 명확히 함으로써 국세와 지방세의 초보적인 구분을 시도한 개혁이다. 收入分成比例・上交나 補助 액수는 각 지역의 재정수지 기준의 상황을 보고 결정하였다. 이러한 중앙과 지방 수입의 구분은 중앙과 지방의 고정 재정수입의 몫은 컸으나 중앙과 지방 공유수입의 몫은 적었다. 국무원 규정에 따라 재정지출 산출의 방법도 다음의 다섯 종류로 구분했다. ① '總額分成' 방법, ② '定額上解' 방법-黑龍江省에만 실시, ③ '定額補助' 방법-주로 吉林・江西・陝西・甘肅 4개 성에 실시, 이후에 湖北・四川省까지 확대, ④ 민족자치구 재정체제-현행 定額補助額을 기준으로 5년간 매년 10%씩 증액, ⑤ 기존 '定額包干' 방법-廣東・福建 2개 성.

이상 '割分稅種' 방식은 이론적으로는 중앙과 지방의 권한과 책임을 명백히 함으로써 국가의 재정관리를 합리화하고 지방의 세수증대 의욕을 고취시킨다는 취지에서 비롯된 것이었다. 하지만, 지방정부의 세수증대를 위한 맹목적이고 중복적인 투자 내지 기업에 대한 간섭 등 부작용을 초래했다. 특히 수입의 분급화와는 달리 '統支'국면의 존속으로 중앙의 재정적자가 누적되고, 중앙의 보조금을 받는 지방의 경우는 중앙에의 의존도가 더욱 심화되는 현상을 초래 했다. 이상 두 차례에 걸친 재정체제 개혁(1980-1987)은 기본적으로 '定額上納'에 바탕을 둔 것이었다.

세 번째로, 1988년 제3차 재정체제개혁이 추진(1988-1993)되었다. 1986년 이래 중앙재정의 적자 확대와 비중저하로 중앙과 지방의 마찰이 심화됨에 따라 중앙과 지방간의 재정관계를 합리적으로 정비하기 위해 추진된 정책으로 그 본질은 여전히 '分爐吃飯'에 바탕을 둔 것이었다. 이것은 당시 국영기업에서 실시되고 있던 경영청부 개념('上解額遞增包干')을 재정제도에 도입한 것이었다. 원래 정한 재정체제의 기초 위에서 각 지역의 경제발전 수준, 상이한 경제상황에 근거하여 전면적으로 재정청부제 방법을 추진, 각 성·자치구·직할시와 計劃單列市에 대하여 '收入遞增包干', '總額分成', '總額分成加增長分成', '上解遞增包干', 定額上解', '定額補助' 등 여섯 종류의 청부 방식을 분할하여 실시했다.

이상 3차에 걸친 재정청부제 개혁의 공통점은 다음과 같다(王韶光, 1997: 104; 汪玉凱, 1998: 52-54).

첫째 수지획분. 기본적으로 정부재정의 수입원을 3개 부류로 나누었다. 중앙수입·지방수입 및 중앙과 지방 공유수입으로 나누고, 지방정부의 급에 따라 지출의 책임이 달랐다.

둘째, 기준치(基數). 수입과 지출의 기준치는 일반적으로 각 지방이 신 재정체제 실시 1년 전의 수지에 의거해 결정하였다.

셋째, 收入분배. 각 省은 지방수입의 일부를 유보하여 지방비용에 사용할 수 있었다.

넷째, 1대 1의 담판. 기준치를 확정하는 통용 방법이 없었기 때문에 청부계약(분배방법, 유보 비율 등)은 지방정부가 중앙정부와의 협상을 통해 해결하였다. 따라서 지방정부는 중앙정부와의 담판과정을 통해 일정한 권력을 획득하였고, 각 지방은 중앙과의 흥정(討價還價)에 따라 각기 다른 財稅관계가 확립되었다.

다섯째, 세수관리. 稅權이 중앙에 고도로 집중되어 있는 반면, 징세기구는 거의 전부 지방에 위양되었다. 즉, 중앙세와 지방세를 포함한 모든 세종의 등급과 세율을 중앙에서 결정하고, 몇몇 극소수의 세종을 제외한 거의 모든 세종의 징수는 지방정부가 관장했다.

이상과 같은 재정청부제 개혁 이후 객관적으로 볼 때에는 지방정부는 상대적으로 독립된 경제(이익)주체가 되었다. ① '分爐吃飯'을 통해 지방과 중앙의 이익관계가 명확해지고, 지방은 스스로 명확한 이익을 가지게 되었다. ② 지방정부는 비교적 큰 정책 공간과 정책결정권을 가지게 되었다. 특히 지방소속의 재력·물력과 인력자원을 자율적으로 관리할 수 있게 되었다. ③ 지방정부는 지방경제발전을 촉진하는 중요한 역할을 하게 되었다(胡鞍鋼, 1999: 135-146). 요컨대, 각 지역의 재정능력과 경제상황에 따라 상이한 방식으로 실시된 재정청부제는 지방재정수입의 증대를 가져와 지역경제 발전에 지대한 영향을 미쳤다. 하지만 재정자금의 배분에 있어서 중앙과 지방의 비율이 역전되고 예산외자금 증대 등으로 인하여 중앙의 지방에 대한 재정적 통제기능을 크게 약화시키게 되었다. 재정청부제 실시에 따른 여러 가지 부작용에 대해서는 다음 장에서 재론하기로 한다.

2) 경제관리체제의 분권화

경제체제개혁 중 중앙이 지방에 위양한 위와 같은 재정권은 경제관리권과 상호 연계되는 것으로 재정권의 확대는 필연적으로 경제관리권의 확대를 초래하며, 동시에 경제관리권의 확대 역시 재정권의 확대를 가져왔다.[8]

---

8) 경제의 분권화 개혁 내용은 林尙立(1998: 305-306), 謝慶奎(1998: 66-72), 楊宏山(2004: 232-235), 朴月羅(1997: 17-24) 등의 연구를 참조했다.

(1) 경제계획체제의 분권화

개혁개방 이후 중앙정부는 경제발전의 목표, 경제성장률, 구조조정 등의 거시경제정책만을 주관하고, 미시경제 부문은 경제적·법률적 및 행정적 수단을 통하여 여러 경제주체가 국가의 거시경제정책에 부합되는 방향으로 행동하도록 유도하는 방향으로 개혁의 초점을 맞추었다. 종래 중앙에 집중되었던 권한을 분산시켜 자율적인 경제활동을 할 수 있는 경제주체를 창출하는 것이 개혁의 궁극적인 목표다. 이와 같은 목표 아래 추진되고 있는 구체적인 개혁조치로서는 생산부문에서 지령성계획이 대폭 축소되었고, 유통부문에서도 국가가 통일적으로 분배하는 물자가 차지하는 비중이 급격히 감소되었다.

1980년대를 통해 공업생산면에서 국가계획위원회가 관리하는 지령성계획에 따른 제품(統配物資)은 1984년의 123종류에서 1988년에는 50종류로 줄었고, 국무원 각 전문부처의 계획제품(部管物資)은 1,900종류에서 380종류로 감소되었다. 공업생산품 유통면에 있어서도 전국의 공업생산품 중 계획적 분배물자가 차지하는 비율이 격감했다. 철강재료의 경우 1980년의 76.9%에서 1990년의 49.2%로 하강했으며, 5종의 유색 금속류는 1980년 66.6%에서 1990년 36.3%로, 목재는 1980년 80.9%에서 1990년 22.9%, 시멘트의 경우 1980년 36.96%에서 1990년 12.6%로 줄어들었다(吳國衡, 1994: 187).

가격결정에 있어서도 지령성 가격을 줄이고, 시장에 의해 가격이 결정되는 체제로 개혁해 갔다. 1988년의 경우 국가지정가격과 시장가격의 비율은 반반(50%) 정도였다. 하지만 1990년 이후 전체 생산품가격 총액 중 국가 지정(지령성)가격 액의 비율은 25%로 줄어 든 반면, 지도성 가격 및 시장가격의 점유율은 75%로 증가하였다. 농산품의 경우 지령성 가격은 25%, 국가지도성 가격은 25%, 시장가격은 45%를 점하였다(吳國衡, 1994: 188).

(2) 투자관리체제의 분권화

개혁개방 이전 중국의 투자관리체제는 일반적으로 중앙의 직접관리 하에 있었다. 즉, 에너지, 교통, 수송, 통신부문 등에 대한 공공투자와 기간건설부문에 대한 투자는 사회주의계획경제의 핵심적 경제행위로 보고 국가가 직접 관리하였다. 그러나 경제체제개혁의 심화와 더불어 더 이상 중앙정부의 재정으로만 기본건설투자 및 그것과 관련되는 경제활동을 전담하기가 어려워졌다.

그리하여 투자관리체제에 있어서도 지방정부의 투자 결정권을 다음과 같이 크게 두 가지 방향으로 확대해 갔다.

첫째, 1988년부터 장기적인 건설투자 항목 중에서 전국적인 성격의 것은 중앙정부가, 지방적인 성격의 중점 公司와 일반 公司는 지방정부가 담당하는 방식으로 중점건설 항목에 대한 지방정부의 책임을 강화시켰다. 이러한 조치는 종래 재정지출(撥款)로 충당해온 기본건설투자 자금의 조달을 은행대출(貸款) 방식으로 전환시킨 이른바 '撥改貸'개혁에 기초한 것이었다.

둘째, 국유기업의 생산능력 확대 혹은 공정효율 향상을 위한 신규건설 및 확장공사를 위한 투자와 같은 국가의 기본건설투자와 국유기업의 기계·설비의 기술개조를 위한 투자 등 고정자산투자항목에 대한 조사 및 심사허가권을 지방정부에 이양하였다. 이에 따라 모든 비생산성 건설항목에 대한 심사허가권은 원칙적으로 각 省·市에 위임하였다. 1981년 국무원은 기본건설계획의 심사허가권을 하방, 원래 중앙에 집중되어 있던 기본건설계획의 심사허가권을 중앙과 성·시·자치구에 분산하였다. 신규 또는 확장 건설하는 대·중형 프로젝트는 국가계획위원회에서 심사허가하고, 총투자액 1억 원 이상의 프로젝트는 국무원의 비준을 거치도록 하는 한편, 소형 프로젝트는 각 소관 부처와 성·시·자치구 계획위원회가 국가가 정한 투자액의 한도 내에서 심사 결정하도록 했다(謝慶奎, 1998: 69). 이와 함께 경제특구, 연해개방도시를 중심으로 외국인투자에 대한 지방정부의 심사허가권도 단계적으로 확대시켜나갔다. 투자에 대한 심사허가권의 확대와 함께 지방정부는 지방은행의 투자자금 대출에도 큰 영향력을 행사하게 되었으며, 예산외 수입 등 자체적인 자금조달을 통한 지방의 경제건설에 적극 참여하게 되었다.

(3) 금융관리체제의 분권화

금융부문에서도 종래 중국인민은행이 화폐발행과 금융업무를 총괄하던 획일체제가 폐지되고, 중국인민은행은 중앙은행으로서 그 기능을 특화하는 한편, 산업 및 기능별로 다양한 금융기관을 설립했다. 무엇보다도 기존 금융부문의 개혁조치 가운데 지방정부의 권한 확대에 직접적인 영향을 미친 것은 자금관리권한의 분권화다. 개혁 이전의 은행 대출자금 관리방식은 각급 은행이 받아들인 예금을 전액 본점에서 집중관리하고, 대출 시에도 본점이 통일적으로 배분하는 중앙집권적 자금공급체제였다. 본점이 각 지방 지점의 예금과 대출을 통제하는 이른바 '統存統貸' 방식이었던 것이다. 이것이 1980년부터 上海 등지에서 본점과 지점 간의 '예금·대출차액 청부제'를 실시함에 따라 지방에 있는 지점의 자금관리권이 상대적으로 확대되었다. 예컨대, 北京의 본점이 지방 지점의 연간 예금액과 대출액을 사정하여 지점으로 하여금 일정한 예금·대출차액을 청부케 하는 제도였다. 이러한 조치가 은행의 예금유치 의욕을 고취시키는 데 기여한 것은 사실이었다. 그러나 국가의 대출자금 관리 면에서는 여전히 중앙의 본점에서 지방의 지점으로 하달되는 지표에 의한 수직적인 통제관리방식(統存統貸)이었다.

이에 1984년 말 두 번째 개혁을 단행, 대출자금의 수직적인 분배관리방식이 수평적인 분배관리방식으로 바뀌게 되었다. 즉 지방에 있는 각 전문은행 지점의 1983년 말 현재 예금·대출차액을 기준치로 정하고, 1985년부터 기준치를 초과하는 예금액에 대해서는 전액 지점에 유보하여 지점의 대출자금으로 사용할 수 있게 하였다. 이와 함께 1984년부터는 중국인민은행이 정식으로 중국의 중앙은행으로 승격됨에 따라 각 지방의 인민은행 지점이 그 지방에 있는 진문은행 지점의 대출을 일괄 관리하게 되었다. 중앙의 각 전문은행 본점이 지방 지점의 예금대출을 통제하는 '統存統貸' 방식으로부터 지방의 지점에 의한 예금·대출차액청부 방식으로 바뀌고, 다시 국가의 은행 대출자금 관리방식도 본점에서 지점으로의 수직적 관리에서 지방의 인민은행 지점에 의한 수평적(지방별) 관리체제로 전환된 것이다.

이상과 같은 개혁조치들은 지방정부가 금융기관의 의사결정에 영향력을 행사할 수 있는 제도적 환경을 조성함으로써 지방정부의 자율적인 자금관리권을 크게 증대시키는 결과를 가져왔다.

(4) 대외무역관리체제의 분권화

1979년 이후 중국은 개혁 이전 시기의 국가독점적인 무역체제를 지양하고 대외무역에 관한 책임과 권한을 지방과 기업에 대폭 위양하였다. 이에 따라 대외무역경영권의 위양, 대외무역권을 갖는 公司의 형태 및 경영권한의 다양화, 무역방식의 다양화 등이 이루어졌다. 구체적으로는 1979년부터 省·시·자치구 등 지방정부와 공업부처에 부분적인 무역자주권이 허용됨과 동시에 석유, 석탄 등 일부 상품을 제외한 모든 상품에 대한 수출입 권한이 단계적으로 지방 및 관련부처로 이관되었다. 1988년에는 대외무역기구 지사(分公司)에 대한 경영권과 대다수 수출입상품에 대한 관리권한이 지방으로 이관되었다.

또한 대외무역에 있어서 경영청부제(실질적으로는 수출청부를 의미)를 전면적으로 실시하였고, 이와 함께 기업의 외환유보비율을 더욱 높이고 유보외환에 대한 사용제한을 폐지하여 자주적 사용이 가능하도록 하였다. 수출청부제(1987년 시험적으로 실시)는 지방이 청부한 外貨上納액 이상의 초과 수입분은 지방과 수출기업이 유보하고, 수출과정에서 생긴 일정금액 이상의 적자에 대해서는 지방이 책임지는 제도이다. 외환유보제도는 수출청부제가 실시되기 훨씬 이전인 1980년 12월 「中國外換管理暫定條例」에 규정한 바에 따라 국내기구의 외환유보를 인정한다고 명시함으로써 공식 채택되었다. 지방정부에 대한 수출청부제가 도입되면서부터는 계획을 초과하여 수출한 부분에 대해서는 우대 유보율이 적용되었다. 이와 같은 외환 유보제와 수출청부제는 지방정부 및 기업의 외화 유보액 증가와 그에 따른 수입능력의 증대를 가져왔고, 상대적으로 중앙정부의 외화보유고는 크게 감소되었다.

(5) 기업관리체제의 분권화

개혁 초기, 중앙과 지방관계의 조정은 주로 중앙정부와 지방정부 간의 경제영역의 행정관리에 있어서의 허가권을 조정하는 데 초점을 맞춘 것이었으며, 정부와 기업 간의 조정은 아니었다. 중앙정부의 권력하방은 중앙정부의 권한이 직접 기층 및 기업에 하방된 것이 아니라, 중앙의 권한이 지방정부에 하방되어 지방정부가 중앙정부를 대신해서 기업을 관리하는 방식이었다.

공업기업에 대한 계획통제를 볼 때 1983년 중앙정부가 장악한 공업 생산액은 30-35%를 차지했으나 省級 및 省級 이하 정부에서 직접 혹은 간접으로 통제하는 공업생산액은 65-70%를 차지했다(朴實·吳敬璉. 1988: 138). 1985년 전국 공기업 40만 개 중 중앙이 관리하는 기업은 1%에 불과했고, 일부 개체기업을 제외한 여타 기업은 지방정부에서 관리 통제했다. 전자공업부는 산하 기업의 98.8%에 해당하는 170개 기업을 지방에 하방하고, 기계·방직·야금·화학공업부 등 중앙 부처도 소속 기업의 대부분을 지방에 그 관리권을 하방하였다.

하지만 이러한 권력하방은 중앙정부에 대신해서 지방정부의 권력만 강화 시키는 것이 되고, 기업은 경영의 자주권이 없었다. 정부의 기업에 대한 放權(政企分開)에 주의를 기울이기 시작한 것은 12대3중전회 이후다. 1984년 당 12대3중전회는 도시지역에서의 경제개혁을 강조하면서 정부와 기업의 관계에 대하여 금후 각급 정부부문은 원칙상 직접 기업을 경영관리하지 말 것을 촉구하고, 부득이한 경우도 정부경제 부문은 簡政放權의 정신에 따라 권력집중에 따른 폐해를 줄이고 기업과 기층의 자주경영과 활력을 증강시키도록 했다(吳國衡, 1994: 150-152).

1984년 이후 국무원은 13개 문건(97조 규정)을 하달, 기층과 기업에 생산계획, 생산품 판매·가격, 자금 사용, 노무인사, 보수 등의 결정에 관한 자율권을 보장해 주었다. 당 13대에 이어 1988년 4월 13일 제7기 전인대 1차 회의에서는 「중화인민공화국 전민소유제 공업기업법」을 통과시켜 중국공산당은 기업의 기층조직에 당과 국가의 방침·정책을 관철시키는 감독기능을 한다고 규정하는 한편, 기업은 공장장(사장) 경영청부제를 실시하며 공장장(廠長)은 기업의 대표라고 규정했다. 이로써 기업은 공장장 책임 하에 생산경영관리체제를 운영하게 되고 공장장은 기업경영의 중심적 위치에 서게 되었다.

이상은 1979년에 실시한 기업이윤 유보제, 1983-1984년 실시한 '利改稅'(국영기업에 대하여 종래에 취했던 利潤 상납제도에서 法人稅를 징수하는 제도로 바꾸는 것), 1987년 실시한 '기업청부제'(企業承包制), 1990년대 이래 추진하기 시작한 주식제도의 개혁 및 현대기업제도의 건립 등과 연계되어 기업경영의 자주권을 가일층 확대시킬 수 있었다(楊宏山, 2004: 232). 1979년 기업이윤유보제를 실시하기 시작, 1980년에 6월에는 전국적으로 6,600개 기업에 확산되었고, 그것의 생산액은 국영기업 생산액의 60%에 달했다(周小川·楊之剛, 1992: 7). 1983년 및 1984년 2차에 걸쳐 추진한 利改稅 실시로 기업이 세금 납부 후 남는 이익이 증가되었다. 1987년 중앙은 재정수입의 안정을 위해 대대적으로 기업청부제를 도입, 소득세에서 전체 세금에 이르기까지 收入遞增 방식의 도급제를 실시했다. 1987년 말 전국 국영기업 중 청부기업이 차지하는 비율은 78%, 대중형 기업은 80%에 달했다(趙曉斌·關榮佳, 1994: 147). 공장장책임제는 「기업법」 공포 실시 후에 전국적으로 보편화되었다.

3) 지역의 특성에 따른 경제자율권 확대

개혁개방 이후 중국은 균형적인 국토개발전략에서 불균형적인 발전전략(先富論)으로 전환, 지역의 특수성을 고려하여 지방특구를 설치하고 경제적 자주권을 부여하자, 수혜지역 지방정부의 역량이 강화되었다.

첫째, 개방 연해도시와 연해경제구역에 경제특구와 경제기술개발구를 설치하여 당해 지방정부 또는 구역에 일정한 범위의 경제특권을 주었다. 1979년부터 중앙정부는 深圳·珠海·汕頭·廈門·海南 등 5개 경제특구를 설치하고, 14개 연해 항구도시를 개방하였으며, 13개 경제기술개발구를 건립하고 珠江삼각주·長江삼각주·山東반도 등 연해구역을 개방했다. 廣東·福建 등 2개 省에게는 대외경제활동에 있어 비교적 많은 자주권을 주었으며, 20여개의 내륙 도시를 개방했다. 1990년 중앙은 上海의 浦東을 개발, 개방하여 浦東경제개발구를 건설했다. 이상 특수지역에 대해서는 자주적인 경제관리권과 특혜를 주어 외국으로부터 자본과 기술 및 인재 도입을 용이하게 했다.

다음, 단열시를 건립하여 경제관리권의 특혜를 부여했다. 1983년 이후 중앙은 重慶·武漢·瀋陽·大連·哈爾濱·西安·廣州·靑島·寧波·廈門·深圳·南京·成都·長春 등 14개 대·중도시를 計劃單列市로 지정하였다. 이들 도시들에게는 省級 정부에 해당하는 경제관리권을 부여하였다(楊宏山, 2004: 233-234). 단열시에 대해서는 다음 절에서 재론하기로 한다.

2. 정치체제의 분권화 개혁

당 12기전당대회 이후 가속화된 경제체제개혁을 정치체제개혁이 따라주지 못하자 정치개혁에 대한 요구가 강력히 제기되었고, 1987년의 당 13대에서는 정치체제의 개혁방안이 공식화되기에 이른다. 13대에 제출된 정치체제 개혁방안의 주요 내용은 당정분리, 권력하방, 정부기구 개혁, 간부인사제도 개혁, 사회주의 민주정치제도 완비 및 사회주의 법제건설 등이었다(김정계·정차근, 1995: 382). 개혁기에 추진한 정치 개혁의 주요 내용을 요약하면 다음과 같다.

1) 黨政分離와 首長책임제

鄧小平은 권력의 과도한 집중은 중국정치가 건강하고 순조로이 발전할 수 없게 하는 주요 원인이라고 보았다. 그래서 전면적인 개혁의 추진과 함께 권력의 과도한 집중은 당장 해결해야 할 문제점이라고 하고, 그것은 당의 '일원화 영도'의 지나친 강조에서 비롯되었다고 했다. 1980년 8월 18일 鄧小平은 당 정치국 확대회의에서 「당과 국가영도제도의 개혁」이라는 연설을 통해 금후 해결해야 할 시급한 문제는 바로 '黨政不分', '以黨代政'이라 했다. 이어 1982년 9월 6일 당 12대에서 통과된 이른바 「12大 黨章」은 "당은 반드시 국가의 입법·사법·행정기관, 경제·문화조직과 인민단체가 적극적이고 주동적으로 독립하여 책임성 있게 일치 협조하여 업무를 수행하도록 보증해 주어야 한다"고 제의했다. 이는 鄧小平의 정치국확대회의 연설을 구체화한 조치였다. 등소평의 지적과 12대 당장에 따라 당정분리가 제도화 되어갔다. 그 하나는 '당정교차겸직'을 개혁하는 것이고, 다른 하나는 1982년 헌법에서 '수장책임제'를 명문화 한 것이다.

1980년 이후 당정분리의 원칙에 따라 당 중앙·각 省·자치구·직할시 및 縣의 영도기구에 개혁이 이루어졌다. 당 중앙 직속 공작기구와 사업단위는 26개에서 개혁 후 23개로 조정하였으며, 당의 공작부문(당무)과 행정부문의 직책을 명확히 구분하고(당정분리), 정부부문이 맡아야 할 업무는 정부 유관부처로 넘겨주었다. 과거처럼 당과 국무원의 업무부문이 중첩된 영도소조와 판사기구는 폐지하였다. 각 省·자치구·직할시 및 縣도 구체적인 조직형식과 업무방식에 개혁이 추진되었다. 당위원회(당위)와 정부 쌍방의 작업내용과 성질에 있어 중첩되는(重疊對口) 부문을 폐지하고 당위 내부기구를 조정하여 본래 정부관리에 속하는 업무는 정부기구의 관리로 넘겨주었다. 동시에 省級 당위 제1서기 혹은 서기가 지방정부의 수장직을 겸직하지 못하도록 했다. 당위가 정부업무를 총괄하던 과거의 행태에서 벗어나 중요문제는 당위가 결정하되, 구체적 업무는 행정부문에서 처리하는 방향으로 바뀌었다. 이는 省級 지방정부 이외, 市·縣 등에도 확산되었다(吳國衡, 1994: 190).

나아가 1982년 헌법은 각급 정부는 '행정수장 책임제'를 실시한다고 규정하고, 국무원은 총리책임제를 실시하며, 지방 각급 인민정부에서는 省長, 市長, 縣長, 區長, 鄕長, 鎭長책임제를 실시함을 규정하였다.9) 이러한 '당정교차겸직금지'와 '수장책임제'는 종래 당의 지도에 의한 피동적인 행정집행보다는 더욱 능동적인 책임행정을 구현할 수 있게 되어 행정의 효율을 제고 시키는 데 도움이 되었다.

1982년 11월 전인대 제5기제5차 회의에서 통과된 헌법은 "일체의 국가기관과 무장역량·각 당정과 사회단체·각 기업 사업단위 등 조직은 모두 반드시 헌법을 활동의 근본적인 준칙으로 삼아야 하고, 헌법의 존엄성을 지킬 책임이 있으며, 어떠한 조직이나 개인도 헌법과 법률을 초월한 특권을 가지지 못한다."고 규정했다. 「12대 당장」은 "당은 반드시 헌법과 법률의 범위 내에서 활동해야 한다."고 규정했다. 따라서 당이라 할지라도 헌법과 법률의 범위 내에서 지방을 규제할 수 있게 되어 지방의 자율성은 그만큼 제고된 것이다.

---

9) 유의할 것은 총리책임제란 표면상으로는 내각책임제의 의미와 비슷한 감을 주지만 실제적으로는 그것과 구별된다. 왜냐하면 중국정치권력의 내부에는 서구의 내각책임제와 같은 내각총사퇴나 국회해산, 즉 전인대의 해산은 있을 수 없기 때문이다(김정계·정차근, 1995: 171).

2) 지방정부 행정관리권의 확대

1982년 헌법 제3조에 따르면 "중앙과 지방 국가기구의 직권의 획분은 중앙의 통일적 지도하에 지방의 주동성과 적극성을 충분히 발휘토록 하는 원칙을 준수"하도록 규정하고 있다. 1982년 헌법은 국무원의 직권을 규정하고, 중앙과 省級 국가행정기관의 직권을 구분하여 규정하고 있다. 개혁개방 이전의 헌법, 즉 1954년 헌법, 1975년 헌법, 1978년 헌법에는 이러한 규정이 없었다. 현행 헌법에 의하면, 지방 각급 인민정부는 비록 국무원의 통일적 지도는 받지만, 다음과 같은 직권을 행사한다(『중화인민공화국헌법』 제107-110조).

① 縣級 이상의 지방 각급 인민정부는 법률에 정한 권한에 따라 당해 행정구역내의 경제·교육·과학·문화·위생·체육사업·도시농촌의 건설사업 및 재정·민정·공안·민족사무·사법·행정·감찰·가족계획 등의 행정업무를 관리하고 결정과 명령을 공포하며 행정인원의 임면·연수·고과·상벌을 실시한다.

② 鄕·民族鄕·鎭의 인민정부는 동급 인대의 결의와 상급 국가행정기관의 결정명령을 집행하고 당해 행정구역내의 행정업무를 관리한다.

③ 省·직할시의 인민정부는 鄕·民族鄕·鎭의 설치 및 구역구분을 결정한다.

④ 縣級 이상의 지방각급 인민정부는 산하 각 업무부서 및 하급 인민정부의 업무를 지도하고 산하 업무부서 및 하급 인민정부의 부적당한 결정을 변경 또는 취소할 권한을 가진다.

⑤ 縣級 이상의 지방 각급 인민정부는 심계기관을 설치한다. 지방의 각급 심계기관은 법률의 규정에 의하여 독립하여 심계감독권을 행사하고 동급 인민정부와 차상급 심계기관에 대하여 책임을 진다.

이상 헌법규정에 근거하여 수정 통과된 「중화인민공화국 지방 각급 인민대표대회와 각급 인민정부조직법」은 국가 각급 행정기관(縣級 이상과 鄕, 民族鄕, 鎭을 포함)의 직권을 더욱 상세히 규정하고 있다(제 59조-61조).

물론 1982년 헌법상의 중앙과 지방의 행정권 획분이 다소 모호하고 중첩된 부분도 적지 않지만 이는 각 지방의 사회경제적 상황의 불균형성, 부존자원과 발전조건의 차이 등에 기초하여 지방정부가 각각 자신의 특성에 맞는 행정관리를 함으로써 지방의 특색을 살리고 적극성을 유도할 수 있도록 한 조치다.

3) 입법권의 분권화와 직접선거 범위 확대

정치제도적인 측면에서도 부분적이긴 하지만 지방정부의 입법권과 대표의 직접선거권을 법적으로 보장해 줌으로써 지방의 자율권이 증대되었다. 개혁개방 이전 중국은 오직 중앙 1급 정부만이 입법기능이 있었고, 각 급 국가 및 행정기관은 입법권을 갖지 못했다. 1982년 개정 「헌법」은 "省·자치구·직할시의 인민대표대회 및 그 상임위원회는 헌법, 법률 및 행정법규에 저촉되지 않는 범위 내에서 지방 법규를 제정할 수 있으며, 전국인민대표대회 상무위원회에 보고한다"(헌법 제100조)고 규정했다.

개정된 「지방 각급 인민대표대회와 지방 각급 인민정부조직법」 역시 "省級 인민정부는 규칙을 제정할 수 있다"고 규정하였다. 그리고 "省級 인민정부 소재의 市와 국무원의 승인을 받은 비교적 큰 市의 인민대표대회 및 그 상무위원회는 지방법규를 제정할 수 있고, 省級 인민정부 소재의 市와 국무원의 승인을 받은 비교적 큰 市의 인민정부는 규칙을 제정할 수 있다"고 규정하였다. 따라서 이는 지방정부의 권력(자율권)을 강화시키는 제도적 기틀이 되었다. 이는 과거 입법권이라 하면 모두 중앙이 독점하였던 것을 중앙과 지방이 공유하게 된 것으로 성·자치구·직할시의 권력이 확대된 것을 의미한다. 실제로 1979-1991년에 걸쳐 각 지방에서 외자유치 및 부동산 거래와 관련하여 상당한 수의 자치법규가 입법화되었으며, 총 2,483건 중 약 25%에 달하는 611건이 경제관련 입법이었다(國家計劃委員會政策硏究室, 1994: 53-54).

직접선거의 범위도 과거 鄕수준에서 縣·區를 두고 있지 않는 市·市관할 區·鎭 수준으로 상향시키고, 差額選擧에 의해 대표 후보(候選人)를 선출할 수 있게 바꾸었다. 그럼으로써 지방 인대가 상급 기관보다 주민들의 입장을 우선 고려하게 되었고, 동시에 기층 정부의 자율권도 크게 신장되었다. 1982년과 1986년 두 차례의 개정을 통해 차액 및 직접 선거제를 縣級 인민대표대회까지 확대하였다.

4) 간부 인사관리체제의 분권화

개혁개방 이후 간부의 인사관리체제에도 분권화가 추진되었다. 1984년 8월 간부관리권이 당 중앙으로부터 하급기관에 대폭 위양됨으로써 본격화되었다. 1984년 7월 당 중앙조직부는 「중공중앙 간부관리 간부 직무 명칭 수정에 관한 통지」를 공포, 과거 각급이 2개 계층의 하급기관의 간부를 관리하도록 한 규정에서 하나의 하급기관의 간부만 관리하도록 바꾸었다.

중국에서 인사관리의 대원칙은 당이 간부를 관리하는 것이다. 헌법상으로는 각급 인민대표대회가 동급 정부의 구성원에 대한 임면권을 보유하고 있으나, 정부기관, 군중단체, 그리고 일부 기업이나 사업단체에 이르기까지 중요 간부의 추천, 관리는 모두 당위원회의 권한에 속한다. 정부에도 인사부문이 있으나 그 간부는 당위원회 조직부문의 통제와 감독 하에 있다. 군대 간부는 군 내부 당무를 관장하는 총정치부가 관리하며, 언론·문화교육계 간부는 당 선전부가, 그리고 민주당파 및 종교계 간부의 인사배치는 당 통일전선공작부가 관리하는 식이다.

개혁 이전에는 당 중앙이 중앙부처에서 지방의 廳級의 간부에 이르기까지 모든 중견간부를 관리했으나, 1984년 이후부터는 당 중앙조직부가 관리하는 간부는 당 중앙기관과 국가기관의 部級 간부, 지방에서는 省級 간부, 그리고 일부 중앙 직속기업·전문단체의 長에 국한하고, 行署, 市, 州, 盟의 지도급 간부에 대한 관리권이 없어졌다. 그 결과 이전에 비해 중앙이 관리하는 간부의 숫자가 절반으로 줄어들었다 (『人民日報』, 1983. 7. 20).

한편 省級 지방의 당위원회가 관리하는 범위는 동급 당위원회와 정부기관의 廳級 간부, 하급지방에서는 地區級 간부, 그리고 일부 기업·사업단위의 책임자가 포함된다. 이로 인해 省정부의 재정국장이나 세무국장은 중앙부처의 수직적 지휘계통(條條)보다도 지방의 수평적 지휘계통(塊塊)에 더 구속받게 되었다. 즉 지방정부의 廳長은 중앙의 정책에 反하면서라도 省 당위원회 서기나 省長의 지시에 따르지 않을 수 없는 상황이 발생하게 되었다.

결국 인사권의 분권화는 자연히 지방간부들의 地域化(localization)를 촉진시켰는데, 전통적으로 중국은 지방정부 권력의 팽창을 막기 위해 인사상의 '回避制'를 실시했다. 즉, 省 당위 서기나 省長을 중앙이 일방적으로 타 지역 출신 인사로 충원했지만, 개혁 과정을 거치면서 그 지역출신 간부가 1981년 12월에는 43%, 1989년 6월에는 70%나 차지하게 되었다. 선거제도의 개혁이 그 주요 배경이다. 종래에는 중앙이 지방정부의 지도자를 모두 임면했으나, 개혁개방 이후 하급 지방정부의 지도부는 지방인민대표대회에서 선거된다. 상술한 바와 같이 종래의 선거제도가 대표정수와 후보자 수가 같은 '等額選擧制'에서 '差額選擧制'로 바뀜에 따라 선거가 실질적인 의미를 지니게 되고 지방정부의 지도자들은 지방인민대표대회에 책임을 지게 되었다. 지방인민대표대회제도의 착근과 함께 중앙의 인사권은 상대적으로 위축되었다. 그것은 차액선거가 중앙정부의 지방지도자에 대한 임면권을 제한하기 때문이다. 차액선거제 하의 후보는 대표 정수보다 많고, 공산당과 민주당파·각종 인민단체와 모든 선거인이 추천할 수 있으며, 후보의 정식 명단은 선거에 참여하는 선거민 또는 선거인 대표가 토론과 민주 협상 또는 예비선거 방법을 통하여 결정한다.

5) 민족자치기관과 一國兩制의 자치권 확대

(1) 민족자치기관의 분권화

민족구역자치는 신중국 건립 전후에 이미 실시되었다. 1947년 內蒙古자치구의 성립을 시작으로 1955년 新疆자치구, 1958년 廣西, 1958년 寧夏, 1965년 西藏자치구 등 5개의 소수민족 자치구가 건립되었고, 현재 30개 민족자치주와 116개 自治縣, 1,356개의 民族鄕이 있다. 하지만 개혁개방 이전의 기간 동안에는 실제적으로 진정한 의미에서의 민족구역 자치는 잘 이루어지지 않았다. 1982년 헌법과 1984년 공포한 「민족자치구역법」은 민족구역의 자치를 법적으로 보장하고 민족자치지방의 입법·재정·교육과학·문화보건 등에 있어 자치권을 보장하였다(朱國斌, 1997: 187-188).

중국은 漢族 외에 55개(비공식으로는 350개) 소수민족이 살고 있는 다민족국가이다. 한족에 비해 인구가 소수이기 때문에 소수민족이라 부르고 있으며, 그들은 한족에 동화되지 않고 원족계의 혈통과 풍속·언어 등을 그대로 간직하고 있다. 소수민족은 비록 전체인구의 6.7%인 6,720만에 불과하지만 이들은 전 중국 영토의 60%에 해당하는 16개의 자치구·성 등에 광범위하게 분포되어 있다. 이 한 가지 사실만으로도 그들이 중국정치에 차지하는 비중이 크겠지만 그들이 거주하는 지역은 다음과 같은 특징을 가지고 있어 그들의 위치는 더욱 중요성을 인정받고 있다(김정계·정차근, 1995: 182-184).

첫째, 소수민족이 거주하는 지역은 인접국가와의 국경지역의 90% 이상에 해당하는 지역이다. 따라서 이들 소수민족은 접경국가와 완충 내지 중계적 기능을 수행하고 있다. 예컨대 중소 국경 지역에 거주하는 만주족·몽고족·카자흐족·韓族(조선족), 중국과 라오스·캄보디아 및 베트남과의 국경지역인 廣西자치구·雲南·貴州省 등에 거주하는 壯族·苗族·彝族 및 布衣族 등, 그리고 中·印 국경분쟁 지역인 티베트(西藏)·四川·靑海 등의 영토에 거주하고 있는 티베트족(藏族) 및 중국과 북한과의 국경지역에 거주하고 있는 조선족 등의 역할이 그것이다.

둘째, 소수민족의 거주지역은 천연자원이 풍부하다. 그들이 거주하고 있는 지역은 비록 농업에는 부적합하지만, 전 국토 산림면적의 37%에 달하고 또 3억kw에 달하는 잠재적 수력발전자원을 보유하고 있을 뿐만 아니라, 석탄·석유·철금속 및 비철금속 등 풍부한 광물자원이 분포되어 있다. 특히 內蒙古 바얀 오본의 철광, 감숙성의 유멘, 新疆의 카라마이 유전 및 호탄지방의 비취, 雲南省의 대리석과 주석, 티베트의 붕소와 구리, 알타이지방의 금광 등이 유명하다.

이처럼 소수민족 거주지역의 전략적 중요성과 경제적 잠재력은 소수민족의 동질성을 저해하지 않고 그들의 생활수준을 제고시키려는 중국의 소수민족정책의 요체가 되고 있다. 따라서 이상과 같이 소수민족 거주지역의 특수성을 인정하여 이들에게 합법적인 권리와 이익을 보장하고, 지방분권적 자치권을 최대한 보증해 주기 위하여 민족자치기관의 설치운영을 헌법으로 보장하고 있다.

현재 민족자치지방의 자치기관은 지방각급 인대 및 인민정부와 마찬가지의 유형으로 자치구·자치주·자치현의 인대와 인민정부가 있다. 자치구·자치주·자치현의 인대에는 그 구역에서 자치를 행하고 있는 민족대표 외에도 당해 구역 내에 거주하는 기타 민족의 대표도 적당 수 포함시키고 있다. 그러나 자치구·자치주·자치현의 인대의 상무위원회 주석 및 부주석, 그리고 자치구 주석·자치주 州長·자치현 縣長은 구역자치를 실시하는 민족이 담당한다.

민족자치지방 자치기관의 권한은 지방 각급 인대 및 인민정부와 상응하나, 특히 민족의 특수성을 인정하여 헌법상 다음과 같은 자치권을 추가로 보장하고 있다(헌법 제3장 제5절).

① 자치구·자치주·자치현의 자치기관은 전술한(헌법 제3장 제5절 참조) 지방국가기관의 직권을 행사함과 동시에 헌법민족구역자치법 기타 법률에 정한 권한에 의하여 자치권을 행사하며, 당해 지방의 실제상황에 따라 국가의 법률·정책을 관철·집행한다.

② 민족자치지방의 인대는 현지 민족의 정치·경제·문화의 특성에 따라 자치조례와 특별조례를 제정할 권한을 가진다. 자치구의 자치조례와 특별조례는 전인대 상무위원회에 보고하여 승인을 받은 후 효력을 발생한다. 자치주·자치현의 자치조례와 특별조례는 성 또는 자치구의 인대 상무위원회에 보고하여 승인을 받은 후 효력을 발생하며, 또한 전인대 상무위원회에 보고하여 기록·보존하게 한다.

③ 민족자치지방의 자치기관은 지방재정을 관리하는 자치권을 가진다. 국가재정체제에 의하여 민족자치지방에 귀속되는 재정수입에 대해서는 모두 민족자치지방의 자치기관이 자주적으로 배정·사용한다.

④ 민족자치지방의 자치기관은 국가계획의 지도하에 자주적으로 지방의 경제건설계획을 계획·관리한다.

⑤ 민족자치지방의 자치기관은 자주적으로 당해 지방의 교육·과학·문화·위생·체육 사업을 관리하고, 민족의 문화유산을 보호·관리하며 민족문화를 발전·번영시킨다.

⑥ 민족자치지방의 자치기관은 국가의 군사제도와 현지의 실제적인 필요에 따라 국무원의 승인을 얻어 당해 지방의 사회치안을 유지하기 위한 공안부대를 조직할 수 있다.

⑦ 민족자치지방의 자치기관은 직무수행 시 당해 민족자치지방의 자치조례의 규정에 의하여 현지의 민족에 통용되고 있는 한 가지 또는 몇 가지 종류의 언어·문자를 사용할 수 있는 권리를 가진다.

(2) 특별행정구와 兩體制

개혁개방 이후 중국은 一國兩制를 채택, 당해 지역(행정구)에 자치권을 보장해 준다. 홍콩(香港)·마카오(澳門) 특별행정구는 一國兩制에 의해 성립된 특수지역으로 고도의 자치권을 보장받게 되었다. 1997년 7월 1일 중국은 영국으로부터 홍콩을, 1999년 12월 20일에는 마카오를 포르투갈로부터 돌려받았다. 중국은 이 두 지역에 특별행정구를 설치하고 중앙인민정부의 직할 하에 두었다. 중앙인민정부가 직접 관할하는 외교와 국방사무를 제외한 기타 정치·경제적 부문에 대해서는 이들 특별행정구에 고도의 자치권을 부여하고 있다(朱光磊, 2004: 427-429).

「中華人民共和國香港特別行政區基本法」에 의하면 홍콩특별행정구는 행정관리권을 향유하고, 본 법의 유관규정에 따라 특별행정구의 행정사무를 스스로 처리하며(제16조), 홍콩특별행정구는 입법권을 향유하며(제17조), 독립된 사법권과 終審權을 가진다(제19조)고 규정하고 있다. 또 홍콩특별행정구는 전국인민대표대회와 그 상무위원회 및 중앙인민정부가 부여한 기타 권력을 향유한다(제20조).[10]

---

10) 동 「기본법」은 1990년 4월 4일 제7기 전인대 제3차회의에서 통과되고, 1990년 4월 4일 「中華人民共和國主席令」 제26호로 공포되어 1997년 7월 1일부터 시행되었다. 그리고 「中華人民共和國澳門特別行政區基本法」1993년 3월 31일 제8기 전인대 제1차회의에서 통과되고 1993년 3월 31일 「中華人民共和國主席令」 제3호로 공포되어 1999년 12월 20일부터 시행하였다(http://www.gov.cn/test/2005-07/29).

제4절 지방정부와 지방정부 간의 관계 변화

1. 도시정부와 정부 간 관계의 변화

개혁개방 이후 중국은 도시경제발전 및 都農병행발전의 일환으로 '計劃單列市'의 건립과 '市管縣'의 개혁을 추진했다. 이는 국민경제의 관리를 行政區 관리 위주에서 도시 중심의 經濟區 관리 위주로 전환시키는 전략으로, 이 구상은 의도대로 목적이 달성되지는 못하였지만 도시정부가 국민경제관리 중에 차지하는 지위를 크게 제고시켰다. 計劃單列市의 건립과 "市管縣"의 개혁은 대·중형 도시의 위상을 제고시킴은 물론, 종적인 정부 간 관계에 큰 변화를 가져왔다(林尚立, 1998: 327-332).

첫째, 計劃單列市의 종적 정부 간 관계에 대한 영향. 전술한 바와 같이 計劃單列市는 1980년대 도시경제체제개혁의 시험과정 중에 형성된 것이다. 1984년 국무원은 重慶, 武漢, 沈陽, 大連, 廣州, 西安, 哈爾濱 7개 特大도시를 計劃單列市로 승격시키고, 1986년 이후에 또 靑島와 寧波, 廈門 등 3개 시에 計劃單列市 승격을 허가했다. 이 도시들에는 省級 경제관리권을 부여하였다. 計劃單列市의 설립목적 및 전략적 배치에는 두 가지 이유가 있었다. 하나는 특대 도시를 중심으로 대형 경제구의 형성을 촉진하기 위한 것이며, 다른 하나는 특대도시를 중심으로 대외개방을 가속화하고 전면적인 개방네트워크를 구축하기 위함이었다.

計劃單列市와 중앙 및 省級 정부의 관계를 보면 計劃單列市는 중앙으로부터 직접, 그리고 더욱 많은 省級에 해당하는 경제관리권을 부여받지만 행정적으로는 省정부의 예속 하에 있다. 즉, 경제적으로는 중앙정부의 예속 하에 있었지만, 행정적으로는 기존 省級 정부와의 관계에 있어 변화가 없었다. 省정부는 행정적으로 계속 단열시를 지도하고 단열시의 업무에 대하여 '총괄, 서비스, 조정, 감독'하였다. 기본행정체제가 변화되지 않은 상황에서 計劃單列市와 일반 직할 省轄市를 비교하면 아래와 같은 몇 가지 특징이 있다.

① 단열시가 省級의 경제관리권을 부여 받고 있기 때문에 그 부문의 행정관리는 중앙 및 중앙의 관련 주관부처와의 직속관계에 있다. 단열의 부문, 사항, 지표가 많을수록 직접 중앙에 예속되는 범위가 넓고 중앙과 행정적으로 직접적인 연계가 더욱 많게 되어 당해 省과의 직접 연계는 상대적으로 감소된다.

② 단열시의 관리권이 커지면 중앙의 유관 주관부처는 그에게 유관 관리기구의 증설을 허가하게 된다.

③ 교육, 과학연구, 위생, 체육 등과 같은 각종 국가발전의 전문사업 보조경비는 중앙의 유관 부처가 직접 단열시의 상대부서에 하달한다.

단열시의 이러한 특징은 정부행정체계내의 市級 정부의 위상을 변화시켰을 뿐만 아니라 중앙정부와 市정부의 관계에도 변화를 가져왔다. 과거 중앙정부와 도시정부 간의 관계는 두 유형뿐이었다.

첫째로, 3개(현재 4개) 직할시와 중앙정부와의 관계인데, 이는 직접적인 관계로 중앙과 省정부 간의 관계와 유사하다. 두 번째로, 일반 도시정부와의 관계다. 이 관계는 간접적인 것으로 省정부를 통하여 중앙과 연계되었다. 현재 중앙과 단열시의 관계는 과거의 위 두 가지 유형과는 달리 경제관리에 있어서는 중앙과 직접적인 관계에 있지만 행정지도와 감독에 있어서는 간접적인 관계에 있다. 행정의 경우 반드시 省을 통해 중앙과 연계되어야 한다. 결국 중앙정부와 省정부 및 단열시 정부 간의 관계는 원래의 단일 수직적(條) 지도의 관계에서 삼각관계로 변했다. 그러나 省은 중앙정부의 경제적 및 행정적 지도와 감독을 모두 받지만, 단열시는 省으로부터는 행정적 지도와 감독을, 중앙으로부터는 경제적 지도감독을 받는다. 이는 省級 수준의 경제관리권이다. 따라서 이러한 삼각관계는 일종의 부등변 삼각관계다. 이런 관계 하에 중앙과 省정부, 省정부와 市정부 간에 마찰과 충돌을 피하기 어렵다.

둘째, '市管縣'체제의 종적인 정부 간 관계에 대한 영향. '市管縣'체제는 도시를 중심으로 국민경제의 발전을 촉진하려는 전략적 지도하에 성립된 것이다. 원래 중국지방행정체는 地와 市의 이원체제였다. 地는 농촌을 관리하고 市는 도시를 관리하는 이원적 구조였다. 하지만 1982년 12월, 중앙은 경제가 발달한 도시를 중심으로 市가 縣을 지도하는(市管縣) 체제로의 개혁을 결정하고, 1983년 3월 중앙은 江蘇省에서의 시범운영을 시작으로 전국적으로 '地와 市의 합병', '地의 폐지와 市의 설치'를 추진했다.

'市管縣'은 地級 市가 과거 地區 관할 하에 있던 縣을 관할하는 것으로, 그것은 한편으로는 一級 도시정부를 縣을 관할하는 일반 정부로 바꾼 것이며, 동시에 地區 行政公署를 省과 縣사이의 一級정권으로 바꾼 것이다.

'市管縣'체제의 개혁은 다음의 세 가지 유형으로 추진되었다(朱光磊, 2004: 441-444).

① 地·市합병형. 상당한 경제적 역량을 가진 省 관할 地級 市와 地區의 行政公署를 합병하여 市정부가 원래의 행정공서를 대신하여 縣을 관할(市管縣)하도록 하였다 예를 들면 湖南省 岳陽市와 岳陽地區의 합병, 浙江의 溫州市와 溫州지구의 합병 및 江蘇의 蘇州市와 蘇州地區를 합병한 것과 같은 것이다. 이와 같은 地級 市는 일반적으로 인구 20만 이상, 공업 총생산액 10억 원 이상인 도시로 상업, 서비스업이 비교적 번창하고 과학·문화·교육의 발전정도가 비교적 높고, 역사적으로 전통적인 정치행정의 중심도시다.

② '昇級合倂型'. 일반 縣級 市를 地級 市로 승격시켜 縣을 관할(市管縣)했다. 이러한 승급된 市의 경제는 원래 농업을 기반으로 하였다.

예를 들면 遼寧省의 鐵嶺市를 地級 市로 승격시킨 후 鐵法市를 鐵嶺市에 편입시키고, 鐵嶺지구를 없앴다. 그리고 鐵嶺, 開源, 西豊, 昌圖, 康平, 法康 6개 縣을 鐵嶺市 관할에 귀속시켰다.

③ '縣改市型'. 신설한 縣을 시로 바꾸어서 地級 市로 승격시킨 후 그것으로 하여금 縣을 통할(市管縣)하도록 한 것이다. 예를 들면, 浙江의 嘉興, 湖州, 紹興, 金華, 衢州 등 市는 원래 모두 농촌을 관할하는 縣이었는데, 이들 縣을 市로 변경한 후 다시 縣을 관할하는 地級 市로 승격시킨 것이다.

결과, 1987년 말에 와서는 전국의 153개 地級 市가 703개 현을 관할하고, 北京, 天津, 上海 등 3대 직할시가 관할하는 縣은 727개에 달했다. 이는 전체 현(현급 市를 포함)의 33.1%였다. '市管縣'은 지역경제와 사회발전에 있어서 도농경제의 상호 보완과 연합에 도움이 되었고, 농촌의 도시화를 촉진하였다. 지방행정체제의 발전에 있어서도 省, 市, 縣간의 연계를 강화하고, 市·縣 양급 정부의 기능을 확대시켜 계획체제하의 도농분할, 종횡(條塊)분할, 지역 봉쇄의 국면을 타개하는 데 일조하였다. 하지만 '市管縣' 후 縣을 관리하는 市정부가 직면한 관리업무의 복잡성과 광범성은 과거 일반 시정부와 지구 행정공서가 경험하지 못하였던 것들이었다. 또한 "市管縣"의 개혁은 縣을 관할하는 市정부의 권한이 증대됨으로 省정부의 이익에 대한 충돌이 빚어졌을 뿐 아니라, 地·市·縣·鄕·鎭 등 여러 행정계층의 이익구조에 대한 재조정을 불가피하게 했다. 중심도시의 지도관할 하에 들어간 縣정부는 중점도시의 이익이 우선적이고 縣의 발전과 장래에 대한 고려는 부차적이라는 불평이 제기되기도 했다(分級管理與兼容制研究組, 1988: 107).

2. 횡적 협력과 정부 간 관계의 변화

1984년부터 시작된 도시를 중점으로 한 경제체제개혁은 도시를 중심으로 한 경제구의 건설에 역점을 두고, 종래의 行政區중심의 관리체제를 개방식·네트워크형의 經濟區 관리체제로 대체해 갔다. 이러한 과정 중 지방정부 간 횡적 협력은 큰 발전을 가져왔는데, 그것은 모두 경제협력을 매체로 한 것이다. 1986년에 이르러서는 전국에 대·중형 도시를 중심으로 한 省·市를 뛰어넘는(跨省市) 경제협력구가 24개나 설립되었다.

행정구역을 뛰어 넘는 지역 간 경제관리의 횡적 협력은 다음 두 가지 원인과의 밀접한 관계 하에서 발전된 것이다. 첫째, 개혁 중 기업에게 자율권을 보장하자 기업은 자연적으로 행정경계선을 넘어 광범한 협력 파트너를 찾게 되고, 기업의 발전은 당해 기업을 관할하는 지방정부에도 이익이 됨으로 지방정부는 기업발전을 촉진하기 위해서 횡적 협력이 필요했다. 둘째, 개혁 중 도시와 지방정부는 중앙정부로부터 더욱 많은 경제적 자율권을 위임받게 되었으며, 이런 여건 하에 지방과 도시정부는 당해 지역의 경제발전을 촉진하고 지역 내 기업발전을 위하여 양호한 조건을 마련해 주고, 중앙정부 역시 적극적으로 횡적 경제연합을 제의하였기 때문이다. 기업과 정부가 공동으로 추진한 지역 간의 횡적 경제협력은 계획체제하 지방정부간의 횡적 장벽을 무너뜨리고 지방정부간의 경제적 교류협력을 활성화 시켰다.

각급 지방정부간의 횡적 협력유형 중 주요한 것은 다음 세 유형이다(林尙立, 1998: 332-334).

① 도시정부연합체. 이것은 주로 도시정부 간의 경제, 행정, 문화 등의 협력이다. 瀋陽市를 예로 들면, 1984년 瀋陽과 丹東, 遼陽, 本溪, 撫順, 鐵嶺과 鞍山이 공동으로 도시연합체를 구성하였다. 1988년 이 도시연합체는 공업·농업·상업·과학기술·문화교육·물자 등 부문 중 25종의 업종별 연합체를 결성하였으며, 경제합작 항목 616개를 체

결하였다. 1986년 瀋陽을 선두로 동북경제구 내의 大連·長春·哈爾濱·赤峰 등 4개 市와 呼倫貝爾, 興安, 哲木 등 3개 盟의 市長과 盟長 연석회의를 개최하여 '五市三盟'이라는 구역성 경제협력조직을 건립하였다. 1988년, 각 市와 盟 간에 체결한 경제기술합작항목이 303개에 달하였고 상호투자액이 5,579만 元에 달하였으며 각종 인재 2,800여명을 길러냈다.

② 經濟區 내 각 地區정부의 연합. 하나의 경제구는 일정한 경제관계와 지리적 관계 및 역사·문화적 관계에 기초하여 성립되었고, 경제구의 설립은 지구정부의 협력으로 추진된 것이다. 경제구가 설립된 후 이들 간의 밀접한 경제적 관계는 또 지구정부간의 횡적 협력을 촉진하였다. 上海經濟區를 예로 들면 1986년 7월, 그것은 上海, 江蘇, 浙江, 安徽, 江西, 福建 등 5개 省과 1개 市를 포함하였다. 경제구내에는 省級 정부 간의 연합이 있을 뿐만 아니라 市級 정부 간의 연합도 있다. 上海경제구는 1985년 경제구 내 관할 '성장·시장회의'를 제도화하였다. 성장·시장회의는 上海시장과 江蘇, 浙江, 安徽, 江西, 福建省의 성장 및 경제구 계획판공실의 주요 책임자들로 구성되었다. 회의는 매년 1회 개최되며 경제구내 각 省·市에서 번갈아 개최한다. 주최 省·市의 성장 혹은 시장이 의장직을 맡아 회의를 주재한다(張萬淸, 1987: 38).

③ 經濟區를 뛰어 넘는(跨經濟區) 지방정부연합. 개혁개방은 각 지구의 입장에서 보면 국제사회로의 개방일 뿐만 아니라 국내의 여타 지구에 대한 개방이기도 하다. 이러한 맥락에서 각 지방정부 간의 연합은 당해 경제구내 인접지역 지방정부와의 연합에만 국한된 것이 아니라 전국 각지의 지방정부로 확장된다. 동북 경제구내의 5개 도시가 環渤海 15개 도시경제협력권에 참가한 것이나 錦州·朝陽이 冀(河北), 蒙(內蒙古), 遼(遼寧) 邊界 7市(地) 경제연합체에 참여한 것과 같은 것이다(方乘鑄, 1990: 226). 또 다른 예를 들면, 上海經濟區 내의 江蘇省은 陝西省과 간부교류협력을 추진했는데, 그 주요 목적은 동서 상호협조,

상대 지원, 정보교환, 외자도입과 내부연합, 간부양성, 경제발전에 있었다. 상호협의에 의하여 江蘇省은 1991년 73명의 경제업무에 밝은 지도급 간부를 陝西省 秦巴山區에 파견하여 그 업무를 도왔으며, 陝西省은 73명의 경제업무관련 지도급 간부를 江蘇省의 관련 市·縣에 파견하여 교육·훈련시켰다. 이러한 협력관계는 甘肅省과 天律市 간에도 있었다(余振貴·張永慶, 1992: 80).

경제협력을 기초로 한 지방정부 간의 횡적 교류협력은 당해 지역의 경제발전에 도움이 되었음은 물론, 지역 간 경제발전의 불균형을 완화하고 전체 국민경제의 발전을 촉진 하였다. 하지만 지방정부간 협력은 후술하는 바와 같이 더욱 넓은 범위의 지방이익단위를 형성케 하였고, 그로 말미암아 중앙정부는 지방정부와의 관계에 있어서 지방정부연합의 흥정('討價還價')에 봉착하게 되었다.

제5장 사회주의시장경제 개혁과 중앙과 지방
: 진통에서 협상으로

제1절 분권화개혁의 문제점과 새로운 대안 모색

1. 분권화개혁의 문제점

개혁개방 이후 중국은 이상과 같이 여러 영역에 있어서 분권화 정책을 통하여 중앙은 지방에게 더 많은 권한을 넘겨줌으로써 지방 및 기층단위의 적극성과 능동성을 극대화하고 생산력의 발전을 제고시킬 수 있었다. 따라서 국민경제에 새로운 활력과 생기를 불어넣을 수 있게 되었다. 그러나 분권화 개혁 이후 중국경제는 새로운 문제점에 봉착하였다. 금융개혁은 금융질서를 문란하게 하였고, 계획 및 투자부문에서의 분권화는 지역 간 중복투자, 가격경쟁, 산업 간 불균형 및 시장봉쇄를 부추겼고, 통화팽창·관료부패는 물론, 지방세력의 증대로 인한 중앙의 통제 불능 사태로까지 반전되었다. 이것은 정치적으로 탈중앙주의 내지 지방분리주의로 인식되었다(Shen, 1992.: 13). 이에 성급한 서구학자들은 중국의 분열론까지 주장하게 되었다.[1] 특히 재정청부제로 인한 지방정부의 경제력 증대와 중앙정부의 통제(재정)력 약화는 이를 뒷받침 하는 주요한 근거가 되었다. 개혁개방 이후 추진된 경

---

[1] 지방주의로 인한 국가분열에 대한 가능성을 예측한 논문은 Wang(1994), Zhang(1993), Toffler(1993) 등의 연구가 있다.

제적 분권화 정책의 폐해를 정리하면 다음과 같다.[2]

1) 재정청부제 실시와 중앙재정력의 약화

재정청부제는 1980년대 개혁정책의 핵심으로 지방의 경제건설의욕을 고취시키고 세수증대에 기여했다. 하지만 개혁 당시 의도와는 달리 지방재정의 확대와 중앙재정의 비중 저하는 중앙의 권위와 거시관리를 약화시켜 중앙정부의 자원배분, 소득재분배, 거시경제 안정기조의 유지 등 재정의 고유기능을 무력화 시키고 중국경제의 구조적인 문제점을 심화시켰다. 재정청부제 실시로 인한 중앙의 재정력 약화 상황을 보면 〈표 5-1〉과 같다.

〈표 5-1〉 중국 중앙재정수지와 지방재정수지의 비중(%)

년도	GDP중			총수입중		총수입중		중앙총재정지출중 채무수입
	재정수입비중	중앙재정수입비중	중앙재정지출비중	중앙재정수입비중	지방재정수입비중	중앙재정지출비중	지방재정지출비중	
1986	22.2	8.9	9.43	36.7	63.3	37.9	62.1	15.6
1987	19.8	7.57	8.63	33.5	66.5	37.4	62.6	18.3
1988	17.6	7.00	7.10	32.9	67.1	33.9	66.1	29.4
1989	17.4	6.54	6.54	30.9	69.1	31.5	68.5	29.4
1990	17.9	7.38	7.38	33.8	66.2	32.6	67.4	31.4
1991	16.7	6.47	6.47	29.8	70.2	32.2	67.8	34.5
1992	15.6	6.19	6.19	28.1	71.9	31.3	68.7	41.6
1993	14.7	4.92	4.92	22.0	78.0	28.3	71.7	44.8
1994	11.6	6.46	3.90	55.7	44.3	30.3	69.7	52.1
1995	10.7	5.62	3.54	52.2	47.8	29.2	70.8	53.9

주: 1985년 제2차 개혁방안에 근거하여 비로소 재정 청부제가 전국적으로
　　확산되었기 때문에 이듬해인 1986년 이후의 통계만 비교했음.
출처: 『中國統計年鑑』, 1995: 32와 222. 『中國財政年鑑』, 1997: 461-462,
　　137 참조.

---

2) 분권화개혁의 각종 폐단은 林尙立(1998: 335-344), 謝慶奎(1998: 72-77), 朴月羅(1997: 25-32), 辛向陽(1995) 등의 연구를 참고했다.

첫째, 국가의 재정수입이 GDP에서 차지하는 비중이 하강하였다. 따라서 경제성장은 했지만 재정수입은 그 성장률만큼 증가하지 못했다. 개혁개방 이후 중국경제는 매년 10% 이상 성장을 지속했지만, 재정수입의 GDP에서 차지하는 비중은 크게 줄어들었다. 1978년 개혁개방 당시 그것은 30.9%에 달했고, 재정청부제가 전국적으로 실시된 이듬해인 1986년에는 22.2%, 그리고 1993년에는 14.7%로 감소했다. 이는 중국이 개혁개방정책에 의한 경제성장의 성과를 국가재정으로 충분히 흡수치 못했음을 반영하는 것으로, 결국 국가재원의 일차적인 분배에 있어 재정의 역할이 약화되었음을 의미한다.

둘째, 중앙의 재정수입 및 지출이 GDP에서 차지하는 비중이 하강했다. 1986년 GDP 중 중앙재정수입이 차지하는 비중은 8.99%였지만, 매년 감소되어 1993년에는 4.92%로 하강했다. 중앙재정지출의 경우도 1986년 9.43%에서 1993년 5.67%로 계속 하강했다.

셋째, 중앙의 재정수입이 총 재정수입에서 차지하는 비중이 그 재정지출이 총 재정지출에서 차지하는 비중에 미치지 못했다. 그것마저도 중앙정부 재정수입의 상당부분은 이른바 '채무수입'으로 충당된다는 점을 고려한다면, 그것이 총 재정수입에서 차지하는 비중은 훨씬 줄어든다(王紹光, 1997: 57-59). 중앙재정수입이 그 필요 지출액에 미치지 못하는 상황에서 이전교부 수단을 통해 전국적인 범위에 재분배를 실시한다는 것은 어려운 일이다.

넷째, '예산외 자금'은 국가재정의 위상을 저하시켰다. 예산외 자금은 공공부문 중 중앙의 예산통제를 받지 않는 부문의 자금이다. 그것은 국가예산에 편성되어 있지는 않지만, 그 관리는 정부규정에 따르게 되어 있는 지도성 계획하의 자금이다. 개혁개방 이후 지방정부, 국유기업, 사업단위의 자율권이 확대됨에 따라 예산외 수입이 급격히 증가되었다. 1978년부터 1992년까지 예산 내 수입은 3배로 증가한데 비해 예산외 수입은 무려 11배로 증가했다. 지방과 기업 및 사업단위는 그 수입을 장부에 기재하지 않음으로써 예산외 수입이 통계에 잡히지 않도록 하는 방법 등을 동원하고, 다양한 명목 하에 부과되는 각종 수수료·비용·기금의 할당·벌금의 징수 등을 통해 예산 외 수입의 확대를 꾀했다. 이러한 예산외 자금의 방만한 관리는 세수관리의 漏水를 초래하고 국가의 재정기반을 침식함으로써 국가재정의 위상을 약화시키고 거시경제관리에 차질을 초래하였다(王紹光, 1997: 110).

다섯째, 지방정부의 예산외 자금의 증대는 중앙정부에 대한 상납액을 감소시켜, 중앙의 지역별 재분배 정책을 어렵게 했다. 1981년 전국 29개 省級 지방정부 중 17개 단위가 재정흑자 지역이었다. 그중 上海는 90%의 재정수입을 중앙에 상납했고, 기타 北京·天津·遼寧·江蘇·浙江·山東 등은 50-70%를 중앙에 상납했다. 반면, 12개 省級 지방정부(內蒙古, 靑海, 寧夏, 新疆 등)는 재정적자로 인하여 중앙의 지출(지원)로 충당된 예산이 당해 지역 수입의 2-8배가 되었다. 이처럼 개혁 초기에는 중앙이 부유한 지방으로부터 세금을 거두어 들여 가난한 지방의 살림을 돕는 역할을 했다. 하지만, 재정청부제 실시 이후 지방의 對중앙 상납자금은 갈수록 줄어들었다. 1991년의 경우 上海가 그 재정수입의 47%를 중앙에 상납하는 이외에는 지방정부 수입의 20% 이상을 중앙에 상납하는 지방은 하나도 없었다. 반면 재정적자 省級 지방정부는 20개로 늘어났고, 江西와 西藏을 제외한 여타 지역은 중앙의 지원금도 줄어들었다. 요컨대, 중앙이 재정상 흑자를 보는 지방정부로부터 자금을 끌어와 재정적자인 지방정부에 자금을 나누어 줄 수 있는 비중이 크게 저하되었다. 그 조정역할 역시 크게 약화된 것이다. 중앙이 전국적으로 수입의 재분배 역할을 제대로 할 수 없으므로 인하여 아래에서 재론하는 바와 같이 지역 간 격차는 더욱 확대되고 있다.

2) 기업에 대한 지방정부의 과도한 간여

기업관리체제의 분권화 개혁은 기업의 자주권을 상대적으로 확대시

컸고, 기업의 실적과 이윤유보액의 직접적인 연계로 생산의욕을 고취시켰다. 그러나 이러한 기업경영자주권 확대에도 불구하고 중국의 기업은 생산 활동을 비롯한 거의 모든 측면에서 여전히 정부의 행정적 감독과 지배 아래 놓여 있다. 1980년 이후 재정관리체제 개혁을 비롯한 제반 개혁조치와 함께 중앙정부에 의한 수직적 통제는 약화된 반면, 지방정부에 의한 수평적인 기업통제는 더욱 강화되었다. 특히 경영청부제 도입 이후 지방정부의 주관부처는 관할기업과 청부계약을 체결하는 당사자로서 기업에 대한 통제권을 공식적으로 행사할 수 있는 입장이 되었다. 따라서 실제 기업이 장악할 수 있는 재정력과 의사결정권한은 여전히 적었다. 결국 지방정부의 기업에 대한 간여는 지방정부의 권력을 확장시켜, 기업의 시장화를 어렵게 하였고 기업은 과거 중앙의 부속물로부터 지방의 부속물로 변하고 말았다(王滬寧, 1998: 4). 그리고 기업의 예속관계에 따라 재정수입을 구분하다보니 정부의 기능변화에 장애가 되었다(汪玉凱, 1998: 55-56).

3) 산업구조와 합리적 이익의 왜곡

재정을 포함한 계획, 무역, 금융, 분배 등 제반 경제관리권의 하방으로 지방정부는 지방의 기업경영, 투자의 자율권이 확대되었다. 지방정부의 자율권 확대는 지방이익을 추구케 했고, 지방이익의 추구는 지방정부 경제행위의 단기화와 중복투자를 유발했다. 그것은 다음과 같은 세 가지 점으로 인하여 합리적인 경제구조의 조정을 저해하였다(毛壽龍, 1996: 177). 첫째, 지방정부는 에너지, 고속도로, 교육 등 고액의 투자를 필요로 하고 또 그 효과를 보기까지 많은 시간이 걸리는 사회 인프라에 대한 투자보다는 자금 회임기간이 짧고 부가가치가 높으며 국가의 투자규제도 비교적 적은 소규모 가공업 분야에 집중되었다. 그 대표적인 예가 바로 술·담배제조 산업같은 '高稅率産業' 개발로서, 1990년의 경우 연초공장은 판매이윤율이 -0.55%, 자금이윤율은

-1.49%이었는데도 불구하고 어느 지방정부 할 것 없이 모두 크고 작은 공장 건설을 독려했다. 그 이유는 이 상품들이 모두 고유통세 물품으로 세율이 40-60%에 달했기 때문이다. 또 설사 세율이 그리 높지 않은 품목이더라도 시장여건이 좋아 투자회임기간이 짧은 경우에는 지방정부의 관심을 끌 수 있었다[3].

둘째, 각 地方의 경쟁적인 경제 확장으로 인한 과잉투자는 중복투자로 이어져서 지방마다 TV, 냉장고, 선풍기에서 맥주공장에 이르기까지 全 업종에 걸쳐 생산공장이 건설되는, 이른바 규모는 적지만 '自己完決的'인 잡화점식(小而全) 공업체계가 형성되었다.

셋째, 이와 같은 단기투자, 과잉투자, 중복투자는 원재료, 에너지, 인프라 부문으로의 자원의 흐름을 차단시킴으로써 기초공업 분야와 가공업 분야 간 산업구조의 불균형을 확대시켰다. 과잉투자, 잡화점식 중복투자는 중국산업의 低集中 현상과 기업규모의 小型化 경향을 가속화시킴으로써 '규모의 경제'의 실현을 불가능하게 했다. 또한 소액투자로 수익성이 높고 국가의 규제가 적은 소규모 가공업 분야에 과잉 · 중복 투자함으로써 지역 간 비교우위에 기초한 분업체계의 형성을 어렵게 했다.

지방정부가 이와 같이 장기적인 발전과 산업간 균형 유지를 고려하기 보다는 단기적인 투자 경향을 나타내게 된 원인을 지방지도자들의 입장에서 보면 다음 두 가지 점에서 비롯되었다고 하겠다. 첫째, 역사적으로 볼 때 중국의 분권화 정책은 지방의 요구에 의해서 추진된 것이 아니라, 중앙의 정치적 목적이나 경제적 상황에 따라 추진되었고 또 아주 가변적이었기 때문에 지방지도자들은 지방에게 기회가 주어졌

---

3) 지방정부가 투자회임기간이 짧은 산업을 선호했음은 아래 공식이 입증해준다 (許毅, 1993: 316; 백승기, 1996: 18).

$$t=I/(R+T+D)$$

(t:투자회임기간,I:투자총액,R:기업이윤,T:政府稅收,D:감가상각비)

이 식에서 $T=I/t-R-D$ 가 성립하는데, 이것은 투자총액과 기업이윤 및 감가상각비가 일정할 경우 지방재정수입과 투자회임기간이 반비례함을 보여주고 있다.

을 때 단기간 내에 이익을 극대화해야 하는 것이 상책이라고 생각하고 있었다(제3장 참조). 둘째, 지방 지도자들은 관할 지방의 경제실적이 자신의 정치적 위상을 제고시키는 중요 요소라는 것을 경험을 통해 체득했기 때문이다. 그래서 자신의 임기 내에 업적을 극대화하는 방향으로 경제정책을 추진하게 되는 것이다.

4) 지방할거주의 대두

재정청부제의 실시와 지방의 경제적 자율성 보장은 지방의 이익추구를 보장해주었고, 또 이로 인해 지방정부가 당해 지역의 자원을 장악하고 시장을 봉쇄하는 결과를 낳았다. 중국의 시장화 경제체제개혁 과정에 있어서 나타난 지방할거주의는 지방보호주의, 지방주의 또는 '諸侯經濟'로도 표현된다. 이는 개혁개방 이후 중국의 각급 지방경제가 국지적인 지방의 이익만을 추구하여 시장을 분할, 봉쇄하는 등 중앙정부의 정책을 따르지 않고 '독립 왕국화' 하고 있는 현상을 지칭하는 표현이다(陳甬軍, 1994). 개혁에 수반된 각 경제부문에서의 분권화로 인해 지방정부는 중앙과의 관계에 있어 상대적으로 독립된 경제주체로 변모하게 되었고, 지방이익의 극대화를 추구하는 배타적인 경제적 지방보호주의가 확산되었다. 차등적인 분권화 정책과 불합리한 가격체계 등에 따른 지역 간 격차의 확대, 산업구조의 왜곡 등은 이러한 지방경제의 제후경제화를 더욱 심화시켰다. 심지어 지방에서는 시장화 과정에서 나타난 여러 가지 부조리(밀수 사건 등)가 만연되어도 지방의 이익을 손상하지 않으면 관심을 기울이지 않았다. 현재에도 그러한 관행은 만연하고 있다.

지방보호주의 주요 수단의 하나인 지방정부의 시장봉쇄행위는 1980년대 초부터 중국 전역에 만연되었다. 1980년-1982년이 그 첫 번째 절정기였는데, 지방정부는 외부로부터의 상품유입을 행정적으로 간섭하며 시장을 봉쇄했다.

두 번째 절정기는 1985년-1988년으로, 연해지역은 內地로부터의 자원에 대한 수요가 증가한 반면, 내지는 자신의 기업발전을 위해 자원이 필요했다. 지역 간에 원료전쟁이 벌어질 정도로 자원병목 현상이 나타났고, 이는 지역경제발전은 물론 전체 경제발전을 위축시켰다.

세 번째는 1988년 말부터 실시된 경제조정정책(治理整頓)에서 비롯되었다. 강력한 긴축정책으로 불경기가 장기화되고 공업제품의 재고누적과 성장속도 저하, 실업자증가가 초래되자 각급 지방정부는 다양한 행정수단을 동원하여 기업의 상품구매에 개입하고 타 지역 제품 특히 자기관할 지역의 제품보다 경쟁력이 높은 타 지역 상품의 유입을 막는 시장봉쇄 조치를 취하게 된 것이다. 이를 위해 지방정부는 다양한 방법을 동원하였다. 타 지역 상품에 대해 고율의 세금을 부과하거나 가격을 높게 책정하여 경쟁력을 약화시키는 방법, 타 지역 상품에 대해 품질검사·위생검사를 강화하거나 전력공급 및 행정적인 차별화 등의 방법을 통해 불이익을 주는 한편, 자기지역 상품에 대해서는 세제 및 금융을 포함한 각종 혜택을 부여하는 것 등 여러 가지 방법을 동원했다(Li Youpeng, 1993: 37-40).

대표적인 예로 원료조달을 둘러싸고 일어난 1993년의 '면화 대전', 1993년의 '캐시미어 대전' 등을 들 수 있다(제6장에서 재론). 이러한 지역 봉쇄와 지역 보호는 기술과 상품 등의 이동을 막아 전국적인 시장형성을 저해(지역 시장을 형성)하고, 자원의 합리적 배치를 저해하였다(國家計委國土開發與地區經濟研究所, 1996: 27).

지역보호주의는 2000년대에도 계속되었다. 2003년 국무원발전연구중심(센터) 발전전략지역경제 연구부의 李善同·侯永志 등 연구원(2004: 80-82)이 전국 3,156명에 대해 실시한 설문조사에 의하면, 아직도 지역 간 노동이동에 대한 간섭, 외지로 부터의 상품진입 방지 등이 허다한 것으로 나타났으며, 특히 담배·주류·자동차 같은 품목에서 그것이 강하게 나타났다.

5) 지역 간의 격차 심화

개혁개방 이후 지방정부에 대한 차별적 개발전략은 자율성 확대의 불평등을 가져와 이는 지역 간 격차의 심화를 초래했다. 개혁기 중국의 지역발전정책은 鄧小平의 '先富論'에 입각한 불균형적 발전전략이었다. 즉 지역적으로 동부 연해지역의 발전을 우선시한 차별화된 정책이었다. 분권화 개혁도 分級管理에 의해 연해지역에 보다 많은 권한과 특혜를 부여하는 방식으로 실시되었다. 이들 연해지역(경제특구·경제기술개발구·연해경제개방지구 등)은 외자도입, 기술, 관리와 인재 유치 등에 있어서 여타지역, 특히 내륙지역보다 훨씬 큰 경제적 자율권과 특혜를 부여받았다. 이러한 不平等한 경쟁이 기존의 연해지역과 내륙간의 경제적 격차를 심화시켰다.

특히 가격체계의 왜곡은 지역 간의 격차를 확대시키는 데 일조했다. 1950년대 이래로 중국의 가격체계는 경공업 소비재상품의 가격은 높고, 원자재, 에너지, 광물자원 등 생산재의 가격은 낮게 책정, 유지되고 있었다. 개혁기에 들어와서도 가격체계의 근본적인 변화는 없었다. 다만 생산단위가 계획보다 초과 생산한 상품에 대해서 협의가격 혹은 시장가격으로 판매할 수 있게 한 이중가격체제(雙軌制)였다.

이처럼 불합리한 가격체제는 생산재 및 중공업 생산에 치중되어 있는 내륙지역에 불리하게 작용할 수밖에 없었다. 국가는 기간산업의 비중이 큰 내륙에서 원자재를 계획가격에 의해 헐값으로 수매하여, 제조업 중심의 연해지방으로 재배치했고, 연해지방은 부가가치가 높은 소비재상품을 생산하여 높은 수익을 얻었다. 개혁 이전에는 이와 같은 연해지역의 높은 이윤을 국가재정에서 흡수, 내륙지역으로의 투자를 통해 재분배함으로서 내륙지역의 불이익을 어느 정도 상쇄시킬 수 있었다. 그러나 개혁개방 이후 재정청부제의 실시로 인해 중앙정부의 재정력은 약화되었고, 따라서 중앙에 의한 내륙 투자는 감소할 수밖에 없었다. 그럼에도 불구하고 석유, 철강 등 내륙에서 생산되는 주요 품목의 상당부분은 여전히 국가의 계획분배에 따라 공급되었다. 중앙의 재정배분기능 약화로 인한 내륙투자와 더불어 주요 물자의 지속적인 계획분배는 내륙지역에 상대적으로 큰 불이익을 가져왔고, 연해지역과의 경제적 격차를 더욱 확대시켰다(이에 대해서는 제6장에서 재론).

중앙의 재정분배능력의 약화는 결국 부유한 연해지역의 재정능력을 더욱 증대시켰고, 이는 지방정부에 하방된 제반 경제관리 메커니즘을 통해 연해지역의 고정자산투자 비중을 증대시키는 계기가 되었다. 연해지역은 부가가치가 높은 가공업분야에 집중 투자함으로써 더욱 빠른 경제성장을 이룩하게 되었다. 결국 재정의 분권화, 경제관리권의 분권화 정책은 가격체제, 차별적 優惠政策 등과 결합하여 연해지역이 기술, 인력, 지리적 우세, 화교자본과의 연계 등 기존의 강점을 최대한 활용할 수 있게 함으로써 내륙과 연해간 격차를 더욱 심화시켰다.

이와 같은 동·서간 연해와 내지 간의 발전격차는 90년대 들어와 더욱 급속히 확대되어 정치·사회적 갈등을 유발, 중국 지도부의 심각한 고민거리로 부각되었다. 따라서 중국은 지역경제의 협조적 발전과 지역격차의 축소를 21세기 초 중국이 해결해야 할 가장 중요한 정책의제중 하나로 채택하기에 이른다. 제6장에서 논급하고자 하는 '서부대개발정책'은 바로 지역격차를 해소하기 위한 중장기 지역개발전략이다.

2. 진통과 새로운 정책 모색

사회주의체제 단일제 국가인 중국에 있어서 지나친 분권화는 위와 같은 많은 부작용을 수반하였고, 중앙의 권위 및 경제의 거시관리기능을 약화시켰다. 따라서 당 중앙은 분권화로 인한 부작용의 치유와 개혁의 조정을 위해 '治理整頓'을 결정하기에 이른다.

1989년 6월 23일, 13대4중전회에서는 11대3중전회 이래의 노선·

방침과 정책을 계속하여 집행하여야 하고, 13대에서 확정된 '1개 중심'(경제건설), '2개 기본점'(개혁개방과 4항 기본원칙-사회주의노선·인민민주독재·공산당영도·마르크스 레닌주의 및 모택동사상 견지)의 노선을 계속 집행할 것을 강조하는 한편,[4] 개혁·개방을 더욱 잘 견지하고 경제를 지속적으로 발전하게 한다는 명분하에 '治理整頓'(경제환경의 정비와 경제 질서의 정돈)의 방침을 공포, 이후 전 분야에 걸쳐 긴축정책을 추진키로 결정하였다. 그리고 5중전회에서도 「치리정돈을 진일보시키고 개혁을 심화시키는 것에 관한 결정」을 통과시키고, 13대3중전회에서 결정한 1989-1990년의 기간을 1989-1991년의 3년간 또는 그 이상으로 연장하여 치리정돈을 계속하기로 하였다. 즉 개혁의 부산물로 표출된 악성 인플레이션과 이로 인한 계층 간 지역 간 빈부격차, 부정부패·지역이기주의 만연 등 사회불안을 해소하기 위하여 개혁정책에 제동을 걸고 경제긴축에 초점을 맞춘 조정정책을 계속하기로 했다. 그 주요 정책내용을 요약하면 다음과 같다. 중앙과 지방관계에서 보면, '지방분권화와 통일된 계획 사이에서의 균형을 유지하는 정책', 즉 방만한 분권화 조치에 제한을 가하는 정책을 펴게 되었다.

첫째, 총수요 억제(기본 건설계획권의 중앙 회수 등을 통한 기본건설투자 통제, 세무관리의 강화 등), 재정 금융관리의 강화(금리 인상을 통한 통화 환수 및 통화량 감축 등), 성장률의 하향 조정 등 경제발전 속도의 조정 등 긴축정책.

둘째, 자원 배분 및 산업구조의 합리화로 우선 산업분야(농업, 교통운수, 에너지, 건자재, 경공업)를 선정하여 투자·금융·세제상 차별정책을 실시하고, 주요 생산물자의 유통을 정부가 전담하여 공급의 효율

---

4) 13대4중전회는 '4항 기본 원칙'은 '立國之本'으로 반드시 추호도 동요되지 않고, 시종일관하여 견지할 것을 강조하는 한편, '개혁·개방'은 '強國之路'라 하고 이를 반드시 흔들리지 않고 관철시켜 절대로 과거와 같은 쇄국의 길로 회귀하지 않게 하여야 할 것을 강조하였다(李谷城, 1990: 163-164).

을 기하는 유통구조의 개선정책.

셋째, 에너지와 주요 원자재를 중·대형 국영기업에 우선적으로 배분하고, 사영기업 및 개체호에 대한 통제 강화와 향진기업에 대한 금융상의 혜택을 차단하는 등 국영기업 중심의 통제경제체제를 강화하는 정책.

넷째, 중앙재정의 적자를 2-3년 내에 해소하기 위한 재정균형정책.

다섯째, 국내 부족 상품의 수출 억제와 고가 소비품의 수입 억제 등 국내시장과 연계된 수출입 무역관리의 강화, 불요불급한 건설 차관 도입의 억제 등 외자·외채에 대한 거시적 관리체계의 강화 등의 정책이다.5)

이상과 같이 李鵬·姚依林 등 보수파에 의해 주도된 조정정책은 개혁의 속도와 폭을 조정하면서 개혁개방의 부작용을 최소화하는 한편, 보수파의 정치적 기반을 다지는 역할을 하고 있었다. 보수파의 주장과 명분은 어느 정도 설득력을 지니고 있었다. 그것은 과거 鄧小平의 개혁개방이 친자본주의 정책이기 때문에 이로 인하여 중국이 물가의 폭등과 부패의 만연 등 경제적·사회적 문제를 야기하게 되었다는 것이다. 따라서 이러한 문제를 해결하기 위해서는 反右傾政策, 즉 보수적인 정책을 펴나가야 만이 개혁개방정책의 후유증을 치유할 수 있다는 것이었다.

그러나 과거 권력집중 때와는 달리 개혁개방 이후 지방정부가 가졌던 경제적·사회적 부문의 권력은 그대로 유지하였다. 즉 중앙정부 차원의 집권화 정책이 강화된 것은 사실이지만, 개혁정책을 폐기하지 않는 이상 이미 확보된 지방정부의 자율성은 쉽게 중앙정부에 회수될 수 없는 처지였다.6) 특히 개방정책에 의한 중국의 경제는 이미 해외

---

5) 이 시기 주요 정책내용은 대외경제정책연구원, 『中國便覽』(대외경제정책연구원, 1994), p.278-282 참조.
6) 다음은 그것을 단적으로 예증한다. 1990년 12월 당 13대7중전회의 소집을 앞두고 9월에 省 책임자 회의가 北京에서 열렸다. 이 회의에서 국무원 총리 李鵬은 만성적자에 허덕이는 중앙재정을 다시 세우기 위해서 중앙에 대한 기업의

시장(중국에 투자한 해외자본)과 연계되어 있었기 때문에 중앙정부의 전면적인 집권화는 한계를 가질 수밖에 없었다. 뿐만 아니라, 1978년 이후 개혁개방에 더욱 익숙해진 국민이 오히려 더 발 빠른 개혁(특히 경제개혁)을 요구하고 있는 것이 중국의 현실이었기 때문에 개혁개방의 고삐는 늦추어질 수 없었다. 그것이 바로 鄧小平의 「南巡講話」에서 표출되었고, 1992년 10월에 열린 당 14대에서 정책노선으로 반영되었다.

당 14대에서 江澤民을 비롯한 집권세력은 조정정책으로서는 개혁의 부작용을 해결할 수 없다는 점을 정리하고, 오히려 개혁정책의 가속화를 통해 이런 문제를 해결하려는 정책으로 선회하게 된다. '4항 기본 원칙'의 견지를 재천명함으로써 비록 정치적으로는 분명한 한계를 긋고 있지만, 개혁을 가속화시키기로 정책을 전환한 것은 지난 3년간의 조정정책이 상대적으로 중국의 정치경제를 안정시킨 효과는 있으나, 경제발전을 근본적으로 제약했다는 데서 그 원인을 찾을 수 있다. 다시 말해, 조정정책은 과열된 경기를 안정시키고 인플레를 억제하는 등 일정한 성과를 가져온 것은 사실이지만, 정책이 장기화되면서 해외자본의 유입 차단, 경제 활성화의 저하 등 경제발전에 악영향을 미치게 될 것이라는 사실은 쉽게 추론이 가능했던 것이다. 따라서 鄧小平은 조정정책을 통해 개혁정책의 부작용을 철저하게 해결하기보다는 최소한으로 정리하고 다시 개혁정책의 가속화를 진행시키려 했던 것이다. 개혁 가속기로 전환하게 된 이런 국내 정치적 요인과 함께 동구 및 소련공산당의 해체는 중국 개혁세력의 개혁을 가속화시킨 또 하나의 이유가 되었다. 즉 중국 지도부는 구소련과 동구는 고도로 집중되고

세금납부의 증가와 지방으로 하방된 권한을 일부 중앙으로 회수하는 중앙집권, 거시조정을 강화해야 한다고 주장했다. 그러나 회의에 참석한 지방의 당서기와 省長들은 경제적 발전을 손상시킨다는 명분을 내세워 반발, 저항했고, 결국 중앙은 지방의 건의를 받아들여 논의를 보류하게 되었다. 특히 廣東省의 省長이었던 葉選平은 "중앙의 案을 받아들여서는 안 된다"고 공개적으로 저항했으며, 7-8개의 省도 여기에 동참했던 것으로 알려져 있다(김홍수, 1998: 157-158).

경직된 계획경제체제로 인하여 생산력의 발전이 지체되고 인민들의 생활이 충분히 향상되지 못했다고 진단하고, 소련의 붕괴야말로 중국이 추진하고 있는 개혁개방정책의 정당성을 입증한 것이라고 보았다. 따라서 중국이 조정정책을 지속할 경우 경제의 효율성과 생산성이 떨어질 것이고 이는 인민대중들의 사회주의 정권에 대한 신념의 위기를 초래하지 않을까 하는 위기의식을 초래하였다. 이러한 위기의식이 개혁을 가속화 시켰던 것이다.

따라서 이 시기(1992년 봄, 남순강화-1993년 11월, 14대3중전회), 중앙과 지방의 관계에 있어서는 분권화 개혁의 폐해를 최소화하기 위해 한편으로는 개혁가속화 정책(부분적인 하방정책)을 추진하면서 다른 한편으로는 집권화를 통해 중앙의 권위를 강화하려는 정책을 모색하게 된다. 그럼으로써 개혁적 견해와 보수적 견해를 동시에 수렴하게 되었다. 1993년 3월 개정헌법에서는 "중앙 및 지방 국가기구의 직권 구분은 중앙의 통일적 지도하에 지방의 능동성·적극성을 충분히 발휘시킨다는 원칙에 의한다"고 규정하여 지방의 자율성은 중앙과 지방의 통일, 단결의 전제하에 이루어 질 것을 강조했다.

이러한 상황에서 학계에서도 어떻게 전면적인 개혁을 통하여 중앙과 지방의 관계를 조화시키고 중앙의 권위를 수호하느냐는 문제가 제기되었다. 대표적 학자는 王紹光과 胡鞍鋼이었다. 그들은 1993년 5월 「시장경제전환 중 중앙정부의 주도적 역할의 강화-중국국가능력에 관한 연구보고」라는 보고서를 통해 중앙정부의 약화는 이미 매우 위험한 지경에 처했으며, 중앙정부의 능력을 다시 더욱 강화하지 않고서는 중국은 사회주의 시장경제를 건설할 수 없을 뿐 아니라, 분열의 위험에 봉착할 것이라고 경고했다. 胡鞍鋼은 또 "전통 계획경제체제하의 과도한 권력집중은 정치·경제적 민주에 장애가 되었기 때문에, 이러한 폐단을 제거하기 위해 개혁을 하는 것이지, 결코 국가능력을 약화시키기 위해 개혁을 하는 것은 아니며, 시장경제는 국가의 관여를 배제하는 것을 의미하는 것이 아니다. 중앙의 재정력을 지나치게 약화시키는 것은 이와 마찬가지로 중국을 현대화시키는 데 이익이 되지 않는다"고 주장했다. 그는 구체적으로 "재정청부제의 실시는 중국 중앙정부의 재정능력을 최악의 상태로 몰고 갔다. 세계은행의 보고에 의하면 중국의 중앙재정 상태는 1972-1989년 유고슬라비아(중앙재정수입의 GDP비중 21.1%→5.3%로 하강) 상태와 비슷하다. 동 기간 중국은 199.9%에서 6.9%로 하강했다. 이러한 중국 중앙의 재정상황은 중앙의 권위를 약화시켰다"고 했다(胡鞍鋼, 1996: 73). 국가분열이 나타나는 것은 약한 정부(중앙) 때문이지 민족분규 때문이 아니라는 논조였다.7)

이상 두 사람의 보고서가 중앙에 보고된 후 중앙지도자들로부터 높은 평가를 받았다. 1993년 7월 李鵬 총리의 와병으로 인하여 그를 대신하여 경제를 주관한 朱鎔基(상무 부총리)는 시장주의에 입각한 재정·세수·금융 등 거시적 경제조정정책을 통해 지방에 대한 중앙의 통제를 강화하는 정책을 채택하였고, 1993년 11월 당 14대3중전회에서는 「사회주의 시장경제 건립을 위한 약간의 문제에 관한 결정」을 공포했다. 동 결정에서 규정된 개혁 방침은 모두 중앙정부의 권위를 강화하고 현대적인 기업제도를 건립하며, 정부와 기업을 철저히 분리하는 내용이었다. 전통적인 중앙과 지방의 관계에 내재하는 문제의 연원을 없게 한 것은 행정적 분권(기업관리권을 중앙정부가 지방정부에 위양)의 본래의 의의를 상실케 하는 것이었다. 이 결정에 대한 전반적인 집행력을 제고할 목적으로 1994년 3월 제8기전인대 2차회의에서는 '分稅制' 시행의 구체적인 방법을 담은 예산법이 입법화되었다. 기존의 재정청부제를 폐지하고 분세제를 실시함으로써 지방정부의 분리주의 경향에 제동을 건 것이다. 1995년 9월 당 14대5중전회에서는 "반드시 중앙의 통일적 지도를 더욱 강화하고, 중앙의 권위를 유지 옹호하여야 한다"는데 뜻을 모았다(趙立波, 1998: 119). 즉 동 회의에서 江澤民

---

7) 1993년 '중앙은 집권당, 지방은 자유당, 기업은 재야당, 농촌은 지하당'이라는 가사의 노래가 유행할 정도로 중앙정부는 아무런 영향력을 발휘할 수 없었다 (凌志軍, 2003: 181).

은 "일부 지방과 부문에서는 그 지역과 부문의 국부적인 이익을 지나치게 고려하여 중앙의 방침·정책의 관철 및 집행에 최선을 다하지 않았으며, … '위(중앙)에 정책이 있으면, 아래(지방)도 나름대로 중앙의 정책에 대해 대책을 강구할 수 있다(上有政策, 下有對策)'거나 명령이 있어도 수행하지 않고 금지해도 그만두지 않는 현상이 나타난다"고 하면서 지방의 지나친 이기주의와 분권화에 쇄기를 박았다. 그는 중앙과 지방정부는 각자의 사무권한 및 정책결정권을 명확히 할 것을 강조하면서도 위와 같이 중앙의 통일적 지도와 권위는 반드시 강화되고 지켜져야 함을 강조하였다.

1997년 9월 15대에서도 江澤民은 「정치보고」를 통하여 "재력을 집중하고 국가재정을 진흥하는 것은 경제사회 각종 사업의 발전을 보증하는 중요한 조건"이라 하고, "국가·기업·개인 간과 중앙과 지방간의 분배관계를 정확히 처리하여, 재정수입이 GNP에서 차지하는 비중을 높이고, 중앙의 재정수입이 전국의 재정수입에 차지하는 비중을 제고하여야 한다. 그리고 소유제 구조와 정부기능 변화에 적응하여 재정수지구조를 조정하고, 안정적이고 균형적인 국가재정을 구축하여야 한다"고 주장하였다(江澤民, 1997: 27). 결국 사회주의 시장경제의 건설에 따라 지방의 자율성은 보증하되, 중앙의 영도를 이탈하는 행위는 용납하지 않겠다는 것이며, 그를 위해 중앙재정을 강화하겠다는 뜻이다.

이러한 일련의 중앙과 지방관계의 새로운 정립과정 속에서 분세제 개혁을 통해 중앙의 재정은 강화하되, 시장화 개혁을 지속시키기 위한 정책이 추진되었다.

제2절 중앙의 재정력 강화를 위한 분세제 개혁

1. 분세제 재정체제개혁의 기본 목표와 내용

개혁개방 이후 재정의 분권화(재정청부제 실시)로 인하여 야기된 폐단을 시정하기 위한 방안으로서 나온 정책이 분세제 개혁이다. 원래 중국은 1990년 가을에 재정청부제를 폐지하고 분세제를 도입할 계획이었지만, 지방의 강한 반발 때문에 보류할 수밖에 없었다. 그러다가 1992년 하반기부터 浙江, 遼寧, 新疆, 天津, 武漢, 靑島, 瀋陽, 重慶 등 일부 지역에서의 시험을 거쳐 1993년 1월 당 14대3중전회에서 결정하고, 1994년 1월부터 정식으로 실시하였다.

분세제 개혁이 의도하는바 정책의 기본목표는 다음과 같은 것에 있었다(胡鞍鋼, 1999: 143-145).

첫째, 전국의 재정수입(세입) 중 중앙의 재정수입이 차지하는 비중을 제고한다. 세계적으로 볼 때 국가유형이 단일제 국가이든 연방제 국가이든 불문하고 중앙의 재정수입이 지방의 재정수입보다 높은 것이 보편적인 현상이며, 그래야만 중앙이 재정적 수단을 통해 지방을 간접적으로 통제하고 국가의 통일을 유지한다. 胡鞍鋼은 이러한 재정적 수단은 경제적 의의보다 정치적 의의가 훨씬 강하다고 보았다. 상술한 바와 같이 유고슬라비아 분열의 중요 원인 중의 하나도 바로 중앙재정수입의 과도한 약화에서 비롯되었다고 보고, 중국은 그보다 더 심각해 중앙의 재정력 약화를 억제해야만 중앙의 권위 약화를 보완할 수 있다고 했다

둘째, 다양한 재정청부제의 방식을 통일적으로 규범화 한다. 왜냐하면 재정청부 체제하에서는 전국적으로 6가지 유형의 재정청부제가 병존, 각 지방이 채택하는 재정청부제 방식에 따라 지역 간에 이익의 편

차가 발생했기 때문이다.

셋째, 재성이전교부제도를 실시히여 저발전 지역을 보조함으로써 지역 간의 격차를 축소한다. 개혁개방 이후 불균형적 발전전략(先富論)에 의해 중국의 지역 간 격차는 심각했기 때문이다(제6장 참조).

넷째, 중앙세수(국세) 기관과 지방세수 관리기관을 따로 설치하여 국세와 지방세를 각각 따로 징수한다. 즉 중앙세무기관은 지방세를 침범해서 아니 되며 지방세수기관 역시 국세를 침범하지 못하도록 함으로써 관할권을 명백히 한다.

다섯째, 재정체제와 재정정책이 경제운영에 있어 효과적인 조정역할을 하도록 한다.

위의 목표와 중국이 처한 상황 및 재정체제의 외적 환경을 고려하여 당 14대3중전회에서 통과된 「사회주의시장경제체제를 건립하는 약간의 문제에 관한 결정」에서 제시한 분세제 개혁의 기본원칙은 다음과 같다(汪玉凱, 1998: 56-57).

첫째, 중앙과 지방의 분배관계를 정확히 처리하여 중앙과 지방 모두의 적극성을 끌어낸다. 중앙과 지방의 업무 권한을 구분하고 그것을 기초로 稅種을 구분하여 중앙과 지방이 각각 따로 세금을 징수함으로써 중앙재정수입의 안정적 증대를 꾀하는 동시에 지방세수의 합리적 증대를 촉진한다. 중앙은 필요한 재력, 즉 이전교부를 위한 재원을 중앙에 집중한다.

둘째, 각 지역 간의 財力(예산) 분배를 합리적으로 조정하여 경제가 발전된 지역은 계속 빠른 속도를 유지하도록 하고, 저발전지역의 경우 중앙의 재정이전 교부를 통해 더욱 빠르게 발전하도록 하여야 한다.

셋째, 정책의 통일과 분급 관리를 상호 결합시키는 원칙을 견지한다. 세수에 관한 입법권을 중앙에 집중함으로써 중앙의 政令統一을 보증하고, 국가의 시장 통일, 공평한 경쟁을 유지 보호하는 한편, 세수입은 중앙과 지방이 나누어 따로 관리한다. 동시에 법에 따라 점차적으로 적당한 세수입법권은 지방에 부여한다.

당시 재정부의 자료에 의하면 1994년부터 실시하기 시작한 중앙과 지방의 분세제 개혁은 "있는 것은 그대로 유지하고, 늘이는 量은 조정한다"(存量不動, 增量調整)는 기준에 따라 점차적으로 중앙의 거시조정력을 제고하기 위한 합리적 재정분배기제를 건립한다는 원칙 하에서 설계되었다. 원래 재정청부제를 실시하던 지방에서는 상납과 중앙의 보조는 기본적으로 불변한다는 전제하에 '三分一返'-중앙과 지방의 지출범위 구분(分支出 또는 分權), 수입범위 구분(分收入, 分稅), 세무기관의 분립(分設稅務機構), 稅收返還의 방식을 실시하기로 했다.

분세제의 기본 내용은 중앙과 지방의 사무(양과 범위)를 합리적으로 구분한 다음, 그것에 근거해 세출(재정지출)을 결정하는 원칙에 따라 稅種을 중앙세, 지방세, 중앙과 지방 공유세로 구분하고, 중앙과 지방의 수입범위를 정하여 중앙세수와 지방세수체계를 건립하는 것이다. 그리고 세무관리기구를 중앙과 지방으로 나누어 중앙세와 중앙과 지방 공유세는 중앙세무기구가 징수하고, 지방세는 지방세무기구가 징수하도록 하는 제도다(謝慶奎, 1998: 77-78). 그럼으로써 약화된 중앙재정의 위상을 회복하고 중앙과 지방간의 재정배분제도를 규범화 한다는데 목적이 있었다. 구체적인 내용은 다음과 같다(胡鞍鋼, 1999: 145- 149; 朴月羅, 1997: 46-47).

첫째, 국가사무를 중앙과 지방 사무로 구분하고 그것을 기초로 중앙과 지방의 재정지출(세출)의 범위를 분류하였다. 전자의 경우 전통적인 정부기능에 속하는 국가의 안전·외교와 국가기관 운영비, 국민경제조정·지역의 균형발전·거시조정에 필요로 하는 지출과 중앙이 직접 관리하는 사업에 소요되는 경비 등에 대한 지출이다.

구체적으로 국방비, 무장경찰관리비, 외교와 대외원조, 중앙급 행정관리비, 중앙이 통제 관리하는 기본건설투자, 중앙 직속기업의 기술과 신제품 개발비·지질탐사비, 중앙이 부담하는 농업지원 자금, 중앙의 내외차관의 원리금상환, 그리고 중앙이 부담하는 공안·검찰·법원 운영비와 교육·위생·과학 등 각 사업비의 비용 등이 중앙의 지출 항목에 포함된다.

후자의 경우는 당해 지역 정권기관의 운영에 필요로 하는 경비 및 경제·사업발전에 소요되는 지출이다. 구체적으로 지방행정관리비, 공안 검찰 법원 관리비, 부분적인 무장경찰 운영비, 民兵사업비, 지방이 발주하는 기본건설투자, 지방기업의 기술 및 신제품 개발비, 농업치원 자금, 도시보호와 건설 경비, 지방 문화·교육·위생 등 사업비, 가격 보조비 및 기타 지출 등이 지방의 지출범위에 해당된다.

둘째, 稅種에 따라 수입(세입)을 구분하고 중앙과 지방의 수입 범위를 명확히 했다. 수입(세입)원은 중앙재정고정세입, 지방재정고정세입과 중앙지방공통세입으로 분류하였다. 국가의 권익과 거시조절기능의 수행에 필요한 세목은 중앙세(국세), 경제발전과 직접관련이 있는 주요 세목은 중앙과 지방 공유세, 그리고 영업세·개인소득세 지방기업 소득세 등과 같이 지방이 징수 관리하는 데 적합한 세목은 지방세로 정했다.

중앙고정수입은 관세, 海關代證稅(세관이 대리 징수하는 소비세와 부가가치세)와 소비세, 중앙기업 소득세, 외자은행 및 비은행 금융기관 소득세, 철도부문·각 은행 본점·각 보험사의 본점 등이 납부하는 세금(영업세, 소득세, 이윤과 도시건설보호세 등 포함), 중앙기업이 납부하는 이윤 등이 포함되었다. 유통세인 소비세를 신설하여 중앙의 고정세입으로 한 것은 중앙수입의 증대에도 목적이 있었지만, 지방이 유통세 增收를 위해 담배, 주류, 오토바이 등 고세율 소비재생산에 과잉투자해 온 관행을 억제함으로써 산업구조의 왜곡을 억제하려는 목적도 있었다(項懷誠, 1994: 117-118).

지방고정수입은 중앙세입에 포함되지 않는 영업세, 지방기업 소득세, 지방기업이 납부하는 이윤, 개인 소득세, 도시(城鎭) 토지사용세, 고정자산투자방향조절세, 도시건설보호세, 부동산세, 자동차 선박 사용세, 인지세, 도축세, 농업 및 목축업세, 농업특산세, 경지점용세, 부동산 취득세(契稅), 유산과 증여세, 토지부가가치세, 국유지유상사용 수입 등이 포함되었다.

중앙과 지방 공유수입으로는 부가가치세(중앙 75%, 지방 25%), 자원세(해양석유자원세를 제외한 대부분의 자원세는 지방수입), 증권교역세(중앙과 지방 각각 50%) 등이다. 세수입의 범위가 확대된 부가가치세 수입은 중앙과 지방이 각각 75%:25%로 나누어 가진 것도 중앙의 재정력 증대를 위한 조치라 하겠다.

셋째, 세무기구도 중앙세무기구와 지방세무기구로 분립하고 세금도 따로 징수 관리하였다. 1993년 이전 중국의 세무 징수체계는 하나로 통합되어 있었다. 중앙세수는 주로 지방세무기구에 의뢰해 징수했다. 따라서 중앙과 지방 수입의 징수관리권과 직무가 모호해서 중앙재정수입의 정상적인 확보가 용이하지 않았다. 따라서 분세제개혁은 세무기구를 분립, 중앙세무국은 중앙고정수입과 공유수입을 징수하고, 지방세무국은 지방고정수입을 징수하도록 했다.

넷째, 분세제 실시에 따른 지방의 기득권 손실을 보전해 주기 위해 세수환급과 전용항목 이전교부제도를 병행했다. 이는 중앙정부와 부유한 지방정부와의 타협으로 나온 제도로, 먼저 세수환급은 만약 省정부가 전년도의 재정수입을 확보하지 못하면 중앙정부가 省정부에 세수를 되돌려 주어 보조하는 제도다. 중앙의 지방에 대한 세수환급은 재정청부제 실시 마지막 해인 1993년을 기준치로 하여 실제 재정수입액으로부터 분세제 실시와 함께 중앙고정수입 항목이 된 소비세와 중앙과 지방의 공유수입인 부가가치세의 75%를 공제한 후, 다시 분세제 실시로 인해 종전의 중앙수입에서 지방수입으로 바뀐 세수액을 더해서 세수반환 기준액으로 확정해 줌으로써 지방의 저항을 무마하려했다. 사정 후 1994년 중앙 각 지역에 대한 세수 환급 기준액은 1,700억元이었다. 1994년부터 매년 환급액을 遞增시켜나가되 세수 환급 체증율은 국무원 85호 문건의 규정에 따라 당해 연도 전국 부가가치세와 소비세 평균 증가율로 확정하였다. 1994년 8월 각계의 요구와 의견을 반영, 지방의 적극적인 협조를 끌어내기 위해 세수환급 체증율을 전국의 소비세와 부가가치세(75%분) 평균 증가율의 30%로 확정하였다. 즉 소비세와 부가가치세 징수율이 1% 상승할 때마다 지방에 대한 환급율은 0.3%씩 증가했다.

전용항목 이전교부금은 중앙이 지방의 경제건설 프로젝트나 사회사업 등에 선택적으로 교부하는 자금으로, 국가의 산업정책 혹은 소수민족정책 등에 입각하여 경제적으로 낙후된 지역에 지급하는 보조금, 중앙재정에서 거시경제조정 차원에서 교부하는 자금, 대형 자연재해 발생 시에 지원하는 구조금 등이다.

2. 분세제 개혁에 대한 지방의 반응

분세제 개혁의 목적은 중앙의 재정력이 약화되는 것을 억제하여 중앙재정수입이 GDP 및 국가 총수입에서 차지하는 비중을 제고하는 데 있었기 때문에 지방정부는 어차피 그들의 기존 이익이 침해당할 것이라 생각했다. 따라서 개혁의 성공적인 집행을 위해서 중앙은 지방정부의 불만을 완화시켜야 했다. 그래서 중앙은 위에서 언급한 바와 같이 세수 환급과 전용 항목 이전교부제의 채택과 함께 지방의 기득권을 감안해 제도가 정착될 때까지 종전의 관행을 허용키로 했다. 즉 재정청부제하의 상납, 보조금 교부 방식을 약간의 조정을 거쳐 당분간 보류하기로 하고, 지방정부가 시행해 온 감면세 조치 및 연해 개방도시의 경제기술개발구에 대해 허용해 온 재정수입 증가분 전액을 유보하는 정책 및 세제상의 優惠政策도 계속 유지하기로 했다. 실제적으로 경제개발구와 특구에 대한 우혜정책을 그대로 유지한 것은 이들 지역에 대한 모종의 타협의 결과라 보겠다.

분세제 실시 이전인 1993년 8월부터 중앙은 지방과 담판을 시작했다. 먼저 중앙 영도자들은 중앙 유관 부서의 책임자들을 데리고 廣東 등 연해지역을 방문하여 설득작업을 벌였다. 이 과정에서 대부분의 지방지도자들은 중앙의 분세제 결정을 지지하였으나, 협상(홍정)을 통해 지방이익을 최대화하려 했다. 지방은 중앙으로부터 상당한 정도의 양보를 받아낸다. 원래 계획대로라면 세수환급액은 1992년을 기준치로 정했지만, 지방의 요구로 기준연도를 1993년으로 변경한 것이 그 예다. 따라서 각 지방 지도자들은 손해를 보지 않기 위해 신속히 1993년 지방세수 기준치와 지방재정수입액을 인위적으로 부풀렸다. 통계에 의하면 1992년 전국공상세는 255.57억元으로 연 증가율은 12.3%였으나, 1993년도 전국의 공상세수는 979.9억元으로 전년 대비 41.8%나 증가하는 기현상이 빚어졌다(中國統計局, 1995: 218). 이는 중화인민공화국 건국 이래 최고의 기록이었다.

1993년도 지방의 재정수입은 대폭적으로 증가했고, 재정적자를 기록한 지방은 대폭적으로 줄어든 반면 재정 흑자 지방은 대폭적으로 늘어났다. 재정적자 省級 지방정부는 전년도 22개에서 13개로 줄어들었고, 대신 재정 흑자를 나타낸 지방은 1992년 8개에서 16개로 늘어났다. 전국의 1992년 대비 1993년의 지방 재정수입과 재정지출의 증가율 역시 각각 22.5%, 17.0%나 되었다. 하지만 1993년 대비 1994년 지방재정수입과 재정지출의 증가율은 각각 2.5%, 8.72%에 불과했다.

이러한 현상은 1993년을 재정수입 환급 기준년도로 결정한 것과 유관한 사실로 지방 지도자들은 언제나 자신의 이익을 극대화하는 데 몰두하고 있음을 증명하는 것이다. 지방지도자들은 지방의 이익을 최대화하기 위해 千方百計로 중앙과의 협상을 시도하였다. 중앙이 위와 같이 '정책을 제시하면(패를 내 놓으면, 出牌) 지방은 이에 대해 맞장을 치는(打牌) 형국이었다. 하지만 모든 지방정부의 경제력과 재정력이 같은 것은 아니어서 '맞장을 치는' 방법과 실력이 달랐다. 그들 지방 각자의 재정수입과 증가율 및 분세제로 인해 늘어날 재정 수입의 증가액 등에 따라 맞장 치는 방법과 강도가 달랐다. 어떤 省級 정부 지도자는 맞장 치는 방법이 고수였고, 그로 인해 분세제 실시 이후 손해를 보지 않고 적지 않는 이익을 보기도 했다(胡鞍鋼, 1999: 149-152).

분세제의 실시에 대한 각 지역의 반응은 지방의 이해관계에 따라 다양하게 나타났다. 대체적으로 내륙에 위치한 낙후된 지역은 개혁이 중앙으로 하여금 빈곤한 지역에 더 많은 재원을 배분할 것이라는 전제하에 지지를 표명하였다. 하지만 내륙의 낙후 지역이라 할지라도 지역 稅收源의 특징에 따라 이해관계가 얽혔다. 예를 들면 담배와 주류가 특화 산업(主된 세수원)인 雲南省과 貴州省의 경우는 불만이 컸다. 분세제는 주류제품의 판매에 부과하는 모든 소비세와 이들의 생산과 유통과정에서 부과되는 부가가치세의 75%를 중앙고정 수입으로 귀속시켰기 때문이었다(『明報』, 1994. 3. 14). 개혁개방 이후 재정청부제 및 지역 우혜정책(先富論)에 의해 혜택을 누리고 있던 연해지역의 경우 대부분 분세제개혁에 대해 아주 부정적이거나 저항적인 태도를 취했다. 이들 연해지역은 분세제 개혁을 '부유한 자를 뜯어 가난한 자를 돕는 일(搥富濟貧)이며, 평균주의적 조치'라고 비난했다.

3. 분세제 개혁과 중앙-지방관계의 영향

1) 분세제 개혁의 중앙재정수입과 지출에 대한 영향

분세제 개혁의 근본 취지는 중앙과 지방의 재정관계를 개선하여 중앙재정력의 계속적인 하강을 억제하고 중앙과 지방 재력분배의 구조를 조정하고자 하는 데 있었다. 따라서 분세제 개혁은 중앙의 재정수입과 지출구조에 다양한 영향을 미쳤다(<표 5-1> 참조).

첫째, 우선 외형적으로 전국의 총 재정수입 중 중앙의 재정수입이 차지하는 비중을 크게 증대되었다. 분세제 실시 후 중앙재정수입의 전국 총 재정수입 중에서 차지하는 비중이 1993년 33.35%에서 1994년 55.7%, 1995년 55.17%로 증가했다.

둘째, 전국 총 재정지출 중 중앙재정지출이 차지하는 비중이 줄어들었다. 1993년 중앙재정지출이 전국 총 재정지출에서 차지하는 비중은 37.0%였다. 하지만 분세제 실시 후 1994년과 1995년의 그 비중은 각각 30.29%, 29.24로 하강했다.

셋째, 중앙재정의 지방에 대한 이전교부금 및 그 비중이 대폭적으로 증가되었다. 1994년 중앙의 지방에 대한 재정 보조액(중앙의 지방에 대한 세수 환급, 지방에 대한 일반 보조와 전용항목에 대한 교부금 포함)은 같은 해 중앙의 총 재정수입의 80.9%에 상당하는 액수였다. 1995년에는 64.3%에 상당하는 액수를 지방에 보조해 주었다. 이는 비록 중앙재정 명의의 수입을 대폭적으로 증가시켜도 중앙은 대부분의 증액된 재정수입을 각 지방에 환급함으로써 실제의 중앙재정수입은 결코 크게 증대된 것이 아니었음을 의미하는 것이다.

넷째, 중앙 재정수입과 지출의 GDP에서 점하는 비중이 더욱 하강되었다. 1994년 중앙재정수입이 GDP에서 차지하는 비중(6.46%)은 전년의 4.92%보다 1.54% 증가했다. 하지만 1995년의 그것은 5.62%로 전년에 비해 0.84% 하강했다. 재정지출의 경우 그것은 1993년에 비해 1994년과 1995년 각각 5.67%와 3.54%(중앙 본급) 하강했다. 비록 재정수입의 절대적인 총액은 대폭 증가해도 대부분 지방정부에 대한 이전교부로 사용되어졌다. 때문에 중앙의 실제적인 재정지배능력은 약한 것이었다. 중앙 본급의 재정지출이 GDP에 차지하는 비중은 해가 갈수록 낮아졌다.

다섯째, 국가재정수입의 GDP에서 차지하는 비중이 더욱 낮아졌다. 1993년 국가재정수입(중앙과 지방정부의 재정수입 및 채무수입 포함)이 GDP에서 차지하는 비중은 14.7%였다. 하지만 1994년에는 11.6%, 1995년에는 10.7%로 줄어들었다(胡鞍鋼, 1999: 152-154).

전국인민대표대회 재경위원회는 「1995년 중앙 및 지방의 예산집행 상황과 1996년 중앙과 지방 예산초안의 심사보고」를 통해 다음과 같은 의견을 제시했다. "재정지출의 국내총생산액에서 차지하는 비중과

중앙재정의 전국재정수입에서 차지하는 비중이 계속 하강하여 재정적
자가 크게 늘어나고 起債額도 과다하게 증가되어 정부의 효과적인 직
무수행을 보증하기 어렵게 되었다. 문제의 심각성을 충분히 인식해야
한다.” 동 보고는 또 당시 자행되고 있던 각종 세금포탈 행위를 시인
했다. “몇몇 지방은 권한을 넘어 감세와 면세조치를 취하고, 어떤 지
방은 심지어 아직도 세수청부를 실시, 탈세·漏稅·騙稅의 행태가 심
각한 지경에 있다. 또 어떤 지방과 부문은 예산내 수입을 예산외 수입
으로 돌리는 방법으로 감독을 피하고 있으며,8) 어떤 지방은 아직도
가공무역에 소요되는 원자재에 대한 수입세 면제 제도를 이용해 千方
百計로 탈세를 자행하고 있다”고 했다. 당시 朱鎔基 부총리는 이러한
정책의 폐단을 신랄하게 비판했다. “동 정책은 일부 수출형 기업들로
하여금 수입은 많이 하고 보고는 적게 하며, 수출은 적게 하고 보고는
많이 하는 작태를 조성하게 하여 국가세수의 대량 유실을 초래하고
있다”고 말했다(『新華社』, 1996. 1. 22).

요컨대, 분세제 개혁의 중앙 재정수입 및 지출에 대한 영향은 비록
중앙재정수입이 전국 총 재정수입에서 차지하는 비중은 제고시켰지만,
국가 재정능력의 하강 추세는 억제하지 못했다. 국가재정수입과 중앙
재정수입이 GDP에서 차지하는 비중은 여전히 낮은 수준이었다.

2) 분세제개혁의 지방재정수입과 지출에 대한 영향

첫째, 적지 않은 지방의 재정수입이 마이너스 성장하였다. 1994년
겨우 10개 지방(성, 자치구, 직할시)을 제외하고는 모두 지방재정수입
의 절대액 및 증가율이 하강했다. 雲南省이 가장 큰 폭으로 하강했고,

---

8) 1993년 이후 중앙정부가 통제하는 예산외재정수입은 1992년 총 국가 예산외
재정수입의 44.3%에서 1999년 6.8%로 감소한 반면, 지방정부가 통제하는 예
산외재정수입은 1992년 총국가예산 외 재정수입의 55.7%에서 1999년 93.2%
로 오히려 증가했다(이양호, 2005: 275).

江蘇省이 가장 큰 폭으로 증가했다. 하지만 분세제의 영향으로 전국의 총 지방재정수입은 하강했다.

둘째, 거의 모든 지방의 재정수입이 GDP에서 차지하는 비중이 하강했고, 그것은 전국 총 재정수입이 GDP에서 차지하는 비중을 하강시키는 주요 원인이었다.

셋째, 분세제 실시 후 각 지방의 1인당 평균 재정수입의 상대적인 격차가 줄어들었다. 성급 지방정부 1인당 평균 지방재정수입의 전체적인 상대적 차이 지수가 1993년에는 87.4%였으나 1994년 80.3%로 하강했다. 1993년 1인당 평균재정수입액이 최고치인 지방은 上海로 그 최저치 지방(安徽)의 14.4배였고, 1994년 그것의 최고치 지방(上海)은 최저치 지방(四川)의 14.2배로 변했다. 비록 분세제 실시 후 지방간의 1인당 평균 지방재정수입의 차이가 약간 줄어들기는 했지만, 이는 여전히 심각한 문제로 남아 있다(제6장 서부 대개발 편 침조).

넷째, 분세제 실시 후 지방정부의 중앙에 대한 재정의존도가 높아졌다. 여기서 말하는 지방의 중앙에 대한 재정의존도는 중앙의 지방에 대한 재정원조와 각 성급 정부의 지방재정지출의 비율을 의미한다. 반대로 성급 지방정부가 중앙에 상납할 경우 그 상납액과 지방재정지출의 비율을 중앙재정의 지방에 대한 의존도라 한다. 1993년 17개 지방정부가 중앙의 재정원조를 필요로 했고, 그중 지방의 중앙에 대한 재정의존도가 가장 높았던 곳은 北京으로 무려 51.8%를 중앙재정에 의지했다. 반면 11개 지방정부에 대해서는 오히려 중앙이 재정을 의뢰하는 실정이었다. 上海, 天津, 江蘇, 浙江, 遼寧省 등에 대한 중앙의 재정의존도는 각각 85.7%, 46.2%, 39.5%, 33.3%, 18.0%에 달했다.

분세제를 실시한 1994년에는 오히려 중앙재정에 의존하는 지방정부의 수가 24개로 증가했다. 경제가 비교적 발달된 연해지역의 지방정부도 중앙이 지방재정에 의존하던 방식에서 지방이 중앙재정에 의존하는 방식으로 반전되었다. 예를 들면 山東(38.4%), 廣東(28.3%) 등이다. 1994- 2001년 기간 전국 각 지방의 중앙에 대한 재정의존도는 연평균 37.76%였으며, 부유한 성인 廣東省마저도 연평균 20.79%나 되었다(胡鞍鋼, 1999: 154-166).

이는 바로 분세제 실시로 중앙과 지방간의 게임관계가 바뀐 것을 의미한다. 분세제 실시 이전에는 주로 중앙이 지방에 의지했고, 특별히 연해 발전지역의 부유한 지방정부로부터 빌려서 재정을 충당했다. 하지만 분세제 개혁이후에는 지방이 중앙재정에 의지하는 상황으로 바뀌었다. 심지어 경제가 발달된 연해지역 지방정부까지도 중앙재정에 의뢰하는 상황으로 반전했다. 위에서 언급한 山東과 廣東省 이외, 上海의 경우만 보더라도 그것은 명백하다. 분세제 직전 중앙의 上海에 대한 재정의존도는 87.5%나 되었다. 하지만 분세제 실시 후 중앙은 上海의 재정에 의뢰하지 않음은 물론, 반대로 上海가 10.9%의 재정을 중앙에 의존하는 상황이 되었다. 이상과 같이 경제가 발달된 지방정부까지도 중앙의 원조를 받게 한 점은 지방의 중앙에 대한 재정의뢰를 제고시켜 중앙의 권위를 강화시켰다고 할 수 있다. 하지만 재정이전교부제도의 본래의 목적인 사회경제적 공평(지역 간의 격차 해소)의 차원에서는 소기 목적을 달성하지 못했다고 보겠다.

4. 분세제에 대한 지방의 반응 및 영향의 例 - 廣東省

분세제 개혁에 대한 廣東省의 반응을 예로 든다면 다음 <표5-2>와 같이 설명할 수 있다. 분세제 실시는 廣東省에 불리한 것이었다. 왜냐하면 첫째, 이전의 재정체제와 비교할 때 분세제 실시 이후 廣東省에 배당되는 재정은 감소될 것이었기 때문이었고 둘째, 다른 省들과 비교할 경우, 분세제 이전 중앙은 廣東省에 대해 특혜를 받았으나 분세제 실시 이후 다른 省들과 동일한 대우를 받기 때문이었다. 그리고 중앙이 과거처럼 지방과의 합의사항을 지키지 않는다면 이는 廣東省에 불리하기 때문이었다.

<표 5-2> 분세제 전후 중앙과 광동성 상호간의 책략과 득실

항 목	책략 및 결과
廣東省의 利害관계	不利
廣東省의 대책	抗拒
중앙의 대응	調和
상호 책략의 결과	部分妥協
중앙의 소득	廣東재정의 중앙에 대한 의존도 제고
廣東의 이득	富의 은폐
중앙과 廣東의 공통 이익	재정수입과 재정의 급속한 성장, 국유기업의 결손 개선

출처: 王嘉州, 2003: 97.

이상과 같은 이유로 분세제는 廣東省과 같은 부유한 省(경제력 전국 최고, 정치역량 전국 4위)에게는 불리한 정책이었다. 따라서 廣東省이 취한 대책은 중앙의 정책에 대한 '抗拒'였다. 하지만 이에 대한 중앙의 대응은 강제적 '징벌'이 아닌 廣東의 행동을 이해하고 협조를 요청하는 '調和'의 책략을 택하였다. 왜냐하면 廣東은 정치경제적 영향력이 막강할 뿐 아니라, 기타 省·직할시와 함께 저항적인 태도를 보였기 때문이다(『中國時報』, 1993. 12. 3). 따라서 중앙과 廣東省 상호간에 취한 책략의 결과는 '부분적인 타협'으로 귀결되었다(<그림 5-1> 참조).

부분적인 타협의 결과 중앙이 얻은 소득은 상술하는 바와 같이 과거 중앙이 廣東省에 의존하던 재정을 廣東省으로 하여금 중앙에 의존케 반전시킨 것이다. 廣東省이 얻은 이익은 부를 축적하는 데(藏富) 성공한 것이다. 그 이유는 분세제 실시 후 廣東省의 실제 부가가치세율은 2.28%로 잠재적인 부가가치세율의 15-17%에 불과했고 전국평균 11.12%보다도 8.24%나 낮은 것이었다.

<그림 5-1> 중앙과 지방 상호간의 策略圖

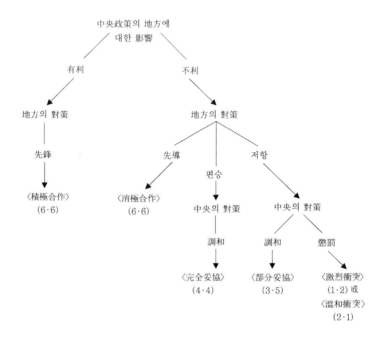

주: (6·6)=중앙선호·지방선호.
출처: 王嘉州, 2003: 86.

따라서 富를 축적하는 데 성공할 수 있었다. 둘째, 廣東省의 재정수입이 GDP에서 점하는 비중(8.19%)이 매우 낮게 책정되었기 때문이었다. 이는 전국 수준(12.88%) 보다 낮고 '定額上納'시기(1980-1987)의 11.95%, '上解額遞增包干' 시기(1988-1993)의 9.37%보다도 낮은 비중이다. 셋째, 廣東省의 예산외 수입의 비중이 높았기 때문이었다. 즉 재정수입에 정식으로 포함시키지 않고 지방의 수입으로 감출 수 있는 예산외 수입이 1993년 재정수입의 24.87%에서 1997년 51.67%로 급증하였다. 그 후 하강하고 있기는 하지만 1999년에도 31.72%에 달했다. 중앙과 廣東의 공통적 이익의 경우, 분세제 실시 후 재정수입 증가율 및 경제성장율 모두 계속 증가하고 있다. 재정수입의 경우 廣東省은 1995년-2001년 년평균 21.5% 증가했다. 이는 1988-1993년('上解額遞增包干' 시기)보다는 4.38% 낮은 증가율이지만 1980-1987년('定額上解' 시기)의 13.97%보다 무려 8%나 높은 증가율이다. 전국 역시 17.79%나 증가했다. 경제성장률의 경우 역시 분세제 이후 廣東은 연평균 11.93%(이는 과거보다는 낮은 성장률이지만 두 자리 수는 계속 유지), 전국은 8.96%를 유지했다. 나아가 국유기업의 환경이 크게 개선되었다. 廣東省의 '국유기업 손실보전' 액의 경우 1994년 17.4억元에서 2001년 5.2억元으로 줄었고, 이와 동시에 기업소득세액은 34.87억元에서 267.81억元으로 증대했다(『廣東省統計年鑑』, 2002: 181)

이상 중앙과 지방(廣東省) 상호 간이 취한 책략의 결과를 보면, 분세제 실시 이후 중앙-지방관계는 수직적 강제의 관계에서 타협의 정치 및 非제로섬 게임(non-zero-sum game)의 관계로 전환되었다고 보겠다. 지방정부의 행위는 중앙정책의 영향을 크게 받고, 지방정부의 행위 역시 중앙의 정책에 영향을 미쳤다.

5. 분세제개혁의 평가- 중앙정부의 능력 강화

중앙과 지방의 분세제 개혁은 다음과 같은 성과를 거두었다.

첫째, 원래 다양한 유형으로 존재하던 재정정부제를 하나의 재정체제로 통일하여 정부 간 재정분배관계를 규범화하였다. 둘째, 중앙재정수입이 총재정수입에서 차지하는 비중의 제고를 촉진하고, 총재정수입과 지방재정수입의 지속적인 성장을 촉진하였다. 셋째, 중앙과 지방간 게임의 형국을 변화시켰다. 각 지방의 중앙에 대한 재정의존도를 제고시킴으로써 중앙의 지방에 대한 거시조정력이 강화되었다. 넷째, 중앙으로 하여금 지방과 지방간의 유기적인 결합을 통해 수익을 최대화하도록 유도하고, 각 지역 산업구조의 조정을 효과적으로 촉진토록 하였다. 소비세를 지방에서 중앙수입으로 귀속시켜 소규모의 연초 및 주류 공장의 맹목적인 난립을 억제했고, 영업세를 지방세로 넘겨 지방정부가 3차 산업을 발전시키도록 유도했다. 또 소득세를 지방수입(세)에 귀속시킴으로써 지방정부가 효과적으로 사영경제의 발전을 촉진하도록 했다.

<표 5-3> 국가총재정수지 중 중앙의 재정수지 비중 변화추이(%)

	1985	1989	1990	1991	1992	1993	1994	1995	1996
수입	38.4	30.9	33.8	29.8	28.1	22.0	55.7	52.2	49.4
지출	39.7	31.5	32.6	32.2	31.3	28.3	30.3	29.2	27.1

	1997	1998	1999	2000	2001	2002	2003	2004
수입	48.9	49.5	51.1	52.2	52.4	55.0	54.6	54.9
지출	27.4	28.9	31.5	34.7	30.5	30.7	30.1	27.7

주: 1) 중앙·지방재정수입 및 지출 모두 본급 수입.
　　2) 재정수입의 경우 모두 국내외 채무수입 포함되지 않았음.
　　3) 2000년 이후의 재정지출은 모두 국내외 채무이자지출 포함.
　　　그 이전은 포함되지 않았음.
출처: 『中國統計年鑑』. 2005: 276.

구체적으로 중앙재정력 약화의 억제를 통해 '약세 중앙, 강세 지방'의 형국을 '강세 중앙'으로 전환시키고자 한 분세제 실시 본래의 목적은 어느 정도 달성되고 있다고 보겠다. 일반적으로 중앙과 지방 경제관계의 역량을 비교하는 지표로서 활용되는 중앙과 지방간 '재정수지의 분배상황'에서 볼 때,[9] 중앙의 재정수입이 국가재정수입에서 차지

---

9) 예를 들면 王紹光·胡鞍鋼(1994: 第2章), Zhang(1999:115-141), Hsu(2000: 32-72), 王嘉州(2003)의 연구 등이 있다.

하는 비중은 분세제 실시 직후인 1994년-1995 기간 지방의 그것보다 앞섰고, 1996년-1998에는 다소 지방이 높았으나 1997년부터 지방이 미세한 수준으로 하강하기 시작, 1999년부터 중앙의 재정수입이 상승하기 시작했다. 재정 지출 면에서는 국가의 총 재정지출에서 중앙의 재정지출이 차지하는 비중은 전반적으로 지방의 재정수지에 비해 낮은 편이다(<표 5-3> 및 <그림 5-2> 참조).

<그림 5-2> 국가총재정수지 중 중앙의 재정수지 비중 변화추이(%)

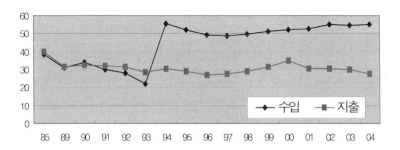

<표 5-4> 총 국가재정지출 중 중앙 재정지출 점유율 국제 비교

	국가 총 재정지출 중 중앙재정지출비중(%)	국가 총 재정지출 중 지방재정지출비중(%)	GDP 중 중앙재정지출의 비중(%)
선진국(18)	65.9	34.1	31.4
발전도상국 (22)	77.8	22.2	24.7
총(40)	72.3	27.7	28.3
중국 1994	30.3	69.7	3.8
1995	29.2	70.8	3.4
1996	27.1	72.9	3.2

출처: 世界銀行, 1996: 49; 『中國統計年鑑』, 1998: 281.

따라서 경제적인 측면에서 분세제 실시 전후의 중앙과 지방관계를 비교할 때 '지방 강세, 중앙 약세'의 형국에서 중앙의 재정역량이 점차적으로 회복되고 있는 조짐을 나타내고 있다. 하지만 총체적으로 볼 때, 지방분권의 틀을 벗어나지 못하고 있다. 특히 세계 여러 나라들의 중앙 재정지출이 국가 전체 예산의 총지출에 차지하는 비중과 비교할 때, 중국의 지방 재정력은 중앙의 그것보다 아직도 강세임을 입증한다 (<표 5-4> 참조).

또한 이상과 같은 어느 정도의 가시적인 성과(중앙재정력의 회복 조짐)에도 불구하고 재정청부제 실시 이후 심화되어 온 재정구조의 근본적인 문제점이 완전히 해소된 것은 아니다. 즉 중앙재정의 막대한 적자규모와 지나치게 높은 채무의존도는 개선되지 않고 있다. 채무의 경우, 중앙재정 총지출에서 채무수입이 차지하는 비중은 1993년 44.8%에서 1996년 56.9%로 증가하였다. 어떤 학자는 실제적으로 중앙정부 지출의 70% 이상을 채무에 의존하고 있다고 주장한다(Tong, 2003: 25-53). 그리고 중앙정부의 GDP 대비 재정적자는 1980년 0.3%에서 1994년 1.5%로 증가했고, 2000년에는 2.9%로 증가했다(<표 5-5> 참조). 이는 1991년 유럽연합 12개국이 체결한 마스트리히트 조약 (Maastricht Treaty)이 규정한 채무(GDP의 6%) 및 재정적자(GDP의 3%) 안전경계선을 넘거나 근접한 수치다.

<표 5-5> 중국 중앙정부의 재정 적자

구분	1980	1984	1988	1992	1994	1996	1998	1999	2000
재정적자(元)	1.4	4.8	19.4	23.1	67.6	65.5	95.8	179.7	250.8
적자/GDP(%)	0.3	0.7	1.3	0.9	1.5	1.0	1.2	2.2	2.9

출처: Tong, 2003: 25-53.

제3절 제한적 정치 분권화와 행정개혁

1. 통일적 영도하의 제한적 정치분권

중국은 개혁개방 이후 앞 장에서 논급한 바와 같이 정치면에 있어서도 부분적이나마 분권화를 추진했다. 중앙이 입법권, 간부인사관리권 및 행정관리권 등 많은 부분을 지방에 위양했다.

입법권 위양의 경우, 중국은 개혁개방 이후 법제화의 강화를 강조하면서 지방에 대한 입법권을 헌법에 보장하고 있다. 그렇지만 실제로 지방에서 입법화된 법규들이 중앙(국무원)의 의도(법규)에 상충된다하여 그 해결을 전국인민대표대회 상무위원회에 제청한 경우가 허다한 점(國家計劃委員會政策研究室, 1994: 55) 등으로 보아 결국 지방은 중앙의 권위로부터 자유로울 수 없다.

간부인사관리권의 경우도 1993년 간부체제의 개혁을 통하여 중앙의 對지방 인사통제권을 '下管兩級'(省·地區級)에서 省級 단위까지만 관할하는 '下管一級'으로 바꾸고, 중앙당조직부가 관장하는 간부 수도 1만 3,000여 명에서 7,000여 명으로 줄였다. 하지만 省級 단위의 실질적인 지도자인 省 당위 서기·부서기, 省長·부성장 등의 임면에 대한 중앙의 권한에 영향을 미치지 못하였다. 중앙은 빈번한 인사이동을 통해 성 당위 서기와 성장 등을 통제하고 있다.

1982년부터 2002년까지 매년 성 당위 서기의 경질이 있었고, 21년 동안 무려 142명의 서기가 경질되었다. 매년 평균 6.76명이 경질된 셈이다. 성장의 경우도 1986년부터 2003년까지 18년간 119명의 성장이 경질되었다. 매년 평균 6.61명이 경질된 것이다. 매 선거 때 마다 중앙이 점지한 자를 당선시키기 위해 당 중앙은 관례적으로 다음의 몇 가지 방법을 사용하고 있다. 성 당위 서기의 경우 선거전에 먼저 '당 중앙의 결정'으로 서기를 임명한 후 선거를 통해 경질하는 방법과 선거를 통해 경질한 후 다시 '당 중앙의 결정'으로 경질하는 경우가 있다. 성장의 경우, 중앙이 장악하는 통상적인 방법은 다섯 유형이 있다.

첫째, 먼저 성 인민대표대회에서 대리 성장을 임명하고 선거 때 당선시키는 방법. 둘째, 원래의 부성장을 선거 때 성장에 당선시키는 방법. 셋째, 선거 때 원래 성장을 연임시킨 후 성 인민대표대회 상무위원회를 통해 부성장을 대리 성장으로 임명하는 방법. 넷째, 선거 때 원래 성장을 연임시킨 후 중앙이 파견한 자를 성 인민대표대회 상무위원회를 통하여 대리 성장으로 임명. 다섯째, 선거 때 원래의 성장을 연임시킨 후 중앙에서 파견한 자를 성 인민대표대회 상무위원회를 통하여 부성장 겸 대리성장으로 임명하는 방법 등이다(施哲雄, 2003: 124-135). 그리고 地區級 정부지도자와 14개 단열시의 당위 및 정부의 정부 책임자의 인사도 중앙당조직부의 관장 대상이다.

개혁이후 경제관리권과 함께 행정관리권 역시 지방에 많은 자율권을 보장해 주었다. 그러나 중앙정부 산하의 각 부위에 정책연구실 또는 연구소 등이 복원 또는 신설되고, 이들이 하부지방단위에 대한 독자적 조사를 수행함으로써 많은 양의 정보와 통계자료가 중앙에 집중되었다. 특히 통계체제의 복원은 중앙의 지방에 대한 통제를 강화시켜 주었다.

1978년 국가통계국이 국가계획위원회의 1개 局으로부터 국무원 직속기관으로 복원되고, 1981년에는 省과 縣정부 산하 통계국의 국장 및 부국장의 임명에 반대할 수 있는 권한이 국가통계국에 주어졌으며, 이들은 중앙당조직부 관장의 간부에 포함되었다. 그 인원편제도 급격히 증가되었다. 1986년에 하부 통계계통 인원이 6만 7,000명이 넘었으며, 각 市와 縣단위에도 1,000개가 넘는 '縣市抽樣조사대'를 보유하게 되었다(정재호, 1999: 92-93). 감찰부(1987)와 심계서(1983) 등의 설치 또한 중앙의 對지방 통제의 주요 메커니즘을 보여주는 것이라 하겠다(정재호, 1999: 89-90).

뿐만 아니라, 지방에 대한 주요 통제 수단인 군대 및 공안계통에는 큰 변화가 없었다. 7개 大軍區에 의한 관할 성·시에 대한 안전보장과 감시통제, 공안부·무장경찰부대와 같은 전국적인 공안계통에 의한 지방 통제체제망에는 아무런 변화가 없다. 현재 중국인민해방군 7대 지방군구(北京, 瀋陽, 濟南, 南京, 廣州, 成都, 蘭州)들은 비교적 안정된 중앙정부의 직접 통제 하에 있다. 중앙정부 내 군사 지도자들은 지방군구 내 군지도자들에 대하여 절대적 지휘 통제를 행사하고 있으며 지방군구 지도자들이 '자기 세력을 배양하는 것을 방지'하기 위하여 중앙정부는 정규적으로 인사이동을 실시하고 있다. 지방군구 군사지도자들은 소규모 기동훈련만 중앙정부의 동의 없이 실시할 수 있으며 지금까지 이러한 규정에 위배되었다는 보도들이 없었음은 중앙정부의 각 군구에 대한 통제가 비교적 잘 되고 있음을 보여주고 있다고 할 수 있다(윤석준, 1996: 78-80). 이런 관점에서 중국인민해방군 지도부가 국가 통일을 위한 중앙정부의 정책에 적극적일 것이라는 판단을 내릴 수 있다. 인민해방군에 의한 '6.4사태'의 강경진압이나 '江澤民 후계체제 구축의 버팀목 역할을 한 점' 등은 이를 잘 증명해 준다(김정계, 2000a: 118).

정치의 분권화에 있어서 더욱 중요한 문제는 비록 표면적으로는 지방의 주동성, 적극성 및 자율성을 보장하기 위하여 지방에 정치권력을 위양해야 한다고 하고 있긴 하나 그 전제는 '국가의 통일적 영도'를 전제로 하고 있다. 그리고 근본적인 의미에서 '4항 기본원칙'-사회주의, 공산당 지도, 마르크스·레닌주의·毛澤東사상, 프롤레타리아 독재-을 견지(중국공산당 장정 서언에 규정)하는 한 그것은 극히 제한적일 수밖에 없다. 그래서 그것은 전체 정치부문의 개혁이라기보다는 경제개혁에 장애가 되는 상부구조, 즉 행정개혁의 수준에서 추진될 수밖에 없었다. 하지만 중앙과 지방 정치관계의 강약에 대한 측정 지표로 활용되는 당 중앙정치국 및 중앙위원회 위원의 중앙과 지방 출신 비율

을 보면 다음과 같이 다소 변화의 조짐이 나타나 있다.10)

2. 지방세력의 흡수와 중앙권력의 확산

<표 5-6> 및 <그림 5-3>에서 볼 수 있는 바와 같이 중앙정치국위원 중 군 대표를 제외한 중앙과 지방 대표의 비중만 본다면, 비록 지방출신의 비중이 중앙을 능가하지는 못하지만, 15대 때부터 지방출신의 정치국 진입이 그 이전에 비해 늘어났다. 중앙위원의 경우는 중앙대표를 능가하는 추세다.

중공 16기(2002년) 및 17기(2007) 중앙정치국의 경우 정치국위원 25명 중 10명(40%)이 성급 지방 당·정의 현직 지도자로 충원되었다. 이는 14기 및 15기와 비교할 때 지방지도자의 경력 없이는 중앙정치국 진입이 어렵다는 결론이 나온다(<표 5-6> 참조).

이는 단순히 중앙과 지방대표의 비율로만 볼 때는 지방 세력이 강화되는 경향이라고 해석할 수 있다.11) 하지만 이는 한편으로는 '흡수이론'에 의해 지방세력을 중앙권력에 묶어둠으로써 지방의 이탈을 방지하고 중앙의 통일적 영도를 더욱 강화하고자 한 일면이라고 볼 수 있다.

---

10) 중앙과 지방관계에 관한 많은 연구자들은 중앙위원회와 중앙정치국 및 그 상무위원회 내에 중앙과 지방 대표가 차지하는 비율에 따라 그 세력의 증대 및 감퇴 현상을 설명하고 있다(Zang 1993: 793-795; Li and Lynn. 1998: 245-247; Li. 2000: 1-40; 김정계, 1993: 199-201; 김정계, 2000a: 354-356; 陳永生, 1998: 29-49; 田弘茂, 2000; 楊開煌, 2002: 6/20-6/24; 王嘉州, 2004: 157-185; Bo, 2004: 223-256; Kim, 2005: 5-7).
11) 특히 중앙위원과 중앙정치국위원 및 그 상무위원의 정치적 위상을 기준으로 그들이 갖는 정치적 역량(이익)의 총량을 계산할 경우, 그들 각자는 1:9:27의 비중을 갖는다는 분석이 있다. 이에 따른다면 중공 16기 지방과 중앙의 역량은 44.7:56.1이다(王嘉州, 2000).

<표 5-6> 중공 통치엘리트의 지방출신 비율 추이(후보위원 제외)

		12기 (1982)	13기 (1987)	14기 (1992)	15기 (1997)	16기 (2002)	17기 (2007)
중앙위원	지방직	38.1 (42.4)	37.7 (52.0)	37.8 (40.2)	32.1 (43.3)	34.3 (50.3)	41.5 (59.0)
	중앙직	61.9 (57.6)	62.3 (48.0)	67.2 (59.8)	67.9 (56.7)	65.7 (49.7)	58.5 (41.0)
정치국위원	지방직	16.0 (0.0)	23.5 (28.6)	30.0 (33.3)	45.45 (50.0)	41.6 (45.5)	40 (43.0)
	중앙직	84.0 (100)	76.5 (71.4)	70.0 (66.7)	54.55 (50.0)	58.4 (54.5)	60 (57.0)

주: 1) ( )내: 군대표를 제외한 민간대표 중의 지방 출신 비율.
　　17기 중앙위원의 경우 후보위원 포함.
　　2) 근거가 확실한 자만 계산.
출처: Li and Lyne, 1998: 231-264; 蔡開松, 1991; 廖盖隆, 1991; 서진영,
　　1997: 516:
　　『人民日報』, 1997年 9月19日 및 2002年 11月 15日; 김정계, 2000a: 359;
　　楊開煌, 2002: 6/20-6/24; 中共中央組織部/中央黨史研究室, 2004 참조하
　　　여 작성.

<그림 5-3> 중공 통치엘리트 중 지방지도자 비중의 변화추이

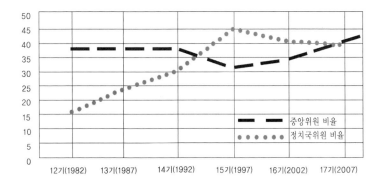

또한 중앙위원급 이상의 지방지도자들은 실질적으로 중앙에서 파견된 사들이 다수를 차지하고 있기 때문에 지방출신이라 하기 어렵다. 중앙위원 또는 중앙정치국에 진입한 절대다수의 지방 당위 서기 및 지도자들은 중앙의 지명에 의해 지방 지도자로 선임된 자들이며, 또 지방 지도자로 선임되기 직전에 중앙으로부터 파견된 자들이 많기 때문에 더욱 그러하다(<표 5-7> 참조).

3. 시장화 정책의 가속화를 위한 행정개혁

제한적 정치 분권화가 시장화 개혁을 저해하는 제도적 족쇄가 되지 않도록 하기 위해 중국은 정부개혁을 가속화하고 있다. 특히 기업관리권을 중앙정부가 지방정부에 위양했던 것으로부터 정부와 기업의 분리(政企分開)원칙에 따라 기업은 시장원리에 따라 경영할 것을 강조한다. 그것은 물론 무엇보다도 경제의 효율성을 제고하는 데 근본 목적이 있었지만, 다른 한편으로는 재정청부제 실시 후 불거진 지역이기주의를 차단하기 위해 취해진 방략이었다.

1) 시장화 개혁의 가속화와 중앙정부개혁

천안문 사태 이후 조정정책으로 시장화 정책이 위축되고 보수파에 의한 '姓資', '姓社' 논쟁이 가열되자, 1992년 鄧小平은 「南巡講話」를 통하여 사회주의 경제이론의 틀을 제시하고, 시장화 개혁의 가속화를 촉구하였다.

鄧小平은 1992년 1월에서 2월까지의 기간 武昌, 深圳, 珠海, 上海 등 남방의 주요 개방도시를 시찰했다. 이때 그는 '1개 중심', '2개 기본점'이라는 기본노선을 흔들림 없이 관철하고, 중국의 특색을 지닌 사회주의노선(중국적 사회주의)을 굳건히 견지하여 사회주의시장경제

<표 5-7> 중앙 출신의 지방지도자(정/부서기 및 성장, 1990-2006)

성 명	출신기관(중앙)	직 위	파견지방	직 위	파견년도
張德江	민정부	부부장	吉林 浙江 廣東 중앙정치국	副/서기 서기 서기 위원	1990.10/95.11 1998.8 2002.11 2002.11
胡富國	매광총공사	사장	山西	성장	1992. 8
馬忠臣	농업부	부부장	河南	성장	1992.12
回良玉	중앙정책연구실	부주임	湖北 安徽 江蘇 중앙정치국	부서기 副/代성장,서기 서기 위원	1992.10 1994-1999 1999 2002.11
阮崇武	노동부	부장	海南	서기	1993.1
劉淇	야금공업부	부장	北京 北京 중앙정치국	부서기/副/시장 시장, 서기 위원	1998.3 2002. 10 2002.11
鄭斯林	대외무역부	부부장	江蘇	성장	1994.9
蔣祝平	항공공업부	부부장	湖北	성장	1995.2
尉健行	당기율검사위	서기	北京 중앙정치국	서기 위원	1995.4 1992.10
우이샤	농업부	부부장	貴州	성장	1996.7
賀國强	화학공업부	부부장	福建 重慶 중앙정치국	副/代/성장 서기 위원	1996.10 1999.6 2002.11
徐有芳	임업부	부장	黑龍江	서기	1997.7
毛如柏	건설부	부부장	寧夏	서기	1997.8
張福森	사법부	부부장	北京	부서기	1997.12
李克强	공청단	제1서기	河南 河南 遼寧	副/代/성장 서기 서기	1998.7 2002.12 2004.12
鈕茂生	수리부	부장	河北	성장	1999.2
바오쉬딩	계획위원회	주임	重慶	시장	1999.8
周永康	국토자원부	부장	四川 중앙정치국	서기 위원	2000.1 2002.11
王旭東	당조직부	부부장	河北	서기	2000.6
李源潮	문화부	부부장	江蘇	부서기 서기	2000. 10 2002.12
石秀詩	국무원	부주임	貴州	부서기 副/代성장 성장	2000.12 2001.1 2003.1
宋德福	인사부	부장	福建	서기	2000.10
徐榮凱	國際減災委	부주임	雲南	부서기 副/代성장 서기	2001.5 2001.5 2002.1
白克明	인민일보	사장	海南 河北	서기 서기	2001.8 2002.11

체제를 구축할 것을 천명하는데 이것이 바로 鄧小平의 「남순강화」다.

중국공산당은 「남순강화」를 「2호문건」이라는 제목으로 발간, 이를 중앙정치국전체회의(1992. 3. 9.-10.)에서 당의 지도방침으로 확정했다. 鄧小平은 「남순강화」를 통해 발표한 내용을 개괄, 계획과 시장은 모두 경제수단이라는 명제를 제시했다. 즉 鄧小平은 "'계획'성분이 좀 더 많은가, 아니면 '시장'성분이 더 많은가로 사회주의와 자본주의의 본질이 구별되는 것은 아니다. 계획경제=사회주의가 아니고 자본주의도 계획이 있으며, 시장경제=자본주의가 아니고 사회주의에도 시장이 있다. 계획과 시장은 모두 경제수단이다. 사회주의('姓社')냐, 자본주의('姓資')냐는 '공유제'냐 '사유제'냐에 의해 결정되는 것이지 경제수단으로서의 계획이나 시장에 의해서 좌우되는 것은 아니다"라고 했다. 따라서 사회주의 공유제와 시장경제는 근본적으로 모순되는 것이 없으며 양자는 겸용이 가능하다고 정의함으로써 사회주의 시장경제의 이론적 기초를 재정립했다(柯明中, 1993: 148). 이후 당 15대에서 전술한 바와 같이 江澤民을 비롯한 집권세력은 조정정책으로서는 개혁의 부작용을 해결할 수 없다는 점을 정리하고, 오히려 개혁정책의 가속화를 통해 이런 문제를 해결하려는 정책으로 선회하게 된다.

1992년 10월, 당 14대에서 총서기 江澤民은 「개혁·개방과 현대화 건설의 발걸음을 가속화하여 중국특색을 지닌 사회주의 사업의 더 큰 승리를 쟁취하자」는 제목의 보고를 통해 江澤民은 사회주의 시장경제 체제의 성격을 다음과 같이 규정지었다. "우리가 건립하고자 하는 사회주의시장경제체제는 바로 시장으로 하여금 국가의 거시적 통제 하에서 자원배치에 대한 기초적인 기능을 하게하고, 경제활동으로 하여금 가치규율의 요구에 따르게 하여 공급과 수요관계의 변화에 적응케 하는 것"이라고 했다. 따라서 "가격과 경쟁메커니즘의 기능을 통하여 자원을 效益이 비교적 높은 곳에 배치하고, 기업에게 압력과 활력을 불어넣어 경쟁력을 강화시키며, 시장이 각종 경제정보에 비교적 민활하게 반응하는 장점을 통해 생산과 수요의 適時的 협조를 촉진시키는 동시에 시장 역시 약점과 결함이 있기 때문에 국가의 경제에 대한 거시적 통제를 강화 내지 개선해 나가야 할 것"이라고 했다. 그래서 "우리는 전국적으로 시장과 시장의 기능을 진일보 확대하고 객관적 규율에 의거해 좋은 경제정책을 운용하여야 하고, 경제법규・계획적지도와 필요한 행정관리를 통하여 시장의 건전한 발전을 유도해 나가야 할 것"이라고 했다(人民日報, 1992. 10. 13: 1). 이로써 계획과 시장을 두고 성 '社'냐 성 '資'냐의 논쟁은 종결되고 시장중심의 사회주의 경제운영을 공식화 하게 되었다.12) 따라서 1993년 3월에 개최된 제8차 전인대에서는 당 14대에서 채택한 시장경제체제의 건립을 국시로 수용하고 이를 제도적으로 보장하는 장치를 구축하기 위하여 헌법개정을 단행하였다.

즉, '계획경제'를 主로 한 「82헌법」을 '사회주의 시장경제체제'를 국시로 하는 헌법으로 개정하였다. 사회주의 시장경제를 시행하는 데 장애가 되는 전문을 포함해 8개 조항을 수정, 보완 내지 폐지하는 방향에서 사회주의 시장경제체제의 틀을 마련하였다. 헌법개정내용을 중심으로 중국적 사회주의 시장경제체제가 포괄하고 있는 기본적 틀을 보면 다음과 같다(人民日報, 1993. 3. 30; 中國靑年報, 1993. 3. 30; 김정계, 1994b: 187-188; 張公子, 1993: 12-15; 朴斗福, 1993: 171-174).

첫째, 헌법 전문에서 중국이 현재 처해 있는 상황이 '사회주의 초급단계'임을 명확히 하고, 사회주의 현대화를 실현해 나가는 것이 국가의 기본 임무임을 명시했다. 아울러 이에 따라 "개혁개방을 견지하여 끊임없이 사회주의적 각종 제도를 개선해 나갈 것"을 추가했다.

둘째, 소유구조의 개혁: 구 헌법의 "중화인민공화국 사회주의 경제

---

12) 이러한 주장은 鄧小平이 「남순강화」에서 계획경제와 시장경제를 단순한 자원배분의 수단 혹은 형식에, 불과한 것으로 평가했기 때문에 사회주의를 논할 필요가 없다. …시장경제가 곧 자본주의의 독점물이 아니기 때문이다"고 한 그의 주장에 근거한 것이었다(張公子, 1993: 19).

제도의 기초는 생산수단의 사회주의적 공유제, 즉 전민소유제와 노동군중집체소유제이다"를 "생산수단의 소유구조는 국유제·집체소유제를 중심으로 한 공유제를 주체로 하고, 개체경제·사영경제·외자경제를 보충으로 하는 多種的 성격을 지닌 소유형태이다"로 개정하였다(6조).

셋째, 조직 및 의사결정구조의 개혁: 신헌법 제7조는 구헌법 제7조의 '국영경제'규정을 모두 '국유경제'로 바꾸었다. 그리고 신헌법 16조와 42조는 구헌법 제16조와 42조 3항에 명시되어 있는 "국영기업은…"이라는 것을 '국유기업'으로 개정했다. 이는 생산요소에 대한 국가의 소유권과 기업의 경영권을 분리(政企分開)하고 이를 바탕으로 법률이 정한 바탕의 범위 내에서 기업의 자율적인 경영권을 보장하기 위한 제도적 마련이다. 그리고 신헌법 16조는 구헌법 제16조의 "국영기업은 국가의 통일적 영도에 복종하고 국가계획을 전면적으로 완수한다는 전제하에 법률로 정한 범위내에서 경영관리의 자율권을 갖는다"에서 '국가계획의 전제'를 삭제하였고, 또 신헌법 제17조는 구헌법 제17조의 "집단 경제조직은 국가계획의 영도를 받고 관련 법률을 준수한다는 전제하에 독립적으로 경제활동에 종사할 자주권을 갖는다"에서 '국가계획의 영도를 받고'를 삭제했다. 여기서 '국가계획의 영도'를 삭제한 것은 경영의 자율권을 제도적으로 보장하고 경제에 활력을 불어넣겠다는 의지의 반영이라 보겠다.

넷째, 규제구조의 개혁: 개정헌법 제15조는 이번 헌법개정 중 가장 핵심적인 내용을 담고 있다. 즉 구헌법 제15조의 "국가는 사회주의공유제의 기초위에서 계획경제를 실행한다. 국가는 경제계획의 종합적인 형평과 시장조절기능의 보조 작용을 통해서 국민경제의 균형있는 발전을 도모한다. 어떠한 조직 또는 개인일지라도 사회경제질서의 혼란과 국가의 경제계획을 파괴하지는 못한다"는 내용 중, '국가는 사회주의 공유제의 기초 위에서 계획경제를 실행한다'를 '국가는 사회주의 시장경제를 실행한다.로 개정했으며, '국가는… 시장조절기능의 보조 작용을 통해서 균형 있는 발전을 도모한다'를 '국가는 경제입법을 강화하여 보다 거시적으로 조정 통제한다'로 바꾸었다. 그리고 마지막 부분의 '국가의 경제계획을 파괴하지 못한다'를 '사회경제질서를 문란케 하는 것을 금지한다'로 개정했다. 이처럼 '계획경제를 실행한다'에서 '사회주의시장경제를 실행한다'로 개정된 것은 이 헌법의 가장 핵심적인 내용으로 국가경제체제를 계획중심의 규제에서 시장중심의 규제로 전환시키는 기본방침을 제도적으로 보장한 것이라 하겠다.

다섯째, 분배구조의 개혁: 신헌법 제8조는 구헌법 제8조 1항 중 "농촌인민공사·농업합작사 및 기타 생산·구매와 판매·소비 등 각종 형식의 합작사경제는 사회주의 노동대중의 집체소유제이다"에서 '농촌인민공사'와 '농업생산합작사'라는 용어를 삭제하고 대신 '농촌의 가정청부제(家庭聯産承包)를 위주로 하는 책임제'의 실시로 바꾸었다. 이는 농촌에서 개혁개방 이래 개별농가 중심의 생산경영청부제 등을 통하여 분배상의 평등주의를 극복하고 노동에 따라 분배의 원칙을 확대하려는 개혁추진의 제도적 보장이라 하겠다.

이상과 같이 중국은 헌법의 개정을 통하여 '중국의 특색 있는 사회주의건설', '개혁개방견지' 등을 전문에 삽입하고, 계획경제체제로부터 사회주의 시장경제체제로의 전환을 명백히 하였다. 그리고 모든 경제조항에서 '국영'은 '국유'로, '국가의 통일적 영도'는 삭제하고 '법률에 근거'로 고쳤으며, '국가의 시장조절기능의 보조작용'을 '국가의 거시적 조정'으로 바꾸는 등 소유구조, 조직 및 의사결정구조, 규제구조, 분배구조 등에 있어서 근본적인 전환을 가져왔다(김정계, 1994: 185-189).

나아가 江澤民은 「보고」에서 사회주의 시장경제체제의 건립을 위해서는 다음과 같은 정부기능의 가속적인 전환을 제의했다. 전환의 기본 접근방법은 '政企分離'에 있다고 하고, 첫째 법규상 기업의 권한에 속하는 것에 대해서는 각급 정부가 간여하지 말아야 하며, 둘째 기업에게 하방한 권한은 중앙정부와 지방정부가 움켜쥐고 있어서는 아니 된다. 셋째 계획·투자·재정·금융과 몇몇 전문부문의 관리체제를 더욱 발전적으로 개혁하고, 동시에 심계와 감독을 강화하며 과학적인 거시관리체제를 구축한다. 넷째, 중앙과 성·자치구·직할시 등 지방과의 관리권을 합리적으로 획분하여 중앙과 지방의 적극성을 충분히 발휘토록 한다는 것 등이다(『人民日報』, 1992. 10. 13).

기업에 활력을 불어 넣기 위한 정부기능의 전환은 다음과 같이 4개 측면으로 추진되었다. 첫째 기구의 정간, 기본적으로 생산품 또는 사업에 따른 기구 설치. 둘째 행정기능의 약화, 기업에 대한 생산계획의 직접 하달 지양. 셋째 감독과 자문 서비스기능 등 정부의 간접거시조정기능의 강화. 넷째 행정기구와 기능을 부분적으로 사회기능과 기구로의 전환이 그것이다.

구체적인 중앙정부기구 개혁을 보면, 첫째 국가계획위원회·재정부·중국인민은행 등 종합적인 경제관리기구는 그대로 존치시키고, 기존의 국무원경제무역판공실의 기초 위에 국가경제무역위원회를 신설하였다. 종합적인 경제관리기구의 기능은 건전한 거시관리를 하는 데 중점을 두고, 건전한 국민경제의 발전전략 수립, 발전계획과 경제총량의 형평, 산업정책의 수립, 시장의 육성·발전, 사회경제활동을 효과적으로 조정 통제하는 것을 주요 임무로 하였다

둘째, 정부의 경제관련 전문 부·위원회의 개혁은 세 가지 방향으로 이루어졌다. ① 경제관련 정부부처를 경제실체(公司)로 전환시키고 경영과 행정을 분리, 행정관리기능과는 무관토록 함. ② 정부부처를 사업총회로 전환시켜 국무원의 직속 사업단위로 개편하나, 사업관리기능은 존치시킴. ③ 행정기구를 존치 또는 신설하되 그 기능을 규제관리에서 주로 계획·협조·서비스·감독체계로 전환시키는 내용 등이다(烏杰, 1998: 421-431).

셋째, 사회주의시장경제발전의 수요에 부응하기 위하여 국무원의 직속기구와 판사기구에 대폭적인 개혁을 단행했다. 일부는 각 부·위원회에 편입시켜 그 국가국으로, 다른 일부는 부·위원회 소속의 직능국으로 개편하였다(吳國衡, 1994: 256-265).

개혁을 통해 국무원 총 기구 수는 개혁 전의 70개에서 59개로 감소되었다. 그 가운데 부·위원회가 41개에서 40개로, 직속기구가 19개에서 13개로, 辦事機構가 9개에서 5개로 감소되었으나, 국무원 판공청은 보류되었다. 이 중 경제관리 전문 부와 위원회는 원래 18개에서 7개가 폐지되고 5개가 신설되었다 그 외에 국무원 비상설기구는 개혁 전의 85개에서 26개로 감소되었고, 명칭도 의사조정과 임시기구로 바뀌었다. 인원은 3만 7천 명에서 2만 9천6백 명으로 줄어 20%가 감축되었다(汪玉凱, 1998: 107-108; 烏杰, 1998: 837).

이 단계 정부개혁은 일정한 성과를 거두었지만, 역사적 조건과 거시환경의 제약으로 인하여 정부기구의 많은 폐단들을 철저하게 해결하지 못했다. 또한 기구설치와 사회주의 시장경제 발전이 조화되지 못한 점이 아쉬운 점이었다. 더욱이 정부와 기업 간의 분리가 이상적으로 되지 못했고, 행정수단으로 경제와 사회의 제반 사무를 관리하는 방식이 변화되지 않았다. 여기다 정부기구가 중첩되고, 인원이 남아돌아 국가재정의 부담을 들지 못했다(烏杰, 1998: 113-114). 1996년 현재 전국 당정기관인원은 800만 명이고, 사업단위(중국의 준공공부문을 칭함)의 2,800만 명까지 합치면 국가재정이 부담해야 하는 공직자수는 3천 675만 명에 달하였다. 이는 정부의 재정에 엄청난 부담을 주고 있다. 1949년 전후 공직자와 국민의 비율이 1:297이던 것이 1978년에는 1:50, 1996년에는 1:30이 되었다. 농촌인구가 70%를 점하는 사실을 고려하면, 이 비율은 지나치게 높은 편이다.

이상과 같은 문제점과 사회에 만연된 공직자의 부패현상은 개혁과 경제발전의 진행과 사회적 안정을 위협하고 있었다. 이러한 상황의 긴박성과 朱鎔基 총리의 등장은 1998년 정부기구개혁을 강력히 추진하는 계기가 되었다.

1998년 朱鎔基 정부의 정부개혁의 목표는 효율적·규범적인 행정관리체계를 건립하고, 국가공무원제도를 개선하여 높은 자질을 갖춘 전문화된 공무원을 확보하며, 사회주의 시장경제체제에 부응하는 중국특

유의 체제를 수립하는 것이었다.

이에 따른 정부기구개혁의 원칙은 첫째, 사회주의 시장경제의 요구에 따른 정부기능의 전환, 政企분리. 정부기능을 거시조정과 사회관리 및 공공서비스의 제공에 두고 생산경영권은 확실하게 기업에 돌려준다. 둘째, 축소·통일·효율의 원칙에 의해 정부의 조직구조를 조정, 작고 효율적인 정부(精兵簡政)를 만든다. 거시경제조정부문을 강화하고 경제관련 전문부문을 조정·축소하며, 사회서비스부문을 조정하고, 법 집행과 감독부문을 강화하며, 사회중개조직을 발전시킨다. 셋째, 권한과 책임의 일치라는 원칙에 따라 정부부문의 책임과 권한을 조정하고, 각 부문 간의 기능 분담을 명확히 한다. 유사하거나 동일한 기능은 동일한 부문에 맡겨 기능중복의 폐단을 극복한다. 넷째, 법치 행정의 요구에 따라 행정체계의 법제화를 강화한다(汪玉凱, 1998: 115).

개혁 내용을 구체적으로 보면, 첫째, 국무원의 종합경제부문을 거시경제조정부문으로 하였다. 중국의 종합경제부문은 국가발전계획위원회, 국가경제무역위원회, 재정부와 인민은행 등인 바, 종합경제부문을 거시경제조정부문으로 전환시키고자 한 것은 전통적인 계획에 의한 투자방식을 철저히 바꿔 시장의 투자주체를 육성·배양하고, 정부와 기업이 분리된 투자체제를 구축하고자 한 것이다. 국가계획위원회를 국가발전계획위원회로 이름을 바꾸어 국민경제와 사회발전전략 목표 및 장기계획을 수립하고 경제총량의 형평을 조정하는 기능을 맡도록 했다. 국가경제무역위원회는 산업정책을 수립하고 단기적인 경제운영을 조정하는 거시조정부문으로 바꾸고, 재정기능과 은행체제도 이에 상응하여 조정하였다.

둘째, 專業經濟부문을 축소, 조정하였다. 종래 전업경제부문은 계획경제의 산물로 1산업 1부, 政企不分, 기능중복 현상을 노정하였다. 1998년 개혁에서는 이러한 경제관련 전문 부문을 폐지하거나13) 경제

---

13) 전력공업부·석탄공업부·야금공업부·기계공업부·전자공업부·화학공업부·국내무역부·우전부·노동부·라디오 영화 TV부·지질광산부·임업부·국가체

무역위원회 산하의 국가국으로 편입시켜 관련 분야에 대한 정책을 수립하고 공정한 경쟁을 위한 거시적 조정관리 기능만 하게 하였으며, 직접 기업을 관리하지 못하도록 했다. 기계공업부·화학공업부·야금공업부·석탄공업부와 국내무역부는 그 기능을 국가경제무역위원회의 국으로 이관하고, 그 조직은 공사(公司)화 하였다. 그러나 일부 전업경제부문은 바로 폐지해 버리지 못하고 국가경제무역위원회 산하의 국으로 하향 편입시킨 것은 중국이 아직까지 전통적인 계획경제체제로부터 시장경제체제로 전환하는 과도기에 있고, 국유기업 개혁의 임무가 과중하여 전업경제부문을 완전히 폐지하는 것은 어려웠기 때문이다. 국가국으로의 격하는 본래 전업경제부문의 감축이나 통폐합에서 보다 시장경제의 수요에 적응하기 위한 전업경제부문의 기능전환이라는 데 더큰 의미가 있다. 중요한 것은 전업경제관리부문에서 정부와 기업의 역할이 분리되며, 정부가 직접 기업경영에 개입하지 않게 된 사실이다.

셋째, 부내 기구와 인원 수를 대폭적으로 감축하고 행정기구를 사업단위로 바꾸었다. 1998년 기구개혁 이후 국무원 부총리를 6명에서 4명으로, 국무위원을 8명에서 5명으로 줄이는 한편, 국무원의 부·위원회는 40개에서 29개로 감축했다. 그리고 국무원의 직속기구는 종전(13)보다 늘어난 17개, 국무원판사기구도 판공청(비서장)을 포함해 종전(6)보다 1개가 늘어난 7개로 조정하였다. 그리고 종래의 部·委級 및 직속기구에 속하던 행정기구(중국과학원·중국사회과학원·국무원발전연구중심, 국가행정학원, 중국지진국, 중국기상국, 중국증권감독관리위원회 등)를 국무원 직속 사업단위로 전환시켰다. 이에 따라 국무원 각 부처의 인원은 47.9%가 감축되어 당초 3만 2,000명에서 1만 6,000명으로 줄었다. 국무원 각 부처 내에 설치된 국급 기구 수는 200여개가 줄어들어 25% 감축되었다. 개혁과정을 거쳐 국무원 전체회의는 정부정책결정기구로서의 역할이 강화되었다 .이는 사회주의 시

육운동위원회·국가과학기술위원회(국가기술부로 개칭)·국가경제체제개혁위원회 등 주로 경제 전업분야 15개 부·위를 폐지하였다.

장경제체제와 정부기능의 전환에 따라 정부와 기업의 분리를 실현하고, 행정의 통일성과 효율성을 제고하기 위한 정부기구개혁의 불가피한 선택이었다고 보겠다.

넷째 기능이 중복된 정부기구를 통폐합하였다. 인사부·노동부·민정부는 인사부·민정부·노동과 사회보장부로 업무를 조정통폐합하고, 전자공업부·우전부·라디오 영화 TV부는 정보산업부로 통합하였다. 그리고 지질광산부와 임업부는 국토자원관리부로 통합하였다. 국방과학공업위원회이 관장하던 국방공업기능과 국가계획위원회의 國防司의 기능 및 각 군 공업총공사가 관장하던 정부업무를 재편하여 국방과학기술공업위원회에 통폐합하였다(烏杰. 1998: 839-840).

그러나 국가고유의 행정부문인 외교부·국방부·교육부(국가교육위원회를 개칭)·공안부·국가안전부·감찰부·민정부·사법부·인사부·문화부·위생부·국가계획생육위원회·심계서·국가민족사무위원회는 그대로 두었다(『人民日報』. 1998年 3月 11日; 星星. 1998: 332-362).

나아가 2008년 大部制 개혁의 방향에 따라 부분적인 기구개혁이 있었다. 2003년 3월에 이어 2008년 3월 10일, 제11기 전인대 제1차회의에서는 당 17대 행정관리체제개혁의 구상에 따라 「국무원 기구개혁 방안에 대한 결정」을 통과시켜 부분적인 구조개혁을 단행했다(<표 5-8>).

그것은 첫째, 거시조정관리부문을 가일층 강화한 것이다. 기존 '국가발전계획위원회'를 '국가발전과 개혁위원회'로 그 명칭을 바꾸었다. '계획'이라는 단어를 아예 삭제해 버리고, 그 기능은 국가의 경제와 사회의 발전정책을 종합적으로 연구하고 제정하며, 총체적인 경제체제개혁을 지도하는 말 그대로 거시조정업무에 한정했다. 그 주요 직책은 국민경제와 사회발전 전략, 장기계획, 년도계획, 산업정책과 가격정책을 수립, 조직하고 국민경제운영을 예측, 조정하며 경제총량의 형평을 기하고, 경제구조를 특화하고 국가의 중요 건설항목을 안배하며, 경제체제개혁을 지도하고 추진하는 기능을 한다. 그리고 폐지된 국가경제무역위원회의 일부 업무를 흡수하였다.

둘째, 국가경제무역위원회와 대외무역경제합작부를 폐지하였다. 대신 상무부를 신설하여 그 업무 중 일부는 상무부 및 국가발전과 개혁위원회로 이관하였다. 다른 업무는 역시 신설된 국무원자산감독관리위원회에 넘겨주었다. 상무부는 국내외무역과 국제경제합작 부문을 주관한다. 그 주요 직책은 시장운영과 유통질서에 대한 법규와 정책을 연구제정하고 시장 및 유통체제의 개혁을 심화 발전시키는 기능을 담당한다.

<표 5-8> 중국 국무원 각 부처(2008. 3 현재)

거시경제 조정관리부처	경제운영부처	국가 정무부문	인력 및 자원관리부문
국가발전과 개혁위원회 재정부 중국인민은행	住房과 도시농촌건설부 철도부 교통운수부 공업과정보화산업부 수리부 농업부 상무부 국방과학기술공업부	외교부 국방부 국가공안부 국가안전부 감찰부 민정부 사법부 문화부 위생부 국가인구와 계획 생육위원회 심계서 국가민족사무위원회	교육부 과학기술부 인력자원과 사회보장부 국토자원부

출처: 1)『国务院公报』, 2003/04/30 第12期.
2) http://news.xinhuanet.com/2003-09/09.
3) www.people.com.cn/2008/-03/11.

셋째, 국가계획생육위원회를 '국가인구와 계획생육위원회'로 바꾸고,

인구 발전전략연구를 강화하였다.

이상 2003년 정부기구개혁 중 주목을 끄는 것은 중국은 이제 사회주의국가 경제운영의 중추인 '계획'이라는 말을 삭제하고, 기구 수를 더욱 감축한 것이다. 이는 1993년 수정헌법('국가계획의 전제' 및 '국가계획의 지도' 삭제)의 정신에 부합되며, 지방과 기업에 대한 자율권 보장이라는 측면에서 시장경제체제에 한 걸음 더 접근한 개혁이라 하겠다. 중국 중앙정부기구 증감의 추이를 보면 <그림 5-4>와 같다.

<그림 5-4> 중국 중앙정부기구(부 및 위원회)의 증감추이

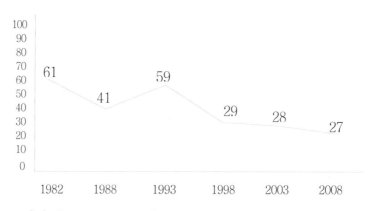

출처: 蘇尚堯, 1993: 135; 『人民日報』, 1998. 3. 11;
　　　『国务院公报』, 2003/04/30 第12期;
　　　http://news.xinhuanet.com/2003-09/09.
　　　www.people.com.cn/2008/-03/11.

2) 시장화정책의 가속화와 지방정부개혁

1994년 지방정부의 개혁은 鄧小平의 「남순강화」 정신, 당 14대 기구개혁의 방침과 원칙을 견지하는 차원에서 이루어졌다. 분세제 개혁 및 중앙정부개혁과 동시에 추진되었다. 따라서 지방정부개혁은 중앙과 마찬가지로 정부기능의 전환 특히 정부기능과 기업기능을 완전히 구분하는 것에 초점을 두고 추진되었다.

중국의 지방정부 기구개혁은 계층별 직권의 특수성과 다양성을 고려해 각 지방의 주동성 및 적극성과 창의성을 제고시키는 데 개혁의 초점을 맞추었다. 따라서 省과 市級의 개혁은 시장감독과 사회보장의 기능을 강화하는 데 중점을 두었고, 縣과 鄕級은 서비스체계의 건립에 개혁의 무게를 실었다.

그러나 1994년에 추진된 지방정부개혁은 기대에 미치지 못했다. 1994년의 지방정부개혁이 실패로 평가되는 이면에는 5년 전 592만 9,000명에서 394만 5,000명으로 정원을 감축하기로 계획했지만, 5년 후인 1998년 말까지 제자리걸음을 하고 있었다.

따라서 1998년 말 지방정부개혁에 대한 전체적인 방향과 목표를 확정하고 1999년에는 省정부, 2000년에는 현·향·진 정부의 개혁이 순차적으로 추진되었다.

(1) 지방정부 개혁의 목표와 원칙 및 중점
첫째, 1998년부터 추진된 지방정부개혁의 목표는 행정의 능률성 제고·기관간의 협조·행위의 규범화를 지향하는 행정관리체계를 건립하고, 전문화된 공무원제도의 수립을 통하여 사회주의 시장경제체제에 부응하는 중국적 특색의 지방행정관리체제를 확립하는 데 있었다.

둘째, 개혁의 기본원칙은 행정과 기업, 행정과 사업의 분리, 정부조직구조의 조정, 권한에 따른 책임의 견지, 합리적인 업무배분, 수평적·수직적 관계의 조화, 지역의 실정에 맞는 개혁의 추진, 행정관리의 제도화 및 법제화에 역점을 두었다. 제도화와 규범화 및 법제화에 역점을 둔 점이 과거의 개혁과 다른 점이다.

셋째, 지방정부 개혁의 중점은 이전과 비교해서 행정과 기업을 확실히 분리될 수 있도록 정부기능을 전환하는 한편, 방대한 정부기구와 인원을 감축하는 데 있었다.

(2) 지방정부 개혁의 주요내용

먼저, 기능과 조직부문의 개혁을 보면, 먼저 省級 정부의 기능전환은 크게 세 가지 방향에서 추진되었다. 첫째 거시적 경제 및 사회 통제관리기능(무역·재정·감독기능 등)의 강화, 둘째 업종별 전문경제부문(공업·상업·물자관리 등) 및 모든 행정형 기업의 폐지, 단 그 기능은 경제무역 부문에 합병시킴. 셋째 농업·수리·임업 등 부문은 현상을 유지하고 수산(해양수산)·목축·개간사업·농업기계 부문은 경제서비스 실체로 전환하되 행정과 기업을 분리하여 정부기능은 관련 부서에 편입시키는 방향으로 추진되었다. 그밖에 현행 중국 지방정부의 계층구조를 축소 조정하기 위해 地級 정부를 폐지하거나 점점 그 규모를 줄여 중점 市가 縣을 직접 관할(市管縣)하는 체제로 전환하고 장기적인 관점에서 이는 省정부가 市·縣정부를 직접 관할하는 체제로 개혁해 나가는 과정으로 봐야 할 것이다.

다음, 1998년 개혁이후 성·자치구 정부의 업무부서는 대략 53개(위원회·廳 등 관리기구를 포함함) 부서에서 40여 개 부서로 감축하기로 하였다. 단 경제가 낙후된 지역과 인구가 비교적 적은 성(자치구)은 30여 개로 감축하고 직할시 정부는 6I개에서 45개 내외로 감축하도록 하였다. 대도시 정부의 업무부서는 당시 대략 55개이고, 중소도시는 평균 37개이며, 자치주 정부는 32개였고, 비교적 큰 현 정부는 일반적으로 30개 정도였으며 중소 현은 24개 부서를 두고 있었다. 중앙은 이를 각각 40개, 30개, 25개, 22개, I8개 내지 I4개로 감축할 것을 요구하였다.

鄕·鎭의 개혁에 대해서는 상황에 따라 개별적으로 지도한다는 원칙을 세워놓고 있다. 경제가 발달되고 규모가 비교적 큰 소수의 鎭은 현대 도시관리 모형에 따라 기구를 조정하고, 빈곤·낙후 지역의 향·진은 원칙적으로 하나의 종합기구만을 두거나 필요한 助理員만을 두고 그 외는 대폭적인 기구조정(감축)을 하도록 했다. 현과 향·진의 개혁에 대해서 중앙정부는 개혁의 통일적 원칙만 제시하고 구체적인 개혁

조치는 성이 중앙의 개혁원칙과 지역의 실정에 따라 자율적으로 추진하도록 했다. 개혁 후의 성·자치구의 정부업무부서는 일반적으로 위원회(委) 및 廳이라 칭하고, 직할시 이하는 업무부서와 직속기구를 구분하지 않고 정부 업무부문으로 부른다. 地級 시정부 업무부문은 위원회 및 局이라 칭하고 縣정부 업무부서는 모두 局이라 부른다.

나아가 지방정부 공무원 수를 줄이도록 했다. 개혁 당시 중국지방정부 공무원 정원은 518만 명이었으나 개혁이후 오히려 늘어나 548만 명이나 되었다. 이를 점차적으로 정원의 50% 정도로 감축하도록 했다. 市級 및 縣級 정부개혁의 사례를 보면 다음과 같다.

• 市級 지방정부 경제관리기구의 개혁

개방의 전초기지인 深圳의 경우 지방행정기구개혁의 예를 보면 다음과 같다. 1992년 이후 심천은 경제적 효익증대를 위한 '작은 기구, 큰 서비스' 제공을 정부기능전환의 목표로 하고 있다. 개혁의 지도방침은 단순한 기구나 정원의 축소 조정에 있는 것이 아니라 정부기능의 전환으로 서비스기능을 강화하는 데 두었다. 개혁의 주요방향은 당정분리, 政企분리, 大體系 건립, 중개기구의 활성화 등에 두었다(吳國衡 1994, 264-265).

첫째, 당정분리 실시: 시당위원회는 시의 1급 당 지도부서의 주요임무는 당중앙의 방침·노선·정책을 당해 지역에서 집행하고 감독하는 기능이라 하고, 사회경제발전을 계획하고 촉진하는 기능은 동급 정부기구에 넘겨주었다. 따라서 시당위원회는 산하 경제공작부를 없애고 시당위원회 산하기구는 완전히 당무공작의 수요에 따라 설치하였다.

둘째, 정기분리의 실시: 深圳市의 경제부문 주관 국을 폐지, 그룹·총공사 혹은 경제실체로 개편하였다. 이는 기업의 자율적인 경영능력을 육성하고 시장화를 촉진하는 데 기여하였다.

셋째, 大體系의 건립운영: 수많은 행정기구를 기업이나 경제단위로 전환한 후, 통폐합된 기능을 종합·연계관리하기 위해 대기능체계를 건립하였다. 자동차・기차・항공운수・통신・우전・해운관리의 기능을 한데 묶어 운수국으로 재편한 것이 바로 그 보기다. 일본의 운수성과 유사한 기능체계이다.

넷째, 중개기구의 활성화 ; 시장체계의 활성화로 인한 여러가지 서비스 및 자문기능의 수요 폭증에 대비, 정부는 다양한 사회중개조직(회계사사무소・직능단체・변호사사무소・자산평가사무소 등)의 기능을 활성화 시키는 방향으로 개혁을 추진하고 있다. 이들 중개조직은 정부와 기업의 중간에 서서 기업에게 법률적 경제적 자문과 조언을 하도록 하고 정부는 이들 중개조직의 역할을 적극적으로 보장하는 방법으로 개혁이 추진되고 있다.

- 縣級 지방정부 경제관리기구의 개혁

湖南省 華容縣의 경우 기구개혁은 정부의 기능전환을 강조하고 행정서비스를 강화하는 방향으로 이루어 졌다. 華容縣은 현 자체의 특성에 근거하여 세가지 측면에서 개혁이 추진되었다(吳國衡, 1994: 258-259).

첫째, 정기분리의 원칙을 견지, 농업유통부문 기구를 '경영일체화'로 전환시켰다. 개혁전 華容縣은 상업・식량・물자・외무・소비조합 등 政企合一의 행정부처를 두고 농업유통부문을 관리했다. 상품경제의 발전에 따라 이러한 업무에 대한 지령성 계획에 의한 행정관리의 기능이 대부분 소실되었고 전체 현의 농업유통관리부문에 대한 행정관리기능은 신설된 縣정부 재무판공실이 일률적으로 행사해 왔다. 그러나 시장경제체제의 건립과 더불어 이러한 행정부처는 기업성의 총공사 또는 연합공사로 개편되었다. 그리고 이들 공사는 행정으로 부터 분리 경영상의 독립자주권을 향유하게 되었으며, 하급 행정단위의 이러한 부문역시 공사로 분리되어 상급단위 공사와는 총공사-子公司(子회사)의 관계를 형성하였다.

둘째, 政社分離의 원칙을 견지, 농업기술관리부문기구를 사업단위로 전환시켜 나갔다. 개혁 전 縣의 농업기술관리부문에는 농업국・임업국・목축국・수산국・農機局・수리국 등 6개 政社合一 局級 기구를 두고 농촌의 해당분야 생산을 직접 관리지휘토록 하였다. 그러나 개혁을 통하여 이들 기구는 정사분리의 원칙에 따라 농촌경제의 계획통제・독촉지휘 등 행정관리권은 縣 農委에게 넘겨주고, 위 6개국은 농업생산을 관리하는 행정기구의 지위로 부터 농업의 생산・유통과 정책결정에 대한 서비스를 제공하는 사업단위로 전환시켰다. 셋째, 簡政放權을 실시, 鄕・鎭정부를 관리서비스화로 전환시켜 나가고 있다. 현급 기능부문의 개혁과 보조를 맞추어 향・진단위에 대한 간정방권을 추진 향・진정부의 기능과 기구 역시 조정하고 있다. 즉 정사분리・정기분리 등의 원칙에 따라 현 정부로 부터 기능 전환된 공사나 사업단위의 하속단위인 향・진정부의 공사나 사업단위에 대해서는 鄕・鎭단위에게 관리권을 위임, 縣級 기업 또는 사업단위의 分所 기능을 하도록 기구개혁을 추진하고 있다.

이상과 같은 방법으로 추진된 개혁의 결과, 華容縣의 당・정기구는 본래의 51개 기구에서 27개(그중 정부기구는 23개)로 감소되었으며, 직원은 810명에서 599명으로 감소되었다. 이러한 관리체제의 개혁은 縣・鄕・鎭정부의 기능변화를 유도하고 있다. 즉 지방정부가 단순히 농민의 생산을 관리하고 행정구역내의 모든 사회경제생활을 계획적으로 지도하던 기능으로 부터 서비스관리화로 그 기능을 전환시켜 가고 있다.

제4절 결언

개혁개방 이후 중국의 중앙과 지방관계를 총체적으로 볼 때, 과도한 중앙집권의 폐해를 극복하기 위하여 중국은 중앙과 지방의 관계에 대한 일련의 개혁을 추진했다. 개혁의 총체적인 사상은 '簡政放權'에 두었다. 즉 중앙의 지방에 대한 권력 하방(방권, 분권)과 정부의 기업사업조직에 대한 방권에 초점을 맞추었다. 하지만 전체적인 개혁과정에서 볼 때 개혁개방 이후에도 부분적이나마 방권(분권화)→收權(집권화)→재방권→재수권의 순환과정이 있었다. 대체적으로 1979년부터 1980년 중기까지는 경제체제개혁과 정치체제개혁 모두 권력의 하방이 주된 경향이었다. 그러나 1980년대 말부터 1990년대 초까지의 '治理整頓' 기간은 중앙의 거시조정기능을 강화하기 위하여 중앙 및 중앙 각 부문이 부분적으로 권력을 집중(收)시켰다. 1992년 초 鄧小平의 '남순강화' 이후 1993년 말 14대3중전회까지의 기간은 사회주의시장경제체제의 건립을 목표로 중앙이 다시 부분적으로 권력을 지방에 하방하였다.

이와 동시에 중앙능력의 하강을 우려한 나머지 중앙의 권위와 거시조정기능의 강화를 요구하는 소리가 높았던 시기다. 이러한 요구와 개혁과정에서 파생된 여러 가지 부작용을 치유하기 위한 정책의 하나로 분세제 개혁을 추진하게 된 것이다. 그리고 1995년 9월 당 14대5중전회에서 "반드시 중앙의 통일 영도를 강화하고, 중앙의 권위를 유지 보호해야 한다"는 의견을 제기하게 되었다. 분세제 개혁의 근본 취지는 중앙과 지방의 재정관계를 개선하여 중앙재정력의 계속적인 하강을 억제하고 중앙과 지방 재력분배의 구조를 조정하고자 하는 데 있었다. 중앙재정의 위상저하에 따른 거시관리기능의 약화는 경제개혁의 무규율성, 불균형적인 지역개발정책 등과 결합하여 여러 가지 부작용을 야기하였다. 무엇보다도 산업구조의 왜곡, 지역할거 주의 대두, 지역격차 확대 등 중국경제의 구조적 문제점을 증폭시켰다. 경제적 문제점은 지

역 간의 갈등을 넘어 급기야 정치사회적 통합까지 위협하는 요인이
되었다.

이러한 재정, 경제적 분권화의 부작용을 시정하고 중앙의 재정권을
회복하여 중앙정부의 역량을 제고시키기 위해 채택된 정책이 분세제
개혁이었다. 물론, 분세제 실시 이후 지금까지도 지방의 기득권 유지
등과 관련, 재정청부제 하에서의 병폐가 완전 해소되지 않고 있다. 하
지만 분세제개혁의 과정을 통해 중앙과 지방관계는 본래 개혁의 취지
에 상당한 정도 접근하고 있다. 결과적으로 분세제 개혁 후 중앙정부
의 재정수입 증가는 지방의 중앙에 대한 의존도를 제고시켜 과거 '약
세 중앙, 강세 지방'이라는 형국으로부터 '중앙의 재정력 회복'으로 바
뀌고 있다.

다른 한편, 정치적 측면에 있어서는 비록 지방에 대한 제한적 분권
에 고삐를 늦추고 있긴 하나, 근본적인 의미에서 '4항 기본원칙'과 '민
주집중제'의 조직원칙을 고수하고 있는 한 중앙집권의 기조에 흔들림
이 없다고 보겠다. 하지만 당의 최고영도체제의 구성에 있어서는 다소
변화의 조짐이 보이고 있다. 당의 최고영도기관인 중앙위원회 및 중앙
정치국 위원의 중앙과 지방 출신 비중을 보면, 중앙의 절대적 우세에
서 지방의 점진적 증가세를 나타내고 있다는 점이다. 이는 바로 지방
정치력의 점진적 증가를 의미하는 것이다.

요컨대, 오늘날 중국의 중앙과 지방관계는 경제적으로 중앙의 점진
적 역량 회복과 정치적으로 지방 정치역량의 점진적 증가세로 중앙과
지방관계가 상호 협조 보완하는 슴의 관계로 수렴되고 있는 형세라
보겠다. 결국 중앙과 지방은 경제발전에 따른 이익분배 과정에서 상호
대립과 갈등의 관계를 유지하기 보다는 협상과 절충을 통해 균형을
모색하는 공생적 관계로 수렴되고 있다. 분세제 개혁 후 중국은 한 걸
음 나아가 지역 간의 불균형적 발전으로 인한 정치사회적 갈등을 해
소하고 지속적인 장기 발전을 촉진하기 위해 다음 章에서 논하고자
하는 서부 대개발 정책을 추진하게 된다.

제6장 중국의 지역균형개발 전략[1]

: 서부 대개발을 중심으로

제1절 서 언

중국은 개혁개방 이후 20여 년간 그 역사상 유례를 찾아 볼 수 없는 가장 빠른 속도의 경제 성장을 이룩하였다. 그러나 이 시기 鄧小平의 이른바 '불균형적 발전전략(先富論)'에 의한 동부 연해지역 '優惠政策'은 동부지역의 발전을 가속화한 반면, 그 외의 지역, 특히 서부지역과의 경제적 격차를 심화시켰다. 동·서간 지역 격차의 심화는 중국의 지속적인 경제발전을 저해하는 주요 요인이 되고 있을 뿐만 아니라, 중국의 정치·사회적 안정 및 민족단결과 국가통일에 지대한 영향을 미치는 장애요소가 되고 있다. 특히 경제적으로 낙후된 서부지역은 소수민족이 집단적으로 거주하고, 중앙아시아 여러 나라들과 국경을 맞대고 있는 변경지역이기 때문에 민족 분리주의가 지속되어 왔으며, 또 그것이 심화될 조짐까지 보이고 있어 지역 간의 불균형 완화문제는 중국이 해결하여야 할 가장 시급한 문제 중의 하나다(World Bank, 1997; UNDP, 1997).

중국은 1990년대 초이래 중앙차원에서 제8차5개년계획(1991-1995), 제9차5개년계획(1996-2000) 및 제10차5개년계획을 추진하여 지역 간

---

1) 본 장은 『국가전략』 제7권 2호(성남: 세종연구소, 2001), pp.49-81에 수록된 필자의 논문을 수정 보완하였음.

불균등의 해소를 위한 여러 가지 시책을 강구해오고 있다. 하지만 중국의 동·서지역 간 격차는 좀처럼 줄어들고 있지 않다. 따라서 현재 중국은 '서부 대개발정책'을 2000년대의 장기 지역개발사업으로 결정하고, 그것을 강력히 추진하고 있다. 중국의 서부는 중국 전 국토 면적의 56%, 남한 인구의 약 7배를 갖고 있는 광활한 지역으로 지하자원이 풍부하고 역사적으로 동서양을 연결하는 교통의 요로다.

본 장에서는 먼저 중국의 서부 대개발이 과거의 지역개발 전략과 어떠한 차이가 있는가를 정리해 보고, 다음 중국이 서부 지역개발정책을 추진하지 않으면 안 되는 전략상의 배경을 분석해 보고자 한다. 그리고 서부개발 사업을 추진함에 있어 장애 요소가 되는 문제점이 무엇인가를 고찰해보고자 한다.

제2절 중국의 지역개발과 서부 대개발

1. 서부지역이란?

현재 통상적으로 사용하고 있는 중국의 동부·서부·중부라는 지역구분은 1995년 당 중앙이 결의한 제7차5개년계획에 근거, 경제기술발전 수준과 지리적 위치를 고려하여 구분한 것이다. 그중 동부지역은 연해지역의 11개 성과 자치구 및 직할시가 포함되며, 서부지역에는 서남, 서북지역의 10개 성과 자치구 및 직할시가 포함된다. 동부지역과 서부지역을 제외한 9개 성, 자치구는 중부지역에 속한다.[2] 현재 중국

---

2) 이러한 지역구분은 행정적 정치적 기준에 의한 지역구분이 아닌 경제적 기준을 중심으로 한 지역구분이다(方立, 1999: 196-197).

이 추진하고 있는 서부 대개발 전략의 범위는 陝西·甘肅·靑海·四川·貴州·雲南省, 寧夏回族·新疆위구르·티베트(西藏)藏族자치구, 重慶 직할시 등 서부 6개 省 3개 자치구 1개 직할시(면적 540여만㎢ 전 국 토의 약 56%, 인구 2억 8700여만으로 전 인구의 약 22.9%)에다 內 蒙古와 廣西壯族 자치구를 포함한 지역이다. 두 개의 자치구를 포함시 킨 배경은 2자치구의 경제적 수준과 소수민족거주지역이라는 특수 지 위를 고려한 것이라는 것이 정부측의 설명이다("國務院關於實施西部大 開發若干政策措施的通知," 2000). 그렇게 되면 개발 범위는 약 690만 ㎢(전 국토면적의 72%), 인구는 3억 5,600만 명(전 인구의 28.5%)에 달한다.[3]

이처럼 그 개발범위를 내이멍구와 광시 민족자치구를 포함시켜서 볼 때, 서부지역개발정책의 적용 범위는 단순히 행정적 기준에 의한 구분이 아님은 물론, 경제적 낙후만을 이유로 구분한 것도 아님을 알 수 있다. 왜냐하면 경제적 낙후만을 이유로 든다면 중부 역시 서부지 역 보다 낙후된 지역이 있다. 따라서 현재 중국이 추진하고 있는 서부 지역은 경제적으로 낙후하면서 소수민족이 많이 거주하고 지정학적으 로 변방(특히 유라시아와 연접)에 위치하여 그 지역이 계속 낙후될 경 우 중국의 지속적인 경제발전에 장애가 됨은 물론, 정치사회적인 불안 을 야기시켜 체제에 위협을 줄 수 있는 지역이다.

2. 중국지역개발의 변증법

서부 대개발의 성격을 중국 지역개발전략의 역사를 통해 조명해 보 면, 그것은 건국 후 20여 년간(毛澤東시대)의 서부지역[4] 집중투자에

---

3) 그러나 본 연구에서 활용한 자료는 주로 전자의 지역구분에 의한 자료에 근거 하였음을 부기한다. 본 연구에서 참고로 한 중국 국내의 문헌들도 주로 전자의 구분에 의한 자료를 활용하고 있다.

의한 동・서 지역 간의 균형적 발전전략(평등 강조-효율성 저하)→鄧小平의 '선부론(先富論)'에 의한 동부 우대 불균형적 발전전략(효율 제고-불평등 확대)→서부 집중투자를 통한 지역 간 협조발전전략으로의 정책 전환이라 보겠다. 이를 구체적으로 살펴보면 다음과 같다.

신중국 수립 후 개혁개방기까지 서부개발은 크게 2단계에 걸쳐 추진되었다. 제1단계는 1950년대 중공업 우선 소련식 계획경제시대이며, 제2단계는 1960년대 중반 '3선 건설'시기부터 1970년대에 이르는 문혁기다. '3선 건설'시기는 1965년 중소관계의 악화와 제국주의의 침략에 대비해 국토를 1・2・3선으로 구분, 서북지역을 제3선에 해당하는 전략 後備지역으로 중공업발전의 중심으로 삼았던 시기다(趙曦, 1999: 3-5).

이처럼 개혁개방 이전까지 20여 년에 걸쳐 추진된 중국의 지역개발 전략은 내륙지역의 자원을 개발하여 중국의 국방공업, 항공우주공업, 원자력공업, 전자공업, 신형 재료와 정밀기계공업의 발전을 가속화시켜 내륙의 경제발전을 촉진하고, 구중국의 유산인 공업 분포의 (동부지역 우선) 지역적 불균형을 개선하는 것이었다. 1949년 신중국이 성립될 즈음 전국의 70% 이상의 공업과 교통망이 전국토의 11.34%에 불과한 좁고 길게 늘어진 동부 연해지역에 집중되어 있었다. 이와는 대조적으로 서부 지역은 전 국토 면적의 56%를 점하고 있으면서도 공업총생산액은 전국의 8%에 불과했다(盛斌・馬侖, 1991: 666). 1952년 통계에 의하면 철강생산의 약 80%가 연해지역, 특히 遼寧省 鞍山에 집중되어 있었고, 면방직 공업의 80-90%가 上海와 天津 및 靑島

---

4) 毛澤東시대 서부(개발)지역, 이른바 '3선' 지역은 만리장성 이남, 京廣線 以西의 非邊方 省, 自治區로 서남 서북의 四川・貴州・雲南・陝西・甘肅 등 5개 성의 대부분 지역과 靑海省의 동부 지구 및 중서부・河南省 서부・湖北省 서북부・湖南省 서부・山西省 남부와 河北省 서부・廣西 북부를 포괄하는 지역이다. 따라서 '3선 지역'은 전략적 後備지역으로서 현재 추진하고 있는 서부 대개발의 지역적 범위와는 일치하지 않는다. 그러나 당시 '3선 지역'에의 집중 투자는 현재 우리가 말하는 서부지역의 공업발전에 미친 영향이 아주 컸다(張廣明・王少農: 2000, 86).

등 연해도시와 그 부근에 집중되어 있었다. 그러나 철광자원이 아주 풍부한 內蒙古, 서남, 서북과 華中에는 철강공업의 기초가 아주 박약했고, 주요 면화생산지에는 근대화된 방직공업 거의 없었다(薄一波, 1993: 475). 따라서 이 시기 중앙은 산업의 합리적 배치와 국방안전상의 필요에 따라 위와 같이 2단계에 걸쳐 서부지역에 집중적인 투자를 하게 되었고, 반면 연해지역의 새로운 기본 건설에 대한 투자는 엄격히 통제했다. 그 결과 서부지역은 국방관련 공업 생산력이 전국의 1/2을 점하게 되었고, 기계공업 불변자산액은 1/4, 전자공업은 3/5, 화학비료 연 생산량은 전국의 40%, 연 석탄생산량은 전국의 30%를 점하게 되었다(趙曦, 1999: 4).

그러나 이러한 서부중시 개발전략은 전국적인 산업 구조로 볼 때 전쟁대비를 강조하여 중공업과 군수공업을 지나치게 중시하고 경공업 및 농업을 경시하는 결과를 낳아 산업 간의 逆不均衡을 초래하였다. 또 효율보다 평등을 강조, 중앙 각 부가 행정지령에 의해 직접 관리하는 기업의 수가 많은 반면 지방이 자율적으로 관리하는 기업은 적고, 그들 간의 상호 연계도 잘 이루어지지 않아 투자의 반 이상이 제 역할을 못하였다. 따라서 노동의 생산성과 자본의 이윤율 역시 아주 낮고 그 손실 또한 대단히 심각하였다(吳國衡, 1994: 6-18; 劉國光·汝信, 1993: 142-143; 中華人民共和國史詞典, 1989: 24; 김정계, 1997: 226-228) 결국 문혁 후 중국경제는 거대한 위기에 직면하게 되었다.

그리하여 문혁 종결 후 정권을 장악한 鄧小平은 개혁개방과 더불어 '평등' 보다 '효율성'을 강조하는 시장 지향적 경제체제개혁을 추진하게 되었다. 그것은 결국 중국의 지역개발전략-연해(동부)와 내륙(서부) 관계에 있어도 불균형적 발전전략, 이른바 '선부론'에 의한 동부 연해지역 優惠政策을 채택하게 된다. 따라서 개혁개방 이후 20여 년간의 정책은 동부 연해에 편향적이었고, 동부 연해는 중국의 종합 국력을 증강시키는 중심이 되었다. 이때부터 서부지역은 상대적인 낙후를 면할 수 없었다. 결국 시장 지향적 동부 편향정책이 지역 간의 불균등을 조장하였던 것이다. 따서 1980년대에 들어 개혁의 공간적 함의가 중국발전정책에 관한 논쟁의 주요한 이슈가 되었고, 1986년 제7차5개년계획 이후부터 이 문제가 정치지도자들에 의해 부단히 강조되기 시작하였다. 왜냐하면 이는 중국의 과도적 시장경제체제의 성패여부를 결정하는 관건이었기 때문이다.

3. 지도부의 정책의지와 정책의 방향

1991년 제7기 전인대제4차회의의 「중화인민공화국 국민경제와 사회발전 10년 계획과 제8차5개년계획 요강」에서 지역 간 분업과 우위 요소의 상호보완 및 협조발전(李鵬, 1991: 117-126)을 제시하였고, 1992년 당 중앙 「제4호 문건」(「大公報」, 1992)에서 지역 간 협조발전과 全방위 개방의 필요성을 강조함으로써 새로운 지역개발정책으로의 전환이 표면화되었다. 이는 鄧小平의 이른바 경제발전단계의 '양대 대국(兩大大局)'의 발언(1988년 9월 12일)에서 단초를 찾고 있었다. 鄧小平은 먼저 동부연해지역을 발전시키되 국민들이 溫飽단계(의식이 풍족한 생활)에서 小康단계(중류의 생활수준)에 도달되면 공동부유를 달성하기 위하여 동부의 모든 역량을 중서부 개발에 쏟아 부어야 하는 바, 이때는 동부는 전적으로 이 정책에 복종하여야 한다고 했다(「鄧小平文選」, 1993: 227-278; 364; 374).

1992년 10월 당 14대에서 江澤民 총서기는 「정치보고」를 통하여 "중국의 지역경제는 불균형적으로 발전하였으므로 지역 특성을 살려 합리적 분업과 우위 요소의 상호보완, 지역 간 공동발전의 원칙하에 지역경제의 건전한 발전을 촉진하며 특히 중·서부 지역은 자원이 풍부하고 연해지역은 대외개방에 장점이 있는 등 발전 잠재력이 대단히 크므로 국가의 지원이 필요하다"는 견해를 밝혔고, 또한 동 「보고」에서 "대외개방 지역을 확대해야 하며 多단계·多경로·全방위 개방의 구조를 구축하여야 한다. …변경지역에 대한 개방을 확대하고 내륙 성·자치구의 대외개방 속도를 보다 신속히 해야 한다"라 하여 지역경제의 불균형 해소를 위해 지역 간 협조발전과 개방지역을 확대하는 내용의 새로운 지역개발정책을 채택할 것임을 공식 천명하였다.

또 1995년 9월 당 14대5중전회에서 당 중앙은 「국민경제와 사회발전 제9차5개년계획과 2010년 장기 목표의 제정에 관한 건의」를 통하여 "연해와 내륙 간 경제력 격차 축소를 국가의 중요한 방침으로 한다"고 결의하였으며 江澤民도 동 대회의 폐막연설에서 "'동부지역과 서부지역의 관계'를 사회주의 현대화 건설에 있어 정확히 처리하여야 할 '12대 중대관계' 중의 하나다"라고 천명하고, "우리는 鄧小平 동지가 천명한 일부 지역과 일부 사람들을 먼저 부유하게 한 후 점차적으로 공동이 부유해지는 전략사상으로 全黨의 인식을 통일하고 지역격차를 줄이는 것을 전당이 장기적으로 견지하여야 할 중요한 방침으로 삼아야 할 것"을 요구하였다. 그리고 '12대 관계'의 제5항에서 "지역간 격차해소를 위해 '9·5계획'시기(1996-2000년)에 중·서부 지역에 대한 지원을 보다 강화하고 이를 위해 이번 회의에 이미 중앙재정의 이전교부를 포함한 자원개발과 기초시설 건설항목에 대한 우선적인 예산 배정, 중·서부지역에 대한 투자의 장려, 자원성 제품의 가격체계 조절 등의 조치를 취할 것을 제의하였다"(中央檔案館, 1999: 1726-1738)고 하여 서부내륙발전을 위한 자금지원과 가격체계 개혁이 진행 중에 있음을 발표하였다. 이어 제8기 전인대제4차 회의에서는 「9·5계획과 2010년 장기목표 요강」을 비준, 국민경제와 사회발전에 관한 9개조의 중요 방침을 확정한 바, 그중 '제8조 방침'이 바로 "구역경제의 협조발전을 견지하여 점차적으로 지역발전의 격차를 줄여가야 한다"는 것이었다(傅桃生, 2000: 5-6).

그리고 1997년 9월 12일, 당 15대에서 江澤民은 「정치보고」를 통하여 지역경제의 합리적 분포와 협조 발전을 촉진하면서 "우선 기초시설과 자원개발 항목을 배치하고 점차적으로 재정지원을 증대시켜 국내외 투자자들이 서부에 투자하도록 장려하여야 한다. …여러 방면으로 노력하여 지역 간의 발전 격차를 줄여 가야한다"고 하여 지역 간의 협조를 강조하였다(江澤民, 1997: 29-30).

이상과 같은 일련의 발표와 90년대 초엽 이래 추진해 온 조치5)는 곧 중국의 지역개발정책이 불균형발전정책으로부터 지역 간 협조발전과 全방위 개방을 통한 연해·내륙 간 협조발전정책으로의 전환을 의미하는 것이었다.6) 요컨대, 새로운 지역개발 정책인 서부 대개발정책은 과거의 지역개발정책과 비교해 보면 우선 경제체제와 정책목표에 있어서 과거 '선부론'에 의한 동부 연해지역 특혜정책은 계획경제 체제 하에 시장경제적 요소를 도입한 불균형적 지역개발정책이지만, 서부 대개발정책은 당 14대에서 표방한 사회주의시장경제 체제하의 지역 간 호혜, 균형, 협조, 공동부유 발전정책이다(Hendrsch, 2000: 306). 정책내용은 전자는 중앙정부의 투자나 지원이 동부 연해에 편중된 정책을 근간으로 하지만 후자는 서부내륙에 대한 중앙정부의 투자확대와 지원강화, 연해와 내륙 간 협조발전(지역 연합), 全방위 개방 등을 주축으로 하는 정책이다. 따라서 서부 대개발전략은 과거 중앙정부가 서부지역에 정부 주도로 집중 투자했던 '3선 개발 정책'과도 그 성격이 다르다.

---

5) 1990년대 초 이래 추진해 온 신지역개발전략의 각종 조치에 대해서는 國家計委國土開發與地區經濟研究所(1996)와 國家劃計委員會(1996)의 내부자료 및 朴靚植(1998), 杜平(2000)의 연구 참조.

6) 국가계획위원회 국토개발과 지역경제연구소의 한 보고서(徐國弟의 『我國地區經濟協調發展研究』)는 1995년을 경계로 중국의 경제발전전략이 불균형발전전략으로부터 협조발전전략으로 전환되었음을 인정하였다. 이는 『中共中央關于制定國民經濟和社會發展"九五"計劃和2010年遠景目標的建議』의 지역경제부분의 근거가 되었다(國家計委國土開發與地區經濟研究所, 1996: 1-2).

4. 서부 대개발의 장·중·단기 사업계획

당 총서기 江澤民은 1999년 6월 17일 서북 5개 성·자치구 국유기업개혁발전 좌담회에서 "서부지역 개발의 발걸음을 가속화할 것"을 강조하고, 동시에 '서부지역개발의 총원칙'을 제시하였다. 즉 "서부경제사회발전을 가속화하는 것을 정치사회의 안정 유지와 민족단결의 강화와 결합시키고, 서부발전을 국가의 제3단계 발전전략목표7)의 실현과 결합시켜 국가 재정을 안정적으로 증가시키는 전제하에 서부지역에 대한 지원을 점차적으로 늘여갈 것을 제시하였다. 그리고 정책유도를 통해 국내외의 자본과 기술 및 인재 등을 유치하여 개발에 투입할 것"을 제의하였다. 그리고 동년 11월 중앙경제공작회의에서 서부에 대개발전략을 추진키로 결정하였다.

이러한 결정에 따라 2000년 1월 서구지역개발회의에서는 관련 중앙 부·위의 주요 정책과 사업항목의 중점을 서부로 옮기도록 하였다. 2000년 3월 5일, 朱鎔基 총리는 제9기 전인대 제3차 회의에서 『2000년 국민경제와 사회발전에 관한 정부공작보고』를 통해, "현재와 금후 일정시기 서부지역 대개발의 중점은 기초시설 건설을 가속화하고 생태환경을 개선하며, 지역 특성에 맞는 경제와 비교 우위적인 산업과 과학기술교육을 발전시켜 서부지역의 가속적인 발전을 위한 더욱 좋은 기초와 조건을 진흥 창조하는 데 둘 것"이라 하면서 2000년도의 서부개발 사업안을 부의했고, 이는 동 전인대에서 비준을 받아 확정되었다 (『人民日報』, 2000. 3. 17).

중국의 서부 대개발은 50년 동안에 걸쳐 크게 3단계로 나뉘어 추진되는 장기 국토 건설계획이다. 2000년부터 2005년까지는 개발초기단

---

7) 鄧小平이 제시한 중국경제의 3단계 발전전략이란 그 첫 단계가 의식주 문제를 기본적으로 해결하는(溫飽) 단계이고, 두 번째 단계는 낮은 수준의 부유한 생활을 실현하는(小康) 단계이며, 세 번째 단계는 21세기에 들어가 국민생활이 더욱 향상되는 단계다. 즉 2010년에는 완전한 사회주의 시장경제체제를 이루고 GNP의 경우 2000년의 두 배로 증가시킬 것이라는 것이다.

계로 개발계획 및 정책을 수립하고 주요 추진 기구를 설치해 사회간 접자본에 집중 투자해서(기초 인프라, 생태환경보호 건설, 산업구조조정, 과학기술교육발전 등) 기초건설을 가속화하는 기간이다. 2006년에서 2015년까지의 10년간은 대규모 개발단계로 서부지역 자체개발능력을 높이고 투자규모를 확대하는 이른바 중국판 골드러시가 본격화될 시기이다. 2016년부터 2050년까지는 전면 발전단계로 자체투자 여력을 확보하고 서부지역의 시장화·국제화를 강화하는 시기이다. 중국은 이 야심 찬 계획을 위해 2000년부터 매년 1조원의 국채를 발행하고, 세계은행 등 대외차관의 80% 이상, 정부투자의 절반 이상을 서부지역에 집중 투자할 방침이다(『人民日報』, 2000. 6. 3; 『每日經濟新聞』, 2000. 6. 5). 이처럼 중국은 국력을 서부 대개발의 실현에 쏟아 부을 계획이다.

2001년부터 시작된 제10차5개년계획의 초점도 물론 서부 대개발에 맞추어졌다. 즉 10·5계획은 서부 대개발사업을 통한 지역 간 균형발전을 대과제로 삼았다. 그 구체적 실천방안은 다음과 같다.

첫째, 경제발전, 민족단결, 사회안정 및 지역 간 균형발전과 직결되는 서부 대개발 전략은 향후 5-10년의 기간 동안은 서부지역 기초시설(교통, 수리, 통신, 전력, 도시기초시설, 가스파이프 등) 및 생태환경 건설에 역점을 둔다. 둘째, 각 지역 비교우위 산업을 육성하고 비교우위 자원을 개발·가공한다. 셋째, 과학기술 교육을 통해 인재를 양성하고 간부의 교류를 통해 첨단선진기술을 교류 확대한다. 넷째, 아시아—유럽 횡단철도, 揚子江 수로, 서남부 지역의 남지나해 접근도로 등 간선운송로를 적극 활용한다. 다섯째, 소수민족 자치구 지역에 대한 재정지원 확대. 여섯째, 동서남북으로 관통하는 중부지역의 지리적 이점을 살려 공업화 및 도시화를 가속적으로 추진한다. 일곱째, 수륙간선 교통요지를 새로운 성장지역으로 육성한다. 여덟째, 농업의 산업화 경영 및 규모화 된 농산물 생산가공 기지를 건설한다는 것 등이었다 (http://www.peopledaily.com00/10/18).

제3절 중국서부지역 대개발의 전략적 배경

1. 서부지역 대개발의 경제적 배경

1) 서부지역의 경제적 낙후

중국은 개혁개방 이후 '先富論'에 의한 시장경제의 도입으로 경제의 효율성은 제고된 반면, 동서 간, 도농 간, 업종 간의 불평등이 날이 갈수록 확대되어 정치사회적 불안을 가중시키고 있다.

1978년 개혁개방 개시기 전국 국내 총생산액의 동부·중부·서부지역에 대한 비율은 각각 50.1%·34,3%와 15.6%였으나(傅桃生, 2000: 3). 1999년 이들의 비율은 각각 58.7%·27.5%와 13.8%로 그 격차가 늘어났다. 그리고 1978년 1인당 GDP의 경우 동부를 1로 보았을 때 중부가 0.7, 서부가 0.52였던 것(傅桃生, 2000: 3)이 1999년에 와서는 3자가 각각 100 : 54.0 : 41.8으로 벌어졌다.[8] 이러한 추세는 계속되고 있다. <표 6-1>과 같이 자원이 풍부한 중서부지역의 경제는 상대적으로 낙후하고, 반대로 자원이 부족한 동남부 연해지역은 오히려 경제가 발전하고 있다(文炳勛, 2000: 191-192; 劉佩瓊, 1997: 90).

이러한 동서지역 간 경제적 격차는 전 국민의 1인당 평균 GDP의 격차는 물론, 사회적 격차까지 유발하고 있다. UN 계발계획처가 발표한 1994년, 1996년 및 1997년 「인간발전보고」는 중국은 지역 간 사회발전의 차가 가장 심각한 국가 중의 하나라고 지적했다. 브라질·인도와 중국은 '인간 빈곤지표'(Human Poverty Index, HPI) 상으로 볼 때 지역 간 격차가 아주 현저한 국가다. 중국 서부지역은 HPI가 44%에

---

8) 동·서 지역 간 경제적 격차가 심한 경우는 동부 연해지역의 廣東省 深圳市와 青海省 西寧市의 예인데, 이 지역은 각각 1인당 가처분 소득이 20,548元과 4,765元이다(중국경제정보, 2000).

<표 6-1> 중국의 동·중·서부 지역별 경제현황(총괄)

지역/ (면적)	98년 총인구	GDP(亿元)		1인당GDP ($)		수출총액 (억$)	
		1998	1999	1998	1999	1998	1999
동부 (13.5)	5억 0,739 (41)	48,388 (58.3) <8.6>	51,617 (58.7) <6.7>	1,151 (100) <8.6>	1,228 (100) <6.7>	1,648.5 (90.6) <1.4>	1717.0 (90.5) <4.2>
중부 (29.5)	4억 4,033 (38)	23,116 (27.9) <6.9>	24,189 (27.5) <4.6>	634 (55.1) <6.9>	663 (54.0) <4.6>	104.8 (5.8) <-32.6>	115.3 (6.1) <10.0>
서부 (57.0)	2억 8,510 (21)	11,457 (13.8) <6.8>	12,126 (13.8) <5.8>	485 (42.1) <6.8>	513 (41.8) <5.8>	66.5 (3.6) <-3.9>	65.1 (3.5) <-2.1>
전국 (100)	12억 3,282 (100)	82,961 (100.0) <7.9>	87,932 (100.0) <6.0>	812 <7.8>	861 <6.0>	1,819.8 (100.0) <-1.6>	1,897.4 (100.0) <4.3>

지역/ (면적)	98년 총인구	수입총액 (억$美元)		재정수입 (亿元)		재정지출 (亿元)	
		1998	1999	1998	1999	1998	1999
동부 (13.5)	5억 0,739 (41)	1,140.4 (90.2) <4.5>	1,222.7 (90.3) <7.2>	3,624.0 (59.0) <9.3>	4,165.4 (59.3) <14.9>	4,148.5 (53.6) <15.0>	4,779.4 (56.4) <15.2>
중부 (29.5)	4억 4,033 (38)	68.9 (5.4) <-8.0>	77.2 (5.7) <12.0>	1,601.2 (26.1) <-2.9>	1,922.1 (27.3) <20.0>	2,111.2 (27.3) <18.3>	2,408.2 (28.4) <13.9>
서부 (57.0)	2억 8,510 (21)	55.6 (4.4) <26.4>	54.1 (4.0) <-2.7>	919.8 (14.9) <17.4>	938.5 (13.4) <2.0>	1,472.9 (19.1) <15.0>	1,284.5 (15.2) <-12.8>
전국 (100)	12억 3,282 (100)	1,264.9 (100.0) <4.5>	1,354.0 (100.0) <7.0>	6,145.0 (100.0) <6.9>	7,026.0 (100.0) <14.3>	7,733.6 (100.0) <15.9>	8,472.1 (100.0) <9.6>

참고: 1, 총계수치는 지방 통계의 합계로 중국중앙 계수치와 불일치.
　　　2, ( )는 전국대비 점유비, < >는 전년대비 증가율임.
　　　3, 환율:1$: 8.28元.
출처: 주한중국대사관, 2000a. http://www.koreaemb.org.cn/검색일 2000/10/26.

달하고, 특히 서부의 貴州省은 55%로 78개 발전도상 국가 중 73위에
속한다. 하지만 연해지역은 18%, 특히 北京은 19%에 미달됨으로써78
개 발전도상 국가 중 5위다(胡鞍鋼·鄒平, 2000: 34-36). 결국 중국은 세
계적으로 브라질 다음으로 지역 간 빈부 격차가 극심한 국가이다.

그리고 인간 삶의 질에 대한 평가인 UNDP(1999)의 '인간 발전지
표'에 의하면 중국 31개 성·시·자치구 중 新疆(15위)을 제외한 서부
의 重慶(江西 공동 22위)·四川(24위)·貴州(30위)·雲南(27위)·西藏
(31위)·山西(25위)·甘肅(28위)·靑海(29위)·寧夏(26위)는 모두 최
하위의 삶을 유지하고 있다. 또 중국전체가 세계 174개 국가와 지역
중 98위인 점에 비추어 重慶(115위)·四川(120위)·貴州(137위)·雲
南(126위)·西藏(147위)·山西(119위)·甘肅(129위)·靑海(135위)·
寧夏(124위)·新疆(104위) 등 서부지역 모두 세계의 중간 수준에 미
달된다. 반면 동부 연해지역 12개 성·시는 중국내 순위는 물론 세계
적으로 중간 이상의 순위에 있다. 즉 국내 순위와 세계 순위의 경우
北京은 2위·27위, 天津은 3위·30위, 湖北은 11위·84위, 遼寧은 5
위·37위, 上海는 1위·25위, 江蘇는 7위·41위, 浙江은 6위·40위,
福建은 8위·44위, 山東은 9위·55위, 廣東은 4위·34위, 海南 13위
·96위이며, 廣西는 19위와 112위다(胡鞍鋼·鄒平, 2000: 7-10).

이러한 동·서 지역 간의 경제·사회적 격차는 결국 서부지역의 인
적 자원과 물적 자원의 동부지역으로의 유출을 조장,[9] 중국의 지속적
인 경제발전을 저해하는 중요한 요인이 되고 있다. 여기다 중국은
1990년대 초 이래 '8·5계획', '9·5계획' 및 '10·5계획'을 추진하여
지역 간 불균등의 해소를 위한 시책을 강구해 오고 있지만, 동·서지
역 간 격차는 줄어들기보다는 오히려 더욱 심화되고 있다(<표 6-2>,
<표 6-3> 참조). 따라서 이는 현재 중국이 서부 대개발 정책을 적극

---

9) 최근 들어 서부지역 지방정부들은 돈을 벌기 위해 北京이나 上海 중심가의 빌
   딩건축과 주식매입에 막대한 자금을 투자하고 있는 것으로 알려지고 있다. 특
   히 베이징 중심가의 지방정부 소유 빌딩은 눈에 띌 정도로 증가하고 있다.

적으로 추진하지 않을 수 없는 가장 중요한 이유 중의 하나다.

<표 6-2> 중국 동/서부 GDP 증가율 추이 비교(%)

	1998	1999	2000	2001	2002
동 부	100	7.36	20.51	32.85	44.59
서 부	100	4.82	13.70	24.59	36.20

출처 : 林凌, "东西部差距继续扩大", 『中国经济时报』, 2004. 7. 6.

2) 산업구조의 불균형과 동부지역의 비교 우위 상실

개혁개방이전 서부지역에 건설된 국방공업 및 중공업·채굴공업 및 에너지와 원자재 관련 대형 국영 또는 국유기업들은 1980년대 후반에 들면서 기술과 시설이 낙후되고 운영상 비효율성을 면치 못하였다. 반면 연해지역의 공업은 수익성이 높고 자본회전율이 높은 경공업, 가공조립공업 및 단순가공형의 향진기업들이어서 수익성이 높아 동부 연해지역 주민들의 소득을 급격히 향상시켰다. 때문에 동부와 서부 간에는 소득격차가 심화되었다.

이에 자극을 받은 내륙의 지방정부들도 경공업건설에 치중하여 단기적 이익을 추구하게 되었다. 내륙의 지방정부들은 맹목적인 고속성장을 추구하거나 독자적인 공업체계의 형성, 이른바 '문어발식(大而全)', '잡화점식(小而全)'에만 주력, 장기적인 발전을 위한 산업구조의 형성이나 지역 내 산업배치를 소홀히 하였다. 그 결과 연해지역과 내륙지역 모두 경공업, 소비재 산업 등에 생산요소가 집중 투입되어 자본과 자원이 낭비되는 중복투자와 산업 相似化 추세가 심화되고 있다. 최근 통계에 의하면 중부와 동부, 서부와 중부지역의 상업 相似率은 각각 93.5%와 97.9%에 달하고 있을 정도다.

<表 6-3> 중국 각 地區 현대화 실현의 시간표

地區	현대화수준의 상대적 비교(%)	표준화 처리	중등 개도국 수준에 대한 대응정도(%)	중등 개도국수준과 비교한 현대화 정도의 차이(%)	중등 개도국 수준에 도달가능한 시간표(年)
全國	34.15	3.53	40.42	59.58	2050
上海	73.32	4.29	49.18	50.82	2015
北京	68.14	4.22	48.34	51.66	2018
廣東	63.79	4.16	47.58	52.42	2021
天津	57.83	4.06	46.46	53.54	2026
江蘇	49.96	3.91	44.79	55.21	2033
福建	48.15	3.87	44.36	55.64	2034
遼寧	47.32	3.86	44.16	55.84	2035
浙江	46.32	3.84	43.92	56.08	2036
山東	41.16	3.72	42.57	57.43	2041
黑龍江	41.10	3.72	42.55	57.45	2041
吉林	38.03	3.64	41.66	58.34	2045
海南	35.64	3.57	40.92	59.08	2048
湖北	35.44	3.57	40.85	59.15	2048
河北	31.00	3.43	39.32	60.68	2052
湖南	30.36	3.41	39.08	60.92	2052
陝西*	29.62	3.39	38.80	61.20	2052
河南	29.28	3.38	38.67	61.33	2053
江西	28.72	3.36	38.45	61.55	2053
廣西*	27.27	3.31	37.85	62.15	2054
內蒙古*	25.91	3.25	37.27	62.73	2055
安徽	25.73	3.25	37.19	62.81	2055
重慶*	25.64	3.24	37.15	62.85	2055
新疆*	25.19	3.23	36.94	63.06	2055
四川*	25.09	3.22	36.90	63.10	2055
山西	23.30	3.15	36.05	63.95	2056
雲南*	21.90	3.09	35.34	64.66	2057
寧夏*	19.25	2.96	33.86	66.14	2060
甘肅*	16.42	2.80	32.04	67.96	2062
靑海*	14.28	2.66	30.45	69.55	2065
貴州*	10.26	2.33	26.66	73.34	2070
西藏*	3.19	1.16	13.28	86.73	2075

주: *표는 '서부 대개발' 사업상의 서부지역에 속하는 지역.
출처: 中國科學院可持續發展戰略研究組, 2003; 施哲雄, 2003: 240.

따라서 이러한 산업구조의 고도의 동형화 추세는 생산요소의 합리적 배치를 저해하고 기초산업 발전의 정체는 물론, 규모경제의 이익을 상실시키는 등 국민경제의 종합적인 효율을 저하시켜 장기적인 중국경제발전에 역기능을 노정하고 있다(方立, 1999: 225). 이는 시장경제의 심화로 중앙정부의 지방에 대한 통제력이 약화됨에 따라 더욱 심각해지고 있다.

여기다 지역 간 경제발전의 기초 조건을 비교해 보면 동부지역이 과거 향유하던 국제시장에서의 비교 우위가 약화되고 있는 추세다. 현재 서부의 노동력 가격은 동부지역의 1/3밖에 안되며, 지가는 동부 연해지역의 1/5-1/10밖에 안 된다(杜平, 2000: 3). 임금과 지가 및 부동산 가격의 상승으로 동부지역 발전의 중추적 역할을 하였던 노동집약형 기업은 업종을 전환하여야 할 형국에 놓여 있다.10)

한편 중국의 취업구조 중 1차 산업의 노동력 비율은 48.67%에 해당하고, 그들은 지역별로는 중서부에 집중되어 있다. 따라서 동부의 노동집약형 기업을 내륙지역으로 이동시켜 잉여인력을 활용함으로써 비교우위를 계속 유지하는 한편, 비교적 열세에 있는 자본 및 기술집약적 산업을 동부에 포진시켜 국제경쟁력을 제고시키지 않고서는 중국 전체의 지속적인 경제발전을 기대할 수 없는 한계에 봉착해 있다.

또한 동부지역의 자연자원은 장기적인 개발로 인하여 어떤 경우는 이미 고갈상태(撫順의 석탄 등)에 도달했으며, 석유와 같은 자원은 종전의 생산량을 유지하기 곤란한 상태에 이르러 동부지역의 경제가 한 단계 높은 차원으로 발전하려면 반드시 내륙지역의 받침이 있어야 한다. 특히 서부지역 자원의 지원 없이는 불가능하다. 서부지역에 매장되어 있는 풍부한 자연자원의 신속한 개발은 이미 일각도 지체할 수 없는 일이다. 그렇게 하지 않는다면 동부지역은 물론 중국 전체의 발

---

10) 노동집약형 기업은 이미 부분적으로 내륙지방으로 이동이 시작되었다. 上海의 방직, 자원가공산업은 겨우 그 일부만 上海에 기반을 두고 있을 뿐 이미 서부지역으로 옮겨갔다(方立, 1999: 325).

전은 자연자원의 부족으로 인하여 큰 난관에 봉착할 것이다. 따라서 서부지역의 개발은 지체할 수 없는 상황에 처해 있다.

3) 서부지역 내수의 하락

중국의 경제발전에 있어서 유효수요의 부족은 여전히 중요한 문제다. 이는 투자수요의 증폭이 계속 저조한 원인 중의 하나다. 한 연구에 의하면 중국의 12억 인구 중 겨우 3억만이 소비능력이 있고, 그 외 9억 인구는 시장과는 무관한 인구다. 3억 인구는 미국의 시장규모와 맞먹는 인구이나, 그 소비능력은 비교가 안 되는 규모다(張建華, 2000: 103). 따라서 인구의 22.99%를 차지하는 서부지역의 경제가 계속 낙후된다면 이는 결국 중국의 소비(내수)를 위축시켜 동부지역의 경제는 물론 전국의 경제발전까지도 한계에 도달하게 할 것이다.

개혁개방 이전에는 국가가 중서부의 열악한 지역의 노동자들과 직원들에게 비교적 특혜정책을 실시함으로써 서부의 도시 및 소도시(鎭) 지역의 주민들의 보수는 동부지역보다 약간 높았다. 그러나 개혁개방 이후 이는 역전되었다. 연해와 내륙의 중·서부 도시주민과 농민의 1인당 수입 격차를 보면 도시주민의 1인당 수입은, 1978년-1992년간 ① 동부 연해와 내륙서부의 연평균 증가율은 각각 14.5%와 13.0%였고, ② 연해와 내륙서부지역 간의 절대적 격차는 23元에서 503元으로 벌어졌으며, ③ 연해와 내륙서부지역 간 상대적 격차는 1.08에서 1.30으로 나타나 지역 간 격차가 크게 확대되었음을 알 수 있다.

농민의 1인당 수입은 1978년-1992년간 ① 연평균 증가율은 연해 15.0%, 내륙서부 11.6%였고, ② 연해와 내륙 서부지역 간 절대적 격차는 36元에서 563元으로 벌어졌으며, ③ 연해와 내륙 서부지역 간 상대적 격차도 1.28에서 1.95로 대폭 확대되었다(『中國國家統計年鑑』, 1993).

<표 6-4> 각 省別 1인당 연 평균 소비수준(1998년)

동부	元	소비 수준	중부	元	소비 수준	서부	元	소비 수준
北京	4557	172.9	吉林	2940	111.5	重慶	2211	83.9
天津	4699	178.3	黑龍江	3210	121.8	四川	2050	77.8
河北	2151	81.6	山西	1985	75.3	貴州	1479	56.1
遼寧	3468	131.6	內蒙古*	2127	80.7	雲南	1982	75.2
山東	1985	103.3	安徽	2275	86.3	西藏	1471	55.8
江蘇	3382	128.3	江西	1930	73.2	陝西	1835	69.6
上海	8699	330.0	河南	1842	69.9	甘肅	1629	61.8
浙江	3670	139.2	湖北	2559	97.1	靑海	1965	74.5
福建	3826	145.2	湖南	2390	90.7	寧夏	1852	70.3
廣東	4523	171.6				新疆	2615	99.2
廣西*	2025	76.8						
海南	2458	93.3				전국	2636	100.0

주: *표는 지역분포상의 서부는 아니나, 현재 서부 대개발 계획 범위에
포함된 자치구.
출처: 『中國統計摘要』, 1999: 12-86.

이밖에 서부지역의 경제성장률이 매우 저조함으로써 빈곤을 벗어난
(脫貧) 인구의 증가 속도 역시 매우 완만하다. 1993년과 1994년 2년
간 중국의 脫貧人口 중 동부지역은 전체의 40%, 중부는 38%, 서부는
22%를 점하였다. 오늘날 인구통계에 의하면 약 90%의 빈곤인구가 서
부지역에 집중되어 있으며, 그중 가장 빈곤한 절대부분이 서부지역에
거주하고 있다. 더구나 서부지역의 54%는 연평균 수입 500元 이하이
다. 특히 貴州 등 서부의 일부 낙후지역은 5인 식구 전부의 월수입을
다 합쳐도 100元이 안 된다(方立, 1999: 210-211). 이처럼 중서부지역은
주민 수입과 소비액(<표 6-4> 참조) 모두 동부에 비해 아주 낮다.

따라서 중서부지역을 그대로 방치해 둔다면 그곳 주민들의 수입과 소비수준이 제고될 수 없음은 물론, 다른 지역(특히 동부)이 그들을 먹여 살려야 할 상황에 직면하고 있다. 1998년 이래 계속되어 온 내수부진 해소를 위해 그간 정부는 재정정책 및 소비촉진정책, 수출증가에 의해 유발된 설비투자 확대 등으로 다소 내수문제를 해결하였으나, 아직도 완전극복에는 미흡한 상태다(주한중국대사관, 2000b). 이는 결국 동부지역의 경제는 물론 전국의 시장을 위축시키고, 사회 불안을 조성하여 중국을 위기에 봉착하게 할 것이다.

4) 국유기업개혁에 따른 실업자의 누적 – 중국식 뉴딜정책

현재 중국은 시장화 개혁과 더불어 비효율적인 국유기업을 사영화하는 정책을 가속화하고 있다. 특히 1999년 9월 당 15대4중전회 이후 국유기업개혁의 성패가 바로 중국전체 경제체제개혁의 성패를 좌우한다고 보고, 최소한 2010년까지는 국유기업의 구조를 전략적으로 개조하고, 현대적 관리기술과 방법 및 수단을 광범위하게 도입하여 건전한 현대기업제도를 건립해 나갈 것이라 하였다. 그리고 재취업과 사회보장제도를 잘 마련하고 노동시장을 적극적으로 발전시켜 시장을 통해 취업기제가 작동되도록 해나가겠다고 결의했다. 중국의 국유재산은 1997년 현재 전체 부동산의 70%를 차지하고 있다.

중국의 국유기업의 사유화는 1,000개 정도의 전략산업만 남기고 9만 9,000개 나머지 모두를 사유화한다는 방침이다. 江澤民정부가 국유기업의 사유화를 강조하게 된 현실적인 이유는 두 가지로 요약할 수 있다. 먼저 정치적으로 鄧小平 사후 개혁 지지의 조류에 편승하면서 정치적 지지기반을 넓히기 위해서였으며, 둘째 경제적으로 생산력 발전의 가장 큰 저해요인이 국유기업이라고 보았기 때문이었다. 특히 WTO에도 가입하였기 때문에 경쟁력 강화를 위해서는 주요 산업에의 기술투자가 필수적이므로, 그것의 개혁 없이 투자를 계속하게 되면 기업을 회생시키지 못하면서 국고보조만 계속 투자하는 악순환이 되풀이 될 것이기 때문이었다(김정계, 2000: 397-398).

그런데 문제는 현재 중국의 실업률이 날이 갈수록 증가하고 있고, 그것은 주로 국유기업의 개혁(퇴출)에서 기인하는 비율이 높다. 그리고 지역적으로 중서부 도시지역(城鎭)의 실업률이 동부 연해지역 보다 높다. 그것은 국유기업이 중서부지역 공업의 주체이기 때문이다.11) 노동부와 사회보장부의 통계에 의하면 1998년 전국의 직원과 노동자 중 국유단위는 지난해에 비해 1천 27만 3,000명이 줄었고, 집체단위는 470만 4,000명이 줄어 양자를 합하면 약 1,500만에 이른다.

그러나 胡鞍綱은 1998년 중국 도시(城鎭)의 실제 실업인구12)는 1,450만-1,600만으로 실제 실업률은 8%전후라 했다. 이는 公簿상 등록된 실업률(3.1%)의 2.6배 이상이다. 鄕鎭기업 취업인구는 지난해에 비해 1,700만이 줄었다. 따라서 양자를 합치면 3,200-3,300만에 달한다. 이는 유럽연합의 실업인구 합계(1700만)보다 훨씬 많은 수치다(胡鞍綱, 2000: 49-50). 국유기업 퇴출이 실업자 증가의 주요 원인인데, 1997년 전국 국유경제 단위는 지난해에 비해 62% 증가하였고, 집체경제 단위는 55.7% 증가하였다. 그리고 서부지역의 전체 퇴출률은 모두 100%를 초과하고 있다. 특히 西藏이 150%, 寧夏가 140%인데 반

---

11) 그것은 '1·5계획시기'와 '3선 건설시기' 중서부지역에 정부가 집중적으로 투자하였기 때문이다. 따라서 서부지역의 경우 아직도 공업의 주체는 국유기업이다. 물론 1990년대 이후 서부지역의 비국유경제는 큰 발전을 하고 있는 추세다. 하지만 동부지역에는 못 미친다. 1995년의 경우 국유공업기업의 생산액을 보면 동부와 서부는 각각 전 공업생산액의 27.5%와 46.9%를 점하였다. 동부의 浙江省과 江蘇省은 국유공업은 이미 20% 이하로 떨어졌다. 또 1996년 통계에 의하면 사영기업그룹은 모두 752개(1995년 대비 59% 증가)인데, 이 중 규모가 가장 큰 사영기업집단 79%는 동부지역에 집중되었고, 서부지역에는 겨우 21%만이 건설되었다(張廣明·王少農, 2000: 195-196).

12) 『中國勞動統計年鑑』(1998)은 城鎭(도시)실업인구를 "당해 지구 비농업 호구가 있고, 일정한 연령(16세 이상 남자 50세 이하, 여자 45세 이하)내에 있는 노동능력이 있으나 직업이 없어 취업을 원하는 자로서, 현지 취업담당기구에 구직 등록을 진행하고 있는 사람"이라고 정의하고 있다.

해 上海는 겨우 4.3%에 불과했다(胡鞍綱, 2000: 57). 또 실제 실업률의 각 省별 특징을 보면 서부지역의 青海가 전국 1위로 11.5%, 다음은 山西 11.4%, 貴州 10.5%이며, 반면 동부의 福建·廣東·上海·北京은 각각 4.0%·4.8%·4.9%·1.4%로 실제 실업률이 최고인 지역과 최저 지역 간의 차이는 10% 이상이다(胡鞍綱, 2000: 21). 이는 중국경제발전의 불균형성이 1인당 평균 GDP의 수준과 증가율의 격차는 물론 각 지역 간 실업률의 격차에서도 나타난다고 보겠다.

문제는 퇴출자의 재취업 문제인데, 정부는 퇴출 산업은 주로 노동집약적 산업으로 '노임을 현 상태로 유지한다면' 시장 개방에 따라 경제력 있는 산업이 되어 2010년까지 국내에 540만 개의 새로운 일자리를 창출할 것이라고 당국은 전망하고 있다. 그러나 노임을 현 상태로 유지한다는 것은 현재의 상황으로는 불가능할 뿐만 아니라, 실제 재취업율도 저조하다. 1998년 국유기업 퇴출자 중 실제적인 재취업자는 37%에 불과했다(胡鞍綱, 2000: 61). 중국 국가통계국의 자료에 의하면 1998년 GDP 증가율은 7.8%에 달했으나, 취업 창출은 357만에 불과했다. 이는 개혁개방 이래 최저 취업증가율로 GDP 1% 증가에 46만 개의 자리가 생긴 것이다. 이러한 추세로는 시장화가 가속화될수록 실업자는 증가될 수밖에 없다는 진단이다(『中國國家統計年鑑』, 1999).

또한 개혁의 속도를 가속화할수록 실업자의 수는 더욱 늘어날 것으로 예측되며, (<표 6-5> 참조), 현재 중국이 개혁의 고삐를 늦출 기미가 없기 때문에 실업자 문제는 더욱 가중되리라 본다. 따라서 중국의 실업자문제, 특히 국유기업의 개혁을 통해 유출되는 실업자 문제의 해결은 현재 서부지역은 물론, 중국이 안고 있는 중대한 고민중의 하나다. 따라서 이들 실업자를 대량으로 흡수할 수 있는 서부 대개발 사업은 중국이 선택하지 않을 수 없는 정책이라 하겠다.

<표 6-5> 개혁의 속도에 따른 실업률 예측

	1995	2000	2010	1995-2010 년평균 증가률(%)
급속한 개혁 노동력(백만)∗	687.4	732.9	833.1	1.3
실업자수(백만)	7.9	40.4	40.0	11.4
완만한 개혁 노동력(백만)∗	687.4	732.9	833.1	1.3
실업자수(백만)	7.9	20.0	3.0	8.0

주: ∗표 노동력은 남자의 경우 16-59세, 여자의 경우 16-54세.

출처: Davies, 2000: 101.

2. 서부 지역개발 전략의 정치사회적 배경

胡鞍綱과 王紹光의 한 연구에 의하면, 중국의 간부들이 느끼는 지역 간 경제의 격차는 이미 위험 수위를 넘었고, 그 결과는 정치적 안정을 해치고 국가의 분열까지 가져올 수 있다는 경고를 하고 있다. 1994년 6월과 1995년 6월, 두 차례에 걸쳐 중앙당교에 교육을 받고 있는 1급 지방 지도자급 간부 33명(省級 17명과 地區級 16명)과 소수민족 자치주와 자치현의 지도자급 간부 109명을 대상으로 조사한 연구결과는 다음과 같다(王紹光·胡鞍綱, 1999: 77-80).

"귀하가 생각하기로는 80년대부터 중국의 지역 간 격차는 어떻다고 보는가?"라는 질문에 ① 확대되었다(100%, 98.2%). ② 축소되었다 (0%, 0%). ③ 변화가 크다(0%, 1.8%)고 응답했다.

또 "귀하가 보기로 발달지역(동부)과 저발달지역(서부)간 주민의 수입격차는 어떻다고 생각하는가?"라는 질문에서 ① 아주 크다(87.9%,

89.1%). ② 정상이다(0%, 10%). ③ 아주 적다(12.1%, 0.9%)로 응답했다.

나아가 "지역 간 격차가 커지면 어떠한 결과를 가져오겠는가. 그중 가장 중대한 것은?"에 대해서 ① 사회분배의 불공평(0%, 6.5%). ② 정치사회의 불안정(83.9%, 81.5%). ③ 국가의 분열(16.1%, 1%)이라고 응답했다. 조사대상자 142명의 고급 관리 중 겨우 7명만이 정치불안정과 국가분열의 가능성을 배제했을 뿐, 절대다수가 이를 우려했다. 소수민족 집중 지역에서 일하는 지도급 간부들이 가장 우려하는 것은 지역격차였다. 1995년 말 소수민족 간부를 대상으로 조사한 또 다른 한 연구에서도 피조사자 중 95%가 지역격차는 한족과 소수민족 간의 관계에 어느 정도 영향을 미쳤다고 생각하고 있으며, 2/3 이상의 피조사자가 이러한 영향이 아주 가공할 만한 수준이라고 하였다(Yang, 1996: 212-220). 따라서 서부 대개발 정책은 동·서·지역 간의 경제적 격차 해소뿐만 아니라, 이로 인해 유발되는 정치사회적 모순을 해소하는 전략적 함의와 배경을 가지고 있다.

1) 지방주의의 심화

중국의 각 지역은 모두 각기 기후, 토양의 구성, 주민의 성격, 다양한 방언상의 특징 등으로 인하여 전통적으로 지역 특색이 강한 나라다. 따라서 중국은 오랜 역사를 통해 지리적 및 지역적 이해관계의 충돌이 잦았던 국가이다. 여기다 개혁개방 이후 정부가 추진한 지역발전전략 및 분권화 정책에 따라 각 지방정부는 당해 지역의 경제발전을 위한 다양한 시책을 적극 추진하여 경제적 성과를 획득하였으나, 지역 간 경제력 격차가 더욱 확대됨으로써 각 지역별 경제행위는 항시 지방보호주의 색채를 수반하였으며, 각 지역은 하나같이 각자의 최대의 이익 챙기기에 혈안이 되었다(Wong, 1994).

중앙과 지방정부는 물론, 지방과 지방 간 특히 연해와 내륙간 갈등이 확산되었다. 먼저, 지방과 중앙의 관계에 있어 지방은 가능한 한 국가의 통일적 거시조정과 관리를 받아들이려 하지 않고 있으며, 중앙의 정책에 대해 유리하면 시행하고, 불리하면 각 지방은 그 정책시행에 대해 지속적으로 저항 또는 왜곡하거나 집행속도를 최대한 지연시키려 하며, 심할 경우는 경제적 실력으로 투자나 세금의 상납 등에 대해서조차도 중앙과 흥정하려 든다. 다음, 지역 간의 관계에 있어서도 지역의 이익을 최대한 확보하기 위해 지방간 상호 봉쇄를 통해 지역할거주의적 경제체계를 형성한다. 이러한 자아봉쇄적 경제체계가 지방주의적 정치행정과 결합할 경우 지방의 脫中央化 현상을 증대시켜 이른 바 '諸侯經濟'를 조성하고 있다. 이는 중앙정부의 권위에 위협적인 요소가 되어 정치적 안정에 지대한 영향을 미치고 있다(方立, 1999: 227-228).

연해는 자신들로부터 걷은 세수의 많은 부분이 내륙지원에 사용되는 것에 반발하고, 내륙지역은 불균형발전정책(先富論)에 따른 연해 우혜조치 등이 내륙의 발전을 저해하였다고 보고 내륙에 대한 투자를 확대해야 한다고 강조한다. 연해지역은 경제과실에 대한 이익향유의 측면을, 내륙지역은 상대적 박탈감에 따른 균형발전을 주장하면서 대립이 증폭되었던 것이다. 예컨대, 선부론에 의해 상대적 박탈감을 느끼는 내륙지역 省의 간부들은 경제개혁을 방해하는 전략을 획책하기도 하고(Perry and Wong, 1985: 211). 공개적으로 鄧小平의 개방정책에 반대를 표명하기도 하였다(금희연, 1999: 229).

또 지역 내 타지역 상품의 반입 및 판매 봉쇄, 원자재의 관외 반출 제한 등 지역 간 시장봉쇄 등 일종의 비관세 장벽을 통하여 원료 및 기술과 상품이동 등을 막아 전국적인 시장 형성을 저해하고 있다(國家計委國土開發與地區經濟研究所, 1996: 27).

대표적 예로는 '면화대전'을 들 수 있다. 1993년 병충해로 인하여 전국의 면화 생산량이 전년에 비해 약 30% 감산되었다. 그런데 이와 대조적으로 각 지방정부가 앞 다투어 건설한 면방직 공장은 1980년대에 비해 근 2배(2,630개)로 증가하여 원면의 수요에 공급이 턱없이 부족하였다. 따라서 면화 비생산지나 생산이 결핍한 지역의 정부나 공장 관계자는 원면 조달에 혈안이 되었다. 그러나 이러한 상황에서 면화 생산지 지방정부는 의도적으로 변경에 경찰을 배치하여 원면의 타지역 유출을 막는가 하면, 생산자인 농민들은 정부의 수매가를 무시한 채 비싼 가격으로 개인에게 암매하는 등 이른바 '면화 대전'이 벌어졌다.

이밖에 1993년 서북 5성과 內蒙古에 일어난 '캐시미어(羊絨) 전쟁'과 1986년의 江蘇省에서 벌어진 '누에고치(비단) 전쟁'(辛向陽, 1995: 588-590, 593-594), 1994년 新疆에서 일어난 '우유전쟁'(『經濟日報』, 1994. 10. 16) 등도 이와 같은 예다. 이는 바로 선부론에 의해 야기된 지방 할거주의의 결과다.

이를 해결하기 위해서는 무엇보다도 지역 간 격차의 완화가 전제되어야 하며, 제기되는 가장 합리적인 정책대안은 지역 간 호혜성을 바탕으로 자발적인 수평적 협력관계를 구축하는 것이다.[13] 바로 '자원의 비교우위를 통한 산업의 합리적 배치'와 '지역 간 협조(연합)'에 바탕을 둔 서부 대개발 정책은 이러한 지역 이기주의를 해소하는 한 전략이다.

2) 국제정치전략상의 중요성

전략적인 측면에서 세계를 해양, 대륙, 그리고 중앙으로 3대 분한다면 미국·유럽·중국이 각각의 중심이며, 중국이 안전을 보장받으려면 반드시 해양과 대륙 양면에서 전략적인 우세를 견지하여야 한다는 것이 중국인들의 관점이다(楊帆, 2000: 273). 따라서 중국의 전략적 방어선은 대륙과 해양의 2개 방면인데, 남부 해양 방어선은 중국과 러시아·

---

13) 중국의 지역 간 격차완화를 위한 정책대안에 대해서는 정재호(1999, 286-287) 연구 참조.

미국·일본·아세안 등의 5대 세력이 집결된 동남아지역이다. 중국대륙의 안전보장을 위한 가장 중요한 해양의 전략적 요충지는 타이완이다. 현재처럼 타이완이 계속하여 미국·일본과 우호관계를 유지하거나, 최악의 경우 독립을 한다면 미국과 일본은 타이완을 중심으로 전략적 방어선을 구축, 중국의 해상 통로를 봉쇄할 것이며, 중국의 해양 방위선은 동북해와 동남해로 양분되어 중국 해군은 분할작전을 벌이지 않을 수 없게 되어있다.

따라서 서부지역은 중국의 안전과 대외적 활로개척을 위해 대단히 중요한 전략적 요충지다. 브레진스키 역시 그의 저서 『거대한 체스판』(*The Grand Chessboard*)에서 중국의 서부와 접경해 있는 중앙아시아는 21세기 미국의 세계전략과 맞물려 있는 힘의 요충지로 보고 있다(브레진스키, 2000). 서부지역은 러시아·몽골을 비롯한 중앙아시아의 카자흐스탄·키르기스스탄·아프가니스탄·타지키스탄과 인도·네팔·부탄·미얀마·라오스·베트남 등 여러 국가와 접경하고 있으며, 육지 변경의 길이가 무려 12,747㎞나 된다.

서부지역은 동아시아와 중앙아시아를 연결하는 곳에 위치해 있으므로 중앙아시아와 유럽국가들이 아태지역으로 진출할 수 있는 중요한 문호일 뿐 아니라, 동아시아 국가들이 서아시아와 유럽으로 진출하는 가장 편리한 통로이다. 따라서 이 지역은 중국경제가 중앙아시아, 더 나아가 유럽에 진출하고 인도양 진출의 전략을 위한 교량 역할을 할 수 있는 곳이며, 태평양과 대서양 양대 경제권을 연결하는 과정에서 중요한 역할을 할 수 있는 요충지다(杜平, 2000: 5). 역사적으로 중국과 변경의 이민족이 각축을 벌여 이 지역을 장악하는 나라(漢, 唐, 淸)는 강성해졌고, 이 지역을 잃은 나라(唐, 宋, 明)는 그 세력이 기울어졌던 것처럼 역사적으로 이 지역은 바로 중국이 강성대국으로 성장하는 최전방기지다.

고대부터 접경지역의 여러 민족이 월경하여 이 지역에 거주하는 등 서부지역은 역사적으로 주변국가 및 주변 민족들과 밀접한 민족교류와 문화적 연계를 갖고 있으므로 쌍무 경제협력을 위한 기반이 마련되어 있는 곳이다. 이 외에 서부지역은 주변국가 및 지역들과 자원교환 및 시장수요, 경제구조면에서 보완성을 띠고 있다. 예를 들면 서남지역은 남아시아 및 동남아 국가들에 비해 전자, 우주, 기계제조, 공정 등에서 우위에 있으며, 서북지역은 중앙아시아 국가들에 비해 방직, 식품, 기타 소비재공업 등에서 비교 우위에 있다(杜平, 2000: 5). 따라서 서부지역의 발전과 안정은 이들 접경국가와의 활발한 경제 교류 및 선린우호관계의 강화는 물론, 러시아의 세력 약화에 따른 내륙공략(유라시아 및 인도양 진출)의 기반을 마련하는 데 있어 관건적인 역할을 할 것이다.

3) 소수민족 분리운동의 예방

鄧小平 생전, 鄧小平 사후 중국의 미래를 전망한 많은 학자들 간에는 "鄧小平 사망이 중국 대륙 각 지역의 민족분리와 독립운동에 새로운 자극제로 작용하고 새로운 폭동의 계기가 될 것임은 의심의 여지가 없다"고 주장한 바 있었다. 이는 바로 다민족 국가인 중국에서 소련의 해체과정과 마찬가지로 민족분리문제가 가장 민감한 문제 중의 하나임을 강조한 것이었다.

중국은 비록 960만㎢의 광활한 영토를 차지하고 있지만, 그중에서 절반 이상이 한족이 아닌 소수민족들이 거주하고 있는 지역이다. 전통적으로 漢族이 거주하는 지역은 하얼빈-成都를 잇는 일직선과 成都-廣州를 연결하는 일직선의 동쪽에 집중된 현 국토면적의 3분의 1에 불과한 지역이다. 반면 대부분의 소수민족은 서부 내륙지역에 거주한다. 중국의 5개 민족자치구 중 3개 민족자치구(新疆위구르족·西藏장족·寧夏회족)가 서부지역에 위치하고 있다. 雲南·貴州와 青海省은 자치구 대우의 다민족 성이다. 그밖에 四川·山西·甘肅省과 重慶市에도 상당수의 소수민족이 살고 있다. 전국의 159개 민족자치지방 중

서부지역에만 115개가 있으며, 그중 자치주가 37개, 자치현이 83개다. 전국 55개 소수민족 1억 846만 인구 중 79.78%기 서부지역에 분포해 있다(趙曦, 2000: 78). 이는 서부 총인구의 28.51%에 해당한다.

서부 소수민족의 거주지역은 아시아 내륙의 10여 개 국과 국경을 맞대고 있는데, 이는 국경지역의 90% 이상에 해당하는 지역이다. 이들 소수민족 중 20여 개 이상의 민족은 인근 국가의 국민과 동일민족이다. 그리고 서부의 소수민족 거주 지역은 석유(甘肅의 유멘과 新疆의 카라마이 유전)를 비롯한 비취(新疆의 호탄), 대리석과 주석(雲南), 붕소와 구리(西藏) 등 중요 지하자원이 무한대로 매장되어 있어 중국의 미래 발전에 아주 중요한 요지다. 또한 이 지역들은 대부분 변경지역이어서 국제정치상 가장 민감한 지역으로 부상되고 있다(김정계, 1990: 63). 따라서 만약 소수민족들이 동란을 일으키면, 그 결과가 중국에 미치는 위협은 군벌의 할거에 버금갈 것이다. 또 소수민족 집거지역이 모두 독립한다면 독립된 지역은 영원히 회수할 가능성이 희박하고 9억 이상의 한족은 중국 동남부의 자투리에 밀집해 살 수밖에 없을 것이다. 따라서 소수민족문제는 중국공산당정권의 운명과 중국의 생사존망까지 위협할 수 있는 중차대한 문제 중의 하나다.

그런데 서부지역 소수민족의 경제는 漢族 우세지역보다 상대적으로 낙후되어있다. 건국 이후 특히 개혁개방 이후 10여 년간 서부 소수민족지역의 경제는 획기적으로 발전(1978-1988, 공농업 총생산액 1.98배 증가)되긴 했으나, 동기간 전국 수준(3.28배 증가)에는 훨씬 뒤졌다. 1993년 말 현재 배를 채우지 못하는 전국의 기아인구 8,000여 만 중 소수민족과 민족자치구역 인구가 4,000여 만이다.

1994년 3월 당 중앙과 국무원의 '국가 87 극빈자 구제계획'(國家八七扶貧攻堅計劃)에 의해 중점적으로 지원을 받은 592개 빈곤 縣 중 258개가 소수민족 자치현이고, 그중 21개가 서부지역에 분포되어 있다. 1996년 중국의 소수민족인구는 전체인구의 9%에 미달되지만, 절대빈곤인구는 무려 45.05%나 된다. 그중 서부지역의 빈곤인구 비율은 더욱 높아 新疆과 貴州는 각각 90%와 70%가 빈곤인구다(趙曦, 2000: 79-80). 따라서 이 지역의 경제발전문제는 정치안정과 국가적 통일에 있어 아주 중요한 의의를 갖는다.

이들 소수민족지역 중 특히 新疆위구르자치주와 西藏장족자치주는 동란이 끊이지 않고 있는 민족분리운동의 화약고다. 新疆은 중국 전 영토의 6분의 1을 차지하고 있다. 新疆은 유라시아 대륙의 심장으로 지정학상 주변지역에 대한 영향력이 아주 큰 지역이다.[14] 티베트(西藏)은 거의 테배트족(藏族) 단일민족으로 서방의 지지까지 얻고 있어 중앙정부의 관심이 집중되는 지역이다.

新疆을 통제하기 위한 중앙정부의 정책은 1950년대 초 新疆에 兵團을 건설하고 황무지를 개척하면서 시작되었다. 약 220만 인구 10개 사단 대부분이 北新疆과 東新疆[15]에 있다. 황무지를 개간하기 위해 파견된 병단 인구는 비교적 질이 높은 청년지식인들과 병사들로 구성되었고, 이들은 생산기술을 전수하는 주요 역량이었다. 하지만 병단의 계획경제체제는 개혁개방에 적응하지 못해 90년대 초기에는 중앙정부가 매년 병단에 7억元 상당의 무상지원을 해야 했다.

그러나 兵團이 건설한 국유기업은 경영상 곤경에 처하였고, 1990년대 초 이래 매년 5만 여 퇴출자(실업자)와 그 가족은 병단을 떠나는

---

14) 新疆에는 30여 개 민족이 살고 있는데, 그중에서도 위구르족이 47%, 카자흐족이 7%로 전체의 절반을 차지한다. 1944년 합병 당시 위구르인들은 新疆전체인구의 75%였다. 그러나 인민해방군 진주 이래 한족 인구가 계속 늘어나 현재는 新疆자치구의 40%가 한족이다. 하지만 新疆에서는 아직도 한족은 소수민족으로 한족과 기타 민족을 합해도 전체인구의 50%에 못 미친다. 新疆은 지리적으로 北新疆·東新疆·南新疆 등 3개 지역으로 나눈다. 카스(喀什)·이링(伊寧)·아크수(阿克蘇)를 축으로 한 南新疆 지역은 40년 이래 10여 차례의 민족분리주의운동이 일어났다. 南新疆에는 주로 위구르족(800만)이 집단적으로 거주하고 있으며, 이들은 접경지역인 카자흐스탄, 우즈베키스탄, 키르기즈스탄, 타지키스탄 등의 다수의 국민과 민족과 종교(회교)가 일치한다(楊帆, 2000: 274-276).
15) 東新疆 지역은 하미(哈密)와 투루반(吐魯番)을 중심으로 한 지역으로 한족이 거주하는 중국 내륙과 인접해 있는 지역이다.

현상이 발생하는 등 병단지역의 경제는 상당히 곤경에 처해있다(楊帆, 2000: 276). 이러한 상황에서 만약 중앙정부기 다른 지역의 동린으로 인해 변경을 제압하는 힘이 약화되거나 병단에게 정책적인 배려를 해 주지 않거나 그들의 물질생활을 개선시켜주지 못한다면 北新疆 및 東新疆에도 부분적인 동란이 일어날 가능성이 높다.

티베트(西藏)은 지리적으로 세계의 지붕이다.16) 티베트 역시 민족적으로나 종교적으로 아주 민감한 지역이다. 중국 지도층은 서방국가들이 특별히 '티베트독립운동가들'을 지지하는 것은 중국의 분열을 획책하고자 하는데 그 목적이 있다고 보고 있다. 인도도 西藏독립운동가들에게 그 영토 내에 망명(달라이 라마)정부를 주선한 바 있다.

이처럼 티베트 독립은 중국은 물론 세계적인 관심사다. 그리하여 중국은 개혁개방 이후 이 지역에 대한 정책적 지원도 적극적이다. 재정지원(1979년 5억元에서 1994년 29억元으로 증가)은 물론 티베트족 간부 우대(1989년 省級 간부의 72%, 地級 간부의 68.4%를 장족으로 충원) 및 종교와 신앙의 자유를 보장하는 등 최대한의 노력을 기울이고 있다.

따라서 농민 1인당 평균수입도 1979년 47元에서 1990년 484元, 1994년 900元으로 증가하였고, GNP도 동기간 70% 증가하였다. 하지만 1987-1989년 두 해 동안 18차례의 시위가 일어났고, 1989년 3월부터 무려 419일간 계엄이 선포된 지역이다(楊帆, 2000: 276-277). 계엄 실시 후, 1993년 5월 24일에도 라사(拉薩)시에서 데모가 일어났다. 데모는 경제문제-중앙정부의 식량가격의 자유화를 반대하는 것을 계기로 이것이 정치문제로 비화되었고, 끝내는 티베트의 독립문제로까지

---

16) 중국이 말하는 시장자치구는 이른바 小西藏으로 총인구 230만 중 藏族이 223만을 점하고 있다. 하지만 국제적으로 통칭하는 시장은 넓은 의미에서의 티베트(大西藏)인데, 이 지역은 靑海省·甘肅省 남부·四川 서부와 雲南 서북부를 포괄하는 전체 靑藏高原으로 면적은 250만㎢나 되며 藏族(티베트족)은 457만이 거주한다. 이 지역의 한족과 기타 민족 인구는 200여 만이다(楊帆, 2000: 277).

발전되기도 했다(王兆軍·吳國光, 1994: 262). 현 중국공산당 총서기 胡錦濤는 당시 티베트자치구 당위 서기로 라사의 폭동을 무사히 진압하여 오늘날 그가 되는 발판을 마련한 것으로 전한다.

다음 중국에서 소수민족의 독립을 논의할 때 일반적으로 新疆 위그르족·西藏의 티베트족과 내몽고의 몽골족 등을 거론하지만, 사실상 回族 문제가 더욱 심각하다. 사실 회족은 위구르족보다 더 폭발적이다. 왜냐하면 회족은 新疆 및 寧夏자치구·雲南省·甘肅省 및 중국 전역에 퍼져 있고, 민족정서가 격렬하며 막강한 배후 회교도 세력과 독특한 종교문화를 갖고 있기 때문이다. 기회가 왔을 때 부분적으로 독립을 요구할 가능성이 높은 지역은 西藏자치구이겠지만, 가장 먼저 반란을 일으킬 가능성이 높은 민족은 회족이다(王兆國·吳國光. 1994: 258-259).

헌팅턴(1996)은 회교와 유교의 결합은 '이데올로기 종말 후'의 가장 위협적인 세력으로 부각될 가능성이 크다는 가설을 제시하고 있다. 그 이유는 회교는 광적인 결사정신이 있고 유교는 명분을 내세우는 표리부동의 특이한 이중성이 있기 때문이다. 현재 이 두 세력이 중국 내에 공존하고 있다. 만약 그들 두 세력이 결합한다면 세계를 위협하게 되겠지만, 그들이 분열 내지 갈등할 때는 그것은 격렬한 충돌을 초래할 것이다. 최근 들어서도 아프가니스탄의 후원을 받고 있는 회교 극단주의자들과 카자흐스탄·우즈베키스탄·키르기스스탄·타지키스탄 등이 新疆의 중심부인 우루무치 등지로 무기를 밀수출해 민족분리주의자와 그 단체들의 분리 독립운동을 지원하고 있다(『조선일보』, 2000. 9. 10)는 정보가 포착되어 중국 당국은 바짝 긴장하고 있다.

이러한 상황에서 경제발전의 불균형으로 인한 물가의 상승, 특히 양곡 가격 등 생활필수품 가격의 폭등과 한족 간부들의 부패 등은 이들을 충분히 자극할 수 있다. 더구나 그들 지역이 동부지역(한족 거주지역)보다 계속적으로 침체될 경우 이는 정치사회적 불안을 심화시켜 민족분열의 빌미를 제공할 수 있다. 여기다 중앙정부와 인접 국가들과의 관계가 악화되고, 외국세력이 이에 편승할 때는 민족분리운동은 더욱 고무될 수 있다. 결국 소수민족의 인구와 욕망이 늘어나고, 인근 동일민족(소수민족과 동일한) 국가의 세력이 확산되면 중국 중앙정부의 통치비용도 더욱 높아져야 할 것이다. 그러나 중앙정부의 경제능력이 이러한 비용을 부담할 수 없게 되면 통치능력은 약화되고 말 것이다.

제4절 중국서부지역 대개발의 당면 문제점

중국과학원과 중국공정원 소속 45명의 학자, 전문가, 엔지니어들이 공동으로 작성하여 제출한 최근의 한 보고서에 의하면 서부 대개발 정책을 실현하는 데 있어서 해결해야 할 급선무 중 중요한 것은 부족한 물(용수) 문제와 저수준의 인력, 낙후된 교통과 통신체계, 그리고 환경보호 문제 등을 들었다(『光明日報』, 2000. 6. 7). 그리고 중국 '서부개발' 인터넷사이트의 여론조사에서도 서부개발의 가장 큰 난관으로 생태보전과 자금 및 인재난을 들고 있다. 이들은 모두 서부 대개발에 있어 당면한 문제점이요, 애로점이라 하겠다.

1. 열악한 자연환경

중국의 서부지역은 고원, 적은 강우량, 사막화 현상 등으로 자연환경 자체가 경제발전에 장애요소가 되고 있다. 서부지역 면적의 80%이상, 심지어 100%의 토지 모두 해발 500m 이상에 위치하고 있다(王紹

光·胡鞍鋼, 1999: 92). 특히 서부지역의 약 1/2 이상을 포괄하고 있는 靑藏고원의 대부분의 지역은 해발 4,000m 이상에 위치하고 있어 공기는 희박하고 열량이 부족하며, 티베트자치구의 경우 인간이 생존할 수 있는 면적은 겨우 27%에 불과하다(趙曦, 2000: 77).

또한 서북지역은 강우량이 적어 물과 삼림이 부족하며 사막화의 위협이 가중되고 있다. 서부지역은 강우량 600㎜ 이하인 경지면적이 약 8억ha나 된다. 전국 경지면적의 64%에 해당하는 지역이지만 강우량은 전국의 20%에 못 미친다. 또 중국에 사막화된 토지면적은 이미 전 국토면적의 27.3%이며, 이들 중 대부분이 서부지역에 속한다. 따라서 일반 국민의 생활과 직접 관련이 있는 초지와 경지의 퇴화율은 이미 각각 56.6%와 40%에 달한다.17) 지난 40여 년간의 기상자료를 분석해 보면, 서북지역의 적은 강우량, 격심한 한발은 역전 가능성이 없는 것으로 알려지고 있다(方立, 1999: 419-420) 게다가 충분한 관개시설도 갖추고 있지 않아 수자원의 낭비는 극심하다. 따라서 서부지역의 특수성(생산요소)에 적합하다고 가정하고 있는 원자재가공 및 섬유공업 등을 대량으로 건설할 경우, 용수의 심각한 부족상태에 봉착할 것은 불을 보듯 훤하다.

2. 기간시설의 부족

지형적으로 중국은 '西高東低'의 형상이다. 따라서 동부에 비해 서부는 교통이 불편하다. 전 국토면적의 56%를 차지하는 서부지역의 도로 길이는 전국의 30%에 불과하며, 그것도 92%가 2급 수준 이하의 도로

---

17) 중국이 매년 한발에 따른 사막화 현상으로 입는 경제적 손실도 연 549억元에 이르고 있다. 사막화로 회복불능의 땅이 된 국토는 약 262만㎢로 이는 廣東省과 맞먹는 규모일 뿐 아니라, 중국 대륙 전 경지면적의 두 배 이상에 이른다(『深圳特區報』, 2000. 6. 18).

다. 동부 연해지역의 도로 밀도가 0.3km/1km² 이상인데 비해 서부지역의 新疆·西藏·靑海와 內蒙古 등 면적이 가장 넓은 4개 성·자치구의 도로밀도는 0.05km/1km²에 불과하다.[18] 철도망의 경우도 서부지역은 전국 수준에 미달하고 있다. 1994년 전국의 철도는 7만 7,000km(지방철도 포함)인데, 대부분 동부에 집중되어있다. 京廣(北京-廣州)선을 경계로 하여 그 以東(南 포함)과 以西(북 포함)로 나눈다면 3/4이상의 철로는 이동에 위치한다. 서북지역은 수로도 부족하다. 수로는 주로 하천과 호수 및 해안선을 이용하는데, 하천은 전국에 5만여 개로 통항이 가능한 길이는 모두 54,000km이고, 통항이 가능한 호수도 900여 개가 있다. 그런데 이러한 수로체계의 80%가 揚子江과 珠江 하류인 남방 연해지역의 上海·江蘇·浙江·湖北·湖南과 廣東 등에 집중해 있다(王紹光·胡鞍鋼, 1999: 99).

요컨대, 이상 運輸線 밀집도의 경우 동남부 연해지역은 1km² 당 0.4 km이상이고, 북부 연해지역은 1km²당 0.3km정도인데 비해 서부지역 성·시·자치구의 운수선 밀집도는 1km²당 0.2km에 못 미치며, 그것마저도 운수시설이 아주 원시적이다(王紹光·胡鞍鋼, 1999: 100). 이처럼 서부지역은 교통망이 턱없이 부족하기 때문에 운송 원가가 높다. 따라서 이는 바로 서부지역 자원의 비교우위를 상쇄하는 주요 원인이다. 한 예로 서부의 蘭州에서 생산되는 UPS배터리 전부를 天津항을 통해 영국·이탈리아·스페인·오스트레일리아 등지로 수출하고 있는 한 기업은 물류비용 때문에 경영의 어려움을 겪지 않을 수 없다. 인건비는 월 평균 300-400元 정도밖에 안되어 저렴하지만, 8t 컨테이너 분량의 상품을 天津까지 운송하는 트럭운임이 무려 200만元으로 수지가 맞지 않다는 것이다. 물론 철도를 이용하면 蘭州-天津의 운임이 3000元에 불과하지만 운송기간이 터무니없이 길어 납기일에 도저히 맞출 수가

---

18) 서부지역의 경우 철도와 수로가 부족한 지역이기 때문에 대부분의 운수는 도로에 의존한다. 중국의 도로는 1994년 현재 111만 7821km로 철도길이의 15배이며, 내륙수로의 10배에 해당한다(王紹光·胡鞍鋼, 1999: 99).

없어 철도운송은 불가능하다(『한겨레신문』, 2000. 7. 1).

3. 자본의 부족

중국의 지역경제발전과 투자액의 상관 관계를 분석한 결과, 투자액의 경제성장에 대한 공헌율이 50% 이상에 달했다. 자본은 지역 내와 지역 외의 자본공급을 포괄한다. 지역 내의 자본공급은 해당 지역의 종합적인 산출 수준에 의해 결정된다. 서부지역 주민의 1인당 평균 GDP는 전술한 바와 같이 동부지역의 그것보다 훨씬 낮다. 대표적으로 1995년 서부의 甘肅省과 동부의 江蘇省의 1인당 GDP를 비교해 보면 1 : 3.2이었으며, 농촌의 경우 평균수입이 1 : 3.24, 향진기업의 총생산액은 1 : 2.1이었다. 1인당 평균 GDP는 지역의 산출 수준을 종합하는 경제지표인 바, 이상은 서부지역 내의 자본 공급 능력이 한계가 있음을 설명해 준다(張廣明·王少農, 2000: 200).

지역 외의 자본은 첫째 중앙정부에 의한 투자, 둘째 외자, 셋째 기타 성과 시·자치구에서의 투자로 나눌 수 있다. 중앙정부에 의한 투자의 경우 건국 초기 '제1차 5개년 계획'과 '3선 건설시기'는 서부 집중적인 것이었으나, 개혁개방 이후 서부투자의 전국적 비율은 현저히 줄어들었다. 1978-1994년 16년간 중앙의 투자액 중 60.5%가 동부지역에 투자되었으며, 서부지역은 겨우 14.8%에 불과했다. 특히 1990년대 중기 들어 그 격차는 현저히 확대되었다. 동부지역의 투자비율은 1991년의 57.0%에서 1995년 66.0%로 4년간 9% 증가한 반면, 서부지역에 대한 투자비율은 같은 기간 14.68%에서 12.2 %로 오히려 2.48%나 하강하였다.

그러나 1990년대 중기 이후 국가 투자정책의 방향 전환으로 1998년 동부지역에 대한 투자 증가액이 19.5%인데 비해 서부지역에 대한 정부투자는 31.2%로 증가하였으며, 1999년 1/4분기 중 서부지역에 대한 투자는 35.4% 증가되어 동부지역의 배 이상이 되었다. 비록 이처럼 1990년대 후반부터 서부에 대한 투자를 증가시키고 있긴 하나, 아직도 그 절대액에 있어서는 동부에 미치지 못한다. 1998년 전 사회 고정자산 투자비중은 61.4%를 점하였지만, 서부는 겨우 16.2%에 불과했다(張廣明·王少農, 2000: 201).

외자 역시 서부지역은 자연환경과 정부정책 등의 영향으로 인하여 동부 연해지역에 비하여 외국기업이 투자한 경제규모 면에서나 그 흡인력에 있어 열세에 있다. '8.5기간' 동안의 예를 보면 외국인이 중국에 직접 투자한 액수는 동부가 전국의 90%였으며, 이는 중부와 서부에 비해 각각 11배와 24배에 해당하는 액수였다(『經濟日報』, 1999年11月 8日). 1999년 1월-11월 서부지역이 유치한 외국기업의 투자 항목은 778개로 그 계약액은 19.30억$, 실제 외자 사용액은 9.14억元이었다. 하지만 그것이 전국에서 차지한 비율은 각각 5.09%, 5.42%, 2.47%에 불과하다. 그리고 1999년 11월 중국이 유치하여 비준한 외자계약액과 실제 사용 액 중 서부지역 분은 각각 3.88%와 3.17%였다(『經濟日報』, 2000. 1. 31).

이처럼 외국기업이 서부투자에 적극성을 보이지 않는 가장 중요한 이유 중의 하나는 교통·통신·에너지 등 기초설비가 충분히 갖추어지지 못하였기 때문이다. 현재 외국기업의 서부지역에 대한 투자 항목은 대다수가 생산성 항목이며 노동집약형과 자원 밀집형으로 그 평균적인 규모는 작은 편이다. 서비스성 업종은 갓 시작단계에 있다.

또한 동부지역의 서부지역에 대한 투자규모는 아직도 소규모에 머물고 있다. 1980년대 말 이래 동·서간 협력과 성·시 및 자치구간 1: 1 지원사업을 추진하고 있다(杜平, 2000: 15). 그러나 결과는 미미하다. 최근 들어 동부지역의 노동력과 부동산 가격의 급등으로 노동집약형 산업의 중서부로의 이동에 대한 압력이 날이 갈수록 가중되고 있으나, 아직도 대규모적인 이동은 일어나지 않고 있다. 연해지역의 강철, 석유화학, 화공 등 원료공업기업들은 연해지역에서 생산되는 철광석(전국의 47.8%)과 원유(전국의 35.6%)로서는 수요에 대처하지 못한다. 하지만 이들은 원료를 서부에서 개발하려 하거나 공장을 서부로 이동시키지 않고 오히려 자체의 항구를 통하여 외부로부터 수입하여 가공하여 수출하는 것이 지금으로서는 유리하다. 따라서 금후 일정기간은 원료가공공업의 투자가 오히려 연해지역에 더욱 집중될 가능성이 많다(張廣明·王少農, 2000: 201-202). 여기다 이미 서부가 보유하고 있는 자본·인재와 노동력조차도 대량 외부로 유출되고 있다. 상당 부분의 서부지역의 자본이 은행의 이자·횡적인 투자와 주식거래 등 여러 가지 형식으로 동부지역, 특히 경제특구와 연해 개방도시로 흘러들어 가고 있다.

4. 인력자원 및 과학기술인재의 낙후성과 부족

1950년대 제1차5개년계획 시기 국가 대규모 사업을 대부분 서부지역에 배치할 당시나 '3선 건설시기' 및 1960-70년대 대규모 하방시기는 과학기술인재 및 수많은 지식인들이 서부에 집중되어 있었고, 서부지역에 있는 과학연구기관과 대학 등도 그 수준이 상당히 높았다.

그러나 근년에 이르러서는 이들 과학기술 인재들의 역류가 심각한 문제로 대두되고 있다. 비공식적인 통계이긴 하지만 최근 몇 년간 서북지방에서 동부 연해 및 기타 지역으로 빠져 나간(東南飛) 과학기술 인력은 무려 35,000명(전체의 1/3에 해당)에 달하고, 이들의 대부분은 젊고, 학력이 높고, 기술사 등 자격증을 소지한 중급 및 고급 전문인재인 것으로 알려지고 있다.

뿐만 아니라, 1990년 이래 서부에서 매년 입학시험을 통해 외지 대학에 나가 공부하는 대학생 중 절반 이상이 졸업 후 서부로 돌아가지 않는다. 이는 서부의 인재난을 더욱 부추기고 있다(張廣明·王少農, 2000: 202-203). 이러한 인재유실에는 여러 가지 이유가 있다. 그중 주요한 원인은 무엇보다도 서부지역은 자연 및 교통조건이 열악하여 인간이 생활하기에 아주 불편하고, 생산력 발전의 수준이 낮아 인재에 대한 흡인력이 없고, 계획체제의 유습(보수주의적이고 폐쇄적인)이 그대로 남아있어 젊은 과학기술 인재들이 진취적이고 시장경쟁적 능력을 충분히 발휘할 수 있는 기제가 마련되어 있지 않기 때문이다(傅桃生, 2000: 250; 方立 1999: 491-492).

인재의 유출 이외에 서부지역 전체 노동력의 교육수준이 낮은 것도 문제다. 최근 통계에 의하면 중국에서 문맹률이 가장 낮은 성·시는 대부분 동부에 위치하고, 문맹률이 가장 높은 성·시는 대부분 서부에 있다. 현재 중국의 문맹, 半文盲率은 26.8%인데, 서부의 대부분의 성·자치구는 그 문맹, 반문맹률이 이보다 더 높다. 물론 서부지역 간에도 큰 차이가 있다. 廣西·新疆·內蒙古·四川은 전국 수준에 근접하거나 약간 낮고, 陝西는 전국 수준보다 약간 높다. 그러나 이 이외의 6개 성·자치구는 놀라울 정도로 아주 높다. 이중 특히 티베트(西藏)은 문맹, 반문맹률이 무려 70%(문맹률 40%) 이상이다. 반대로 경제가 가장 발전한 동부 연안의 北京·天津·遼寧·上海·廣東이 문맹률(8%)이 가장 낮다(趙曦, 1999: 211-238, 86; 胡鞍綱·鄒平, 2000: 111-112, 143-148).

따라서 서부지역이 당면한 인력문제는 기술인재의 층이 얕을 뿐 아니라, 노동의 질 또한 아주 낮다는 것이다. 여기다 경제발전은 한계에 봉착해 있고, 사회사업의 발전은 완만해서, 도시의 취업문은 좁고, 농업인구의 비율은 과부하 상태로 대량의 쓸모없는 농업노동력은 취업의 기회를 기다리고 있는데, 이들의 수는 계속적으로 증가하고 있는 실정이다. 물론 「95계획과 건의」에 따라 노동력 유입, 특히 연해지역 고급 기술 인력의 내륙 이주를 강구하고 있다. 이를 위해 중국은 지역이동을 제한하던 戶口제도를 완화하여 일정기간 서부지역 근무 후 원 지역으로 돌아갈 때는 원 호구를 그대로 유지할 수 있도록 해 주고, 사회보장제도를 보완하였으며 내륙은 연해의 기술인력에 대해 고임금,

주택제공, 자녀교육 등 여러 가지 혜택을 부여하고 있다. 또한 내륙의 임금이나 생활여건이 연해에 비해 열악한 데서 오는 연해 고급기술인력의 내륙이주 회피에 대한 방안으로 내륙 지방정부는 인구의 유입요소와 유출요소를 적절히 통제하는 한편 내륙출신의 기술자를 연해 주요도시에서 교육시킨 후 귀환시켜 높은 직위와 임금을 제공하는 방법 등을 택하고 있다(『陝西日報』, 1999. 10. 10; 『雲南日報』, 1999. 11. 11; 『陝西日報』, 1999. 12. 29).[19] 하지만 이는 아직 큰 효과가 나타나지 않고 있다.

5. 의식구조의 낙후와 시장경제제도의 미정착

서부지역은 상술한 바와 같이 그 기후 및 환경적 조건이 좋지 않고 지리적 위치가 상대적으로 폐쇄되어 있으며, 교통통신이 발달하지 못한데다가 특수한 역사적 민족적 배경 등으로 인하여 주민들은 전통적으로 폐쇄적이고 보수적인 기질과 사고방식을 갖고 있다(傅桃生, 2000: 216). 여기다 '1·5계획' 및 '3선 건설시기' 집중 투자한 서부지역의 공업 주체는 공유제적 국유기업이었고 지금도 그것이 공업생산의 주종을 이루고 있기 때문에[20] 주민들의 의식구조에는 아직도 동부와 비교

---

19) 이밖에 서부지역은 淸華대학과 협정(과기 356개 항목, 7600元)을 맺고, 淸華대 박사과정 학생 100여명에게 특혜를 주어 서부 10개 성·시·자치구에 배치하는 등의 인력 유인정책도 쓰고 있다(『人民日報』, 2000. 7. 3).
20) 1980년 서부지역(貴州·雲南·西藏·陝西·甘肅·靑海·寧夏·新疆) 공업생산액 중 그 80% 이상을 국유공업기업이 생산하였다. 특히 甘肅省의 경우 공업생산액의 92.2%를 국유기업에서 생산해 냈다. 1995년의 경우도 동부와 서부는 각각 전 공업생산액의 27.5%와 46.9%를 점하였다(張廣明·王少農, 2000: 195-196). 그리고 1999년 9월 말 대·중형 국유기업의 수가 전체 공업기업 중에 차지하는 비율은 동부 44%, 중부 66%, 서부 70%이다(傅桃生, 2000: 212-213). 반면 사영기업의 경우 1999년 6월 말 통계에 의하면 그 숫자의 비율은 동부·중부·서부가 각각 64.7 : 21.7 : 13.6이며, 각 지역 사영기업 등록 자본총액을 기준으로 비교해 보면 각각 66.7 : 19.0 : 14.3이었다(張厚義,

해 현실에 안주하고, '가난한 것이 편안하다'는 무사안일주의적 행태와 평균주의 사상이 만연해 있으며, 경쟁의식이 지나치게 박약하다.

국무원의 扶貧연구계획에 의해 陝西省 북부의 어느 縣을 답사한 한 연구자의 보고에 의하면 그 제목부터가 「가난을 다스리려면 먼저 어리석음부터 다스려야한다(治貧先得治愚)」는 것처럼, 서부지역의 가난은 바로 주민의 의식구조의 낙후성에서 비롯됨을 지적했다. 그는 보고서에서 이렇게 서부지역 주민의 실태를 말하고 있다.

"어느 현은 강우량이 매년 300㎜미만 정도로 한파가 심해 주민들이 배불리 먹는 것(溫飽)을 해결할 수 없었다. 그래서 3년 전 유관기관에서는 1㎏ 당 100$ 상당의 가뭄을 이길 수 있는 신품종을 일부 농민들에게 나누어주어 시험 재배케 했다. 그런데 이 신품종의 종자를 가져간 농민들은 그것을 재배하지 않고 바로 쪄 먹어버렸다. 1년 전에는 어느 향에 300여 마리의 개량종 양을 기르게 나누어주었는데 현재 겨우 3마리만 남겨두고 그밖에 모두는 농민들이 잡아 먹어버렸다. 매년 겨울 민정국이 특별히 가난한 집에 피복을 배급하고 있는데, 배급을 받은 농부들은 집에 돌아가기 전에 술집에 들려 피복을 술과 교환해 마셔버린다."

그래서 그는 정신적 빈곤이 물질적 빈곤보다 더욱 무섭다고 했다 (張廣明·王少農, 2000: 204).

서부지역 간부들의 사고방식이나 의식구조 역시 여전히 계획경제시대의 관념에서 벗어나지 못하고 있다. 정책상으로는 시장경제건설을 표방하고 있으나, 실제 업무추진에 있어서는 아직도 계획경제체제의 관습이 몸에 배어 있으며, 입으로는 사회주의 시장경제의 발전을 부르짖고 있지만, 비공유제 경제의 운영은 자본주의로 가는 것이 아닌가 하는 회의에 빠져있는 것이 서부지역 간부들의 의식구조다. 외지에서

1999: 228).

부임해 온 간부들의 경우도 당해 지역의 경제사정을 고려치 않고, 오직 단시간 내에 실적만 세워 서부를 빠져나가려는 경향이 주류를 이루고 있다(趙曦, 1999: 87-92; 傅桃, 2000: 240-251, 269-273). 따라서 이러한 주민과 간부들의 의식구조는 서부 대개발을 가로막는 장애 중의 하나다. 즉 시장경제체제가 뿌리내릴 수 있는 토양이 빈약하다.

이밖에 전술한 소수민족문제는 서부개발의 걸림돌이 되고 있다. 특히 서부 대개발은 서부지역에의 이주를 통해 한족 증가추세를 더욱 가속화할 전망이다. 즉 서부 대개발은 단순히 서부와 동부를 경제적으로 결합하는 것에 그치지 않고, 서부 대개발 과정에서 한족의 대대적인 서부 이주를 통해 정치 사회적인 통합 및 안정까지 이끌어 낸다는 게 중국정부의 복안이다. 그러나 이에 대한 소수민족의 저항은 오히려 정치 불안을 가중시킬 우려가 있는 곳이 바로 서부지역이다. 따라서 민족문제를 해결하기 위해 추진되는 서부 대개발 사업이 오히려 민족문제를 유발시켜 경제건설의 걸림돌이 될 수도 있다.

제5절 결 언

본 장은 먼저 중국의 새로운 지역개발전략인 서부 대개발이 과거의 지역개발 전략과 어떠한 성격상의 차이가 있는가를 정리해 보고, 다음 중국이 서부 지역개발정책을 추진하지 않으면 안 되는 전략상의 배경과 추진상 장애가 되는 문제점을 분석해 보았다.

먼저 서부 대개발의 성격의 경우, 1990년대 초 이래 최고지도부의 정책의지 및 결의와 조치를 종합해 보면 새로운 지역개발정책은 지역 간 협조발전과 全방위 개방을 통해 연해와 내륙 간 경제력 격차를 축소함으로써 지역 간의 경제적 균형과 공동부유를 달성하려는 목표를 가진 정책이며, 정책의 주요 내용은 내륙에 대한 투자 확대, 연해와 내륙 간 긴밀한 경제협력과 분업, 연해의 내륙에 대한 지원과 투자 장려, 지역 간 산업구조의 조정, 내륙개방의 확대 등이라고 말할 수 있다. 그리고 이는 중화민족의 장기적인 운명과 총체적 이익에 바탕을 두고 출발한 장기 전략으로, 경제의 고속성장을 중심으로 한 정책으로부터 경제의 지속 가능한 발전과 사회 문화와의 협조발전으로 정책을 전환한 것이다.

다음 서부 대개발의 전략적 배경의 경우, 중국의 서부 대개발은 분권화 개혁 이후 심화되는 동부 연안지역과의 개발격차를 해소하고, 국유기업 개혁에 따른 실업문제를 해결하며, 지역 간 산업구조의 조정, 서부지역의 내수확대를 통한 지속적인 경제발전을 촉진하는 등 경제적 문제와 지역 이기주의의 방지 및 소수민족 분리운동의 예방을 통해 변방지역의 안전을 보장하는 등 정치적 문제를 해결하기 위해 마련된 중국의 21세기 주요 국가전략 사업이다. 왜냐하면 동·서간 지역격차의 심화는 중국의 지속적인 경제발전을 저해하는 주요 원인이 되고 있을 뿐만 아니라, 중국의 정치·사회적 안정 및 민족단결과 국가통일에 지대한 영향을 미치는 장애요소가 될 것이기 때문이다.

그러나 서부지역이 안고 있는 열악한 자연환경과 기간시설 및 인적자원과 자본의 부족 등은 서부 대개발 사업의 추진에 있어 극복하지 않으면 안 될 난관이다. 즉 열악한 자연환경으로 인한 생활의 불편과 적은 강우량, 심한 한발 등으로 야기되는 공업용수의 부족 및 점증하는 생태환경보호에 대한 우려는 서부 대개발의 장애 요소가 되고 있다. 이러한 이유로 많은 기술인재들이 외부로 유출되고 있으며, 남은 노동력마저 문맹률이 전국 수준을 훨씬 상회하고 있다. 여기다 서부인들은 그 지리적 환경, 역사적 요소 및 문화적 전통의 영향을 받아 보수적이고 현실에 안주하며, 무위안일을 추구하는 성향이 짙다. 또 다른 지역에 비해 양적으로나 질적으로 공유제적 국영기업의 뿌리가 견고하게 내려져 있어 아직도 평균주의 사상이 만연해 있고 시장경쟁의식이 지나치게 박약하다. 특히 기간시설의 부족은 외자유치에 있어 가장 큰 장애가 되고 있다.

그리하여 중국정부는 서부내륙과 연해를 연결하는 철로 및 고속도로와 항공로 및 전력시설 건설, 대규모의 조림사업 및 초원 조성, 黃河 대수로 건설 등을 서부 대개발의 1차적인 과제로 삼고 있다. 그러나 이 사업이 서부지역의 실질적인 경제발전에 대한 정책적 배려 없이 형식적인 인프라 구축에만 매달리고 있다는 비판을 받기도 한다. 즉 그것은 거창한 계획과는 달리 알맹이가 부족한 것으로 지적되고 있다. 비판의 핵심은 악화되고 있는 서부지역의 경제상황을 개선할 구체적인 정책이 결여되어 있다는 것이다. 그리고 이 개발사업의 장기화도 문제로 지적되고 있다. 중앙정부는 개발사업이 가시적인 결과를 얻을 때까지 중도에서 포기하지 않을 것이라고 강조하고 있지만 30여 년이 걸릴 이 사업이 과연 일관성 있게 추진될 것인지는 지켜 볼 일이다.

제7장 결론 : 전통에서 현대, 변증법적 변화

秦始皇이 천하를 통일한 후 오늘날에 이르기까지 중국은 그 중앙과 지방관계의 합리적 조정이 중국 사회발전의 핵심 쟁점 중의 하나가 되고 있다. 왜냐하면 역사적으로 볼 때 중앙과 지방의 관계는 중국의 흥망성쇠와 아주 밀접한 관계를 갖고 있었기 때문이다. 중앙과 지방의 관계가 협조적이었을 때 중국사회는 강성해졌고, 그 관계가 모순, 대립할 때 중국사회는 분열과 해체의 위기에 봉착했다. 그리하여 중국의 전통사회는 분열→통일→재분열→재통일의 순환을 거듭하며 발전하여 왔다. 이른바 "나누어져(분열) 오래되면 반드시 합(통일)해지고, 합(통일)함이 오래되면 반드시 나누어(분열)진다"(分久必合, 合久必分)는 이치는 바로 전통중국의 중앙집권과 지방할거 간의 변증법적 규율을 표현한 것이다. 이는 현대 중국의 중앙과 지방관계에 있어서 반복되고 있는 중앙집중(收)→지방분산(放)→재집중→재하방, 즉 수난방사(收亂放死)의 순환과 같은 유형의 변화라 보겠다. 5천여 년 동안 이러한 순환과정을 통해 얻은 교훈은 지방세력이 강해져 할거하면 혼란하고, 중앙을 중심으로 통일되면 안정된다는 것이었다.

제1장에서는 이러한 중국식 중앙과 지방관계의 전통에 착안하여 먼저, 고대 중국 정치구조-일원적 집권구조의 형성과정과 특징을 살펴보았다. 다음 중국 전통사회의 정치적 안정과 경제발전을 위해 중앙과 지방관계를 어떠한 방법으로 조정·통제하여 왔는가를 고찰해 보고,

나아가 중앙의 지방에 대한 통제원칙과 그 결과가 중국사회에 미친 영향을 간략히 평가해 보았다. 결과를 요약하면 다음과 같다.

먼저, 秦의 통일과 중앙집권은 춘추 중엽 이래 사회·경제·정치발전의 필연적 결과였으며, 새로이 등장한 사회세력이 추진한 개혁의 결과였다. 春秋戰國 이래 장기적인 제후의 할거 및 列國 간의 전쟁으로 인하여 백성들은 도탄에 빠지고 국가질서는 파괴되었다. 따라서 국가로부터 백성에 이르기까지 모두가 하나의 통일되고 안정된 사회의 건설을 희망하였다. 특히 周왕실 붕괴와 부족연합체의 와해로 등장한 신지주계급과 상인계급의 활동은 개혁을 촉구하였다. 그것은 황제 중심의 일원적 집권체제였다. 秦 이후 2천여 년의 역사를 통해 발전되어 온 중국정치의 일원적 집권구조는 한편으로는 전 국토를 郡·縣 등 지역 단위로 나누어 지방세력을 지역 단위에 편입시켜 중앙의 직접적인 지배 하에 두고(횡적 체계로서의 구역구조), 다른 한편으로는 종적인 국가 관료체제를 건립하여 지역 단위를 중앙의 省·府·司·監의 예속 하에 두어(종적체계로서의 관료체제) 이러한 중앙의 권한을 모두 황제에게 집중, 예속시키는(황제중심제) 정권구조였다.

중앙권력은 일원적 집권구조를 보장하기 위한 제도적 장치로서 부단히 황권을 강화하고, 지방기구를 조정했다. 승상·태위·어사대부에게 각각 정무와 군사, 그리고 감찰 업무를 분담시켜 상호 견제케 했고, 지방기구의 경우 일반행정체계와는 별도의 감찰구(漢대의 州, 唐대의 道 등)를 병설하거나 지방수령의 권력을 분산시키는 등의 방법을 통해 지방 행정수령과 지방 토호세력의 결탁을 방지함으로써 중앙집권을 보증하였다. 공산정권 수립 이후 대군구(군사단위)와 행정구를 분리 운영하고 있는 것이나, 행정구에도 각각 黨·政을 분리하여 상호 견제 감독토록 하는 제도가 무리 없이 정착될 수 있었던 것도 이러한 전통에 기인한 것이라고 볼 수 있다.

다음, 권력운용상 전통중국은 행정·재정·군사 등 집중시킬 수 있는 권력은 모두 일원화하여 중앙에 집중시키고 지방관리와 지방기구는 모두 황제의 대표 또는 중앙의 파출기구로 운영되어 지방의 자주성은 거의 없었다고 말할 수 있다. 생산요소의 국유 및 계획관리, 세수의 중앙집중은 물론 이를 보증하기 위해 지방행정관의 考課를 이와 연계시켜 운영했다. 특히 군대와 사법권의 중앙집중을 통해 지방세력의 할거를 방지했으며, 엄밀한 감찰체계는 이를 보증했다. 지방에 대한 엄밀한 통제는 결국 지방의 자율성과 능동성을 상실시켜 지방의 사회경제적 발전을 저해하였다. 신중국 수립 이후 획일적인 경제, 지령성 행정제도가 무리 없이 뿌리내릴 수 있었던 것도 이러한 전통에 기인한 것이며, 개혁개방 이후 지방경제의 활성화를 위해 추진된 분권화 개혁의 장애요인도 이러한 전통에서 비롯된다.

그리고 이데올로기 내지 문화 및 법률제도의 통일을 통해 고대 중국의 역대 황조는 일원적 지배구조의 저변을 견고히 했다. 먼저, 중국의 역대 통치계층은 국가의 통일과 중앙권력의 강화를 위해 윤리적으로 유교를 통치 이데올로기, 민족적으로 漢문화를 지배문화, 지역적으로 中原문화를 과학기술규범의 표준으로 삼았으며, 이것이 전체 사회문화에 내면화되어 있어 이를 보증할 때만이 비로소 지배의 정통성을 인정받을 수 있는 전통이 형성되었다. 따라서 비록 이민족이 중원을 통치하더라도 그들은 자신의 문화보다 이러한 중국의 전통 이데올로기와 문화를 강조할 수밖에 없는 토양이 형성된 것이다. 이는 권력의 일원화를 배양하는 문화적 바탕이 된 것이다. 이러한 일원적 문화유산은 결국 중국이 공산화 된 이후에도 그 지배 이데올로기가 비록 유교에서 마르크스·레닌주의로 바뀌긴 했지만, 그 전통은 지속되고 있다. 중국의 근대화 과정에서 표방했던 '中體西用'이나 공산화과정에서 창도했던 '毛澤東思想' 및 개혁과정에서 내세우고 있는 '중국적 사회주의 건설' 등도 결국 문화의 중국화라는 전통에 바탕을 둔 것이라 보겠다. 나아가 전통중국사회에 있어서 2천여 년간에 걸친 법제의 통일은 체계적인 법률제도체계를 형성케 하여 중국으로 하여금 강력한 중앙정권과 문명대국의 역사를 유지케 하는 데 공헌한 바 크다. 그러나 이러한 과정에서 형성된 황권이 법률을 대신하는 등의 '人治'의 전통은 지금도 이어지고 있어, 현재까지도 이는 중국정치개혁에 있어 가장 중요한 과제 중의 하나로 남아있다.

이상과 같은 물샐 틈 없는 중앙집권적인 통일황조의 통치라 할지라도, 중국은 광활한 국토와 복잡한 민족으로 구성된 다민족 국가이기 때문에 지방자주성(할거)의 여지를 남겨 두지 않을 수 없었고, 이에 통치집단 내부의 모순과 사회 각종 요인이 작용하여 중앙집권에 대한 지방정권의 할거와 대항은 거치지 않았다. 특히 중앙으로부터 멀리 떨어져 있거나 교통이 불편한 지방은 황제의 영향력이 약할 수밖에 없었고, 이로 인하여 자신의 자주적 지위를 확대하고 자신의 역량을 축적하여 그 여세를 몰아 중앙에 항거하는 경우가 빈번하였다.

중국 역사상 대부분의 지방할거는 모두 중앙으로부터 멀리 떨어진 변경지역에서 먼저 시작되었다. 이러한 지방의 중앙에 대한 항거와 충격은 무수한 유혈 투쟁을 동반하면서 중국전통사회를 통일->분열->재통일의 순환 속에 빠져들게 했다. 하지만, 그러한 순환을 거칠 때마다 통일에 대한 사회경제적 수요는 증대되었고, 그것에 부응한 중앙집권은 이전보다 더욱 강화되어갔다. 그래서 明·淸代에 이르러 중앙집권은 절정에 달했고, 그 결과 중국은 분열보다 통일(秦, 漢, 隨, 唐, 宋, 元, 明, 淸 등)의 역사가 더욱 장구했다.

중국 역사상 2/3 기간은 통일, 1/3 기간은 분열의 시기였다(沈立人, 1999: 37). 특히 이민족이 건국한 西晉 말기의 16국과 南北朝시기의 北朝를 포함한 遼·金·西夏, 그리고 元과 淸(이민족이 건립한 국가는 수적으로는 전체 황조의 1/3에 달했고, 그 통치기간은 무려 중국 전통사회 전체의 1/2에 근접)까지도 중화전통-통일사상을 승계·유지·발전시켰다. 결국 고대 중국의 사회경제적 수요에 부응하여 구축된 중앙집권은 국가통일을 보증하고 사회의 일체화를 촉진하였으며, 이러한 국가의 통일과 사회의 일체화는 다시 중앙집권을 공고히 하는 바탕이 되었다.

요컨대, 고대 중국의 중앙과 지방관계의 역사를 통해 형성된 중국의 정치문화는 정치적 안정과 사회경제적 발전을 위해 반드시 위에서 아래를 바로 잡고(正), 상층이 하층을 다스리며(治), 중앙이 지방을 통일하는(統) 구조를 요구했고, 이 권력구조는 역시 반드시 일원화된 것이어야 했다. 이는 결국 지방을 중앙과 일치시키는 것을 중앙과 지방관계 조정의 요체로 뿌리내리게 한 것이다. 따라서 고대 중국의 중앙과 지방관계를 통해 우리는 문화적 뿌리와 권력구조의 상응이라는 보편적 논리가 중국이 그토록 오랜 기간, 방대한 영토 위에 통일국가를 유지할 수 있게 한 원인 중의 하나라 볼 수 있다.

제2장에서는 1949년 새로 건립한 현대중국의 국가형태와 정권구조에 대해서 살펴보았다. 왜냐하면 국가형태와 정권구조는 중앙과 지방관계를 결정하는 기본 골격이기 때문이다. 신중국이 천명한 국가구조는 '民主集中制'의 조직원칙에 기반을 둔 '단일제 국가형태'였다. 건국 초기 임시헌법의 기능을 한 「共同網領」은 다음과 같이 규정하였다. "인민대표대회와 인민정부위원회에서는 少數가 多數에 복종하는 제도를 실시한다. 하급 인민정부는 상급 인민정부에 의해 조직되고 상급 인민정부에 복종한다. 전국의 각급 지방인민정부는 중앙인민정부에 복종한다."

중화인민공화국이 새로운 국가를 건설함에 있어 단일제 국가형태를 채택하게 된 이유는 당시 중국이 안고 있었던 역사적 전통과 현실적 상황의 필연적 결과라 보겠다.

첫째, 역사적으로 중국은 중앙집권제의 전통을 가진 국가다. 분열→통일→재분열→재통일의 순환을 거치며 발전되어 온 중국의 정치사를 통해 체득한 사실은 하나로 통일될 때 안정을 기할 수 있고 분할하면 혼란해진다는 것이었다. 그리고 분열된 후 재통일된 제국의 중앙집권 제도는 과거보다 더욱 강화된 것으로 나타난 것이 중국 중앙과 지방관계사의 특징이었다. 따라서 19세기 40년대부터 제국주의, 봉건주의,

관료자본주의 통치에 의한 군벌할거, 전란, 지역봉쇄, 민족분할 등의 국면을 경험한 신중국으로서는 거대한 영토 위에 민족의 대동단결과 발전을 촉진하기 위해 그들이 채택할 수 있었던 국가형태는 더욱 강화된 중앙집권적 단일제 국가일 수밖에 없었다.

다음, 신중국 출범 당시의 사회경제적 상황으로 볼 때, 국공내전 및 항일전쟁 등 장기적인 전쟁이 가져다 준 자원의 결핍, 질서의 혼란 등으로 사회는 자아 조정기능도 건전한 자원의 재분배 기제를 형성, 가동할 역량이 없었다. 또한 신중국 수립 당시 중국을 둘러싼 정치적 환경은 국제적으로 미국을 위시한 서방자본주의 국가의 봉쇄와 국내적으로 국민당의 세력을 완전히 소탕하지 못한 상태에 놓여 있었다. 이러한 급박한 내외적 상황에서 조속히 파괴된 사회질서와 경제를 재건하고, 국가의 정체성을 확립하기 위해서는 단일제적 국가형태와 소련모형의 중앙집권적 계획체제의 채택이 불가피했던 것이다.

이러한 단일제 국가의 유형에 따라 형성된 정권구조는 횡적으로 당, 국가 및 이를 지탱해주는 집권화된 군사조직, 그리고 이들 권력조직과 인민 간의 연계를 제공하는 군중조직 단위로 조직되고 있으며, 종적으로는 이들 조직이 '민주집중제'의 원칙에 의해 중앙-지방-기층으로 이어지는 피라미드 체계를 구성하고 있다. 이는 공산체제의 기본적 권력구조이기도 하지만, 전통적인 중국정치체제의 3중조직-政事, 감찰, 군사- 과 흥미롭게 연계되어 있다. 국가관료제는 정부를 운영하고, 御史(공산당)는 政事의 전반을 감찰·통제하며, 집권화된 군사조직이 정권을 유지케 하는 점에 있어서 전통과 현 체제는 매우 유사한 일면을 가지고 있다. 물론 중국공산당은 '권력의 원천'이요 '영도의 핵심'으로서 '以黨領政'(당이 정치를 영도)과 人事上의 '교차 겸직메카니즘'을 통하여 정권을 주도한다.

그리고 현대중국의 정부체계는 '民主集中制'와 '議行合一'의 원칙에 따라 조직되었다. 국가최고권력기관인 전국인민대표대회가 입법권과 행정권은 물론 검찰과 사법권까지 장악 통제하며, 이를 정점으로 행정

·사법·검찰기구가 중앙에서 지방으로 연계되어 중앙의 통일적 지도를 받는다. 지방조직은 전통적인 省·縣·鄕의 3급 체계로 구성, 그 하부구조는 중앙조직의 기능과 연계되어 있다.

제3장에서는 毛澤東 시대 중앙과 지방관계의 발전과정을 고찰해 보았다. 개혁개방 이전, 毛澤東시대 중앙과 지방관계는 중앙권력의 지방이양(放)→중앙 통제능력 약화 우려→지방권한의 중앙 회수(收)→지방 적극성 약화 우려→중앙 권력의 지방 재이양(放)이라는 서클을 그리면서 발전하였다. '收死放難', 즉 '권력을 중앙에 회수하면 바로 숨통이 막히고(一收就死)', '지방에 하방하면 바로 혼란해지는(一放就難)' 모순으로 인하여 중국의 중앙과 지방관계는 변증법적인 악순환을 거듭해 온 것이다. 하지만 중앙집권적 계획경제체제 하에서의 분권화는 극히 제한적이었고, 특히 분권화로 인한 혼란은 더 큰 중앙집중화 현상을 가져왔다. 동 시기 중앙과 지방관계의 특징은 다음과 같이 요약된다.

첫째, 경제관계의 경우, 중앙은 소유에 있어 공유제, 운영에 있어 계획적 지령 및 재정상의 중앙집중을 통하여 지방과 각종 기업 및 모든 사회단체의 경제활동(전체 국민경제)을 통일적으로 통제관리하는 체제였다. 비록 지방에 대한 경제관리권의 분급화를 실시하긴 했으나 그것은 경제적 이유에서라기보다는 정치적 논리로 시행하였으며, 극히 제한적이었다.

다음, 정치적 측면에 있어서 중앙과 지방관계는 중앙이 '以黨領政', '黨政企不分', '민주집중제'의 원칙 및 '만능정부'로서 지방과 일체의 사회를 중앙에 일치시키는 체제였을 뿐 아니라, '간부 인사권', 군사 및 경찰 등 무장력에 의해 지방을 완전무결하게 통제하는 체제였다.

이른바, 이상과 같은 중앙집권적 계획체제는 정권초기 정치권력의 기반을 공고히 하고 대규모 국가적 경제건설을 초보적으로 달성하는 데에는 크게 공헌하였다. 하지만 여느 사회주의 국가(예, 구소련의 신경제정책 등)나 마찬가지로 정권초기 단계에서는 그 성과가 괄목할 만

했지만, 시간이 흐름에 따라 그 폐단이 노정되게 마련이었다. 毛澤東 시대 중국-중앙집권적 계획체제하 중앙과 지방관계에서 노정된 정치 경제적 폐해를 요약하면 다음과 같다.

첫째, '정부와 기업의 일체화'(政企合一)로 인하여 기업의 독자적인 특성은 완전히 상실되었으며 구체적인 경제활동에 있어서 각급 정부는 소속기업의 독점적 소유권자로 경영권을 직접 행사하였다. 모든 경제 주체의 주요 활동은 중앙정부에서 하달된 계획에 의해 추진되었으며, 지방정부는 중앙정부의 계획에 따라 기업을 관리하였다. 따라서 중앙, 지방, 기업 3자가 고도로 일체화된 상황 하에서의 지방정부의 기능은 당해 지역의 특수성을 고려하지 않고, 오직 중앙의 지령에 따라 당해 지역기업의 생산활동을 관리함으로써 국가(중앙)의 계획된 목표를 달 성하는 데에만 급급하였다.

둘째, 당·정부·기업의 일체화는 정부 간 관계를 당내관계로 바꾸 어 놓았다. '以黨領政'체제 하에 있어서 중앙정부와 각급 지방정부의 관계는 당 중앙과 각급 지방 당위의 관계로 대체되었고, 결과적으로 각급 정부관계는 당 조직체계 내부의 관계가 되었다. 이러한 상황 하 에서의 행정관리 및 정부 간 상호관계는 행정적 원칙보다는 정치적 원칙을 우선하게 되었다.

셋째, 집권과 분권이 중앙과 지방의 권한의 배분에 의해 이루어진 것이 아니고, 동일한 기능과 동일한 계획(목표)을 달성하는 과정에서 중앙이 지방에 부여한 권력의 크기에 의해 결정되었다. 따라서 특정시 기의 국가 발전전략 및 지도부의 정치적 목적과 필요에 따라 권력을 하방-회수-재하방-재회수하는 과정을 임의대로 반복함으로 인하여 중 앙과 지방관계의 정상적인 발전을 왜곡시켰다.

넷째, 권력관계 중 집중과 분산의 모순 노정. 계획체제하에 중앙집 권은 부처에 의한 수직관리(條條管理)의 강화를 통하여 실현하였다. 이는 중앙과 지방의 권력배분을 전체 권한의 분할이 아닌, 각 직능부 처별로 지방과의 권력을 분배하는 제도를 의미하는 것이었다. 중앙집권은 국가권력을 각 기능부처에 집중시키는 것이고, 중앙권력의 지방분권 역시 각 기능부처가 그 권력을 지방으로 분산하는 것이었다. 이러한 권력의 유동방식은 중앙에 권력을 집중시키면 권력이 인력·재정·물자 및 생산·공급과 판매를 맡은 각각의 중앙의 부처에 집중되어 '수직적 관리의 독재'(條條專政)를 초래하였고, 권력을 지방에 분산시키면 중앙의 입장에서는 중앙의 권력을 분산하여 지방에 내려 보내는 것이 되고, 지방의 입장에서는 인력·재정·물자 및 생산·공급과 판매권 등 종합적인 대권을 한꺼번에 얻게 되는 것이 되어 중앙 각 부처의 지방에 대한 통제를 약화시켰으며 동시에 중앙의 각 주관부처에 의한 집중지도 역시 약화되었다.

다섯째, 정책 간 모순의 노정. 먼저, 부처별(條條) 집권을 위주로 한 경제관리체제 하에서 만약 계획 및 정책을 담당한 주관부처가 상호협조치 못할 경우 지방과 기업은 업무를 집행함에 있어 혼선을 빚게 된다. 또한 부처관리와 지역관리 간에도 혼선이 빚어진다. 중앙의 직능별 부처는 지방의 상응한 직능부처와 연계하여 이른바 毛澤東이 말한 '聯成一線'의 국면을 형성하였다. 하지만 다른 한편으로는 지방의 직능부처는 지방정부에 소속되어 지방정부의 정책과 명령을 집행해야 하는 위치에 있다. 이러한 상황 하에서 지방의 직능부처는 주관부처의 명령을 집행해야 할지 아니면 지방정부의 명령을 집행해야 할지를 모르는 곤경에 봉착할 경우가 많았다. 이는 정부 간 관계에 긴장을 조성하고 심지어 충돌을 야기, 정부의 행정효율을 저하시키는 주요 원인이 되었다.

여섯째, 재정상의 분권과 '자금분배'(分錢)의 모순 노정. 계획경제하 국가의 재정수입은 주로 각종 세금과 기업이 납입한 이윤으로 구충단되었다. 중앙과 지방소속 기업에서 상납한 이윤은 중앙과 지방의 고정 재정수입의 기초다. 하지만 '統一領導', 分級管理' 하에서의 국가재정 및 예산체제는 중앙이 통일적으로 집중 관리하는 것이어서 지방수입이 확대되어도 지방이 자율적으로 관리할 수 있는 수입의 폭은 증가되지 않았기 때문에 분권과 자금 분할의 모순이 야기되었다.

일곱째, 정부 간 횡적관리의 괴리를 초래했다. 중앙집권과 부처 간 또는 지방 간 관계의 괴리는 正의 상관관계에 있다고 보겠다. 중앙이 집권을 강화하면 할수록 각 부처 간, 각 지방 간의 관계는 더욱 괴리되었다. '條條專政' 및 그로 인하여 형성된 부처 간 관계와 지방 간 관계의 괴리는 전 중국의 행정체제를 다음과 같은 두 가지 악순환을 가져오게 했다. 첫째, 기구의 축소→팽창→재축소→재팽창의 악순환. 둘째, 권력분배상 분권→집권→재분권→재집권의 악순환이 그것이다.

요컨대, 개혁개방 이전의 중앙과 지방의 권력관계는 중국의 발전전략이 집권적인 계획경제체제를 전제로 추진된 것이었기 때문에 지방정부의 자율성은 중앙정부의 통일적 계획의 전제로 한 부분적, 수단적 분급화에 불과했다. 따라서 비록 대약진과 문혁 기간 인민공사·군중 노선 등의 정치논리를 통해 지방에 권력을 분산시켜 지방에 활기를 불어넣어 균형적인 발전을 유도하려 했으나, 구조적으로 지역 간의 균형과 지역 간의 연계가 취약한 중국에 있어서는 오히려 지방정부의 할거주의와 독립왕국화를 조장시켜 자원배치의 중복, 경제발전의 불균형, 생산력의 저발전을 초래하였다. 이는 모든 결정을 더욱 중앙에 재집중시키는 결과를 빚었다. 즉 중앙집중에 대한 지방분권은 분권화의 부작용에 따라 곧 중앙집중화로 회귀하는 성향을 띠었다. 결국 개혁개방 이전 30여 년간 중국의 중앙과 지방관계를 보면, 정치적·경제적 이유로 해서 비록 지방권한을 부단히 확대해가긴 했지만, 중앙에 권력이 고도로 집중된 정책모형과 가치지향에는 근본적인 변화가 없었다. 그 근본 원인은 시장 메커니즘을 운영하지 않고, 부분적인 전략으로 계획체제를 공략했기 때문이다. 즉 자유시장 없이 행정지령만으로 경제체제를 운영해서는 부처 위주(條條爲主)의 경제체계에 대신할 수 있는 횡적 연계체제를 구축할 수 없었다. 반대로 지역 위주(塊塊爲主)의 폐쇄적 경제체제는 중앙집권의 부문별 장벽과 마찬가지로 경제의 자연적인 성장을 파괴하였다. 더구나 毛澤東은 1958년과 1970년 두 차례의 하방시 정치적 통제를 강조함으로써 더욱 그러했다.

제4장에서는 개혁개방 이후 분권화 정책을 중심으로 한 중앙과 지방관계를 고찰했다. 개혁개방 이전 毛澤東시대 중국의 모순은 생산관계의 측면, 즉 계급 간의 경제적 불평등에 있다고 보고 국가의 당면목표를 계급투쟁에 두었다. 그리고 계급 간의 불평등을 해소하는 관리방법에 있어 소유제에 있어서는 '공유제'의 원칙, 운영에 있어서는 '계획체제'를 고수했다. 따라서 비록 정치적 필요성 및 환경변화에 따라 권력을 하방하여 지방을 활성화하려 했지만 그것은 제한된 분급화에 불과했고, 결국 경제의 저발전과 절대적 빈곤을 가져와 중국을 비참한 가난의 수렁에 빠지게 했다.

毛澤東 사후 정권을 장악한 鄧小平은 중국의 모순은 계급의 불평등이 아닌, 생산력의 저발전(절대 빈곤)으로 진단하고, 국가의 발전목표를 '계급투쟁'에서 '경제건설'을 통한 사회주의현대화로 바꾸게 된다. 즉 경제건설을 위해서는 (사회주의)시장경제로의 개혁이 불가피했다. 따라서 이 목표를 실현하기 위해서는 필연적으로 '생산력 발전'에 부적절한 생산관계 및 상부구조, 관리방식의 변화와 개혁도 함께 요청되었다. 중앙과 지방관계의 조정은 이러한 관리방식 개혁의 핵심과제로 제기 되었다.

1978년 12월, 당 11대3중전회는 중국경제체제에 내재한 폐단과 개혁의 방향을 다음과 같이 제기함으로써 중앙과 지방정부의 관계의 전환을 촉구하였다. 즉 중국경제체제가 처한 가장 심각한 문제는 생산력의 저발전과 권력이 과도하게 중앙에 집중되어 있는 것이라 보고, 개혁의 초점을 중앙에 고도로 집중된 권력을 하부단위로 이양(放權讓利)하는 데 맞추어야 할 것을 촉구했다.

권력하방의 내용은 크게 두 가지 측면에서 실시될 것을 요구했다. 그것은 첫째, 중앙과 지방과의 관계를 조정하여 지방의 자율권을 강화하는 것. 그리고 권력을 기층조직, 특히 기업에 이양해 주는 것이었다. 권력하방에 대한 鄧小平의 구상은 중앙에 지나치게 집중된 권력을 지방과 기업에 위양(放權讓利)하여 그들에게 자율권을 줌으로써 그들의 적극성과 효율성을 제고시키고자 하는 데 있었다. 이러한 분권화 개혁의 구체적 내용을 요약하면 다음과 같다.

첫째, 국가경제관리 권한의 지방 또는 기업이양(放權讓利)을 의미하는 경제적 영역에서의 분권화 정책은 재정, 계획, 투자, 금융, 대외무역 관리체제 등 여러 영역에서 추진되었다. 그중 재정부문의 분권화가 중앙과 지방 권력관계 변화의 관건적 인소였다. 1980년 이후 중국은 '분권양리'의 재정체제개혁을 실시했고, 행정체제는 중앙과 지방의 '청부제'를 실시했다. 특징은 종래의 '統收統支'로 상징되는 중앙집권적 체제, 즉 전국이 한솥밥을 먹는'(一爐吃飯) 방식에서 '각각 다른 솥의 밥을 먹는'(分爐吃飯) 방식으로, 종적(條條)인 분배 위주에서 횡적(块块)인 분배 위주로, '매년 한 번 약정'(一年一定)에서 '한 번 약정하면 5년 불변'(一定五年不變)으로, '중앙이 재정총액을 중앙과 지방에 분배'(總額分成)하는 방법에서 '단위별로 수입상황에 따라 분배'(分類分成)하는 방법으로 바뀐 제도이다. 구체적으로 경제관리체제에 규정된 소속관계에 따라 중앙과 지방재정의 수지범위를 명확히 규정, 수입은 중앙재정수입, 지방재정수입 및 중앙과 지방의 조정수입으로 구분하고 동시에 조사된 지방수입지출 기준에 근거하여 지역별 지방고정수입 상납비율과 조정수입 상납비율, 정책보조액 등을 정하며, 지방은 상기 비율과 자금의 범위 내에서 자체적으로 수입과 지출액을 배정함으로써 재정의 균형을 기하도록 한 것이다. 그럼으로써 지방에 비교적 많은 재정자주권을 부여하고자 한 것이다.

재정청부제 개혁 이후 객관적으로 볼 때에는 지방정부는 상대적으로 독립된 경제(이익)주체가 되었다. ① '分爐吃飯'을 통해 지방과 중앙의 이익관계가 명확해지고, 지방은 스스로 명확한 이익을 가지게 되었다. ② 지방정부는 비교적 큰 정책 공간과 정책결정권을 가지게 되었다. 특히 지방소속의 재력·물력과 인력자원을 자율적으로 관리할 수 있게 되었다. ③ 지방정부는 지방경제발전을 촉진하는 중요한 역할을 하게 되었다. 요컨대, 각 지역의 재정능력과 경제상황에 따라 상이한 방식으로 실시된 재정청부제는 지방재정수입의 증대를 가져와 지역경제 발전에 지대한 영향을 미쳤다. 하지만 재정자금의 배분에 있어서 중앙과 지방의 비율이 역전되고 예산외 자금의 증대 등으로 인하여 중앙의 지방에 대한 재정적 통제기능 및 거시경제관리기능이 크게 약화되었다.

경제개혁 중 중앙이 지방에 委讓한 위와 같은 재정권은 경제관리권과 상호 연계되는 것으로 재정권의 확대는 필연적으로 경제관리권의 확대를 초래하며, 동시에 경제관리권의 확대 역시 재정권의 확대를 가져왔다. 경제관리권의 분권은 과거 중앙이 집중관리하던 경제계획체제, 투자관리체제, 금융관리체제, 대외무역관리체제, 그리고 기업관리체제에 관한 관리권 등을 지방에 위양한 것이다. 나아가 불균형적인 국토개발전략에 근거, 지역의 특성에 따른 경제의 자율권도 확대되었다.

둘째, 정치영역에서의 분권화개혁의 경우, 경제적 분권화 개혁에 정치개혁이 따라주지 못하고 오히려 장애요인이 된다고 보고, 당 13대 이후 제한적이나마 정치체제개혁을 추진하기 시작했다. 그 기본은 黨政分離, 權力下放, 정부기구 개혁, 간부인사제도 개혁, 사회주의 민주정치제도 완비 및 사회주의 법제건설 등에 바탕을 두었다. 개혁기에 추진한 정치개혁의 주요내용을 요약하면 당정분리와 수장책임제, 지방정부의 행정관리권 확대, 입법권의 분권화와 지방의 직접선거 확대, 간부 인사관리체제의 분권화, 그리고 민족자치기관과 일국양제의 자치권 확대 등이었다. 이와 같은 중앙과 지방의 수직적 관계의 변화 이외에도 도시정부와 정부 간 관계의 변화 및 횡적 협력과 정부 간 관계의 변화를 가져왔다.

개혁개방 이후 중국은 이상과 같은 분권화 정책을 통하여 중앙은 지방에게 더 많은 권한을 넘겨줌으로써 지방 및 기층 단위의 적극성과 능동성을 극대화하고 생산력의 발전을 제고시킬 수 있었다. 따라서 국민경제에 새로운 활력과 생기를 불어넣을 수 있게 되었다. 그러나 분권화 개혁 이후 중국경제는 새로운 문제점에 봉착하였다. 금융개혁은 금융질서를 문란하게 하였고, 계획 및 투자부문에서의 분권화 및 불균형적 지역개발전략은 지역 간 중복투자, 가격경쟁, 산업간 불균형 및 시장봉쇄를 부추겼고, 통화팽창·관료부패는 물론, 지방세력의 증대로 인한 중앙의 통제 불능 사태로까지 반전되었다. 무엇보다도 산업구조의 왜곡, 지역할거주의 대두, 지역격차 확대 등 경제적 문제점은 지역 간의 갈등을 넘어 급기야 정치사회적 통합까지 위협하는 요인이 되었다. 이에 성급한 서구학자들은 중국의 분열론까지 주장하게 되었다. 특히 재정청부제로 인한 지방정부의 경제력 증대와 중앙정부의 통제(재정)력 약화는 이를 뒷받침 하는 주요한 근거를 제공했다. 결국 중앙과 지방관계는 '강세 중앙, 약세 지방'의 국면에서 '강세 지방, 약세 중앙'의 국면으로 전환되었다. 따라서 개혁개방 이후 재정의 분권화로 인하여 야기된 폐단을 시정하기 위한 방안으로서 나온 정책이 分稅制 개혁이다.

제5장에서는 분세제 개혁의 기본취지 및 내용 그리고 실시 후의 중앙과 지방관계의 변화 등에 대해 알아보았다. 원래 중국은 1990년 가을에 재정청부제를 폐지하고 분세제를 도입할 계획이었지만, 지방의 강한 반발 때문에 보류할 수밖에 없었다. 그러다가 1992년 하반기부터 일부지역에서의 시험을 거쳐 1993년 1월 당 14대3중전회에서 결정하고, 1994년 1월부터 정식으로 실시하였다.

먼저, 分稅制개혁이 의도하는 바 정책의 기본목표는 다음과 같다. 첫째, 전국의 재정수입(세입) 중 중앙의 재정수입이 차지하는 비중을 제고하는 것이었다. 둘째, 다양한 재정청부제의 방식을 통일적으로 규범화 하는 것이었다. 셋째, 재정이전교부제도를 건립하여 저발전 지역을 보조함으로써 지역 간의 격차를 축소하는 것이었다. 넷째, 중앙세수(국세) 기관과 지방세수 관리기관을 따로 설치하여 국세와 지방세를 각각 따로 징수하도록 하는 데 있었다. 다섯째, 재정체제와 재정정책이 경제운영에 대해 효과적인 조정역할을 하도록 하는 것이었다. 요컨대, 분세제개혁의 근본 취지는 중앙과 지방의 재정관계를 개선하여 중앙재정력의 계속적인 하강을 억제하고 중앙과 지방 재력분배의 구조를 조정하고자 하는 데 있었다.

위의 목표와 중국이 처한 상황 및 재정체제의 외적 환경을 고려하여 당시 정책결정자들이 제시한 분세제 개혁의 기본 내용은 중앙과 지방의 직무권한(사무의 양과 범위)을 합리적으로 구분한 다음, 그것에 근거해 재정권(지출)을 결정하는 원칙에 따라 稅種을 중앙세, 지방세, 중앙과 지방공유세로 구분하고, 중앙과 지방의 수입범위를 획정하여 중앙세수와 지방세수체계를 건립하며, 중앙세와 공유세는 중앙세무기구가 징수하고, 지방세는 지방세무기구가 징수하도록 하는 제도였다. 그럼으로써 약화된 중앙재정의 위상을 회복하고 중앙과 지방 간의 재정배분제도를 규범화하고자 했다.

분세제 개혁에 대한 지방의 반응을 보면, 분세제 개혁의 목적이 중앙의 재정력이 약화되는 것을 억제하여 중앙재정수입이 GDP 및 국가총수입에서 차지하는 비중을 제고하는 데 있었기 때문에 지방정부는 어차피 그들의 기존 이익이 침해당할 것이라 생각했다. 따라서 개혁의 성공적인 집행을 위해서 중앙은 지방정부의 불만을 완화시켜야 했다. 그래서 중앙은 세수 환급과 전용 항목 이전교부제의 채택과 함께 지방의 기득권을 감안해 제도가 정착될 때까지 종전의 관행을 허용키로 했다. 분세제의 실시에 대한 각 지역의 반응은 지방의 이해관계에 따라 다양하게 나타났으며, 지방지도자들은 지방의 이익을 최대화하기 위해 千方百計로 중앙과의 흥정을 시도하였다. 중앙이 위와 같이 '정책을 제시하면(패를 내 놓으면, 出牌) 지방은 이에 대해 맞장을 치는(打牌) 형국이었다. 하지만 모든 지방정부의 경제력과 재정력이 같은 것은 아니어서 '맞장을 치는' 수단과 능력이 같지 않았다. 어찌하였던 중앙과 지방관계가 과거의 명령과 복종, 수직적 관계에서 이익배분을 놓고 교섭을 벌이는 협상과 흥정(討價還價)의 관계로 바뀌게 되었다.

다음, 중앙과 지방의 분세제 개혁은 다음과 같은 결과를 가져왔다. 첫째, 원래 다양한 유형으로 존재하던 재정정부제를 하나의 재정체제로 통일하여 정부 간 재정분배관계를 규범화하였다. 둘째, 중앙재정수입이 총 재정수입에서 차지하는 비중의 제고를 촉진하고, 총재정수입과 지방재정수입의 지속적인 성장을 촉진하였다. 셋째, 중앙과 지방간 게임의 형국을 변화시켰다. 각 지방의 중앙에 대한 재정의존도를 제고시킴으로써 중앙의 지방에 대한 거시조정력이 강화되었다. 넷째, 중앙으로 하여금 지방과 지방간의 유기적인 결합을 통해 수익을 최대화 하도록 유도하고, 각 지역 산업구조의 조정을 효과적으로 촉진토록 하였다. 분세제 개혁과 더불어 제6장에서 별도로 논급한 서부 대개발 정책은 개혁개방 이후 크게 벌어진 지역격차를 줄이고, 국토의 균형발전을 위해 채택된 21세기 중국의 중장기 국토개발전략이다. 이는 현재 추진 중에 있다.

결과적으로 분세제 개혁 후 중앙정부의 재정수입은 증가했고, 그것은 지방의 중앙에 대한 의존도를 제고시켜 과거 '약세 중앙, 강세 지방'이라는 형국으로부터 '중앙의 재정력 회복'으로 바뀌고 있다.

다른 한편, 정치적 측면에 있어서는 비록 지방에 대한 제한적 분권에 고삐를 늦추고 있긴 하나, 근본적인 의미에서 '4항 기본원칙'과 '민주집중제'의 조직원칙을 고수하고 있는 한 중앙집권의 기조에 흔들림이 없다고 보겠다. 하지만 당의 최고영도체제의 구성에 있어서는 다소 변화의 조짐이 보이고 있다. 당의 최고영도기관인 중앙위원회 및 중앙정치국 위원의 중앙과 지방 출신 비중을 보면, 중앙의 절대적 우세에서 지방의 점진적 증가세를 나타내고 있다는 점이다. 이는 바로 지방정치력의 점진적 증가를 의미하는 것이다.

결국, 오늘날 중국의 중앙과 지방관계는 경제적으로 중앙의 점진적 역량 회복과 정치적으로 지방 정치역량의 점진적 증가세로 중앙과 지방관계가 상호 협조 보완하는 습의 관계로 수렴되고 있는 형세라 보겠다.

참고문헌

<한글 문헌: 가나다 순>

금희연 옮김, 제임스 왕, 1999,『현대중국정치론』서울: 도서출판 그린.

김명섭 옮김, Z. 브레진스키, 2000,『거대한 체스판』서울: 삼인.

김영문, 1994, "덩샤오핑 시대의 脫중앙집권화와 反분권화 葛藤構造: 중앙정부와 지방정부와의 관계,"『中蘇研究』, 18(3).

김정계, 1988, "中國中央政府의 構造的 特徵과 機能,"『한국행정학보』, 22(1).

김정계, 1990,『중국의 최고지도층-who's who』, 서울: 평민사.

김정계, 1993, "中國 最高政策엘리트의 實體分析-中共 14期 中央政治局 委員의 成分을 中心으로,"『한국행정학보』, 27(1).

김정계, 1994a,『중국의 권력구조와 파워 엘리트』, 서울 : 평민사.

김정계, 1994b, "現 中國最高指導層의 實體와 政策展望,"『中國研究』, 2(1).

김정계·정차근, 1995,『중국정치론』, 서울 : 평민사.

김정계, 1997, "전환기 중국 정부경제관리체계의 개혁,"『지방정부연구』, 창간호:

김정계, 1999, "사회주의개조시기 소련모형 중국의 정치행정체계,"『社會科學研究』, 5.

김정계, 2000a,『21c 중국의 선택』, 서울: 평민사.

김정계, 2000b, "中國 中央과 地方關係의 辨證法: 마오쩌둥시대를 중심으로,"『中國 學報』, 41.

김정계, 2001, "중국 서부 대개발의 전략적 배경과 문제점,"『국가전략』, 7(2).

김정계·안성수, 2001, "개혁개방 이후 중국정부기구개혁의 과정과 평가,"『사회과학연구』, 창간호.

김정계, 2002,『중국의 권력투쟁사』, 서울: 평민사.

김정계, 2003, "중국 중앙과 지방관계의 전통-지속과 변화,"『사회과학연구』, 3(1).

김정계, 2005, "후진타오시대 중국정치엘리트의 제도적・비제도적 배경분석,"『한국동북아논총』, 10(2).

金泰龍 역, 王兆國・吳國光 저, 2002,『鄧小平 이후의 중국』, 서울: 朝鮮日報社.

김호길, 1991,『중국의 개혁・개방정책에 관한 연구』, 경남대학교대학원 박사학위논문.

김홍수, 1998,『현대중국의 권력분산-중앙과 지방의 변증법』, 부산: 세종출판사.

대외경제정책연구원, 1994,『중국편람』증보판.

杜平, 2000, "서부 대개발전략의 목표와 관련정책," http://www.korea-emb.org.cn/검색일 00/10/26.

朴斗福, 1994, "제2기 江澤民 指導體制 確立과 中國 改革政策의 方向과 展望,"『中國硏究』, 1(2).

朴月羅, 1992,『중국경제의 지방분권화 현황과 문제점』, 서울: 대외경제정책연구원.

朴靚植, 1998, "中國의 新地域開發政策硏究,"『한국행정연구』, 7(2).

백승기, 1996, "중국의 중앙정부와 지방정부간의 관계: 정치경제적 관점"『한국행정학보』, 30(1).

서진영, 1997,『현대중국정치론: 변화와 개혁의 중국정치』, 서울: 나남출판사.

신동기 옮김, 주젠룽 지음, 1999,『주룽지-새로운 중국 그 선택과 결단』, 서울: 생각의 나무.

신승하 옮김, 장옥법 지음, 1996,『中國當代40年史(1949-1989)』, 서울: 고려원.

안병준, 1986,『中共政治外交論』, 서울 : 博英社.

윤석준 역, 제랄드 시걸 저, 1996,『중국 과연 분열될 것인가?』, 서울: 화동21.

이양호, 2005, China 2050 Project, 서울: 여성신문사.

이재선 옮김, 宇野重昭 외, 1988,『중화인민공화국』, 서울: 학민사.

이종철·강승호, 1998, "改革·開放과 中國의 地域隔差: 現況·原因과 展望,"『國際經濟研究』, 4(2).

이희재 옮김, 새뮤얼 헌팅톤, 1997, 『문명의 충돌』, 서울: 김영사.

林承權 譯, 劉佩瓊, 2000, 『中國經濟大趨勢』, 서울: 甲寅出版社.

張公子, 1993, "제8기 全人大 憲法의 特徵,"『中國研究』, 1(2), 7-28.

全海宗·高柄翊 역, 라이샤워·페어뱅크, 1987, 『東洋文化史 上』 17版, 서울: 을유문화사.

정재호, 1997, "중국내 지역 간 수평적 경제협력: 기원, 유형과 유인 구조에 관한 연구," 한국정치학회, 『한국정치학회 1997년도 연례학술대회발표논문집』, 패널8 비교정치(3).

정재호, 1999, 『중국의 중앙-지방 관계론: 분권화 개혁의 정치경제』, 서울: 나남출판사.

주한중국대사관, 2000, "서부 대개발현황보고서," http://www.koreaemb. org.cn/검색일00/12/08.

주한중국대사관, 2000a, "중국지역별경제현황," http://www.koreaemb. org.cn/검색일00/10/26.

주한중국대사관, 2000b, "중국경제정보" http://www.koreaemb.org.cn/검색일00/12/08.

최월화, 1999, "중국 지방정부 개혁전략의 탐구-1999년 지방기구개혁방안을 중심으로,"『한국행정연구』, 8(3).

韓光洙 역, 中嶋嶺雄, 1982, "현대중국 30년의 정치과정,"『현대중국의 정치구조』, 서울: 온누리.

『동아일보』, 2000. 6. 7.

『每日經濟新聞』, 2000. 6. 5.

『문화일보』, 2000. 5. 9.

『조선일보』, 2000. 9. 10.

『한겨레신문』, 2000. 7. 1.

<中・日文 획순>

丁楨彦, 1988, 『中國特色社會主義槪論』, 南寧: 廣西敎育出版社.

王志剛, 1988, 『政府職能轉換與機構改革』, 北京: 光明日報出版社.

王紹光, 1997, 『分權的底限』, 北京: 中國計劃出版社.

王紹光・胡鞍鋼, 1993, 『國家能力報告』, 瀋陽: 遼寧人民出版社.

王紹光・胡鞍鋼, 1994, 『國家能力報告』, 香港: 牛津大學出版社.

王紹光・胡鞍鋼, 1999, 『中國: 不平衡發展的政治經濟學』, 北京: 中國計劃出版社.

王紹光・胡鞍鋼, 1993, "關於中國國家能力的硏究報告," 董輔礽, 1996, 『集權與分權-中央與地方關係的建構』, 北京: 經濟科學出版社.

王穎, 1993, 『社會中間層』, 北京: 中國發展出版社.

王嘉州, 2003, 『理性選擇與制度變遷: 中國大陸中央與地方政經關係類型分析』, 政治大學東亞硏究所博士論文, 臺北: 臺灣國立政治大學.

王嘉州, 2003b, "財政制度變遷時中央與地方策略互動之分析-以分稅制與廣東省爲例," 『中國大陸硏究』, 46(5).

王嘉州, 2004, "中共十六大後的中央與地方關係-政治利益分配模式之分析," 『東吳政治學報』 18, 臺北: 東吳大學.

王滬寧, 1998, "中國變化中的中央與地方政府的關係: 政治的含意," 『復旦學報』, 1998(5), 上海: 復旦大學.

方立, 1999, 『中國西部現代化發展硏究』, 石家庄: 河北人民出版社.

方秉鑄, 1990, 『東北經濟區經濟發展硏究』, 長春: 東北財經大學出版社.

文炳勛, 2000, 『管理中國: 當前中國面臨的問題與對策解析』, 長沙: 湖南人民出版社.

中央檔案館, 1999, 『共和國五十年: 珍貴檔案』上冊, 下冊, 北京: 中國檔案出版社.

中央機構編制委員會辦公室, 1995, 『聯合國項目評審資料: 行政體制與機構改革』.

中共中央文獻硏究室, 1992, 『建國以來重要文件選編』, 北京: 中央文獻出版社.

中共中央組織部/中共中央黨史研究室, 2004, 『中國共產黨歷屆中央委員大辭典 1921-2003』, 北京: 中共黨史出版社.

"中共中央關於制定國民經濟和社會發展第十個五年計劃的建設," 2000.http://www.peopledaily.com.cn 검색일00/11/22.

中國共產黨執政四十年』, 北京: 中共黨史資料出版社, 1989.

中國科學院可持續發展戰略研究組, "中國各地制定實現現代化的指標及基本實現時間表,"『中國網』, 2003年 1月 24日.

『中國財政年鑑』, 1997, 北京: 中國財政雜誌社.

中國國家統計局, 1959, 『中國統計年鑑』, 北京: 中國統計出版社.

中國國家統計局, 1959, 『偉大的十年』, 北京: 國家統計出版社.

中國國家統計局, 1993, 『中國統計年鑑』, 北京: 中國統計出版社.

中國國家統計局, 1995, 『中國統計年鑑』, 北京: 中國統計出版社.

中國國家統計局, 1999, 『中國統計年鑑』, 北京: 中國統計出版社.

中國國家統計局, 1999, 『中國統計摘要』, 北京: 中國統計出版社.

中國國家統計局, 2001, 『中國統計年鑑』, 北京: 中國統計出版社.

中國國家統計局, 2002, 『中國統計年鑑』, 北京: 中國統計出版社.

中國國家統計局, 1998, 『中國勞動統計年鑑』, 北京: 中國統計出版社.

『中華人民共和國史詞典』, 1989, 北京: 中國國際廣播出版社.

『毛澤東選集』第5卷, 1997, 北京: 人民出版社.

毛壽龍, 1996, 『中國政府功能的經濟分析』, 北京: 中國廣播電視出版社.

毛壽龍・李竹田, 1997, 『省政府管理』, 北京: 中國廣播電視出版社.

分級管理與兼容制研究組, 1988, 『體制轉軌與分級管理』, 北京: 中國財政經濟出版社.

朱光磊, 1997, 『當代中國政府過程』天津: 天津人民出版社.

朱光磊, 2004, 『中國政府與政治』, 臺北: 揚智文化.

左言東, 1989, 『中國政治制度史』, 抗州 : 浙江古籍出版社.

世界銀行, 1996: 『中國經濟: 治理通脹, 深化改革』中文版, 北京: 中國財經出版社.

田一農・項懷誠・朱諸林, 1988, 『論中國財政體制改革與宏觀調控』, 北京: 中國財政經濟出版社.

田弘茂・朱雲漢, 2000, 『江澤民的歷史考卷: 從十五大走向二十一世紀』, 臺北: 新新聞文化公司.

江澤民, 1992, "在中國共產黨第十四次全國代表大會上報告," 『人民日報』, 10. 13. 1.

江澤民, 1997, 『高舉鄧小平理論偉大旗幟把建設有中國特色社會主義事業全面推向二十一世紀』, 北京: 人民出版社.

江澤民, 1999, "正確處理社會主義現代化建設中的若干重大關係," 中央檔案館編, 『共和國 五十年珍貴檔案』, 北京: 中國檔案出版社.

朴實・吳敬璉, 1988, 『論中國經濟體制改革的進程』, 北京: 經濟科學出版社.

朱光磊, 2004, 『中國政府與政治』, 臺北: 揚智文化事業股份有限公司.

朱國斌, 1997, 『中國憲法與政治制度』, 北京: 法律出版社.

李谷城, 1990, 『中共黨政軍結構』, 香港: 明報出版社.

李谷城, 1992, 『中國大陸政治術語』, 香港: 中文大學出版社.

李忠凡, 1993, 『中國經濟改革理論與實際』, 北京: 企業管理出版社.

李桂海, 1987, 『中國封建結構探要』, 瀋陽: 遼寧大學出版社.

李善同・侯永志 等, 2004, "中國國內地方保護問題的調查分析," 『經濟研究』, 11.

李鵬, 1991, 『關於國民經濟和社會發展十年規劃和第八個五年計劃綱要的報告』, 北京: 人民出版社.

李鐵, 1989, 『中國文官制度』, 北京: 中國政法大學出版部.

伏寧, 1996, "中國地方政府機構改革" 『中德行政學會學術研討會論文』, 北京.

阮銘, 1995, "論大樹中央權威" 『爭鳴』 208, 香港: 百家出版社.

沈丹英, 1997, 『文化大革命中的周恩來』, 北京: 中共中央黨校出版社.

汪玉凱, 1995, 『政治主體論』, 杭州: 浙江人民出版社.

汪玉凱, 1998, 『中國行政體制改革 20年』, 北京: 中州古籍出版社.

呂思勉, 1985, 『中國制度史』, 上海: 上海教育出版社.

余振貴・張永慶, 1992, 『中國西北地區開發與向西開放』, 銀川: 寧夏人民出版社.

宋新中, 1992, 『中國財政體制改革研究』, 北京: 中國財政經濟出版社.

辛向陽, 1995, 『大國諸侯: 中國中央與地方關係之結』, 北京: 中國社會出版社.

辛向陽, 2000, 『百年博弈-中國中央與地方關係 100年』, 濟南: 山東人民出版社.

肖灼基, 1992, 『中國經濟槪論』, 北京: 經濟日報出版社.

沈立人, 1999, 『地方政府的經濟職能和經濟行爲』, 上海: 遠東出版社.

周小川・楊之剛, 1992, 『中國財政體制的問題和出路』, 天津: 天津人民出版社.

周伯棣, 1981, 『中國財政史』, 上海: 上海人民出版社.

周谷城, 1982, 『中國政治史』, 北京: 中華書局.

周恩來, 1956, 『關於發展國民經濟的第二次五個年計劃的建設的報告』, 北京: 人民出版社.

周繼中, 1989, 『中國行政監察』, 南昌: 江西人民出版社.

林尙立, 1998, 『國內政府間關係』, 杭州: 浙江人民出版社.

『建設有中國特色的社會主義』(增訂本), 1987, 北京: 人民出版社.

吳國光・鄭永年, 1995, 『論中央-地方關係』, 香港: 牛津大學出版社.

吳國衡, 1994, 『當代中國體制改革史』, 北京 : 法律出版社.

吳佩綸, 1993, 『當代中國政府槪論』, 北京: 改革出版社.

吳磊主, 1988, 『中國司法制度』, 北京 : 人民大學出版部.

施九靑, 1993, 『當代中國政治運行機制』, 濟南: 山東人民出版社.

施哲雄, 2003, 『發現當代中國』. 臺北: 揚智文化事業股份有限公司.

胡偉, 1998, 『政府過程』, 杭州: 浙江人民出版社.

胡家勇, "我國政府規模分析," http://www.cass.net.cn 검색일00/10/10.

胡鞍鋼, 1996, "正確認識和處理市場經濟轉型中中央與地方關係," 董輔礽, 『集權與分權-中央與地方關係的構建』, 北京: 經濟科學出版社.

胡鞍綱, 1999, 『中國發展前景』, 杭州: 浙江人民出版社.

胡鞍綱, 2000, 『中國走向』, 杭州: 浙江人民出版社.

胡鞍鋼・鄒平, 2000, 『中國發展報告: 社會與發展-中國社會發展地區差距硏究』, 杭州:浙江人民出版社.

星星, 1998, 『改革政府-20世紀末的政治旋風』, 北京: 經濟管理出版社柯明中, 1993, 『建設中國特色社會主義槪論』, 北京: 中國政法大學出版社.

商德文, 1993, 『中國社會主義市場經濟體系』, 濟南: 山東人民出版社.

馬洪, 1988, 『中國社會主義現代化的道路和前景』, 上海: 上海人民出版社.

桂世鏞, 1994, 『中國計劃體制改革』, 北京: 中國財政經濟出版社.

徐向華, 1999, 『中國立法關係論』, 杭州: 浙江人民出版社.

浦興祖, 1992, 『當代中國政治制度』, 上海: 人民出版社.

陸學藝, 1997, 『社會結構的變遷』, 北京: 社會科學出版社.

凌志軍, 2003, 『變化: 1990-2002年中國實錄』 北京: 中國社會科學出版社.

高尙全, 1994, 『中國經濟制度的創新』, 北京: 人民出版社.

高凱·于玲, 1990, 『中共七十年』, 北京: 中國國際廣播出版社.

陳永生, 1998, 『十五大後中國大陸的情勢』, 臺北: 國立政治大學國際關係硏究中心.

陳志良楊耕, 1992, 『鄧小平與當代中國』, 瀋陽: 人民出版社.

陳甬軍, 1994, 『中國地區間市場封鎖問題硏究』, 福州: 福建人民出版社.

陳國恒, 1992, 『經濟運行機制改革硏究』, 北京: 經濟管理出版社.

陳興祖, 1995, 『現代經濟社會的中介系統』, 北京: 國防工業出版社.

陳瑞雲, 1988, 『現代中國政府』, 長春: 吉林文史出版社.

孫隆基, 1989, 『中國文化的深層構造』, 香港: 集賢社.

程辛超, 1987, 『中國地方政府』, 香港: 中華書局香港分局.

張云倫, 1988, 『中國機構的沿革』, 北京: 中國經濟出版社.

張中華, 1997, 『中國市場化過程中的地方政府投者行爲硏究』, 長沙: 湖南人民出版社.

張良, 1997, 『公共管理導論』, 上海: 上海三聯書店.

張成福, 1993, 『大變革-中國行政改革的目標與行爲選擇』, 北京: 改革出版社.

張晉藩, 1987, 『中國古代行政官理體制硏究』, 北京: 光明日報出版社.

張金鑑, 1977, 『中國文官制度史』, 臺北: 華岡出版有限公司.

張厚義, 2000, "面臨發展新機遇的中國私營企業," 汝信·陸學藝·單天倫, 『2000年: 中 國社會形勢分析與豫測』, 北京: 社會科學文獻出版社.

張廣明·王少農, 2000, 『西部大開發』, 天津: 天津社會科學院出版社.

張建華, 2000, 『解決-中國再度面臨的緊要問題』, 北京: 經濟日報出版社.

張萬淸, 1987, 『區域合作和經濟罔絡』, 北京: 經濟科學出版社.

黃泰岩, 1997, 『美國市場和政府的組合與運作』, 北京: 經濟科學出版社.

烏杰, 1998, 『中國政府機構改革』, 北京: 國家行政學院出版社.

國家行政學院, 1998, 『西方國家行政改革述評』, 北京: 國家行政學院出版社.

國家計劃委員會政策研究室, 1994, "我國中央與地方經濟管理權限研究," 『經濟研究參考』, 435.

國家計委國土開發與地區經濟研究所, 1996, 『我國地區經濟協調發展研究』, 北京: 改革出版社.

國家計劃委員會, 1995, 『中國促進中西部地區經濟發展的有關政策措施』.

"國務院關於實施西部大開發若干政策措施的通知," http://www.peopledaily.com.cn 검색일00/12/30.

盛斌·馬侖, 1991, 『中國國內形勢的報告』, 瀋陽: 遼寧人民出版社.

蔡玉峰, 1995, 『政府調節經濟學』, 北京: 中國發展出版社.

華民, 1996, 『公共經濟學』, 上海: 復旦大學出版社.

曾小華, 1991, 『中國政治制度史論簡編』, 北京: 中國廣播電視出版社.

許毅, 1993, 『走向新世紀』第2卷, 北京: 經濟科學出版社.

『新中國軍事活動紀實 1949-1950』, 1989, 北京: 中共黨史資料出版社.

楊小凱, 1997, 『當代經濟學與中國經濟』, 北京: 中國社會科學出版社.

楊宏山, 2004, 『當代中國政治關係』, 臺北: 五南圖書出版公司.

楊冠瓊, 1999, 『當代中國行政管理模式沿革研究』, 北京: 北京師範大學出版社.

楊帆, 2000, 『中國走向選擇』, 北京: 石油工業出版社.

楊開煌, 2002, "中國大陸中央與地方關係" 行政院大陸委員會編, 『中國大陸研究基本手冊 上冊』, 臺北: 行政院大陸委員會.

傅桃生, 2000, 『實施西部大開發的戰略思考』, 北京: 中國水利水電出版社.

傅樂成, 1978, 『中國通史』, 臺北: 大中國圖書出版公司.

『董必武選集』, 1985, 北京: 人民出版社.

董輔礽, 『集權與分權-中央與地方關係的構建』, 北京: 經濟科學出版社.

詹中原, 2002, 『當代中國大陸政府與行政』, 臺北: 神州圖書出版有限公司.

趙立波, 1998, 『政府行政改革』, 濟南: 山東人民出版社.

趙建民, 1995, "塊塊壓條條: 中國大陸中央與地方新關係," 『中國大陸研究』 38(6).

趙曉斌・關榮佳, 1994, "中國區域發展模式和中央與地方關係分析," 『中國社會科學輯 刊』 1994秋季卷, 北京.

趙曦, 1999, 『中國西部地區經濟發展研究』, 成都: 四川人民出版社.

廣東省統計局, 2002, 『廣東省統計年鑑』.

『鄧小平文選 (1975-1982)』, 1983, 北京: 人民出版社.

『鄧小平文選』 第二卷, 1994, 北京: 人民出版社.

『鄧小平文選』 第三卷, 1993, 北京: 人民出版社.

潭 健, 1988, 『中國政治體制改革史』, 北京: 光明出版社.

薄貴利, 1991, 『中央與地方關係研究』, 長春: 吉林大學出版社.

關山・姜洪, 1990, 『塊塊經濟學』, 海洋出版社.

劉國光・汝信, 1993, 『有中國特色的社會主義』, 北京: 中國社會科學出版社.

薄一波, 1993, 『若干重大決策與事件的回顧』 上冊, 北京: 中共中央黨校出版社.

謝慶奎, 1996, 『當代中國政府』, 瀋陽, 遼寧人民出版社.

謝慶奎, 1998, 『中國地方政府體制概論』, 北京: 中國廣播電視出版社.

薩孟武, 1975, 『中國社會思想史』, 臺北: 三民書局.

衛藤瀋吉, 1982, 『現代中國政治の構造』, 東京: 日本國際問題研究所.

『戰國策譯註』, 1984, 哈尔濱: 黑龍江人民出版社.

蘇尚堯, 1990, 『中華人民共和國中央政府機構 1949-1990』, 北京: 經濟科學出版社.

韓非, 1989, 『韓非子』, 上海: 上海古籍出版社.

魏禮祥, 1994, 『市場經濟中的中央與地方經濟關係』, 北京: 中國經濟出版社.

戴緯・奧斯本, 1996, 『改革政府』, 上海: 上海譯文出版社.

『大清會典』, 『史記』, 『自治通鑑』, 『秦律』, 『孟子』, 『晉書』, 『通典』, 『春秋繁露』, 『唐六典』, 『詩經』, 『語書』, 『說文』, 『說文繁溥』, 『論語』, 『漢書』.

Bird, Richard M,, Robert D, Ebel, and Christine I, Wallich (eds,), 2001, 『社會主義國家的分權化:轉軌經濟的政府間財政轉移支付』 北京: 中央編

譯出版社.

Davies, Georgina Wilde Ken , 2000, "走向2010年的中國" EIU, 『中國趨勢報告書』, 北京: 新華出版社.

Hendrsch, Hans, 2000, "中國省際經濟優勢: 政府功能的結構變化", 王浦劬·徐湘林, 『經濟體制轉型中的政府作用』, 北京: 新華出版社.

『人民日報』, 1983. 7. 20.

『人民日報』, 1992. 10. 13.

『人民日報』, 1993. 3. 30.

『人民日報』, 1993c. 6. 20.

『人民日報』, 1993. 3. 30.

『人民日報』, 1994. 7. 15.

『人民日報』, 1998. 3. 11.

『人民日報』, 2000. 3. 23.

『人民日報』, 2000. 3. 17.

『人民日報』, 2000. 7. 3.

『大公報』, 1992. 6. 19,

『文匯報』, 2000. 5. 7,

『中國靑年報』, 1993. 3. 30,

『中國時報』, 1993. 12. 3.

『中国经济时报』, 2004. 7. 6.

『互聯网周刊』, 2000. 4. 13.

『光明日報』, 2000. 6. 18.

『明報』, 1994. 3. 14.

『陝西日報』, 1999. 10. 10.

『陝西日報』, 1999. 12. 29.

『深圳特區報』, 2000. 6. 7.

『雲南日報』, 1999. 11. 11.

『新華社』(廣州), 1996. 1. 22.

『經濟日報』, 2000. 4. 13.

『經濟日報』, 1994. 10. 16.

『經濟日報』, 1999. 11. 8.

『經濟日報』, 2000. 1. 31.

http://news.xinhuanet.com/2003-09/09.

www.people.com.cn/2008/-03/11.

<영문, 알파벳 순>

Baum, Richard, 1980, *China's Four Modernization, Colorado*: Westview Press.

Baum, Richard, 1992, "Political Stability in Post-Deng China: Problem and Prospects," *Asian Survey*, 32(6).

Bo, Zhiyue, 2004, "The 16th Central Committee of the Chinese Communist Party: Formal Institutions and Factional Groups," *Journal of Contemporary China*, 13(39).

Brown, Archie & Gray, Jack, 1975, *Political Culture and Political Change in Communist States,* N.Y. : Holmes & Meior Publishers Inc.,

Caiden, G, 1969, *Administrative Reform*, Chicago: Aedine Publishing Co.

Chapman, R. A. 1982, "Strategies for Reducing Government Activities," Caiden, G. & Siedentopf, H.(eds.), *Strategies for Administrative Reform*, D.C.: Health and Co.,

Dror, Y, 1971, *Venture in Policy Science*, New York: American Elsvier Publishing Co,.

Eckstein, Alexander, 1975, *China's Economic Development: The Interplay of Scarcity and Ideology*, Ann Arbor, University of Michigan.

Fairbank, John K, & Goldman, Merle, 1998, *China: A New History*, Cambridge: Harvard University Press.

Goldman, Rene, 1978, "Second Thoughts on Democracy and

Dictatorship in China Today," *Pacific Affairs*, 25.

Gupta, Krishna P. 1974, "Continuities in Change," *Problem of Communism*, September-October.

Harding, Harry, 1994, "On the Four Great Relationships: The Prospects for China," *Survival*, 36(2).

Hsu, Szu-chien, 2000, "Central-Local Relations in the PRC under the Tax Assignment System: An Empirical Evalution, 1994-97," *Issue & Studies*, 36(2).

IMD, 1997, *The World Competitiveness Yearbook*.

Morton, Scott W, 1995, *China: Its Hitory and Culture*, New York: MaGraw-Hill.

Mosher, F. C, 1967, *Governmental Reorganization, Cases and Commentary*, Indianapolis: Books-Merrill Co.

Kim, Jung Ke, 2005, "Characteristics of the China's Power Elites in the 21st Century: Continue or Change?" 『대한정치학회보』, 13(2).

Li, Cheng, Lynn White, 1998, "The Fifteenth Central Committee of the Chinese Communist Party: Full- Fledged Technocratic Leadership with Partial Control by Jiang Zemin," *Asian Survey*, 38(3).

Li, Cheng, 2000, "Jiang Zemin's Successors: The Rise of the Fourth Generation of Leaders in the PRC," *The China Quarterly*, 161.

Li, Youpeng, 1993, "Current Regional Blockades and Suggested Solutions," *Chinese Economic Studies*, 26(5).

Oi, Jean C, 1992, "Fiscal Reform and the Economic Foundations of Local State Coporatism in China," *World Politics*, 45(1).

Oi, Jean C. 1999, *Rural China Takes: International Foundations of Economic Reform*, Berkeley: University of California.

Perry, Elizabeth J. and Christine Wong, 1985, *The Political Economy of Reform in Post-Mao China*, Havard Contemporary China Series 2, Cambridge: Harvard University Press.

Pye, Lucian W. 1972, *China: An Introduction*, Boston, Little: Brown and Co.,

Shen, Liren, Dai Yuanchen, 1992, "Formation of 'Dukedom Economies' and Their Causes and Defects," *Chinese Economic Studies*, Summer, 13.

Toffler, Alvin and Heidi Toffler, 1993, *War and Anti-War: Survival at the Dawn of the 21st Century*, New York: Little Brown and Company.

Tong, 2003, "China's Fiscal Predicament," *America Asia Review*, 21(1).

Townsend, James R. 1974, *Politics in China*, Boston: Little, Brown and Co.,

UNDP, 1997, *Human Development Report 1997: Human Development to Eradicate Poverty*, New York: Oxford University Press.

Wang, Shaoguang, 1994, "Central-Local Fiscal Politics in China," Jia Hao, Lin Zhimin (eds.), *Changing Central-Local Relation in China: Reform and State Capacity*, Boulder: Westview Press.

Wong, Christine, 1994, "China's Economy: The Limits of Gradualist Reform," Wiliam A, Joseph(ed.), *China Briefing*, Boulder: Westview press.

World Bank, 1997, *China 2020: Development Challenges in the New Century*, Washington D. C.: World Bank.

Wu, Jian Qi, 1993, "On the 'Block Economy': It's Birth, Consequences and Cure," *Chinese Economic Studies*, 26(5).

Yang, Qingzhen, 1996, *Economic and Social Situation in Minority Regions, 1995-1996*, Hong Kong: City University of Hong Kong.

Zang, Xiaowei, 1993, "The Fourteenth Central Committee of the CCP: Technocracy or Political Technocracy?" *Asian Survey*, 33(1).

Zhang, Le-yin, 1999, "Chinese Central-Provincial Fiscal Relationships, Budgetary Decline and the Impact of the 1994 Fiscal Reform: An evaluation" *The China Quarterly*, 157.

Zhang, Weiguo, 1993, "Jinag Faces Challenge of Civil War after Deng," *South China Morning Post*, December 7.

【찾 아 보 기】

【사 항】

<ㄱ>

[저자 약력]

타이완 국립정치대학 정치연구소 정치학박사
중국 베이징대학 및 중국사회과학원 연구교수
미국 위스콘신대학(매디슨) 정치학과 연구교수 역임
현 창원대학교 행정학과 교수

[저서]

『중국의 최고지도층: Who's Who』(1990)
『중국의 권력구조와 파워 엘리트』(1994)
『중국정치론』 공저(1997)
『21C 중국의 선택』(2000)
『중국의 권력투쟁사』(2002) 등 다수

중국의 중앙과 지방 관계론

2008년 8월 25일 초판 1쇄 인쇄
2008년 8월 30일 초판 1쇄 발행

지은이/ 김정계
펴낸이/ 이정옥
펴낸곳/ 평민사

주소/ 서울시 서대문구 남가좌2동 370-40
전화/ 02)375-8571(영업)·02)375-8572(편집)
fax/ 02)375-8573
e-mail/ pyung1976@naver.com
http://blog.naver.com/pyung1976

등록번호/ 제10-328호

값/ 14,000원

ISBN 978-89-7115-523-3   93340

* 잘못 만들어진 책은 바꾸어 드립니다.